T. Heawood sc.

...tarakte

...lfa.

BREHMS REISEN IM SUDAN
1847–1852

Umschlagbild der Erstausgabe von 1853

Alfred Edmund Brehm

Reisen im Sudan

1847 bis 1852

Herausgegeben, bearbeitet und eingeleitet von
Helmut Arndt

Mit 50 zeitgenössischen Darstellungen und 1 Karte

Edition Erdmann in K. Thienemanns Verlag

CIP-Kurztitelaufnahme der Deutschen Bibliothek

Brehm, Alfred Edmund:
Reisen im Sudan : 1847–1852 / Alfred Edmund Brehm.
Hrsg., bearb. u. eingeleitet von Helmut Arndt. – 2. Aufl. –
Stuttgart : Edition Erdmann in K. Thienemanns Verl., 1983.
(Alte abenteuerliche Reiseberichte)
ISBN 3-522-60070-3
NE: Arndt, Helmut [Bearb.]

Alle Rechte vorbehalten
© 1975 by Horst Erdmann Verlag
für Internationalen Kulturaustausch, Tübingen und Basel
© 1983 by Edition Erdmann in K. Thienemanns Verlag, Stuttgart
Umschlag und Einband: Hilda und Manfred Salemke
Gesamtherstellung: Welsermühl, Wels/Oberösterreich

INHALT

Vorwort des Herausgebers 7

Vorwort des Verfassers 29

I. Einleitung 31

II. Die ersten Tage in Ägypten 43
III. Reise auf dem Nile 59
IV. Die Wüste und ihr Leben 93
V. Im Belled el Sudan 111
VI. Chartum und seine Bewohner 117
VII. Fremdleben in Chartum 163
VIII. Sklaven und Sklavenjagd 173
IX. Reise nach Kordofahn 189
X. Zweiter Aufenthalt in Chartum. Rückkehr nach Ägypten .. 225

XI. Zweite Reise nach dem Sudan 247
XII. Vier Monate im Sudan 285
XIII. Jagdreise in den tropischen Wäldern des blauen Flusses 301
XIV. Freuden und Leiden während des letzten Aufenthaltes in Chartum 331
XV. Eine Nilfahrt von Chartum nach Kairo 347

Schluß 373

Anmerkungen des Herausgebers 379

Literaturangaben 403

Vorwort des Herausgebers

Als Alfred Brehm 1847 zu seiner Reise in den Sudan in Alexandrien landete, lebte Mohammed-Ali noch, der Ägypten seit 1805 beherrschte. Dem Namen nach türkischer Pascha eines Osmanischen Reichsteils, in Wahrheit absoluter Herrscher und Schöpfer des modernen Ägyptens, wurde er zum Begründer der Dynastie der Khediven und nachmaligen Könige von Ägypten, die bis zur Ausrufung der Republik am 18. Juni 1953 den Thron innehatten.

1769 geboren, aus einer albanischen Familie aus Kavalla in Mazedonien stammend, kam er kaum dreißigjährig als Leutnant mit dem türkischen Kontingent nach Ägypten, das die Pforte gegen das Expeditionskorps Napoleons entsandt hatte. Wie man sich erinnert, war Bonaparte am 1. Juli 1798 in der Absicht, die englischen Handelswege im Mittelmeer und nach Indien zu unterbrechen, vor Alexandrien erschienen und hatte – wenngleich unter Verlust seiner Flotte bei Abukir – binnen eines Jahres Unter- und Oberägypten erobert und der Herrschaft der Mamelucken ein Ende bereitet.

Am 24. August 1799 kehrt Napoleon nach Frankreich zurück. Zwei Jahre später kapitulieren die Reste seiner Armee. In den Kämpfen mit den Franzosen wußte sich Mohammed-Ali auf alle Weise hervorzutun, bis ihm der türkische Gouverneur das Kommando über das albanische Korps übertrug. In den nun folgenden Auseinandersetzungen zwischen Türken und Mamelucken um die Herrschaft über Ägypten versteht es Mohammed-Ali, sich durch geschicktes Lavieren in der Mitte zwischen den Parteien zu halten und in der Stille die Vernichtung beider zu betreiben. Es waren die ersten Schritte einer militärischen und staatsmännischen Karriere, die für Ägypten eine neue Ära bedeutete und die die europäischen Mächte in ihrer Orientpolitik für ein halbes Jahrhundert vor weitreichende Probleme stellen sollte. Die orientalische Frage und die Rolle Ägyptens sind das Werk seines Einsatzes und seiner Ambitionen. Binnen weniger Jahre gelingt es Mohammed-Ali, in den Wirrnissen Ägyptens nach dem Abzug der Franzosen die Macht zu erringen. Anstelle des vertriebenen türkischen Gouverneurs zum Pascha ausgerufen und von der Pforte bestätigt, nimmt er 1805 von der Zitadelle in Kairo Besitz. Als die Engländer Alexandrien und Rosette besetzen – die Napoleonischen Kriege in Europa dauern an –, einigt sich Mohammed-Ali mit den Mamelucken und schlägt die englischen Truppen. Seit 1807 ist Ägypten frei von fremder Besetzung; dank Mohammed-Ali bleibt es auch für weitere 75 Jahre von ausländischen Invasionen verschont, bis 1882 Franzosen und Engländer – zur Schuldenverwaltung – das Land erneut in Besitz nehmen, auf längere Zeit bleiben und Ägypten letztlich erst nach der Suez-Expedition von 1956 endgültig räumen. Anschließend entledigt sich Mohammed-Ali der Mamelucken, indem er die Beïs nach Kairo einlädt und sie, 480 an der Zahl, am 1. März 1811 auf der Zitadelle von seinen Albanesen umbringen läßt. Im gleichen Jahr bekriegt er im Auftrag der Pforte die Wahhabiten in Arabien. Bis 1816 dauert der Feldzug. Einen erneuten Aufstand schlägt sein Sohn Ibrahim-Pascha, ein Feldherrntalent ersten Ranges, 1819 nieder. Das Rote Meer wird von der Seeräuberei gesäubert; Mekka und Medina, die heiligen Stätten des Islam, geraten – formell bei der Pforte bleibend – zusehends in den ägyptischen Einflußbereich.

Nun beginnen Mohammed-Alis militärische Reformen. Seine zügellosen Albanesen beschäftigt er auf dem Feldzug in den Sudan, der noch näher zu schildern ist, und bildet in Ägypten aus Fellachen, Nubiern und Sudanesen nach französischem Vorbild eine Armee, die 1823–1827 im griechischen Unabhängigkeitskrieg Gelegenheit findet, ihre Tüchtigkeit zu beweisen. Sein Hauptaugenmerk gilt der Ausrüstung einer schlagkräftigen Flotte, die teils in Europa gekauft, teils auf den neuen, von ihm ins Leben gerufenen Werften in Alexandrien gebaut wird. 1823 schlägt sie im Verein mit türkischen Kräften den Aufstand der Griechen auf Kreta nieder und besetzt die Inseln der Ägäis. Als seine Landungstruppen, in denen bereits sudanesische Kontingente kämpfen, auf dem Peloponnes die Griechen zu besiegen drohen, greifen die europäischen Großmächte ein. In der Seeschlacht von Navarino, im Oktober 1827, vernichten die Geschwader der französisch-englisch-russischen Tripelallianz die vereinigte türkisch-ägyptische Flotte, und Mohammed-Alis Truppen müssen Griechenland räumen.

Trotz der Niederlage stellte Ägypten um 1830 eine Macht dar, mit der die europäischen Mächte zu rechnen hatten und die sich für das Osmanische Reich als lebensbedrohend erweisen sollte. Das Interesse Mohammed-Alis ist in diesen Jahren darauf gerichtet, sich von der Oberherrlichkeit der Pforte freizumachen und seiner Dynastie die Erblichkeit der Herrschaft über Ägypten zu sichern. Mit 61 Jahren mußte es ihm darum zu tun sein, seine faktische Unabhängigkeit auch völkerrechtlich anerkannt zu sehen.

Nur zu gut war ihm der enge Spielraum dieses Terrains bewußt, wollte er sich nicht die dünne türkische Oberschicht Ägyptens in ihrer nach wie vor bestehenden Loyalität gegenüber dem Sultan entfremden. Nach der Niederlage der Pforte hielt er den Zeitpunkt für gekommen, seine Ziele zu verwirklichen. Seine Ambitionen waren zu weit gediehen, als daß er sie nicht auch gegen den Willen seines Souveräns durchzusetzen entschlossen war. Zuvörderst erstrebte er die Angliederung Syriens an Ägypten. Zu Beginn des Jahres 1832 rückte Ibrahim in Syrien ein und stand nach Jahresfrist als Sieger mitten in Kleinasien. Er schlug die Türken bei Homs, bezwang die anatolischen Pässe, errang einen weiteren Sieg bei Konya; der Weg nach Konstantinopel stand offen. Angesichts der kritischen Lage der Pforte und der daraus resultierenden Gefährdung des internationalen Gleichgewichts intervenierten die europäischen Mächte, und im Frieden von Konya gelang es der Pforte, günstige Bedingungen zu erreichen. Zwar wurde der Anschluß Syriens an Ägypten vollzogen, aber der weitere Siegeszug Mohammed-Alis blieb blockiert. Der Jubel, der in Syrien den neuen Statthalter Ibrahim-Pascha begrüßte, verflog rasch; das ägyptische Regime mit seinen rigorosen Steuereintreibungen und zahllosen Zwangsrekrutierungen für die Armee empfand man bald als stärkere Unterdrückung denn die voraufgegangene Türkenherrschaft. Als ebenso kurzfristig sollte sich mehr als ein Jahrhundert später der analoge Enthusiasmus Syriens beim Anschluß an Nassers Ägypten erweisen. Die Unzufriedenheit in Syrien wuchs, Aufstände mehrten sich, Sultan Mahmoud II. setzte seine Armee gegen Ibrahim in Marsch. Bei Nisib, westlich vom Euphrat, wurden die türkischen Truppen am 24. Juni 1839 von Ibrahim-Pascha wiederum vernichtend geschlagen. Jedoch abermals intervenierten die europäischen Mächte. Konnte man dulden, daß die Landenge von Suez in die Hände eines jungen und soliden Staates geriet? War es nicht vorteilhafter, den Weg nach Indien, an den Persischen Golf und nach Südostasien in der Obhut des schwachen Osmanischen Reiches zu wissen? Darüber hinaus mußte die Auflösung der osmanischen Türkei alle Interessengegensätze der Mächte aufleben lassen, seine Erneuerung unter Mohammed-Ali erschien noch weniger wünschenswert. So sprach alles dafür, den Sultan in Konstantinopel zu stützen. Unter den religiösen Gemeinschaften im Libanon wurden Waffen verteilt; Christen und Drusen revoltierten. Ein englisch-österreichisches Landungskorps eroberte Beirut und schlug Ibrahims Truppen im Libanon. Die englische Flotte vor Alexandria erzwang die endliche Unterwerfung Mohammed-Alis. Am 1. Juli 1841 erging der Investiturfirman der Pforte, der für seine Familie die Erblichkeit der Herrschaft über Ägypten nach Maßgabe des in der Türkei geltenden Thronfolgegesetzes zugestand, den der Pforte zu zahlenden jährlichen Tribut auf 80000 Beutel (rund sechseinhalb Millionen Goldmark) festsetzte, die Räumung Syriens und aller anderen eroberten Gebiete sowie die Rückgabe der übergelaufenen türkischen Flotte vorsah und dem Vizekönig das Recht zum Abschluß nichtpolitischer Verträge und die Ernennung der Beamten sowie der Offiziere seines auf nominale Stärke beschränkten Heeres zugestand.

Als Brehm sechs Jahre nach diesen Ereignissen das Ägypten Mohammed-Alis bereiste, war dieser ein nahezu achtzigjähriger Greis. Die Unterwerfung unter die Souveränität des Sultans und damit das zumindest partielle Scheitern seiner Pläne hatten ihn erschöpft, gegen Ende seines Lebens verließ ihn die geistige Schaffenskraft, so daß 1848 die Belehnung Ibrahims mit der Regierung erforderlich wurde, nachdem schon seit 1844 in den letzten Jahren seiner Herrschaft sein Sohn an den Staatsgeschäften teilgenommen hatte. Am 2. August 1849 starb Mohammed-Ali, ihm folgte sein Enkel Abbas I.

Die Leistung Mohammed-Alis für Ägypten kann heute nicht hoch genug veranschlagt werden. Wenn in unserer Zeit Ägypten zur Vormacht der arabischen Staatenwelt wurde, so beruhen die Fundamente hierfür nicht zuletzt auf den von ihm geschaffenen Strukturen. Fürst Pückler, der zu seinen Bewunderern gehört und von dem wir eine der lebhaftesten Schilderungen Ägyptens in der ersten Hälfte des 19. Jahrhunderts besitzen, schreibt von ihm:

»Die unbestreitbaren spezielleren Verdienste Mohammed-Alis, wie sie als Fakta vor aller Augen stehen, sind folgende: Er hat mit bewunderungswürdigem Organisationstalent in einem der verwahrlostesten und verwildertsten Länder der Welt Ordnung und Sicherheit, die ersten Bedürfnisse eines zivilisierten Staates, herzustellen gewußt. Er hat in der Ausübung der Justiz und in der Verwaltung innerhalb seines Gebiets mehr Gerechtigkeit und feste Norm eingeführt, als in irgendeinem anderen orientalischen Staate noch existiert. Er hat den Fanatismus gebändigt, eine größere Toleranz in religiösen Dingen geübt, als in manchen christlichen Staaten stattfindet, und die Christen in seinen Ländern nicht nur beschützt, sondern selbst in einer Art bevorzugt, die fast zur Härte für die Muselmänner wurde. Er hat den Handel mit Europa nicht nur belebt, er hat ihn größtenteils neu geschaffen und durch die großartigsten Anlagen aller Art den in Ägypten gänzlich untergegangenen Sinn für Industrie wohltätig wiedererweckt. Er hat für die Bildung der künftigen Generation ein Erziehungs- und Schulwesen gegründet, von dem man vor ihm im Orient seit Jahrhunderten gar keinen Begriff mehr hatte, und ungeheure Summen diesem edlen Zwecke geopfert. Er hat mehr gebaut und mehr gemeinnützige Anstalten ins Leben gerufen als irgendein Beherrscher Ägyptens seit Saladins Zeiten.«

In der Tat hat Mohammed-Ali nahezu ein halbes Jahrhundert methodisch daran gearbeitet, aus Ägypten ein modernes Land zu machen. Seine Landwirtschaftsreformen beruhten auf der Einführung von Bewässerungssystemen und dem Anbau neuer Kulturen, die Exportzwekken dienen sollten. Als er zugunsten der Baumwolle im Delta die permanente Bewässerung einführte, tat er den ersten Schritt zu einem Umschwung, auf den sich seither die Wirtschaft des Landes gründet. Er grub Kanäle, errichtete 1836 den berühmten Barrage du Nil, der die Fellachen, die bisher allein auf die Flut angewiesen waren, das ganze Jahr hindurch für ihre Saaten mit Wasser versorgte. Die einmalige Wasserversorgung während der Überschwemmungszeit wurde durch das System dauernder Bewässerung mittels zahlreicher Kanäle und Wasserläufe ersetzt. Im Gefolge kam der verstärkte Anbau von Getreiden und Hülsenfrüchten, Baumwolle, die 1821 aus Indien eingeführt wurde, Indigo, Zuckerrohr und Ölfrüchten.

Der Pascha ist Schöpfer der ägyptischen Industrien und Ölmühlen. Papier- und Glasfabriken entstanden, Arsenale, die Werft von Alexandria. Er gründete Schulen, errichtete die erste Druckerei, reformierte das Gesundheitswesen und schuf nach europäischem Vorbild eine moderne, schlagkräftige Armee. Um sein Programm verwirklichen zu können, mußte er Fremde ins Land rufen. Albaner, Türken, Armenier, Griechen, eine Handvoll Europäer. Über seine Erfahrungen mit europäischen Experten befragt, gab Mohammed-Ali Pückler gegenüber, der ihm vorwarf, sich fortwährend von Abenteurern, Scharlatanen und unwissenden Projektemachern täuschen und betrügen zu lassen, die auch in unsere Zeit der Entwicklungshilfe passende Antwort: »Ich weiß«, sagte er, »daß unter fünfzig Menschen, die aus Europa kommen, um mir ihre Dienste anzubieten, neunundvierzig nur unechten Edelsteinen gleichen. Ohne sie zu erproben, kann ich aber den einen echten

Brillanten, der vielleicht darunter sein mag, nicht herausfinden. Ich kaufe sie also vorläufig alle, und habe ich dann den rechten entdeckt, so ersetzt er mir oft allein den erlittenen Verlust hundertfältig.«

Seine europäischen Instruktoren, Techniker, Archäologen, Wissenschaftler, Ärzte, sind vornehmlich Franzosen. Die Namen Clot Beys, Cérisys, Bersons, Sèves oder derjenigen, die mit ihnen ins Land kamen, begegnen in Brehms Schilderung immer wieder. Der Einfluß Frankreichs war außerordentlich. Der Pascha erwies den Franzosen eine exzeptionelle Zuneigung. Er mißtraute den Engländern gründlich und vermied auch späterhin möglichst jeden Kontakt mit ihnen und vergaß niemals ihre wiederholte Einmischung in das Schicksal Ägyptens.

Denkt man an Zeiten und Milieu, aus denen der kleine türkische Offizier einst hervorgegangen war, so sind sein Interesse und seine Sympathien für Frankreich bemerkenswert. Frankreich errang in Ägypten eine solide Position. Seine Offiziere organisierten die Armee, seine Techniker beherrschten den Wirtschaftsaufbau, seine Erzieher hatten Schulen gegründet, die von 10000 Schülern besucht und deren fähigste Absolventen nach Frankreich zum Studium gesandt wurden. Selbst die Anhänger der Lehre St. Simons nahm Ägypten bereitwillig auf. Das Frankreich Louis Philippes versuchte in diesen Jahren, Ägypten zu einem Eckpfeiler seiner Mittelmeerpolitik zu machen, und wenngleich die Regierung Thiers 1840 letztlich außenpolitisch doch zurückweichen und Mohammed-Ali fallenlassen mußte, so haben sich doch französischer Einfluß und Geist, Denkens- und Lebensart in Ägypten bis auf den heutigen Tag erhalten.

Mohammed-Ali, so hat man gesagt, schöpfte seine Auffassung von der Mission des Herrschers aus der Theorie der Staatsräson Macchiavellis. Er hat sich in der Tat den »Principe« ins Türkische übersetzen und vorlesen lassen, aber man sollte dabei nicht übersehen, daß er ein orientalischer Herrscher eigenen Formats war. Er verkörperte ein zentralistisches Herrschaftssystem mit allen Vorzügen und Schwächen, wie es dem Orient von jeher unter großen Herrschern eignet. Detailkenntnis und kluges Ermessen, aber auch Ungeduld und Willkür bestimmen viele seiner Entscheidungen, es kann nicht überraschen, daß die Leistungsfähigkeit seiner Untertanen darunter litt, daß trotz hoher Steuern der Staatshaushalt ein zunehmend bedenkliches Defizit aufwies.

Einige dieser Faktoren waren für die Eroberung des Sudan, diesen letzten Ausläufer osmanischer Expansion, bestimmend. Wenngleich in der großen Szenerie nur ein Nebenschauplatz, bewirkt diese einzige nichteuropäische koloniale Eroberung in Afrika, daß der Sudan ins Licht der modernen Geschichte tritt.

Die Erinnerung daran war, als Brehm den Sudan betritt, noch frisch, die erlittenen Schrecknisse und Greuel in der Bevölkerung noch unvergessen. Brehm selbst ist den Ereignissen auf Schritt und Tritt begegnet.

Man hat viel über die Motive zur Eroberung des Sudan gerätselt. Sie sind komplexer Natur. Allem voran steht das enorme Macht- und Geldbedürfnis des Paschas. Als Privatmann war er sparsam, sein persönlicher Aufwand konnte sich mit dem seines Nachfolgers, des Khediven Ismaël, nicht messen, seine Verwaltung war vernünftig, aber sein Ehrgeiz, sein politisches Engagement verleiteten ihn zu hohen Ausgaben. 1811 hatte er 20000 Mann unter Waffen, später waren es 100000, eine hohe Belastung für ein Land wie Ägypten. Neben dem Problem, die albanischen und türkischen Truppen nach Beendigung des Wahhabiten-Feldzuges zu beschäftigen, hat sicherlich auch das Motiv, den Mamelucken, die sich seit 1811 in Dongola festgesetzt und einige der nördlichen Scheikïe-Stämme unterworfen hatten, endgültig den Garaus zu machen, eine Rolle gespielt. Möglicherweise besaß Mohammed-Ali die Vision von der Einheit des Niltals, eine politische Idee, die vornehmlich in der arabischen Literatur des 20. Jahrhunderts hervorgehoben wird. Der Nil wurde ein ägyptischer Fluß vom Delta bis zu den geheimnisumwitterten Bergen Zentralafrikas, in denen man seinen Ursprung vermutete.

Für die Erweiterung der Grenzen Ägyptens nach Süden war der Besitz der angeblichen sagenhaften Reichtümer des Sudan bestimmend. Der gesamte Handel Nubiens und des Sudan wickelte sich damals über Ägypten ab. Große Karawanen erreichten jährlich Siut und Assuan. Sie brachten Elfenbein und Straußenfedern, Gummiarabicum aus den Akazien Kordofahns, ganze Herden von Kamelen, Pferde aus Dongola, Rinder, Esel, Rhinozeros- und Nilpferdleder, Kupfer aus Hofrat En Nahas in Darfur, Baumwollstoffe aus Sennar; aber die Reichtümer par excellence waren Gold und Sklaven – Gold aus den Gebirgen des Roten Meeres und aus Fazoghl am Fuße des abessinischen Bergmassivs, Sklaven aus den unerschlossenen Weiten Zentralafrikas.

Man hoffte auf Sklaven und Gold. Immer wieder befiehlt der Vizekönig während des Feldzuges seinen Söhnen, mehr Sklaven heranzuschaffen. Das unausgeschöpfte Sklavenreservoir der nilotischen Länder am oberen Nil sollte die durch die ständigen Kriege Mohammed-Alis entstandenen Lücken füllen. Gut disziplinierte Negerbataillons haben später die besten regulären Truppen Ägyptens gestellt – berühmt wurde das sudanesische Kontingent, das 1864 unter Bazaine in Mexiko für die Sache Kaiser Maximilians kämpfte. Sklavenarbeit blieb auch für die zahllosen industriellen und gewerblichen Unternehmen Mohammed-Alis unerläßlich; er hatte eingesehen, daß es vorteilhafter war, den ägyptischen Fellachen tunlichst auf seiner Scholle zu belassen.

Die Machtverhältnisse im Sudan luden einen weitsichtigen und ehrgeizigen Eroberer nachgeradezu ein. Seit den Tagen Sultan Selims I., dessen Truppen die Fung 1520 in der Schlacht bei Hannak schlugen, hatte das obere Niltal keine Eroberer mehr gesehen. Unternubien zwischen Assuan und Wadi Halfa, wo heute auch die ägyptisch-sudanesische Grenze verläuft, war osmanisches Einflußgebiet. Bis zur Insel Say erstreckten sich türkische Garnisonen. Um 1815 wurde nun die gelockerte Souveränität Ägyptens erneuert.

Zwischen dem 3. und 6. Katarakt erstreckte sich das Gebiet der Scheikïe-Stämme, einer losen Föderation unabhängiger Nomaden unter der nominellen Oberhoheit des Fungkönigtums in Sennar. Mit der Ankunft der Mamelucken in Dongola verminderte sich ihr Einfluß, militärisch wie politisch stellten sie keine Macht dar, mit der die Ägypter rechnen mußten. Südlich schloß sich das alte Fungkönigreich von Sennar an. Die Fung lebten an den Ufern des Blauen Nils und im Gebiet der heutigen Gezira, begrenzt durch den Weißen Nil. Um 1820 erstreckte sich die Autorität des Königs von Sennar nominell noch bis Berber im Norden, im Westen bis nach Kordofahn, im Osten bis an das Rote Meer; doch das gesamte Gebiet kannte mit dem zunehmenden Zerfall des Fung-Reiches keine Herrschaft mehr, sondern lebte in stammesmäßiger Zersplitterung. Nicht nur lag das Sultanat von Sennar in den letzten Zügen seiner staatlichen Existenz, auch das im Westen gelegene alte islamische Königreich Darfur, mit der Sekundogeniturherrschaft Kordofahn, befand sich in der nahezu vierzig Jahre währenden Herrschaft Sultan Mohammed Fadls in einer Periode des Niedergangs.

In Kairo war man über die Verhältnisse durch Spione und Stammesführer, die den Anschluß im Norden suchten, wohlunterrichtet. Mohammed-Alis Strategie war einfach. Im Sommer 1820 setzte er zwei Armeen in Marsch, die eine, 5000 Mann unter dem Kommando seines

Sohnes Ismaël, sollte Sennar erobern, die zweite, 3000 Mann stark, marschierte unter dem Defterdar, seinem Schwiegersohn, auf Darfur. Entlang der uralten Wasser- und Handelsstraße des Nil zogen mächtige Heeressäulen von Fußvolk, Arnauten und irreguläre Beduinen sowie ein Detachment Artillerie unter Leitung eines Amerikaners aus Massachusetts; die Herrscher einiger Nubierstämme lieferten weitere Zuzüge und die nötigen Führer. Die in Dongola verbliebenen Mamelucken flüchteten ohne Widerstand, die Stämme der Scheikïe erlagen in zwei Feldschlachten, ein anderer Teil unterwarf sich. Bei Meroe überschritt die ägyptische Armee den Nil, durchquerte die Bayudasteppe und erreichte den Fluß wieder Anfang März 1821 bei Berber. Der Scheich der Jaliin-Stämme, Nimr, ergab sich, Berber, Schendi, Halfaya fielen den Ägyptern zu. Am 14. Mai erreichte die Armee den Zusammenfluß des Blauen und Weißen Nils; 1823 sollte hier aus wenigen armseligen Fischerhütten die neue Hauptstadt Chartum entstehen.

Am 14. Juni 1821 übergab der letzte König der Fung seine Hauptstadt Sennar kampflos den Ägyptern. Ende August erreichte Ibrahim Pascha mit Verstärkungen die durch das unerbittliche Klima und Seuchen geschwächten Truppen Ismaëls. Die Eroberung wurde zwar vollendet, der Ertrag an Sklaven und Gold blieb jedoch weit hinter den Erwartungen zurück. Mittlerweile war Mohammed Bei Khusraw der Defterdar in Kordofahn eingefallen. Er schlug den Statthalter Musallim und annektierte die Provinz, der griechische Aufstand 1822 und die weitere Entwicklung im Sudan machten die weitere Eroberung Darfurs unmöglich.

Nach Ibrahim kehrte im Oktober 1822 auch Ismaël nach Norden zurück. Als er in Schendi eine übermäßige Kontribution an Gold und Sklaven von Mek Nimr verlangte, wurde in der darauffolgenden Nacht sein Quartier angezündet, und Ismaël kam mit seinem Gefolge in den Flammen um. Sofort brach im gesamten Sudan der Aufstand gegen die ägyptische Herrschaft los. Nur wenige Garnisonen hielten sich, bis es dem Defterdar, der aus Kordofahn mit den intakten Kontingenten herbeieilte, gelang, die bis 1824 währende Revolte mit harter Hand zu unterdrücken. Die folgende Schreckenszeit, in der ganze Städte verbrannt und die Bevölkerung in die ägyptische Sklaverei geführt wurde, war noch in aller Gedächtnis, als Brehm fünfundzwanzig Jahre später den Sudan besuchte. Manche Orte, wie der alte Handelsplatz Schendi, das seine Bedeutung an Chartum verlor, haben sich nie mehr davon erholt.

Die Gründe der Revolte liegen außer im Widerstand gegen die Fremdherrschaft vor allem in der Einführung des ägyptischen Steuersystems. Die koptischen Finanzintendanten taxierten unbarmherzig das entlegenste Dorf, selbst die Wasserschöpfräder der Bauern am Nil wurden besteuert. Die Bevölkerung flüchtete in das unzugängliche abessinische Bergland. Entvölkerung und Verödung erschütterten das Gleichgewicht der Stämme. Der Aufstand – ohne Führer und Zielsetzung – brach zusammen. Er kostete rund hunderttausend Tote; es sollten 60 Jahre vergehen, bis es dem religiösen Charisma des Mahdi gelang, den Sudan erfolgreich gegen die Fremdherrschaft zu einen.

Die kommenden Jahre sehen die Etablierung der turkoägyptischen Herrschaft, der Sudan wurde zum Sklavenreservoir Ägyptens. Allein zwischen 1822 und 1824 wurden 30000 Sudanesen in die Armeen Mohammed-Alis gepreßt. Hauptgebiete der Sklavenjagden bildeten die Nuba-Berge, das südliche Kordofahn, das Ingessana-Bergland und der obere Blaue Nil, schließlich die von Schilluks und Dinkas bevölkerten Flußufer des Weißen Nils.

Auf Befehl Mohammed-Alis erfolgte 1839–1842 die Erforschung des oberen Weißen Nils zwischen Chartum und Gondokoro. Der Nil bedeutete den einzigen Verkehrsweg in den unberührten Süden, wenngleich er auf Hunderte von Meilen durch den fast undurchdringbaren »Sudd« führte, einen dicken schwimmenden Teppich aus Gras und Papyrus, der den Fluß völlig bedeckte. Elfenbein und Sklaven waren die Motive für das Vordringen, und so trifft man türkische Beamte und Händler dort Jahrzehnte vor den berühmten Forschungsreisenden, die wie Speke und Grant im Auftrag der geographischen Gesellschaften Europas oder wie Baker, Pruyssenaere, Peney oder die Gebrüder Poncet privat das Geheimnis des Nils und seiner Quellen zu entdecken trachten.

Am 16. November 1839 verließ eine Flottille von zehn Booten unter dem Kommando des türkischen Fregattenkapitäns Selim Chartum, um durch die Papyrussümpfe bis Gondokoro tausend Meilen weiter südlich vorzustoßen. Das Unternehmen gelang, Selim erreichte den 5. Grad nördlicher Breite. Als die europäisch-kolonialen Einflüsse sich noch auf die Küstenbezirke Westafrikas beschränkten, als Sultan Said gerade erst eine Dynastie auf Sansibar an der Ostküste des Kontinents begründete, fanden die wenigen Männer Mohammed-Alis den Zugang tief in das Innere des unbekannten Zentralafrikas. Von nun an sollte das wechselvolle Schicksal des südlichen Sudans mehr als ein Jahrhundert bis auf unsere Tage mit den Wüstengebieten des Nordens verbunden bleiben. Die Einheit des Niltals wurde zur geopolitischen Herrschaftsfrage.

Zunächst war es der türkischen Regierung in Chartum darum zu tun, die neu erschlossene Handelsquelle zu monopolisieren. Private Handelsunternehmen kamen unter Beaufsichtigung von Truppen und Beamten in den folgenden Jahren zustande. Der berüchtigte Italiener Nicola Ulivi, Brehm im ungünstigsten Angedenken, die Savoyarden Brun-Rollet und Lafarque, einige Levantiner und Syrer machten gemeinschaftliche Sache mit der Regierung. Im weiteren Verlauf jedoch setzten die europäischen Mächte durch ihre Konsuln in Chartum und Kairo die völlige Handelsfreiheit durch. Anfänglich beschränkte sich der Handel auf den Tausch von Elfenbein, das sich in großen Mengen bei den nilotischen Uferbewohnern vorfand, die die in mächtigen Herden in Sümpfen und Urwäldern hausenden Elefanten nur wegen des Fleisches jagten. Man erhandelte Elfenbeinzähne für eine Handvoll ordinärer venezianischer Glasperlen. Mit der Zeit wurde das Elfenbein seltener, und der Wert der Glasperlen fiel. Angesichts der Bedürfnislosigkeit der Stämme verfielen die Händler mehr und mehr darauf, Sklaven zu kaufen, später zu rauben. Sie machten gemeinsame Sache mit einem Stamm, überfielen unter dessen Führung die Nachbarn und suchten so viele Gefangene als möglich zu machen, um sie als Sklaven verkaufen zu können. Zugleich wurde geraubt, was sich an Vieh vorfand, und die Beute mit den befreundeten Stämmen geteilt.

Manche Händler gründeten in den befreundeten Distrikten feste Niederlassungen, sog. Zeribas mit ständiger Garnison, von denen aus Züge ins Innere unternommen wurden. Es gab Händler, die Privatarmeen bis zu 500 Mann unterhielten und Raub und Tausch in großem Stil betrieben. Sie verbanden sich mit arabischen Zwischenhändlern, die den Weitertransport der Sklaven nach Chartum übernahmen. Ganze Schiffsladungen dieser schwarzen Ware wurden nilabwärts gesandt. Die Transportbedingungen waren primitiv, die Überlebenschancen gering. In dem Bemühen, neue Handelswege zu erschließen, entdeckte man das Land: die Zuflüsse des Nils und ihre Verzweigungen, man drang zu Land über den Bahr El Ghazal zur Wasserscheide von Nil und Kongo vor.

Den Behörden sowie den Konsularagenten in Chartum waren die Zustände natürlich bekannt. Erst nach dem Tode Mohammed-Alis und recht eigentlich erst mit der Thronbesteigung des Khediven Ismaël wurde versucht, den himmelschreienden Verhältnissen ein Ende zu bereiten. Der Import von Schwarzen steigerte die Einnahmen des Fiskus, zugleich erhielt man auf die billigste Weise viele zum Militärdienst tüchtige Leute, auch Sklavinnen für den Harem, und natürlich – wie immer im Orient – waren Regierungsbeamte an den Spekulationen beteiligt.

Ein allgemeines europäisches Interesse an der Sklavenfrage erwachte erst um 1863, im gleichen Moment, als Grant und Speke von ihrer historischen Entdeckungsfahrt zu den Nilquellen zurückkehrten und das Niltal aus dem Dunkel eines fernen Erdteils in den Blick eines geographisch aufgeschlossenen Jahrhunderts trat. Zwar war in London bereits 1840 die Antisklavereigesellschaft gegründet worden, die unter ihren Führern Bowring und Madden an den Pascha in Kairo Appelle richteten, aber Englands Position in Mohammed-Alis Reich war für einen Erfoig zu schwach. Erst Baker, dessen mehrfach verlegte Bücher über den Nil Bestseller ihrer Zeit waren, gelang es, in seiner großen Expedition »Ismailia« 1869–1873, die er – Begleiter des Prinzen of Wales bei der Eröffnung des Suezkanals – mit dem Khediven Ismaël aushandelte, erste Schritte zur Unterdrückung des Sklavenhandels im Südsudan zu tun. Die Schriften des Deutschen Schweinfurth, des Österreichers Pallme sowie des Engländers Cooper, »The lost Continent, or Slavery and the Slave Trade in Africa«, orientierten ein breiteres europäisches Publikum über den Sklavenhandel im Sudan. Charles George Gordon, der 1885 in Chartum unter den Speeren der Mahdisten starb, vermochte in seiner Amtszeit als Gouverneur des Sudan – ohne dabei immer konsequent zu sein –, den Sklavenhandel immerhin auf ein gewisses Maß zu reduzieren. Ein nachhaltiger Erfolg war erst der britischen Kondominatsverwaltung zu Ende des Jahrhunderts beschieden.

An den Zusammenfluß, wo der Nil entsteht, auf die nördlichste Spitze der »Gezira«, Ras el Chartum genannt, wurde kurz nach der Eroberung des Sudans eine Truppenabteilung verlegt; um ihre leichten Strohbaracken gruppierten sich bald Magazine und die dauerhaften Behausungen einiger Offiziere, Schreiber, Lieferanten und Kaufleute; ein Markt entstand, den die Landbevölkerung der Umgebung mit Landesprodukten versorgte, wofür sie ägyptische Waren einkaufen konnte. In wenigen Jahrzehnten war aus dem Lager und dem Dörfchen eine Stadt und zugleich ein wichtiger Handelsplatz geworden. Die fünf Provinzen des ägyptischen Sudan, in die das Land nach seiner zunächst endgültigen Eroberung und Befriedigung eingeteilt worden war, Nubien, Taka, Sennar, Fasoghl und Kordofahn, erhielten in Chartum einen Mittelpunkt, an dem der Generalgouverneur seinen Sitz nahm. Das hauptstädtische Gepräge der Stadt hält sich in bescheidenem Rahmen. Chartum besteht noch zu Brehms Zeiten im wesentlichen aus einstöckigen Lehmbauten aus ungebrannten Ziegeln mit flachem Dach. Die einst landesüblichen Strohhäuser mit ihren hohen konischen Dächern – Tokul genannt – dürfen wegen der Feuersgefahr nicht mehr gebaut werden.

Chartum – damals wie heute keine Schönheit – besitzt wenige größere Plätze; die Straßen sind eng und krumm, uneben und voller Staub und Unrat. Hier und da ein Garten mit Doumpalmen, schattigen Sykomoren und Tamarinden, Akazien und vereinzelten Dattelpalmen. Zahlreiche Segelbarken reihen sich am Ufer des Nils unmittelbar unter den Häusern entlang. Stattlich ragt nur der weißgetünchte Palast des Gouverneurs am Blauen Nil mit seinen hohen Mauern und Fenstern empor. Daneben der Bazar mit seinen überdeckten Gängen, die Gebäude der österreichischen Mission mit gut gehaltenen, von hohen Steinmauern umschlossenen Gärten, türkische Kaffeehäuser, die Läden der griechischen Kaufleute, endlich die Magazine der Regierung, Kasernen und ein Hospital. Stapelplatz aller orientalischen Bedürfnisse ist der Bazar. Hier begegnet man Reihen von Buden mit ägyptischen Schustern und Schneidern sowie den Händlern, welche Stoffe aller Art aus Indien, Tunis und Konstantinopel anbieten. Daneben Barbierstuben und Bäder. Der Sklavenmarkt bildet ein Kapitel für sich.

Die Bevölkerung Chartums bildete eine Palette verschiedenster Nationalitäten. Neben den eingeborenen Sudanesen finden sich Araber, Berber, Ägypter, Kopten, Griechen, Malteser, Neger aus Äquatoria, vom oberen Blauen Nil, aus den Nuba-Bergen und Darfur, Abessinier und Galla, Kurden, Türken, Perser, Maghrebiner und Arnauten, syrische und armenische Christen, algerische Juden. Die wenigen in Chartum ansässigen Europäer sind Kaufleute, Missionare, Konsuln und Spekulanten. Weder unter sich noch seitens der übrigen Bevölkerung oder der ägyptischen Behörden genießen sie einen guten Ruf. Meist sind es Menschen, welche durch alle möglichen, in undurchdringliches Dunkel gehüllte Verhältnisse hier an die äußerste Grenze der Zivilisation verschlagen sind, um ihr Glück zu machen oder ein frühes Grab zu finden.

Brehm hat die Verhältnisse, die Ungebundenheit der Sitten, aber auch Gastfreundschaft und Hilfsbereitschaft der kleinen europäischen Kolonie lebendig und temperamentvoll geschildert. Die totale Abgeschiedenheit der europäischen Gesellschaft in einem Lande, dessen Verhältnisse Zusammenhalten gegen vielfältige äußere Elemente erheischten und dessen mörderisches Klima stündlich wie aus heiterem Himmel seine Opfer fordern konnte, bewirkten, daß trotz aller Händel, die zwischen den einzelnen herrschen und oft in nicht eben ritterlicher Weise beigelegt werden, doch ein gemeinsames Band die bunt zusammengewürfelte Gesellschaft umschließt. »Man haust hier in einer kleinen Republik in allerdings fast zu unbeschränkten sozialen Verhältnissen, meist ohne viel Beschäftigung, ohne gegenseitige geistige Anregung, unter dem demoralisierenden Druck der klimatischen Einflüsse, die alle Keime von Leidenschaft steigern, und führt eine Art von Kneipenleben, das eben durch die Umstände bedingt ist«, schreibt in diesen Jahren der österreichische Konsul.

Zum Schutz des Handels und der Missionen unterhielten Frankreich, England, Sardinien und Österreich-Ungarn Konsulate, die zumeist von Kaufleuten als Honorarkonsuln geführt wurden, die gelegentlich nicht einmal der von ihnen vertretenen Nation angehörten. Unter dem besonderen Schutz des österreichischen Konsulats stand die römisch-katholische Mission, zugleich »Apostolisches Vikariat für Zentralafrika«. Sie war 1846 durch Papst Gregor XVI. ins Leben gerufen worden und erfreute sich des persönlichen Patronats Kaiser Franz Josephs. Im wesentlichen auf freiwillige Beiträge Österreich-Ungarns gegründet, gehörte zu ihrem Aufgabengebiet die Bekehrung der Neger zum Christentum sowie die geistliche Betreuung der im Sudan lebenden Europäer. Ihren Aufschwung verdankt die Mission dem Jesuitenpater und nachmaligen apostolischen Vikar Dr. Ignaz Knoblecher. Brehm, der mit ihm die Anreise von Ägypten nach Chartum unternahm, hat ihm in seinem Buch ein freundliches und respektvolles Denkmal gesetzt. Keiner aus der damaligen Reisegesellschaft ahnte, daß im folgenden Jahrzehnt mehr als 50 Geistliche und Laienbrüder dem sudanesischen Klima zum Opfer fallen sollten, ohne daß der Mission – von der Bekehrung angekaufter Sklaven abgesehen – ein Erfolg beschieden gewesen wäre.

Die Sterblichkeit unter Fremden wie Sudanesen erreichte einen hohen

Grad. 1854 starb fast die gesamte europäische Kolonie Chartums aus. Malaria, Diphtherie und Cholera wüteten mit unglaublicher Heftigkeit; Brehm berichtet immer wieder von Fieberanfällen, die ihn für Wochen niederwerfen. Lebensgier und Lebensfreude Chartums stehen hierzu in grellem Kontrast. Türken und Europäer genießen das Leben, das in Chartum so wenig zu bieten hat, so gut es eben geht. Das Verhältnis der turko-ägyptischen Überlagererschicht zu den Europäern ist größtenteils intim und freundschaftlich. Die wenigsten Türken hatten Skrupel, höchst ungezwungen mit den Ungläubigen zu verkehren und deren Sitten und schlechte Gewohnheiten rasch anzunehmen. Umgekehrt nehmen an den glänzenden Festlichkeiten des Gouverneurs und der Regierungsbeamten mit Feuerwerk und Musik, nubischen Tänzerinnen, Gauklern, Schnurranten und Narren mit ihren obszönen Späßen neben der türkischen Oberschicht regelmäßig auch die Europäer teil; unglaubliche Mengen von Spirituosen werden vertilgt, welche Gewohnheit sich bis auf den heutigen Tag in Chartum erhalten hat. So beschreibt der amerikanische Reisende Bayard Taylor Festlichkeiten und Ausflüge in die Umgebung:

»Die Boote wurden am Ufer festgetäut, Feuer angezündet, die Pfeifen angesteckt und Kaffee zubereitet. Im Lichte des vollen Mondes saßen wir in Gruppen im Sand. Um Mitternacht gab es das übliche Schaf, das von zwei Flaschen Rotwein begleitet war. Daraufhin gab Abou-Balta (ein reicher Kaufmann) vor, entrüstet zu sein, allerdings nur solange, wie mohammedanische Diener sich in seiner Nähe aufhielten. Als die Luft rein war, räkelte er sich wie ein zweiter Falstaff auf dem Sand, wobei sein fröhliches Gesicht im Mondlicht strahlte. Dann probierte er verschmitzt das verbotene Getränk, das ihm gut mundete.

Ein ganzes Schaf wurde aufgetragen, mit Reis gefüllt und mit Brot, Zwiebeln, Rettichen und Weintrauben garniert. Wir machten unseren rechten Arm frei und stürzten uns mit bloßen Fingern und mit so viel gutem Willen über das dampfende Fleisch, daß nach einer halben Stunde nur noch ein bildschönes Skelett auf der Platte übriggeblieben war.«

oder einen Empfang bei Sultana Nasra, einem Mitglied der ehemals regierenden Familie von Sennar:

»Alle ihre Sklavinnen waren Mädchen zwischen zwölf und vierzehn Jahren, unbekleidet bis auf einen Ráhad, einen Gürtel aus Lederfransen, über den Hüften. Es war offensichtlich, daß sie nach ihrer Schönheit ausgesucht worden waren; zwei von ihnen erschienen in der Symmetrie ihrer Formen und in der Anmut ihrer Bewegungen unvergleichbar, obwohl sie schwarz wie gußeiserne Statuen waren. Die Sklavinnen brachten uns die Pfeifen und Kaffee, und wenn sie nicht beschäftigt waren, standen sie mit vor der Brust gefalteten Händen in einer Reihe nebeneinander am äußeren Ende des Zimmers.«

Der gleiche Reisende vermerkt allerdings auch den Revers der Medaille:

»Auf beiden Seiten sah ich in eingepferchte Innenhöfe, in denen die elenden Araber- und Negerfamilien sich tagsüber faul in der Sonne wärmen, oder in die schmutzstarrenden Schlupfwinkel, in die sie nachts kriechen. Der Haufen von Kindern, mit denen sie sich in diesen Höhlen fortpflanzen, saß splitternackt im Schmutz und spielte mit gelben Kötern. Hier oder dort stand ein abgemagertes Lastkamel in der Hofecke. Die einzigen Einrichtungsgegenstände, die zu sehen waren, bestanden aus einem Wassersack aus Ziegenleder, ein paar Töpfen und Krügen, ein oder zwei Körben und manchmal einem Angareb, das als Sitzgelegenheit und Bett diente.« *

Brehms Reisebericht ist nur einer in der reichen Reiseliteratur über den Sudan, wenn auch in seiner genauen, gründlichen und gemütvollen Betrachtungsweise eine für das bildungsbewußte 19. Jahrhundert besonders typische Schilderung. Während Chartum und der Sudan mit dem Beginn des vergangenen Jahrhunderts das Ziel zahlreicher europäischer Besucher wurde, existieren nur wenige Zeugnisse über Reisen vor der turko-ägyptischen Zeit. Nach der Pilgerfahrt des niederrheinischen Ritters Arnold von Harff, der 1496 seine Reise antrat, die ihn über Ägypten bis nach Nubien und Äthiopien bringen sollte, vergehen zweihundert Jahre, bis der Franziskanerpater Theodor Krump aus Augsburg 1701 mit anderen Missionaren aus Kairo aufbricht und über die alte Karawanenroute, über die Oase Selima–Moscho–Dongola–Sennar, die Hauptstadt des Fungkönigtums erreicht. Ein Jahr darauf gelingt ihm die beschwerliche Rückkehr aus Abessinien; 1710 erscheint in Augsburg sein denkwürdiges Buch. Nach dem Schotten James Bruce, der siebzig Jahre später aus Gondar über Sennar nach Assuan zurückkehrt, verdanken wir dem Schweizer Johann Ludwig Burckhardt die klassische Schilderung Nubiens und des nördlichen Sudans am Vorabend der ägyptischen Eroberung. 1813 durchkreuzt er mit einer Sklavenkarawane die Nubische Wüste und erreicht über Berber und Schendi die Hafenstadt Suâkin am Roten Meer.

Mit dem Aufschwung der Dampfschiffahrt auf dem Mittelmeer, insbesondere durch den Triester Lloyd, wurden die Verbindungen nach Ägypten erheblich erleichtert. Ganze Scharen von Europäern strömten in das alte Land der Pharaonen, nur wenige wagten sich über die Nilkatarakte nach Süden hinaus. Aber nach dem Fall der Mameluckenherr-

* Zitiert nach Breier, a. a. O. S. 25 ff.

schaft werden auch die Regionen am oberen Nil stärker besucht, Nubien, Kordofahn und Sennar wurden für Kaufleute und Missionare, für Reisende, Abenteurer und Forscher zugänglich, und neue Verkehrswege etablieren sich. Viele von ihnen, die die Neugier, Glaubenseifer oder das Abenteuer trieb, die Elfenbein oder geographische Entdekkungen suchten, hinterließen Beschreibungen, Tagebücher, Notizen und Korrespondenz. Schon über die Expedition der ägyptischen Truppen besitzen wir reichhaltiges Quellenmaterial, den Bericht des Bostoner Artillerieoffiziers G. B. English, das mehrbändige Werk Frédéric Cailliauds »Voyage à Méroë«, das die meroitischen Altertümer Nubiens erschließt. Linant de Bellefonds' Memoiren über den Eroberungszug wurden erst ein Jahrhundert später in der Chartum University Press publiziert. Der Preuße Ferdinand Werne berichtete über die Feldzüge und die Expedition zur Entdeckung der Nilquellen. Die erste gründliche Beschreibung Kordofahns 1843 verdanken wir der Reise des Österreichers Ignaz Pallme. Neben Franzosen und Italienern – die Engländer gehören in eine spätere Phase – sind es vor allem deutsche Reisende, deren Schriften zu den Standardwerken über den Sudan gehören. Allen voran die glanzvollste Schilderung der Epoche, Fürst Pücklers »Aus Mehmet Ali's Reich«. Wie kein anderer hat der Grandseigneur der deutschen Orientreisenden den morgenländisch-afrikanischen Charme des Landes geschildert, dem er in Gestalt der nubischen Sklavin Machbuba selbst erlag und die er mit der selbstverständlichen Gelassenheit des Standesherren der Wiener Hofgesellschaft in Mameluckentracht als seine Favoritin vorstellte.

Das aufgeklärte, bildungsbewußte Preußen Friedrich Wilhelms IV. rüstete zwei wissenschaftliche Expeditionen aus: 1842 bis 1845 bereiste der spätere Direktor des Ägyptischen Museums in Berlin, Richard Lepsius, zusammen mit Heinrich Abeken, nachmalig preußischer Generalstabsoffizier, Ägypten und Nubien und nahm die Altertümer in Schendi und Meroë auf, ihm danken die ägyptologischen Sammlungen Deutschlands den Ankauf vieler nubischer Antiquitäten, darunter auch Funde aus den Pyramiden von Meroë. Seine rund vierzig an Alexander von Humboldt, Bunsen und den König selbst gerichteten Briefe aus dieser Zeit erschienen 1852 in Buchfolge. Heinrich Karl Brugsch bereiste Nubien 1853 bis 1854. Viele deutsche Sudan-Reisende der Zeit kennt Brehm oder erwähnt sie: Rüppel, dessen »Reisen in Nubien, Kordofahn und dem Peträischen Arabien« schon 1829 erschienen, J. von

Russegger, dessen mineralogische Gutachten Mohammed-Ali zur Goldsuche ermutigten, von Henglin, Bilharz, den Entdecker der Bilharziose, Ehrenberg, den Missionar Krapf, den Diplomaten Graf von Prokesch-Osten, den Schriftsteller Bogumil Goltz, um nur einige von ihnen zu nennen; fast alle haben, von der Weite und Unberührtheit des oberen Niltals fasziniert, ihre Eindrücke und Erlebnisse in diesem entlegenen Teil der osmanischen Welt beschrieben.

Daneben war der Sudan schon zu Zeiten Brehms beliebtes Ziel für Jagdfahrten und archäologisch-touristische Ausflüge. 1839–40 unternimmt Prinz Friedrich Paul von Württemberg einen Ausflug, der ihn bis an die abessinische Grenze bei Fazoghl führt, 1831 besucht der Österreicher Baron Callot auf der Suche nach Altertümern Chartum, Sennar und Gallabat an der äthiopischen Grenze. Brehm selbst begleitet zehn Jahre nach seinen Reisen in den Sudan den Herzog von Sachsen-Coburg-Gotha auf einer ausgedehnten Jagdpartie in den Ostsudan und Eritrea.

Mit dem erwachenden Interesse an der Erforschung der Quellen des Nils um die Jahrhundertmitte erlebt der Sudan einen neuerlichen Zustrom an Forschern, Vergnügungsreisenden und Abenteurern. Die Durchfahrt durch den Suezkanal eröffnete neue Verkehrswege auch in den Sudan. Neben der pompösen wie ineffizienten Figur eines Sir Samuel White Baker und Gordon, dem angelsächsischen Idol, findet sich eine zusammengewürfelt anmutende Gruppe europäischer Administratoren, die sich in die Verwaltung des Sudans, dieser einzigen nichteuropäischen Kolonie auf afrikanischem Boden, teilen. Mit ihnen, unter der Herrschaft des Khediven Ismaël, erlebte der Sudan eine letzte weitausgreifende Expansion. 1865 trat die Pforte die Häfen Suâkin und Massaua ab, die bislang unter der Statthalterschaft Djidda gestanden hatten, 1871 wurde der Schweizer Munzinger Gouverneur von Massaua, 1874 wurde Darfur erobert und als Provinz einverleibt; ihr letzter Gouverneur, der Österreicher Slatin-Pascha, sollte einige Jahre darauf in El Fascher vor dem Mahdi kapitulieren. Vor dem Ausbruch der Mahdistischen Erhebung von 1884 umfaßte der ägyptische Sudan die Küste des Roten Meeres, weite Teile der Somaliküste unter Einschluß von Harrar, Zeila und Berbera, die ausgedehnten Gebiete um den Bahr El Ghazal und den oberen Nil, um schließlich mit der Provinz Äquatoria im Süden den Viktoriasee und damit den Äquator zu erreichen. Weite Bereiche des heutigen Uganda, Eritreas, ja selbst Somalias standen damals unter der zumindest nominellen Herrschaft des Khediven. Der Nil wurde ein ägyptischer Strom, für eine kurze Spanne erschien der Traum von der Einheit des Niltals verwirklicht. Der Zerfall dieser Einheit unter den Anstürmen der Mahdisten gehört bereits in ein anderes Kapitel.

Festzuhalten bleibt hingegen noch ein Name, der in diese Spätzeit der ägyptischen Herrschaft fällt: Unlöslich mit Äquatoria verbunden ist sein letzter Gouverneur Eduard Schnitzer aus Oppeln in Schlesien, bekannt als Emin-Pascha, der nach dem Aufstand des Mahdi, von der Außenwelt völlig abgeschnitten, noch Jahre hindurch die Provinz nominell für den Khediven hielt. Als das Deutsche Reich unter Carl Peters sich um 1886 anschickte, seine koloniale Interessensphäre in Ostafrika nach Norden über Uganda hinaus auszudehnen, beeilte man sich in England wie einst für Livingstone, eine Expedition unter Leitung Stanleys zum Entsatz auszusenden, der den Widerstrebenden schließlich nach Sansibar brachte. Jedoch gehört der gesamte Komplex, wie auch der Aufstand des Mahdi nicht mehr in den hier behandelten zeitlichen Zusammenhang, wie denn die späteren deutschen Sudan-Forscher, wie Heinrich Barth, Georg Schweinfurth, Gustav Nachtigal, Wilhelm Junker, hier unberücksichtigt bleiben müssen.

Rund 150 Jahre sind verflossen, seit Brehm am 2. Februar 1829 im Pfarrhaus im thüringischen Renthendorf geboren wurde. Ein kurzer Blick auf seine Biographie sei abschließend gestattet. Der Vater, Christian Ludwig Brehm, war ein bekannter Ornithologe. Der vogelforschende geistliche Herr hat frühzeitig den Hang des Sohnes zur Naturbeobachtung geweckt. Der Zufall fügte es, daß der eben achtzehnjährige Architekturstudent von dem württembergischen Baron von Müller – mit dem alten Brehm durch die gemeinsame Liebe zur Ornithologie bekannt – gebeten wurde, ihn auf seiner Fahrt in den Sudan zu begleiten. Man muß sich beim Lesen das Alter Brehms vor Augen halten: seine »Nord-Ost-Afrikanischen Reisen« erlebte er als ein kaum der Schule Entwachsener und veröffentlichte sie 1855, mit nur 26 Jahren.

Das Afrikaunternehmen des Baron Müller, das Brehm frühen Ruhm brachte, litt von Anbeginn an schlechter Ausrüstung und letztlich unter Geldmangel. Ob, wie Brehm es darstellt, Freiherr von Müller seinen Reisegenossen auf der zweiten Fahrt in den Sudan kühlen Blutes im fernen Chartum im Stich gelassen hat, soll hier dahingestellt bleiben; jedenfalls hielt sein Vermögen seinen wissenschaftlichen Ambitionen nicht stand. Nach anstrengenden hundert Tagesreisen von Kairo langte Brehm am 7. Januar 1848 in Chartum an. Jagdreisen in die Wälder am Blauen und Weißen Nil, eine Fahrt nach Kordofahn folgten. Ende August traten die Reisenden mit reicher Ausbeute an lebenden und toten Tieren die Rückfahrt auf dem Nil nach Ägypten an, am 30. Oktober landeten sie in Kairo.

Auf seiner zweiten Sudanreise im Jahre darauf verlor Brehm in Dongola Anfang Mai 1849 seinen Bruder Oskar, der beim Baden im Nil ertrank. Er erreichte Chartum, verharrte hier mittellos und von immer neuen Fieberanfällen geschüttelt, bis ihm die Großzügigkeit des türkischen Gouverneurs eine mehrmonatige Jagdreise auf dem Blauen Nil über Sennar und Roseires bis an die abessinische Grenze ermöglichte. Immer wieder, auch in seinen späteren Lebensjahren, hat sich Brehm gerne an diese, die glücklichste und unbeschwerteste Reise im Sudan erinnert. Rund vierzehnhundert Vogelbälge von Riesenstörchen bis zum kleinsten Singvogel betrug die Ausbeute dieser Fahrt. Zum ersten Mal erlebte Brehm die ganze Vielfalt der Tierwelt der Urwälder, erblickte Antilopen, Löwen und Elefanten, sah wilde Büffelherden zur Tränke ziehen, hörte des Nachts am Lager die Leoparden, Schakale und Hyänen. Nach seiner Rückkehr verbrachte er den heißen Sommer in Chartum mit Sichten und Ordnen seiner Sammlungen. Noch einmal erwies sich die Generosität Latief-Paschas. Mit der sicheren Menschenkenntnis des Orientalen lieh er dem jungen Mann 5000 Piaster aus der Staatskasse zur Rückkehr nach Ägypten. Nach einem in Kairo verbrachten Winter und einem Ausflug ans Rote Meer kehrte Brehm mit einer Sammlung von Tieren für den Berliner Zoo über Triest nach Deutschland zurück. Volle fünf Jahre hatte die Fahrt ins Morgenland gedauert.

In Jena und Wien studierte Brehm Naturwissenschaften und Zoologie. Als Jenenser »Saxone« neben Kneipe und Kommers schrieb er seine »Nord-Ost-Afrikanischen Reisen«. Doktor der Philosophie, Mitglied der »Kaiserlich Leopoldisch-karolingischen Akademie der Naturforscher«, Gymnasiallehrer in Leipzig, beliebter Autor zahlreicher populär-zoologischer Aufsätze in der »Gartenlaube«, Verfasser wissenschaftlicher Werke, so vergehen die nächsten Jahre. 1861 erscheint »Das Leben der Vögel«, 1867 zusammen mit Roßmäßler »Die Tiere des Waldes«, 1869 die erste Auflage des Werkes, das ihn berühmt machte und seinen Namen bis auf unsere Tage lebendig bleiben ließ, das »Illustrierte Tierleben«. 1879 erschien eine zweite, fast auf den doppelten Umfang erweiterte Auflage, der bis in heutige Zeit immer wieder verlegten zehn Bände. Zu einer Würdigung dieses Klassikers unter den Naturgeschichten ist hier nicht der Ort. Noch immer ist es ein nach Anlage, Inhalt und Eigenart gültiges Werk, auch wenn es nach einem Jahrhundert nicht mehr dem heutigen Stande der Forschung entsprechen mag. 1863 wurde Brehm Direktor des Hamburger Zoologischen Gartens. Danach übernahm er Aufbau und Leitung des Berliner Aquariums.

Auch späterhin ist Brehm noch oft und weit gereist. 1862 ging er auf eine ausgedehnte Jagd- und Forschungsreise mit Ernst II. von Sachsen-Coburg-Gotha nach Eritrea ins Land der Bogos; seine Erlebnisse erschienen 1863 in Buchform »Ergebnisse einer Reise nach Habesch«. 1876 bereiste er mit Otto Finsch, dem Direktor des Naturhistorisch-ethnologischen Museums in Bremen, neun Monate lang Sibirien, durch Tundra und Steppe führte die Fahrt teils über chinesisches Gebiet bis an das Altai-Gebirge; über diese seine Reise kann man nachlesen in »Auf Forscherfahrt in Nord und Süd«. Mit dem österreichischen Thronfolger Kronprinz Rudolf, ebenfalls Ornithologe und mit Brehm freundschaftlich bekannt, unternahm er 1878 eine Forschungsfahrt zur unteren Donau, im Jahr darauf eine Jagdfahrt nach Spanien und Portugal. Nach einer Vortragsreise durch Nordamerika starb Brehm, erst fünfundfünfzigjährig, am 11. November 1884.

Er war ein bedeutender Forscher, eine Persönlichkeit, wie sie das 19. Jahrhundert in Europa in so reichem Maße hervorgebracht hat. Die Gabe lebendiger Schilderung und genauer Beobachtung machen sein Buch noch heute lesenswert.

Helmut Arndt

Meroë

Vorwort des Verfassers

Skizzen sind es, die ich bringe; ich sende sie anspruchslos hinaus in die Welt. Sie enthalten die Erzählung meiner Erlebnisse während fünfjähriger Reisen in Nordostafrika in möglichster Kürze und gelegentliche Bemerkungen über die Länder, welche ich berührte und deren Bewohner; sie können keine vollständige und sollen keine wissenschaftliche Arbeit sein.

Es war nicht meine Absicht, etwas über meine Reisen zu veröffentlichen. Ich schrieb meine Tagebücher, um in späteren Zeiten Anhaltspunkte für Erinnerungen, welche ewig in mir leben werden, zu erhalten und richtete sie auf die Herausgabe eines Reiseberichts nicht ein. Aber meine Gönner haben mich aufgefordert und meine Freunde mich gebeten, das Wenige, was ich ihnen daraus vorlesen konnte oder zu erzählen wußte, auch einem größeren Publikum mitzuteilen. So sind die vorliegenden Blätter entstanden. Daß sie viele Mängel enthalten, fühle ich am lebhaftesten selbst. Ich will aber zu meiner Entschuldigung anführen, daß meine Reiseskizzen ein Erstlingsversuch sind und erst geschrieben wurden, nachdem die beste Gelegenheit, mich auf eine Reisebeschreibung vorzubereiten, bereits vorüber war. Und deshalb bitte ich, meine Arbeit mild zu beurteilen.

Meine Mitteilungen sind die eines in Nordostafrika schon fast Eingebürgerten. In der langen Zeit meines Aufenthalts daselbst habe ich gelernt, Beschwerden, welche dem Neuling unerträglich scheinen, erträglich zu finden, ein Volk, mit welchem er sich nicht befreunden kann, zu achten, und Gegenden, welche für ihn Orte des Schreckens sind, ihren Reiz abzulauschen. Das Schwere, was ich erdulden mußte, das Entsetzliche, was ich gesehen habe, das Betrübende, was ich kennenlernte, gebe ich unverhüllt; aber ich habe mich auch bemüht, das wirklich Erhabene in treuen Umrissen zu zeichnen. Ich spreche von den Lastern und Untugenden der Nordostafrikaner, verschweige aber auch ihre Tugenden nicht. Mit der Landessprache so ziemlich vertraut, habe ich es gewagt, von der gewöhnlichen Schreibart der arabischen Wörter abzuweichen. Dabei habe ich mich bestrebt, die von mir gehörte Aussprache möglichst treu mit unsern Schriftzeichen wiederzugeben. Daß mir dies nicht vollständig gelingen konnte, wird jeder, welcher Arabisch versteht, erklärlich finden.

Ich habe meinen Reisebericht chronologisch gehalten und zwischen die Beschreibung einzelner Perioden meiner Reisen besondere Abschnitte über die Länder und ihre Bewohner eingeschaltet. Es ist dies zur Vervollständigung des Ganzen geschehen. Die, wie ich hoffen darf, allgemein verständlichen Bilder aus dem Tierleben habe ich entworfen, weil sie einzelnen meiner Leser etwas Neues mitteilen und deshalb vielleicht nicht unwillkommen sind.

Der einzige Zweck, welchen ich bei meiner Arbeit zu erreichen gesucht habe, ist *strenge Wahrheit dessen, was ich erzähle.* Es ist möglich, daß ich mich hier und da, vielleicht betrogen von meiner individuellen Anschauungsweise, geirrt habe; wissentlich habe ich aber niemals eine Unwahrheit berichtet. Und deshalb empfehle ich das Werk der Teilnahme des Publikums. Es ist ganz schmucklos, denn es soll nur die schlichte, aber getreue Erzählung meiner Erlebnisse und Erfahrungen sein. Möge das Buch eine freundliche Aufnahme finden!

Renthendorf bei Triptis im Juli 1855.

Der Verfasser

I. Einleitung

Am sechsten *Juli 1847* lag der große Postdampfer »Mamuhdie« dicht am *»Molo grande« Triests* zur Abfahrt nach der Levante segelfertig. Es war gegen vier Uhr nachmittags. Schon entstiegen dem Kamin des Schiffes dunkle Rauchwolken, aber noch verband eine leichte Brücke das belebte Verdeck mit dem Festlande. Über sie hinweg wogte ein Menschenschwarm, kommend und gehend. Da sah man den nirgends fehlenden Engländer mit seinem unter der Last von großen Koffern keuchenden Lohnbedienten neben der schwarzäugigen Italienerin und dunkellockigen, dem Neuling auffallenden Griechin, den Deutschen neben dem plaudernden Franzosen. Alle waren fröhlich und guter Dinge, wenn sie auch die Abfahrt sehnlichst herbeiwünschten.

Unter den Reisenden befanden sich der Baron *von Müller* [1] aus Württemberg und der Verfasser. Wir beiden waren im Begriff, eine naturwissenschaftliche Jagdreise über Griechenland nach Ägypten und Kleinasien anzutreten, wollten rückwärts die Türkei und Walachei besuchen und durch Ungarn nach Hause zurückkehren. Wie wir glaubten, mit allem Nötigen für die Reise wohlversehen, gingen wir sorglos den Beschwerden derselben entgegen und stimmten von ganzem Herzen in die allgemeine Heiterkeit mit ein. Es schien sich alles zu einer glücklichen Seefahrt vereinigen zu wollen. Über uns blaute der Himmel Italiens, von dessen Gestaden ein leichter Wind herüberwehete. Er war gerade kühlend genug, um der großen Hitze des Juli einigermaßen Einhalt zu tun, erfrischte die des warmen Klimas ungewohnten Nordländer und entfaltete dabei die freundlichen, überall gern gesehenen Farben der österreichischen Handelsflagge hinten am Stern des Schiffes. Das beste Wetter stand uns bevor.

Da tönten über den Hafen hinweg von den verschiedenen Türmen der Stadt die Glockenschläge der vierten Stunde herab. Die Zeit der ersehnten Abfahrt war gekommen. Unser Kapitän bestieg die Brücke auf dem Radkasten und erteilte durch sein Sprachrohr die nötigen Befehle. So-

[1] Anmerkungen des Herausgebers: siehe Seite 379 ff.

gleich entfernten sich alle diejenigen, welche nicht mit uns reisen wollten, die Landungsbrücke schwand, die Ankerwinde begann ihre eintönige und doch so willkommene Weise zu klappern. Schlammbedeckt hob sich der schwere Anker aus tiefem Grunde; Matrosen und Maschinisten waren in voller Tätigkeit; ein neuer Befehl – und der Koloß bekam Leben. Er durchfurchte erst langsam, dann immer schneller und schneller den Hafen, dann rauschte er mit voller Dampfkraft in die offene See hinaus.

Noch hafteten aller Blicke auf dem stolzen Triest. Im hellsten Sonnenschein lag es vor uns, umschlossen von grünenden Bergen. Wir Deutschen nahmen Abschied vom Vaterlande, von der letzten Stadt Deutschlands, wenn sie auch die Italiener zu ihrem Lande zählen wollen, weil sie sich in ihr eingenistet, Deutschtum und deutsche Sprache dort verdrängt und dafür ihre gleisnerischen Worte und Sitten eingeführt haben. Aber noch hatten uns bis hierher die treuen deutschen Augen entgegengeleuchtet, bis hierher deutsche Laute uns getönt, und darum hatten wir recht, wenn wir erst hier der Heimat die letzten Grüße sandten.

Mehr und mehr verschwand die »Königin der Adria«; schon lag der blaue Duft der Ferne über dem Panorama, da fesselte ein anderes Bild die Aufmerksamkeit. Es war das freundliche *Pirano,* an dem wir vorübersegelten. Von den Strahlen der schon tief gesunkenen Sonne rosig beleuchtet, gewährte das Städtchen einen gar lieblichen Anblick. Es vereint noch nordische Frische mit südlicher Kraft. Die südlichen Olivenwäldchen gruppieren sich um die nordischen Ziegeldächer, die hellgrüne Linde steht hier noch neben der dunkelbelaubten Kastanie Italiens.

Uns ist alles neu. Wie fröhliche Kinder gehen wir auf dem Verdeck umher. Bald sehen wir in den Raum der Maschine und beobachten ihre kräftige Arbeit, bald schweifen unsere Blicke der Küste Dalmatiens entlang; immer und immer aber kehrt das Auge zum Meere zurück, wir lehnen uns über die Galerie des Bords und schauen in seine ruhige, tiefe Bläue hinab. Unsere Gefühle sind mächtig erregt. Es ist, als ob wir uns in einem Zauberlande befänden. Das ist die erhabene Macht der See. Denn wie des Meeres Fläche jetzt so ruhig daliegt, ein Bild des reinsten, ungetrübten Friedens, so senkt sich auch auf uns ein stiller Frieden hernieder, belebt und kräftigt die Gedanken, herumzuschweifen und uns noch einmal all das Schöne vor die Seele zu führen, was die kurze, so genußreiche Reise durch Deutschlands Gaue uns gebracht. Da haften sie noch einen Augenblick an dem schönen *Dresden,* durchwandern das romantische *Elbtal* und gelangen nach dem stolzen königlichen *Prag.* Das reizende *Mähren* öffnet uns noch einmal seine waldigen Täler, wir weilen wieder in der erst vor kurzem verlassenen Kaiserstadt *Wien* und eilen dann über die Alpen hinweg durch Steiermark und Illyrien nach der schon so fremdartigen Meereskönigin *Triest.* Noch beschäftigt uns die Macht des ersten Eindrucks des vorher nie gesehenen Meeres. Dieser Eindruck ist unendlich groß, so unendlich groß, wie es die vor dem Beschauer ausgebreitete Wasserfläche zu sein scheint. Da verschmelzen am Horizonte Himmel und Wasser in eins, und ebenso verschmelzen auch die Gefühle in der Menschenbrust. Man wird sich ihrer selbst kaum bewußt. Nur zwei Gedanken sind mir klargeworden, das *Gefühl der,* ich möchte sagen, *sichtbaren Unendlichkeit* und das *der menschlichen Nichtigkeit.* Das letztere ist so niederdrückend, daß der Mensch alles ergreift, um seinen Geist wieder zu kräftigen. Und dieser erhebt sich stolz wieder beim Anblick der königlichen Fregatte und des schätzebringenden Dreimasters. Mit ihnen durcheilt der kühne Seemann das endlos scheinende Meer, mit ihnen trotzt er der Macht des Mächtigen!

Das war es, was uns beschäftigte. Mir war es, als ob ich wachend träumte, und nur das rege Treiben unserer Reisegesellschaft führte mich zur schönen Wirklichkeit zurück. Die Abendländer gingen lachend und plaudernd auf und ab, ganz im Gegensatze zu einigen Türken, die auf dem Vorderdeck auf ihren Teppichen lagerten und mit britischer Gleichgültigkeit die grünen Küstenstriche *Istriens* vorbeigehen ließen, ohne sie eines Blickes zu würdigen. Mit der ihnen eigenen Ruhe betrachteten sie uns Abendländer. Nur dann und wann machten sie eine Bemerkung über uns, was wir aus ihrem Mienenspiel erraten konnten, obgleich wir den Sinn der volltönenden, vokalreichen Worte ihrer kräftigen und melodischen Sprache nicht verstanden. Mich zogen die ernsten schönen Männer an, ihre ruhige, würdevolle Haltung imponierte mir. Auch habe ich später gefunden, daß die erste Begegnung der Europäer mit den Türken auf die ersteren stets einen starken Eindruck macht, sei es nun wegen des ruhigen, von schwarzem Barte beschatteten Gesichts oder wegen der fremdartigen, malerischen Kleidung.

Die Sonne hatte mittlerweile ihre heutige Reise beinahe vollendet. Jetzt stand sie noch als leuchtende Feuerkugel dicht über dem ruhigen Spiegel der See, allmählich tauchte ihr Rand in die Fluten hinab, nach wenigen Minuten vergoldete nur noch ihre obere sichtbare Hälfte die Wogen, unser Schiff, die Gebirge Istriens und den Himmel, bald war sie uns gänzlich verschwunden, und der Abend, der goldene Abend Italiens, brach herein. Langsam erhoben sich die Mohammedaner. Sie begannen ihre gesetzlichen Waschungen und fielen dann bei dem flammenden Himmel auf ihr Angesicht, um zu beten. Auf dem Hinterdeck erschallt lustiges Gelächter, kaum entlockt der hehre Sonnenuntergang den Franken einen Ausruf der Bewunderung, die Matrosen betreiben ihre Geschäfte mit der gewöhnlichen Eile, und nur die abgenommene Schiffsflagge kündet, daß der Tag zu Ende ist; auf dem schlechtesten Platze des Vorderdecks liegen die Türken im ernsten Gebet, drücken die Stirne in den Staub und rufen langsam sich erhebend: *»La il laha il Allah!«* (Es gibt nur einen Gott!) Welch ein Kontrast!

Es war Nacht geworden. Unser Schiff eilte mit Macht durch die Wogen und zerteilte kräftig die zürnenden Wellen, welche unzählige Feuerchen von sich strahlten und den dunklen Koloß märchenhaft beleuchteten. Die Schönheit der Nacht fesselte uns auf dem Verdeck. Es war eine von den Nächten des Südens, die wir in Deutschland nur ahnen können. Der laue Wind, der von Italiens Küsten herüberwehte, gab ihr eine angenehme Wärme, aber gerade ihre Kühle war es wieder, welche nach dem heißen Tage so wohltat. Mir war, als glänzten die freundlichen, noch bekannten Sterne viel lieblicher und heller zu uns herab, als wäre alles viel milder und schöner als daheim. Spät erst suchte ich den Schlaf in einer der Lagerstätten der Kajüte. Doch bedurfte es langer Zeit, ehe ich bei dem Knacken der Schiffswände, dem Toben der Maschine und dem Zittern des ganzen Baues im Stande war, die Augen zu schließen.

Am dritten Tage unserer Reise sahen wir kein Land. Es ist ein großartiger und erhebender Gedanke, so allein, von jeder menschlichen Hilfe so weit entfernt, über ungemeßne Tiefen dahinzusegeln. Unsere Begleiter vom vorigen Tage, die krächzenden Möwen, waren verschwunden; dagegen zeigten sich Delphine, einzeln oder in Gesellschaften. Sie umkreisten spielend das Schiff und wurden mit Jubel begrüßt.

Auf *Korfus* Leuchtturm erlosch am 9. Juli eben das Licht, als die »Mamuhdie« in den engen Kanal einbog, der die größte der Ionischen Inseln vom Festlande trennt. Noch lagen beim heraufdämmernden Morgen die zahlreichen Landhäuser, Orangengärten und Weinberge des herrlichen Eilandes im tiefsten Schatten, die Stadt ruhte noch im tiefsten Schweigen der Nacht, als wir ihr gegenüber Anker warfen. Von einem der Forts auf den kleinen Inseln im Meere donnerten zwei Kanonenschüsse dem jungen Tage entgegen. Fröhliche Waldhornsignale und lärmender Trommelschlag antworteten auf allen Basteien der Festung. Die Purpurwölkchen über Albaniens Gebirgskämmen erblichen vor den ersten Strahlen der Sonne, die Spitze des Leuchtturms erglühte im hellsten Feuer, Stadt und Meer erschienen wie mit Goldduft überhaucht. Jetzt lag das reizende Bild »glühend in der Sonne Gold« vor uns; es war ein Panorama zum Entzücken.

Das Meer war von unzähligen Fischerbarken belebt, welche zwischen den zahlreichen Kriegs- und Handelsschiffen dahinruderten. Einige von ihnen kamen zu unserem Schiffe und luden uns zum Landen ein. Die fremdartig gekleideten Männer wiegten sich auf den Wellen wie die Hunderte der silberweißen, grauröckigen Möwen, welche ruhig auf der lasurblauen Flut dahinglitten. Wir bestiegen eine der Barken und ruderten dem Lande zu. Ein rotröckiger englischer Soldat öffnete ein enges Pförtchen im Tore und ließ uns eintreten. Der Abendländer glaubt sich im Innern der Stadt von einem Zauber umfangen zu sehen. Alles ist ihm neu, alles ist anders als daheim. Neu sind ihm die Sprachen, welche er hört, neu ist alles, was er sieht: die Trachten und Kleidungsstoffe, Basars und Kaufhallen, Kirchen und Gebäude, Menschen und Tiere, Blumen und Früchte. Der Süden bietet ihm hier zum ersten Male seine Erzeugnisse dar. Für einen Kreuzer kauft man hier zwei Feigen von einer Größe, wie wir sie noch nie sahen; Zitronen und Orangen, lockende Aprikosen und Pfirsiche sind noch billiger.

Wir durchwanderten die Stadt und erstiegen die hochgelegenen, starken und ausgedehnten Festungswerke. Diese wurden bekanntlich von den Engländern [2] erbaut und sind trefflich angelegt; die Stadt dagegen ist winkelig und teilweise eng, obgleich sie auch freie Plätze besitzt. Der größte von ihnen ist parkartig gehalten und liegt vor dem Hause des Gouverneurs.

Von dem höchsten Fort der Festung, auf welchem sich der Leuchtturm und Signalstock befindet, hat man einen köstlichen Überblick der Insel. Sie liegt wie ein lachender Garten zu den Füßen ausgebreitet und setzt erst in einiger Entfernung von der Stadt durch ihre eigenen hohen Berge dem Auge Grenzen. Überall macht sich ein reges Leben der Natur bemerklich. Die Vegetation ist eine rein südliche und wegen der hier noch fallenden Regen sehr üppige; die Fauna ist die des gegenüberliegenden malerischen Gebirgslandes Albanien oder die des nahen Griechenlands. Wir besichtigten eine kleine Sammlung ausgestopfter Vögel, welche dies uns bestätigte.

Man hört auf Korfu Englisch, Griechisch, Italienisch, Französisch und Deutsch. Ebenso verschieden wie diese Sprachen sind die Bewohner. Zwischen den malerisch und faltenreich gekleideten Griechen und Türken sieht man den Europäer in seinem enganliegenden Kostüm; er kontrastiert mit seinem Frack und Glacéhandschuhen unangenehm mit dem ernsten Amtsgewande des griechischen Popen oder frauenhaften, farbenprächtigen Kleide des albanesischen Kriegers und zerstört durch seine nüchterne, prosaische Erscheinung das glühende Kolorit des südlichen Bildes.

Nachmittags verließ die »Mamuhdie« das liebliche Eiland, um ihre Reise fortzusetzen. Lange noch blieb Korfu in unserem Horizonte. Gegen Abend fuhren wir an *St. Maura,* später an *Ithaka* vorüber; *Zante* blieb uns links liegen.

Gewöhnlich brauchen die Dampfschiffe zu der Fahrt von *Korfu* nach *Syra* nur 30–36 Stunden. Diesmal hielt uns ziemlich heftiger Gegenwind länger auf; wir kamen erst am Vormittage des 11. Juli in Syra an. Die meisten Passagiere waren von der Seekrankheit befallen worden, und alle waren herzlich froh, den immer noch stark bewegten Hafen erreicht zu haben.

Am 12. Juli verließen wir den Ort mit dem kleinen, für den Dienst zwischen *Syra* und *Athen* bestimmten Dampfboote *»Baron Kübeck«.* Die aus zwei Teilen bestehende, steil den Berg hinauf gebaute Stadt war beleuchtet und gewährte einen sehr schönen Anblick. Noch lange schimmerten die Lichter wie ferne Sterne zu uns herüber; eins nach dem andern verlosch, und zuletzt blieb nur noch das Licht des Leuchtturms sichtbar. Viele Griechen reisten mit uns, die meisten als Passagiere des Verdecks. Sie schienen für ähnliche Reisen schon vorbereitet und hatten das Verdeck mit von ihnen selbst mitgebrachten Teppichen und Matratzen belegt.

Die Fahrt von Syra nach Athen dauert nur wenige Stunden. Wir sahen schon am folgenden Morgen die Spitzen des griechischen Festlandes vor uns und lagen nach anderthalb Stunden im Piräus. Von hier ist es noch eine Stunde nach Athen; das wußte ich noch aus den Zeiten her, wo *Cornelius Nepos* den lernbegierigen Knaben mit dem Land und den Taten seiner Helden bekannt macht. Wir nahmen in dem mehr und mehr erblühenden Hafenstädtchen einen Wagen und fuhren auf einer guten, neuerdings angelegten Hochstraße der Hauptstadt zu. Kaum konnten wir den Augenblick erwarten, der uns in sie einführen sollte. Unser Weg führte durch einen Olivenwald, welcher die ganze Ebene bedeckt. Die Berge zu beiden Seiten sind öde und kahl. Hitze und Staub quälten uns entsetzlich.

Ein Hügel hatte uns lange die Aussicht geraubt. Wir umfuhren ihn und kamen zu den Ruinen des Theseustempels. Die Akropolis lag vor uns, wir weideten unsere Augen an dem ersehnten Anblick. Dann fuhren wir in die Stadt. Mir kam sie wie ein elendes Bauerndorf vor, das sich um eine gut erhaltene, stolze Ruine gelagert hat. Die Häuser des heutigen Athen sind mit Ausnahme der königlichen, von deutschen Baumeistern aufgeführten Gebäude[3] erbärmlich schlecht, die Straßen der Stadt sind krumm, eng und unregelmäßig, das Pflaster fehlt entweder oder ist so mangelhaft, daß man es kaum begehen kann. Das ist die Baukunst der heutigen Griechen.

Wie ganz anders erscheinen da die hehren Tempel der Akropolis! Wir besuchten sie am folgenden Tage, klommen auf der Nordseite den steilen Felsberg hinan, wandten uns dann westlich und gelangten durch den einzigen, von einem Invaliden gehüteten Eingang in den Tempelhof. Vandalismus und Egoismus haben sich vereinigt, um die erhabenen Monumente vergangener Zeiten zu zerstören. Ein Engländer nahm den größten Teil des Frieses vom *Parthenon,* »des schönsten Gebäudes in der schönsten Lage der Welt«, mit sich nach London und erbaute dafür einen schlechten Turm in der Stadt; die Türken brannten Kalk aus den Kapitälen der Säulen und fertigten Kanonenkugeln aus ihren Schäften. Jetzt sammelt die griechische Regierung die gefundenen Altertümer und versucht, die Monumente zu restaurieren. Es kann meine Absicht nicht sein, die Akropolis beschreiben zu wollen, zumal da schon jeder Stein der Tempel durch Baukünstler und Maler gemessen und beschrieben wurde; ich begnüge mich, zu sagen, daß unsere Erwartungen von der Burg der Alten aufs Höchste gespannt waren und dennoch durch sie übertroffen wurden.

Nach einem Aufenthalte von mehreren Tagen stiegen wir eines Morgens sehr früh zu Pferde, um eine kurze Reise in das Innere des Landes anzutreten. Noch beleuchtete, als wir Athen verließen, der klare Sternenhimmel unseren steinigen Weg. Wir ritten eine Zeitlang in Olivenwäldern dahin und später in die Berge hinein. Zur Linken lag uns das

Meer: ein nebelgrauer, ruhiger Streifen, den man schon recht wohl erkennen konnte. Viele Griechen begegneten uns und zogen mit ihren beladenen Eseln grüßend an uns vorüber. Durch eine steil abfallende Schlucht gelangten wir mit Sonnenaufgang in der Nähe der welthistorischen Bucht *Salamis* ans Meer, ritten eine Zeitlang der Küste entlang und dann über die triasianische Ebene wieder den Gebirgen zu. In einem Dorfe hielten wir Rast und baten um Wasser. Nur mit Mühe erhielten wir einen Trunk brack und fade schmeckenden Zisternenwassers. Die Bewohner waren fast ohne Ausnahme häßlich; die Frauen schienen es wegen ihrer abschreckenden Tracht noch mehr als die Männer zu sein. Mit aller Anstrengung der Phantasie hätte man aus ihren Fratzen keine »griechischen Formen« herausfinden können.

Hinter dem Dorfe begann ein Pinienwald, durch welchen uns die Straße führte. Wir waren in das *Kerata-Gebirge* eingetreten und hatten gehofft, hier wenigstens romantisch wilde Gegenden zu erschauen. Aber auch hier zeigte sich dieselbe Öde und Unfruchtbarkeit, Gleichförmigkeit und Dürre wie vorher in der Ebene. Wie ganz anders hatte ich mir Griechenland vorgestellt! Die grünbewaldeten Gebirge, mit ihren romantischen Schluchten und saftigen Wiesen im Talgrund sind wie die überall bebauten und belebten Ebenen mit den freundlichen roten Ziegeldächern der zwischen Obstwaldungen versteckten Dörfer dem Geiste des Abendländers so vertraut geworden, daß er gar nicht glauben will, es könne woanders Berge und Täler, Dörfer und Städte geben, welche nicht ebenso beschaffen wären wie daheim. Und daß gerade Griechenland, das Land des milden Himmels, der Fruchtbarkeit und der segensreichen Erde, öder und trauriger sein könnte als Deutschland, hätte ich nie gedacht. Alle Reisenden schilderten seine Schönheit mit beredter Zunge, malten sein Bild mit glühenden Farben aus. Ich war überrascht, es nicht so zu finden, wie ich gehofft.

Dazu kamen nun heute noch die ungewohnten Beschwerden der hier gebräuchlichen Art zu reisen; das fremde, heiße Klima drückte uns, die Sonne versengte den Scheitel, kein Wasser erquickte die dürr gewordene Zunge. Wir erreichten mißmutig und angegriffen eine Art von Schuppen, Station genannt. Die Baracke hatte neben der von drei Seiten offenen Vorhalle noch eine Spelunke für den Besitzer des ganzen Gebäudes. Dieser Kerl, ein schmutziger Grieche, wurde Wirt genannt, konnte aber außer schlechtem Branntwein und mit Pinien- und anderem Harze versetztem Weine nichts Genießbares anbieten. Wir genossen eine Tasse

Kaffee und legten uns zur Ruhe nieder. Nach zweistündiger Rast ging es mit derselben Eile weiter wie früher. Die Straße führte uns bergauf, bergab durch öde, meist unbewohnte Gegenden. Nachmittags wurde noch einmal in einem kleinen Hause, in dessen Nähe gutes Wasser floß, gerastet. Die Hütte schien mehr der Hirten als der Reisenden wegen erbaut zu sein und war ebenso schlecht als die frühere.

Wir waren bisher fortwährend gestiegen und sahen von unserem letzten Ruhepunkte aus noch hohe Berge vor uns. Die Gegend wurde wilder und romantischer. Ein verfallenes Kastell krönte den Rücken eines hohen Berges und mochte früher eine Talschlucht, durch welche wir ziehen mußten, beherrscht haben.

Durch die halsbrecherische Schlucht ritten wir in die Ebene hinab. Sie war dürr und unbebaut, obgleich der Boden überall der fruchtbarste Acker hätte sein können. Gegen neun Uhr abends ritten wir in *Theben* ein. Man erkennt die frühere Größe und Bedeutung dieses Orts nur noch durch ausgedehnte Trümmerhaufen; das heutige Theben ist ein elendes Dorf. Bei unserer Ankunft umringten uns Scharen von Müßiggängern und begleiteten uns zum Hause eines deutschen Arztes, des Dr. *Hormel.* Dieser empfing uns sehr gastfreundlich und tat mit seiner liebenswürdigen Frau, einer schönen, jungen Griechin, alles ihm nur Mögliche, um uns unsere große Ermüdung vergessen zu machen.

Nach Athen zurückgekehrt, bemühten wir uns, das eigentümliche Leben der Hauptstadt Griechenlands kennenzulernen. Es zeugt von der Verschmelzung des Morgen- und Abendlandes. Viele Sitten und Gebräuche der Griechen sind ganz die der Morgenländer, andere ähneln denen der Abendländer. Die Laster beider sind von den Griechen angenommen worden. Bei Tage sind die Straßen Athens ziemlich verödet; erst gegen Abend beginnt das wahre Leben, dauert aber auch bis tief in die Nacht hinein. Dann beleben sich die Balkone der bei Tage fast unzugänglichen Häuser mit den bisher eifersüchtig verborgen gehaltenen Frauen; die morgenländischen Kaufhallen, *Basar* genannt, sind erleuchtet, die Straßen werden lebendig. Da sieht man den zierlich gekleideten, vornehmen Griechen elastischen Schritts durch die Menge eilen, finster und ruhig lehnt das schroffste Gegenstück dazu, ein in Lumpen gehüllter Hirte, mit seinen rostigen Pistolen im schmutzigen Lendengurt, an einer Ecke – der erstere ist das vollendete Bild eines aalglatten, sich überall durchwindenden Gauners, der letztere das eines Räubers. Aus dem Basar ertönt das Geschrei eines Verkäufers, in den Straßen bieten barfüßige Malteser dem Fremden zudringlich ihre Dienste an und ähneln den vielen jedermann ankläffenden herrenlosen Hunden, welche bei Nacht ebenfalls in den Straßen herumlaufen. In den Kaffeehäusern sieht man bereits die brennende Wasserpfeife der Türken, nur herrscht in dem engen Raume nicht die Ruhe eines orientalischen Kaffeehauses. Mehrere junge Leute tanzen nach der Musik einer Gitarre oder einer von ihnen singt dazu. Der Himmel bewahre aber jeden Fremden, das mit anhören zu müssen! Griechischer Gesang ist für das Ohr eines vernünftigen Menschen etwas Entsetzliches, er ist eine wahre Verhöhnung aller Musik. Erst nach Mitternacht wird es in den Straßen ruhig. Dann findet man viele der Armen mitten im Wege liegen, wo sie schlafen, und muß sich in acht nehmen, keinen von ihnen zu treten oder zu stoßen.

Die heutigen Griechen, welche ich später in Ägypten noch genauer kennenlernte, ähneln in ihren Sitten noch sehr ihren Vorfahren, haben aber leider mehr deren Laster beibehalten als deren Tugenden. Vor allen anderen Eigenschaften machen sich bei ihnen Eitelkeit und Habsucht bemerklich; ich behaupte geradezu, daß diese der Hauptbeweggrund zu vielen lasterhaften Handlungen sind. Es ist traurig, aber wahr, daß man sich den heutigen Griechen kaum als tugendhaften Menschen denken kann. Er läßt die Fluren seines Vaterlandes unbebaut und wandert als Kaufmann aus, um schneller reich zu werden, oder wird Räuber und Mörder, um Geld zu bekommen. Der Grieche ist fleißig, aber nur um seiner Habgier und Eitelkeit frönen zu können, List und Betrug, Diebstahl und Mord sind bei ihm mit Fleiß identisch. Derselbe Kaufmann, dem es bei seinem Handel nicht nach Wunsch ging, tritt vielleicht später als gefürchteter Räuber auf, und das lateinische Sprichwort: »Graeca fides, nulla fides« findet heute noch seine volle Anwendung.

Wir verließen *Athen* am 25. Juli und kehrten nach *Syra* zurück. Hier schifften wir uns am folgenden Tage an Bord der »Imperatrice« ein und verließen abends den Hafen, um Ägypten zuzusteuern. Nach einer sehr glücklichen Fahrt waren wir schon am 29. Juli der afrikanischen Küste so nahe gekommen, daß wir noch denselben Tag im Hafen Alexandriens Anker zu werfen hoffen durften. Die Matrosen des Schiffes, mit denen ich fleißig verkehrte, machten mich nachmittags auf das auftauchende Land aufmerksam. Bekanntlich ist die ägyptische Küste sehr flach und hat nirgends hervorragende Punkte. Sie zeigte sich uns zuerst als ein langer, schmaler, fahlgelber Streifen, trat aber immer deutlicher hervor. Nach Verlauf einer Stunde von ihrem ersten Erscheinen an konnten wir mittels der Fernrohre bereits mehrere hervorstechende Orte unterscheiden. Unser Schiff eilte mit einer durch günstigen Wind sehr beschleunigten Schnelligkeit dem Lande zu. Die Umrisse des vor uns ausgebreiteten Bildes zeichneten sich schärfer ab. Gerade vor uns zeigten sich viele Windmühlen, welche wir im Anfange für einen Wald gehalten hatten, rechts lag ziemlich nahe der *»Turm der Araber«*, links eine im Lichte der Sonne blendend weiß erscheinende Häusermasse mit schlanken Minaretts und Türmen: *Alexandrien.* Das Lotsenboot brachte uns einen des gefährlichen Weges kundigen Steuermann an Bord, der alsbald seine Instruktionen erteilte. Er war der erste Sohn des vor uns liegenden Landes, den wir zu sehen bekamen, sprach ziemlich fertig italienisch und schien sein Geschäft zu verstehen. Mit sicherer Hand führte er das nur von halber Dampfkraft bewegte Boot durch den gefürchteten Hafeneingang hindurch, an den Bädern der Kleopatra und mehreren Forts vorüber und dem inneren Hafen zu. Hier warfen wir neben einem mächtigen Kriegsschiffe der ägyptischen Flotte Anker[4].

Arabische Wasserfahrzeuge

Wie soll ich die Gefühle beschreiben, welche jetzt in uns rege wurden. Staunen und Neugier, Verwunderung und Freude vermischten sich. Die riesigen Werke des Vizekönigs, die fremdartige Stadt und das fremde Volk in den Barken beanspruchten wechselseitig unser Interesse. Wir ließen unsere Blicke von einem Ort zum andern schweifen, immer aber kehrten sie unwillkürlich zu einem vor uns liegenden, von der Säule des Pompejus überragten Palmenwalde zurück. *Palmen, und Palmen in Wäldern,* das Schauspiel ist zu neu, als daß wir es nicht bewundern sollten. Jetzt wurde uns klar: *»Das Märchenland der Tausendundeinen Nacht liegt vor uns.«*

II. Die ersten Tage in Ägypten

Schon wenige Minuten nach unserer Ankunft umschwärmte eine Unzahl kleiner Barken das Dampfboot. Ihre Führer forderten die Reisenden in drei bis vier Sprachen auf, eine derselben zu besteigen und zu landen. Noch fehlte uns aber die Erlaubnis der Hafen- und Gesundheitspolizei hierzu. Die ersehnte Barke mit der gelben Quarantäneflagge erschien und legte dicht an unserem Schiffe an. Statt der gehofften »Prática«* erteilte der befehligende Offizier der Quarantänemannschaft den strengsten Befehl, auf dem Schiffe zu verweilen, weil er es in Quarantäne erklären müsse. Erst der folgende Tag löste das Rätsel. Ein anderes Dampfboot des österreichischen Lloyd hatte sich vor wenigen Tagen ein Versehen gegen die Verordnungen der Gesundheitspolizei zuschulden kommen lassen, welches wir jetzt büßen mußten.

Grollend und mißmutig ergaben wir uns in unser Schicksal; ich brauche nicht zu schildern, mit welcher Sehnsucht wir nach dem nahen Lande hinüberblickten. Die Zeit schlich bleiern dahin, obgleich die Schiffsgesellschaft manches Mittel, sie zu kürzen, anwandte. Wir beschäftigten uns eine Zeitlang mit dem Herabschießen der zahlreich uns umschwärmenden Möwen. Die Hitze des Juli Ägyptens wurde uns fast unerträglich; die Gefahren des fremden Klimas nicht kennend, versuche ich mir Erleichterung zu verschaffen und ging mit bloßem Kopfe auf dem Verdeck herum. Schon nach wenig Minuten fühlte ich mich bestraft; heftige, sich mehr und mehr steigernde Kopfschmerzen waren die Vorboten einer mir damals kaum den Namen nach bekannten, gefürchteten Krankheit, des Sonnenstichs. Ägypten bot mir einen bösen Willkomm.

Erst vierundzwanzig Stunden nach unserer Ankunft war es dem k. k. österreichischen Generalkonsul gelungen, uns Pratika auszuwirken. Nachdem wir uns mühsam eine Barke verschafft hatten – nicht, weil deren zu wenig, sondern weil ihrer zu viele waren und die verschiedenen Barkajuoli sich erst um uns gebalgt hatten –, ruderten wir dem Lande

* d. i.: behördliche Erlaubnis entsprechend üblicher Praxis.

zu. Hier wurden wir von einer schreienden und schimpfenden, uns ihre Tiere anpreisenden und ihre Genossen verhöhnenden Rotte von Eseltreibern ebenso in Empfang genommen, mit oder ohne unseren Willen auf Esel gesetzt und der Stadt zugeführt.

Auch ich war die ersten Stunden in Alexandrien wie »von einem Wachträumen umfangen« [1], aber doch war der erste Eindruck der Hafenstadt auf mich für sie kein günstiger. Es ist für den in Ägypten Neuangekommenen ein höchst ergötzliches und fesselndes Schauspiel, durch die wogenden, belebten Basare des arabischen Viertels zu reiten; es bedarf geraumer Zeit, um alle Eindrücke des fremden Bildes festzuhalten, um sich an das nur aus Erzählungen bekannte orientalische Treiben zu gewöhnen; aber die Frische der poetischen Anschauung der ersten arabischen Stadt erbleicht, wenn sich die altbekannten europäischen Gestalten dem Auge aufzwängen. In der *Muhski,* d. h. den nur von Europäern bewohnten Straßen Alexandriens, haben diese bereits das arabische Gepräge vollständig verdrängt. Ohne Alexandrien das Gute und Schöne einer europäischen Stadt zu erteilen, hat die halbreife fränkische Zivilisation oder, wenn ich so sagen darf, die Europäisierung der Stadt ihren orientalischen Charakter und damit ihren Reiz genommen. Und das empfindet der Fremde sogleich; Alexandrien wird ihm bald fade und langweilig.

Unsere trefflichen Eseltreiber brachten uns in Bälde nach dem am großen Platze oder der Esbekie liegenden europäischen Gasthofe. Meine Kopfschmerzen waren so heftig geworden, daß wir einen Arzt um Rat fragen mußten. Dieser, ein liebenswürdiger Landsmann von uns, ließ mich, nachdem er einen Aderlaß und Arznei verordnet hatte, baldige Genesung hoffen. In der Tat wurde mir nach der Blutentziehung wohler.

Der Baron hatte, um seine Reise so bald als möglich fortsetzen zu können, mit einem Engländer und dessen Frau (oder wie sich später herausstellte Maitresse) noch am Tage unserer Ankunft eine der Segelbarken des Nil zur Reise nach Kairo gemietet. Man schilderte uns die *»Dahabïe«* * als ebenso bequem und wohnlich wie unser Gasthaus, weshalb ich mich, trotz meines Kopfschmerzes, zur Weiterreise bereit erklärte. Die nötigen Vorbereitungen und Einkäufe wurden gemacht, die Gesellschaft mietete sich einen Dragoman namens *Mahammed,*

* Zu deutsch: »die Goldene«, Name dieser Barken.

welcher zugleich Koch und Bedienter sein sollte, und bestellte die Esel zum Ritt an den Alexandrien mit dem Nil verbindenden Kanal.

Wir brachen am 31. Juli abends vom Gasthofe auf, verließen Alexandrien durch das «Bahb et scherkhi« oder das östliche Tor und ritten bei einbrechender Nacht an der kolossalen Säule des Pompejus vorüber und dem Kanale *Mahmuhdïe* zu. Durch eine Akazienallee hindurchreitend kamen wir in ein elendes, nach dem Landhause eines türkischen Großen *Moharrem-Beï* genanntes Dorf am rechten Ufer der Mahmuhdïe, wo unsere Barke liegen sollte. Die Nacht war aber so rasch hereingebrochen, daß wir sie nicht mehr auffinden konnten und zuletzt beschlossen, die Gastfreundschaft der Landbewohner in Anspruch zu nehmen.

Mahammed führte uns in eins der größeren Häuser. Ein Diener empfing und geleitete uns in das Empfangszimmer des Hausherrn. Dieser nahm uns, nachdem er unseren Wunsch durch Mahammeds beredten Mund erfahren hatte, sehr freundlich auf, bewirtete uns mit würzigem Kaffee, übersüßen Weintrauben und köstlichem Tabak und ließ uns nach einigen Stunden gute und reinliche Lager aufschlagen. Wir verbrachten in dem kühlen Schlafzimmer sehr angenehm die Nacht, erhielten am folgenden Morgen dasselbe, was wir gestern genossen hatten, und verließen dankend den liebenswürdigen Wirt des gastlichen Hauses.

Das Schifflein wurde nun bald aufgefunden, mit unserem wenigen Gepäck beladen und sofort in Gang gebracht; ein günstiger Wind trieb uns rasch dem Nil entgegen. Um Mittag begegnete uns ein von raschen Pferden geschleiftes Boot des Vizekönigs; sonst sahen wir den ganzen Tag über weiter nichts als Himmel, Luft, Wasser, Schlamm, Schiffe und mehr oder weniger nackte Menschen; der Kanal bietet wenig Abwechslung. Gegen Abend erreichten wir »Fumm el mahmuhdï«, den Mund des Kanals, und die ihn mit dem Nil verbindenden Schleusentore von *Adfeh.* Wir stiegen ans Land, gingen zu Fuß durch das Hafendorf und standen am Nil.

Vor uns lag das jetzt zum tiefsten Stande herabgesunkene Silberband des heiligen Stromes, eingefaßt von blühenden Ufern. An dem uns gegenüberliegenden Ufer liegt *Fuah,* ein kleines Städtchen. Es ist ein echt orientalisches Bild. Das dunkle Grün des Deltas, die fruchtbeschwerten Palmen mit den im Winde wogenden Kronen, die mächtigen, blätterreichen Sykomoren und der heilige Strom geben den Rahmen zu einer weißen, malerisch gruppierten Häusermasse mit sarazenischen Erkergittern, überragt von schlanken, mit mehreren Galerien umgürteten Minaretts. Wir standen und waren tief ergriffen von der unendlichen Schönheit des von der Abendsonne vergoldeten Panoramas. Unsere Blicke schweiften über die Wasserspiegel des Stromes dahin, seine Geschichte, die Geschichte von Jahrtausenden, sprach uns an und führte unsre Gedanken mit sich fort in das Vergangene, aber Luft und Sonne, Strom und Palmen brachten uns zu uns selbst und zu erneutem Genuß des Anschauens zurück. Man muß noch neu im Lande sein, um all den Zauber einer solchen Landschaft zu verstehen; man darf noch nicht tagelang in Palmenhainen hingeritten sein, um die Schönheit des Königs der Bäume zu würdigen – denn auch das Herrlichste verliert durch die Gewohnheit an Reiz.

Obgleich unser Barkenführer und Schiffskapitän, arabisch *»Reïs«* genannt, die Reise mit orientalischem Phlegma fortzusetzen gedachte, wurde er doch, durch energische, keinem Zweifel Raum gebende Vorstellungen von unserem Wunsche, schnell zu reisen, in Kenntnis gesetzt, bald bewogen, noch heute nacht weiterzugehen. Erst nach Mitternacht fuhr er bei erschlaffendem Winde dem Lande zu, um in der Nähe eines kleinen Dorfes zu übernachten. Am andern Morgen zeigte sich der Nil als belebte Straße handeltreibender Menschen und leichtbeschwingter Vögel. Wir begegneten vielen Schiffen und sahen mit Vergnügen das bunte Treiben der geflügelten Scharen seiner Bewohner. Mächtige Pelikane fischten ungestört durch die vorbeisegelnden Schiffe mitten im Strome; noch zutraulicher waren die niedlichen schneeweißen kleinen Kuhreiher (Ardeola bubulca); sie liefen zu Dutzenden in den Feldern herum und setzten sich auf die Rücken der Wasserbüffel, um ihnen die Insekten abzulesen.

Leider war ich nicht fähig, alles Neue, welches uns die Nilfahrt bot, mit Lust und Vergnügen anzuschauen. Meine Krankheit hatte während unserer Reise sehr an Heftigkeit zugenommen. Es ist mir unmöglich, eine Beschreibung derselben zu geben; ich weiß nur, daß ich fürchterliche Kopfschmerzen, scheinbar so recht im Innern des Gehirns verspürte und wenn diese gar zu heftig wurden, durch lange anhaltendes Delirium und Besinnungslosigkeit in einen um deshalb besseren Zustand versetzt wurde, weil ich dann meine Schmerzen nicht mehr fühlte. Nur meine kräftige Körperkonstitution ließ mich die Krankheit, an welcher viele Europäer und selbst Eingeborene sterben, überleben.

Die kurze Reise nach Kairo sollte nicht ohne Abenteuer endigen. Am

3. August (1847) war unser Steuermann so unvorsichtig, das mit vollen Segeln den Strom hinaufbrausende Schiff auf ein anderes laufen zu lassen, dem dadurch das Steuer zertrümmert wurde. Es war zum Unglück noch mit einer zahlreichen Menge von Weibern beladen, und diese erhoben nach dem Zusammenstoß ein so lautes, gellendes und durchdringendes Gebrüll, daß wir erschreckt aus unserer Kajüte heraustraten. Da sahen wir, daß sich von Bord des andern Schiffes aus vier nackte Matrosen ins Wasser stürzten, auf unser Schiff zuschwammen und an demselben emporklimmten. Einer der ungebetenen Gäste bemächtigte sich des Steuers und dirigierte jetzt unser Schiff, die anderen gerieten mit unserer Schiffsmannschaft in heftigen Streit und erhoben dabei ein furchtbares Geschrei. Der ganze Hergang war uns vollkommen unverständlich, aber weil wir fürchteten, daß diese scheinbar in entsetzlicher Wut auf unserem Schiffe herumtobenden Männer uns angreifen könnten, bewaffneten wir uns mit Säbel und Pistolen und stellten uns drohend vor den Eingang der Kajüte. Das ersah der Reïs als ein Mittel zur Befreiung der Eindringlinge und bat uns durch den Dolmetscher, ihm gegen »die Räuber und Mörder« beizustehen. Jetzt verwandelten wir unsere bisher passive Stellung sogleich in eine offensive. Der Baron stürzte sich auf den nackten Steuermann und hieb ihn mit seinem in Wien erst scharf geschliffenen Säbel dermaßen über den Kopf, daß er lautlos kopfüber in den Strom fiel und sich dort kaum über dem Wasser halten konnte. Ich ging mit bloßem Hirschfänger direkt auf die übrigen los und trieb sie durch scharfe Hiebe in die Flucht; unser Reisegefährte, der Engländer, griff erst zu den Waffen, nachdem er von seiner Mätresse, einer mutigen Französin, durch schallende Ohrfeigen dazu aufgefordert worden war. Meine drei Gegner warteten seine Ankunft auf dem Kampfplatze aber nicht ab, sondern stürzten sich sogleich nach dem Fall ihres verwundeten Gefährten in den Nil, um diesem zu Hilfe zu eilen. Alle vier erreichten auch glücklich das eine Ufer des Stromes und kehrten nach ihrer ebenfalls dort gelandeten Barke zurück.

Auf dieser erhob sich ein Heidenlärm. Ein ganzer Haufe von Männern bewaffnete sich mit Knütteln und verfolgte, längst des Ufers hinlaufend, unser Schiff mit Wutgeschrei und Rache drohend. Man hätte sie für nordamerikanische Wilde halten können. Sie waren ganz nackt, der glattgeschorene Kopf zeigte nur die Skalpierlocke am Scheitel, ihre Farbe war so dunkel, daß sie der der Rothäute wohl ziemlich ähnlich sein konnte. Wir luden unserer Gewehre mit Kugeln, holten die Büchsen herbei und bereiteten uns ernstlich zu einem etwaigen zweiten Angriff vor. Wirklich schienen sie diesen zu beabsichtigen. Nach einiger Zeit bemächtigten sie sich einer kleinen Barke und steuerten zu uns herüber. Allein die ernstliche, ihnen durch den Dolmetscher zugerufene Drohung, daß wir sie niederschießen würden, wenn sie noch näher kämen, hielt sie zurück; sie ließen von ihrer Verfolgung ab und kehrten auf ihr Schiff zurück.

Nur unsere gänzliche Unkenntnis des Landes und seiner Bewohner konnte unser Verfahren entschuldigen. Zwei Jahre später würde ich jene Matrosen mit der Peitsche und nicht mit dem Säbel verjagt haben. Die armen, von uns so sehr verkannten Burschen hatten keineswegs die Absicht gehabt, uns anzugreifen, sondern wollten sich von unserem Kapitän nur die Entschädigung für das ihnen zerbrochene Steuer zahlen lassen. Daß die Leute bei dieser Expedition aus vollem Halse schrien und anderweitigen Lärm zu verursachen bemüht waren, hätte einen mit ihren Sitten Vertrauten nicht beunruhigt, weil er gewußt haben würde, daß die Araber bei jeder Gelegenheit schreien und lärmen, aber es war uns ebensowenig zu verargen, daß wir nach den falschen Vorspiegelungen des Reïs auf unserer Hut waren. Die Schändlichkeit des letzteren hätte leicht einige Menschenleben kosten und uns große Unannehmlichkeiten zuziehen können.

Bei diesem Handgemenge war der Hut des Barons vom Winde entführt worden, und auch er trug in wenigen Minuten einen Sonnenstich davon, welcher schon am nächsten Morgen Delirium herbeiführte. Ich wußte nicht, was ich tun sollte, und legte zuletzt dem in der Fieberhitze Glühenden ohne Unterbrechung nasse Umschläge auf den Kopf, obgleich ich selbst so krank war, daß ich mich kaum aufrecht erhalten konnte. Erst in der Fremde und auf Reisen sieht man ein, wie notwendig ein Mensch den andern braucht. Wir waren beide krank und genötigt, uns gegenseitig zu pflegen; der Baron mußte sich selbst eine Ader öffnen.

In sehr gedrückter Stimmung sahen wir am 5. August die Zeugen längst vergangener Größe am Horizonte aufsteigen. Über das flache Land ragten die Pyramiden empor »und jene ewigen Bauwunder zeichneten ihre kolossalen Dreiecke in den klaren Äther zum Zeichen, daß es in allem Wandel und Fluß der irdischen Dinge und Zeiten doch schon hinieden ein Festes und Unwandelbares geben darf und soll*.« Wir waren von diesem Schauspiele, von ungefähr denselben Gedanken tief ergriffen. Das dem Knaben durch sein Bilderbuch, dem Schüler durch seine Lehrer Altbekannte lag hier als früher nur geahntes Original vor uns. Mir war, als ob ich träumte. Hundert Male habe ich die Pyramiden später gesehen, viele Male vor ihnen gestanden, niemals ihre Größe erfassen können, aber sie haben den hocherhebenden Eindruck, den sie in mir vom ersten Sichtbarwerden zurückließen, nie wieder auf mich gemacht. Und der wird in mir fest und unwandelbar bleiben wie jene hehren Denksteine eines großen altberühmten Volks. Jener Autor hat wahr gesprochen, wenn er sagt, daß es auch schon hienieden etwas Festes und Unwandelbares geben darf.

Wir erreichten nach kurzer Fahrt den ungeteilten Nil. Südöstlich stiegen die schlanken Minaretts auf der Zitadelle der Maheruhseth** am Horizonte auf. Reizende Landhäuser zu beiden Seiten des Flusses kündeten die Nähe der Hauptstadt. Um zehn Uhr vormittags landeten wir in *Bulakh*, dem belebten Hafen Kairos. Mahammed besorgte Esel, auf denen wir langsam, uns nur mit Mühe aufrecht erhaltend, durch die Straßen der Hafenstadt ritten. Dann gelangten wir in eine schattige Platanenallee, welche uns mit den vielen Kairo umgebenden Gärten den Anblick der herrlichen, im ganzen Oriente gepriesenen »Massr el khahira«*** noch verschleierte. Wir waren sehr froh, nach halbstündigem Ritte einen der europäischen Gasthöfe Kairos erreicht zu haben.

Unsere Körperkräfte waren so erschöpft, daß wir uns sogleich nach unserer Ankunft zu Bett begeben mußten. Man rief einen italienischen Arzt, um uns zu behandeln, und bestellte einen arabischen Lohnbedienten zu unserer Pflege. Bis zum elften August lagen wir fest darnieder. Die Kopfschmerzen wurden oft so heftig, daß wir von einer Ohnmacht in die andere fielen. Ich erinnere mich nur weniger Tage, an denen wir volles Bewußtsein hatten und miteinander sprechen konnten.

Ein solcher war der siebente August. Wir lagen matt und kraftlos auf unseren Betten und klagten über die entsetzliche Schwüle der Luft. Plötzlich vernahmen wir ein donnerähnliches Rollen, Geschrei und Wehklagen auf der Straße, Gebrüll von Tieren und eiliges Laufen auf den Korridoren; unsere Bettgestelle schwankten, die Türen des Zim-

* Goltz, Ein Kleinstädter in Ägypten.

** Maheruhseth oder Maheruhsa ist ein Beiname Kairos und bedeutet »*die von Allah Beschützte*«, von harrasa, *schützen*.

*** Massr bedeutet Hauptstadt, wird aber fast ausschließlich nur für Kairo gebraucht; khahira bedeutet »die Zwingende« und bezüglich »Unbezwungene«; von diesem Worte ist Kairo (sprich Kai-ro und nicht Ka-i-ro) abgeleitet.

mers flogen auf und zu, klirrende Fensterscheiben, zerbrechende Gläser stürzten zum Fußboden herab, an einzelnen Stellen des Zimmers löste sich der Mörtel von den Wänden und fiel polternd im Zimmer nieder – wir wußten uns die Erschütterung nicht zu deuten. Ein neuer, stärkerer Stoß folgte dem ersten, wir hörten das Einstürzen von Mauern in unserer Nähe und fühlten, wie unser Haus in seinen Grundfesten schwankte. Da wurde uns das Phänomen entsetzlich klar: ein Erdbeben erschütterte die Hauptstadt. Und ohne Hilfe lagen wir, krank und elend, allein in unseren Betten, kaum fähig, uns zu bewegen, nicht imstande, gleich den anderen Reisenden hinaus ins Freie zu flüchten; unsere Lage war eine gräßliche. Die Naturerscheinung währte kaum eine Minute, uns wurde diese Zeit zu einer Ewigkeit. Ich erinnere mich noch heute sehr wohl der schauderhaften Vorstellung unseres geängstigten Geistes; das Einstürzen des Hauses fürchtend, betrachteten wir mit Todesangst die zersprungenen Mauern und ergaben uns mit verzweifelter Resignation in das bevorstehende Schicksal. Aber unser von Europäern erbautes Haus hielt die starke Erschütterung aus; nach wenigen Minuten verkündigte uns der herbeieilende Diener unsere Rettung. Das Erdbeben begrub in unserer Nähe siebzehn Menschen unter den Trümmern ihrer Wohnungen.

Am achtzehnten Tage meiner Krankheit konnte ich den ersten Ausgang machen. Noch war ich sehr entkräftet, weiß aber noch heute nicht, ob mehr durch die Krankheit selbst oder durch die Behandlung des Quacksalbers, welcher uns in der Kur hatte. Er hatte mir während der kurzen Zeit meines Krankseins durch drei Aderlässe und vierundsechzig Blutegel so viel Blut entzogen, daß ich meine Schwäche billig auf Rechnung einer so infernalischen Heilmethode schieben kann. Um mich gründlich zu kurieren, ließ er mir durch einen arabischen Barbier noch Senfpflaster auf die Waden legen. Dieser vergaß, sie zu rechter Zeit abzunehmen, und dachte erst nach zwölf Stunden an den seiner Pflege Übergebenen. Ich habe von da an ein für allemal an italienischer Unwissenheit, Gewissenlosigkeit und Quacksalberei genug gehabt.

Mit steigenden Kräften wuchs uns auch Lebensmut und Lebenslust wieder. Wir ritten, um uns gleich mit einem Male so recht ins dichteste Gewühl der »Unvergleichlichen« zu stürzen, durch die belebtesten, volkreichsten Straßen der Hauptstadt nach der Zitadelle. Ich war in einer andern Welt; ich wußte nicht, ob ich »meiner alten fünf Sinne« noch mächtig war; ich war ein Trunkener, ein von Haschisch* Berauschter, der in seinem Träumen wirre, bunte, fremde Bilder sieht, ohne sich von ihnen einen klaren Begriff machen zu können. Luft, Himmel, Sonne, Wärme, Mensch und Tier, Minarett und Kuppel, Moschee und Haus – alles, alles war mir neu. Gerade diese Momente sind es, welche sich zu dem wunderbaren Ganzen vereinigen. Solch ein Gewimmel, solch Geschrei, solch ein Sich-durcheinander-Drängen war mir nicht einmal im Traume vorgekommen. Ein ewig sich neu verschlingender, unaufhörlich sich auflösender und wieder bildender Knäuel wogt durch die Straßen. Da sieht man Fußgänger und Reiter zu Esel und zu Roß oder hoch oben auf dem Rücken eines Kamels; halbnackte Fellahhihn und beturbante Kaufleute, zerlumpte Soldaten und von Goldstickerei überladene Offiziere, Europäer, Türken, Griechen, Beduinen, Perser und Neger, Handelsleute aus Indien, aus Dahr-Fuhr, Syrien und vom Kaukasus; dichtverschleierte, in schwarzen Seidentaft versteckte orientalische Damen und Fellachenweiber im einfachen blauen Hemde, mit lang herabwallendem Gesichtsschleier; Kamele mit ihren riesigen Lasten, Maultiere mit Waren beladen, Esel vor kreischende Karren gespannt, Droschken mit prächtigem Geschirr und kostbaren Pferden, davor einen in vollem Laufe dahinrennenden, mit mächtiger Peitsche knallenden Sklaven, reichgekleidete, vornehme Türken auf noch reicher gesattelten edlen Rossen, in Begleitung des unerläßlichen Stallknechtes mit dem roten Tuch – dem Zeichen seines Amtes – auf der Schulter; mit Wassergefäßen klingelnde Wasserträger, einen großen, langbehaarten Schlauch oder einen kaum weniger haltenden Tonkrug auf dem Rücken, blinde Bettler, herumwandernde Zuckerbäcker, Fruchthändler, Bäkker, Zuckerrohrverkäufer usw. Das ist ein Lärmen, in dem man sein eigenes Wort nicht hören, das ist ein Gedränge, durch welches man sich nicht hindurchwinden kann. »Oaa ja sihdi, tacherak, ridjlak, jemihnak, djembak, schmalak, rahsak, oaa e l djemmel, el barhele, el humahr, el hossahn, oaa wischak (wodjak), oaa, ja sahtir, tastuhr ja sihdi!« ** tönt es ununterbrochen. Jeder Augenblick bringt Neues, jeder macht das vor wenig Sekunden Gesehene veralten. Denkt man sich hierzu die kühlen, krummen, heimlichen, nach oben zu immer enger werdenden,

* Ein narkotisches Extrakt aus Hanfsamen, mit einer dem Opium fast gleichen Wirkung.

** Zu Deutsch: Sieh dich vor, Herr! Dein Rücken, dein Fuß, deine rechte Seite, neben dir, deine linke Seite, dein Kopf (ist gefährdet), sieh dich vor, ein Kamel, ein Maultier, ein Esel, ein Pferd, nimm dein Gesicht in acht, sieh dich vor; o du Bewahrer [Gott] (hilf!), behüte dich, Herr!

oft geradezu überdachten und deshalb dunklen Gassen mit den von kunstvollem Schnitzwerk überkleideten Häusern, im Gegensatz zu den zum Himmel strebenden, von der Kraft der ägyptischen Sonne beleuchteten Minaretts und einer hier und da zwischen den Häusern emporwuchernden Palme, denkt man sich hierzu den Zauber des durch die Luken der Straßenbedachung herabschimmernden ewig blauen Himmels, den Genuß der reinen, köstlichen Luft – so hat man ein schwaches Bild einer der Hauptstraßen Kairos, aber nicht das eines Basars, denn dort herrscht wieder ein ganz anderes Leben.

Wir konnten uns nicht satt sehen an den wechselvollen Bildern; der Geist ermüdete von allem Schauen. Da hielten wir vor hochgewölbtem Portale, stiegen von unseren Reittieren und traten in die Moschee des Sultan *Hassan*. Der Friede Gottes umwehte uns; die Stille der Moschee kontrastierte so lebhaft mit dem übersprudelnden Leben der Straße, daß wir wohl fühlen mußten, wir waren in das Haus Gottes eingetreten. Man zog uns Schuhe an, wir schritten ins Innere.

Der Marmorboden ist mit Matten und Teppichen bedeckt, von den Kuppeln hängen unzählige Lampen an starken Messingketten herab. Jeder Vorsprung ist mit künstlichen Arabesken bedeckt, die kühnste Phantasie zeichnete die hochgewölbten Kuppeln, die weitgeschwungenen Bogen und die Säulen vor.

»Von allem, was einer christlichen Kirche zu gleichem Zwecke zu Gebote steht, Gemälde, Heiligenbilder, glänzender Altarschmuck, Musik, Weihrauch, Blumen – hat die Moschee nichts! – sie muß den *Stein geschmeidig machen* – und *sie tut es*!«

Die Wände sind mit Schriftzeichen bedeckt, Koranstellen schmücken die einfache Kanzel. Keine Galerie, keine Empore hemmt den Schwung der Bogen und Pfeiler, kein Betstuhl verengt das Schiff des Gotteshauses. Der große Raum ist *ein* Raum, Kuppel, Pfeiler, Arabesken und Marmormosaik sind eins.

Auf den Strohmatten lagen die Gläubigen im Gebet. Andere lasen mit andächtigen Beugungen des Hauptes im Koran. Man zeigte uns das Grab des Erbauers und eine in die Wand eingemauerte, gegen drei Fuß im Durchmesser haltende Scheibe, ein Andenken an die goldenen Zeiten der Regierung des Erbauers, weil damals ein Brot von dieser Größe nur einen *Para* oder Heller kostete. Im Hofe der Moschee sahen wir ein von Palmen umstandenes Bassin, an welchem die Gläubigen die ihnen vom Gesetze vorgeschriebenen Waschungen verrichten.

Straße in Kairo

Von hier aus ritten wir nach der Zitadelle. Der Weg zu ihr geht in einem großen Bogen ziemlich steil an dem Abhange des Mokhadam, auf dem sie liegt, hinan. Wir gelangten durch drei Tore in die inneren, von französischen Ingenieuren erbauten Festungswerke. Man zeigte uns den berühmten Josephsbrunnen und die Stelle, von welcher bei der allgemeinen Niedermetzelung der Mamelucken – am 1. März 1811[2] – einer der edelsten Führer jener Kriegerschar, hart bedrängt, mit seinem arabischen Rosse mehr als sechzig Fuß tief über die Mauern hinabsetzte. Der Sprung richtete das Tier zugrunde, rettete aber den Reiter; Mohammed-Ali begnadigte den »kühnen Springer« und schenkte ihm eine kleine Pension. Er lebte als letzter der Mamelucken noch lange in Kairo.

Die Kalifengräber bei Kairo

Von einer der Batterien genossen wir einen entzückenden Überblick Kairos und seiner Umgebung; wohl das schönste Panorama Ägyptens lag vor uns. Es liegt etwas Zaubervolles in der südlichen Beleuchtung; das Auge vermag den ganzen Reiz einer in ihr liegenden Landschaft gar nicht zu erfassen. Unter uns breitete sich das märchenhafte Kairo aus, die Stadt mit ihren mehr als dreimalhunderttausend Einwohnern, mit tausend Kuppeln, Minaretts und Moscheen, mit Vorstädten, von denen jede an und für sich eine beträchtliche Stadt bildet, umgeben von einer in der Fülle des Pharaonenlandes schwelgenden, von einem Strome ersten Ranges durchzogenen Landschaft; in nächster Nähe sahen wir die Wächter des verderbenden Flugsandes der Wüste, eins der Wunder der Welt, *die Pyramiden*; den Horizont nahm die Wüste ein, jener einförmige, fahlgelbe, scheinbar unendliche, unermeßliche Streifen, in dem sich das Auge verliert: das war das Bild, welches sich unseren trunkenen Blicken entrollte. Der Abend lag auf der paradiesischen Gegend, der Nil floß golden, so weit man ihn verfolgen konnte, durch die lachenden Fluren dahin, ein sanfter Westwind bewegte die Kronen der Palmen. Wir standen sprachlos, staunend vor dem erhabenen Anblicke. Wie ferner Donner schallte das Getös der tief unten wogenden Menge zu uns hinauf; da – es ist die Zeit des Abendgebetes, denn die Sonne taucht in das ewige Sandmeer – ertönt hoch über uns vom schlanken Minarett der Moschee herab der sonore Gesang des *Muezzin*, des Verkündigers des Glaubens, er ruft sein »Hai aal el sallah!« zu der Menge hernieder; der fromme Mohammedaner eilt zum Gebet, und der Christ muß es fühlen, daß auch ihm die Mahnung des Sängers zum Herzen drängt: »Ja, rüste dich zum Gebet!«

Während unseres Aufenthaltes in Ägypten hatten wir erfahren, daß in kurzem eine Mission katholischer Geistlicher nach dem Innern Afrikas abgehen würde. Es war uns von Interesse, die kühnen Verkündiger des Evangeliums kennenzulernen. Ein Empfehlungsbrief vom Generalkonsul *von Laurin* verschaffte uns bei ihnen Zutritt. Die weitausgreifenden Pläne der Geistlichen erregten unsere Reiselust in so hohem Grade, daß der Baron die Bitte wagte, sich mit mir der Mission anschließen zu dürfen. Seine Bitte wurde ihm nicht nur gewährt, sondern die Herren waren sogar freundlich genug, uns einige Zimmer in einem großen Hause Bulahks, das sie bewohnten, anzubieten, wovon wir dankbar Gebrauch machten. Somit war uns die Möglichkeit gegeben, mit einer Gesellschaft gebildeter, landes- und sprachkundiger Landsleute in das Innere Afrikas dringen zu können. *Chartum,* die Tropenstadt der innerafrikanischen, unter Ägyptens Zepter gepreßten Länderstriche, erreichen zu können war damals unser höchster Wunsch.

Die Mission bestand aus fünf von der Propaganda in Rom gesandten Geistlichen und hatte den Zweck, die Heiden des weißen Flusses zu bekehren. Ich will meiner Erzählung vorgreifen und unsere nachherigen Reisegefährten kurz zu schildern versuchen. Der Chef der Mission war der aus dem Aufstande der Drusen und Maroniten zur Zeit der Kriege *Ibrahim-Paschhas* mit der Pforte wohlbekannte Jesuit *Ryllo* [3], ein Mann von seltenen Geistesgaben und wirklich furchtbarer Energie, aber Jesuit durch und durch. Zur Zeit unserer Bekanntschaft mit ihm litt er schon an einer sich mehr und mehr verschlimmernden Dysenterie. Die ihn behandelnden Ärzte rieten ihm, zur sicheren Genesung nur einige Wochen nach Europa zu gehen; aber der Befehl seiner Oberen lautete, sobald als möglich nach dem Inneren Afrikas aufzubrechen. Er gehorchte, verließ in der Voraussicht seines Todes Ägypten und eilte seinem Ziele zu. Nach einer Reise voller Mühseligkeiten und Beschwerden erreichte er Chartum und starb dort nach kurzem Aufenthalte. Das ist der Mut, welcher katholische und vorzugsweise jesuitische Geistliche so vorteilhaft vor manchen protestantischen Missionären auszeichnet; ich würde Ryllo bewundert haben, wäre er nicht Jesuit gewesen. Die Seele der Mission aber war der in Deutschland rühmlichst bekannte Pater *Ignaz Knoblecher* [4] aus Laibach. Ich habe später Gelegenheit gefunden, diesen Mann bewundern zu lernen. Er war ebenso liebenswürdig als gelehrt; er war unermüdet in seinen Arbeiten, heiter im Umgange mit seinen Reisegefährten, bescheiden und streng sittlich. Im Besitze von seltenen und tiefen Sprachkenntnissen, war er gleichwohl auch in anderen Wissenschaften bewandert und hatte neben dem ihm von seinen Oberen gesteckten Ziele nur die wissenschaftliche Ausbeutung seiner großen Reisen, ohne Rücksicht auf jeden Gewinn, im Auge. Während seine Reisegefährten ihre Zeit mit nutzlosem oder herzlosem Gebetelesen verschwendeten, besorgte er nicht nur alle nötigen Tagesarbeiten, sondern führte noch nebenbei ein wirklich ausgezeichnetes wissenschaftliches und sehr mühsames Tagebuch. Seine Ausdauer glich seinen übrigen Eigenschaften; sie war großartig.

Padre *Petremonte* [5], von uns Padre *Muhsa* genannt, war der dritte Geistliche der Mission. Er stand, obgleich Jesuit, geistig weit hinter den Erwähnten zurück, liebte die Jagd leidenschaftlich und war von einer unseligen Bekehrungssucht befallen. Vor allem schien er es darauf abgesehen zu haben, mich zur alleinseligmachenden Kirche zurückzuführen. Tagtäglich hielt er mir einen langen Sermon mit den sich regelmäßig wiederholenden Anfangsworten: »O figlio mio, la strada della salute è apperto per voi, usw.«, nach denen er mir die Finsternis zu schildern versuchte, in denen sich meine von den Banden des Ketzertums umstrickte Seele befinden sollte. Trotz seiner mißglückten Versuche sind wir gute Freunde geblieben.

Die übrigen Geistlichen waren der Padre Don *Angelo Vinco* [6] und der Bischof Monsignore *di Maurikaster*. Ersterer war ein nicht gerade sehr befähigter Mann, in dem sich sonderbare Widersprüche vereinten. Don *Angelo* klammerte sich, aus Furcht vor dem Ertrinken, bei jedem Windstoße ängstlich an den Mast unserer Nilbarke, blies bei jeder ihm gefährlich scheinenden Fahrt seine Gummimatratze auf, um sie als Rettungsboot bei dem befürchteten Schiffbruche zu gebrauchen – und lebte später mehrere Jahre, unter dem 4° der nördlichen Breite, unter halbwilden Negerhorden, ohne Furcht zu kennen. Ich erfuhr später, daß ihm der König der *Nuëhr* [7] seine Tochter verheiraten wollte und sich höchlichst erzürnte, als ihm Padre *Vinco* erklärte, daß er als katholischer Geistlicher nie gesonnen sein könne, einem so unsinnigen Gesuche zu willfahren. Unser Pater war Jesuit, aber sehr gutmütig, rechtlich und achtbar. Ganz das Gegenteil von ihm war der fünfte Geistliche, der Bischof. Dieser war nicht eigentliches Mitglied der Mission und begleitete sie nur bis Chartum, von wo er zurückkehrte. Der Bischof befolgte das christliche Gesetz: »Ein Bischof soll unsträflich sein« keineswegs. Er nahm es z. B. mit den Gesetzen der Keuschheit nicht sehr genau, lebte nur dem Vergnügen und begnügte sich, unter den Augen des strengen Padre *Ryllo* tagtäglich sein Brevier zu lesen.

Außerdem hatten sich der Mission noch drei weltliche Personen angeschlossen. Der eine, Baron S. S., früher in Batavia Aufseher einer Pflanzung, wollte im Sudan die Kultur des Kaffees und Reises zum Vorteile der Mission versuchen, mußte aber von dort aus, seiner Trunksucht wegen, nach Ägypten zurückgeschifft werden; die anderen beiden, ein junger Malteser und ein unausstehlicher Levantiner, dienten den Geistlichen als Einkäufer, Diener und Dolmetscher.

Uns mit eingerechnet bestand also die Gesellschaft aus acht Europäern und zwei Orientalen, zu denen später noch nubische Bediente hinzukamen. Die Abreise war für Ende September festgestellt. Es blieb uns demnach noch Zeit genug, die Umgegend zu durchstreifen, unsere Ausrüstungen für die große Tour zu treffen und unsere Pläne auszuarbeiten. Die meiste Zeit nahmen die nötigen Einkäufe in Anspruch. Eine Reise ins Innere Afrikas ist in jeder Hinsicht von anderen Reisen verschieden. Man geht Ländern entgegen, in denen man weder Handwerker und Künstler, noch Kaufleute und Gastwirte findet, und muß darnach seine Einrichtungen treffen. Mit allem und jedem zu einer Haushaltung Nötigen muß man sich versehen, vom Tische bis zur Nähnadel herab; alle Bedürfnisse müssen bedacht werden, will man später nicht empfindlichen Mangel leiden. Der Reisende muß Kleider, Papier und Schreibmaterialien, Eßwaren, Essig, Öl, Branntwein, Spiritus und Wein für mehr als Jahresfrist, Arzneien, Lanzetten und Schröpfköpfe, Äxte, Beile, Sägen, Hammer, Nägel, Gewehre und Munition, Reisebeschreibungen, Karten usw. usw. usw. mit sich führen und hundert Dinge besitzen, welche man erst vermißt, wenn man sie entbehrt. Findet man ja noch etwas Brauchbares auf einem der Basare Oberägyptens oder Sudans: dann sind die Preise enorm. Alle Gegenstände müssen vor der Reise sorgfältig in besonders dazu eingerichtete Kisten gepackt und in strengster Ordnung gehalten werden. Vorzüglich schwer ist es, alles so unterzubringen, daß es wohlversorgt und gleichwohl leicht auszupacken ist, wenn es schnell gebraucht werden sollte.

Bei diesen langweiligen Arbeiten gingen uns die geistlichen Herren mit Rat und Tat hilfreich zur Hand. Ich will die Vorteile, welche wir genossen, indem wir uns der Mission anschlossen, nicht verkennen, habe aber später einsehen gelernt, daß der Naturforscher allein oder von seinen Gefährten unabhängig reisen muß, will er der Wissenschaft dienen, wie er soll. Eine einmal verlorene Gelegenheit, schöne und wertvolle Beute zu erlangen, kommt selten wieder. Wir waren neu im Lande und hatten unter der Ägide der Mission Zeit und Gelegenheit, so viel von den Sitten und Gebräuchen der Völkerschaften, unter denen wir lebten, kennenzulernen, als uns zum späteren selbständigen Reisen notwendig war, wir lernten die jedem Neuling im Reisen entgegentretenden Schwierigkeiten jeder Art durch das Beispiel der Mission bekämpfen – aber wir wurden ihrem Willen untertan und unselbständig. Und das hat uns später viel geschadet.

Am 24. *September* mieteten die geistlichen Herren eine Nilbarke zur Reise nach *Assuan,* der Grenzstadt Ägyptens gegen Nubien, zu dem Preise von zweitausendfünfhundert Piastern. Sie wurde instand gesetzt und mit dem Gepäck beladen. Die Abreise stand bevor. Noch wenige Tage vorher erreichte uns ein unheilkündendes Gerücht. Ryllo hatte bei dem Aufstande der Drusen und Maroniten dem mächtigen *Ibrahihm*[8] durch seine das Volk begeisternden Reden mehr geschadet als alle Häuptlinge der Bergvölker zusammengenommen. Der Pascha hatte sogar einen hohen Preis auf den Kopf des gefürchteten Parteigängers gesetzt, und dieser, kühn genug, wagte es, nach Ägypten zu kommen. Jetzt hieß es, Ibrahihm habe nicht vergessen, was er dem Jesuiten in Syrien zugeschworen; ein Beduinenscheich habe Auftrag, unsere Karawane aufzuheben und dafür die Effekten als gute Beute zu behalten. Padre Ryllo solle Ägypten lebend nicht wieder erreichen. Er kehrte in der Tat dahin nicht zurück.

III. Reise auf dem Nile

Von Kairo bis zur Einbruchstation der Wüstensteppe Bahiuda

Am Nachmittag des 28. *September* bestiegen wir mit den geistlichen Herren und ihrer Begleitung eine große, bequeme Nilbarke, welche, bereits mit unserem Gepäck beladen, im Hafen Bulakhs lag. Zur Zeit der Abreise aller Araber, zum *Aassr*, oder zwei Stunden vor Sonnenniedergang flog sie vor einem frischen Nordwinde dem Strom entgegen.

Mit krachenden Salven nehmen wir von Kairo Abschied. Unsere Gefühle sind wehmütig gestimmt; es ist uns, als ob wir, von aller Zivilisation uns losreißend, jetzt vom Vaterlande für immer getrennt würden. Aber die Begierde, fremde Länder zu sehen, ist noch mächtiger; wir bemerken mit Vergnügen, wie eins der Häuser Bulakhs nach dem andern verschwindet. Balsamischer Duft weht von der Insel *Rohda* zu uns herüber, die noch vor kurzem in der Sonne glühenden Minaretts der Zitadelle hüllen sich in das Dunkel der Nacht, wir passieren Alt-Kairo, die Stadt der Kalifen entschwindet dem Auge. Mit der Nacht erschlafft der Wind, nur leise strömt er noch in die geöffneten Segel, leise plätschern die Wellen am Bug des Schiffes, melodisch hallt des heiligen Stromes Sprache in unserem Innern wider.

Man kann sich wirklich keine angenehmere Reise denken als die in einer Nilbarke, wenn man in Gesellschaft und mit allem Nötigen wohlversehen ist. Bei längeren Nilreisen mietet man das Schiff mit seiner Mannschaft auf unbestimmte Frist; für eine monatlich zu zahlende Summe schwimmt man ganz nach Gutdünken und Belieben auf dem Weltstrome herum, ist vollkommen sein eigener Herr, kann seine Reise ausdehnen oder abkürzen, wie man will, und findet in allen Städten Ägyptens das Unentbehrlichste zur Nahrung und Notdurft des Leibes. Monatlich für tausend Piaster oder sechsundsechzig Taler unseres Geldes kann man schon eine recht hübsche Dahabïe mitsamt ihrer Bemannung mieten; doch gibt es auch sehr kostbar ausgestattete, allen Bequemlichkeiten entsprechende Barken für luxuriösere Reisende. Jedenfalls ist die Dahabïer den Dampfschiffen vorzuziehen, welche jetzt, mit Reisenden beladen, in wenig Tagen das Pharaonenland durcheilen, kaum Zeit lassend, seine Wunderwerke zu besichtigen*. Bei schnell zurückgelegten Reisen vermischen sich die empfangenen Eindrücke; an eine auf der Dahabïe zurückgelegte Nilreise wird gewiß jeder mit Vergnügen zurückdenken und von ihr eine dauernde Erinnerung mitnehmen.

Die Einrichtung der Segelbarken des Nil ist immer dieselbe. Mehr als die Hälfte ihrer ganzen Länge hat man für die Kajüte in Anspruch genommen, der übrig bleibende, über den Fußboden der Kajüten um einige Fuß erhöhte Teil beherbergt die Matrosen und das Reisegepäck. Bis zum Mittelmast ist das Deck noch zur Benutzung der Reisenden bestimmt; es wird bis dahin mit einem Sonnendach überdeckt, unter welchem man sich aufhält, um die frische Luft und die Aussicht zu genießen. Am Vordermast steht die Küche: ein durch einen Bretterkasten vor dem Winde geschützter Kochherd oder eine Kochmaschine; zwischen Vorder- und Mittelmast befinden sich die Ruderbänke. Am Bug des Schiffes ist der Sitz des das Fahrwasser prüfenden Reïs, auf dem Dach der Kajüte steht der durch den Reïs befehligte *»Mustahmel«* oder Steuermann, zwischen Vorder- und Mittelmast sitzen die die Segel wartenden Matrosen. Die Masten sind verhältnismäßig kurz, haben aber ungemein lange Rahen, an denen dreieckige (sogenannte lateinische) Segel befestigt sind. Diese müssen nach der Richtung des Windes und der Fahrt oft gewendet werden, wobei auch die Segelstange jedesmal auf die andere Seite des Mastes gedreht wird. Bei niederem Nilstande und starkem Winde hält ein Matrose das Seil, mit welchem das Segel angespannt wird, um dieses sogleich freilassen zu können, wenn das Schiff, wie sehr häufig geschieht, auf den Grund gefahren ist. Dann entkleiden sich alle Matrosen mit großer Geschwindigkeit, springen ins Wasser und schieben die Barke mit manchem Seufzer und unnachahmlichem, taktmäßigem Gestöhn wieder in besseres Fahrwasser. Gewöhnlich hat die Dahabïe zwei große und ein kleines Segel (*Trikehta* genannt), welches auf einem durch verlängerte Planken am Stern des Schiffes gebildeten Anhängsel steht; zuweilen sieht man auch nur ein großes Vordersegel, *Khumasch,* und die Trikehta. Kleine, sehr lange, stark bemannte

* Diese Dampfschiffe legen die Hin- und Zurückreise in zwanzig Tagen zurück. Bei jedem Tempel wird drei Stunden, in Theben fünf Tage verweilt. Mit Einschluß der Kost bezahlt jeder Reisende fünfundzwanzig Guineen für die ganze Tour.

Barken mit großen Segeln und einer kleinen Kajüte heißen Sandal; sie sind Schnellsegler. Die Kajüte der Dahabïen ist in drei bis vier Zimmerchen eingeteilt, von denen eins das Empfangs-, das zweite das Wohnzimmer, das dritte ein Reinigungskabinett und das vierte endlich das Schlafzimmer oder den *Harem* darstellt. In dem letzten Raume beherbergen die Orientalen ihre weibliche Reisegesellschaft. Auf den großen Gesellschaftsdahabïen enthalten die Kajüten wohl auch Tische, Stühle, Schränke, Truhen und dergleichen häusliche Gerätschaften und werden dann nur um so wohnlicher.

Nächst den unserem europäischen Geschmack zusagenden Proviantvorräten, welche man bei Nilreisen von Kairo mitnimmt, darf man die *Wasserkühlgefäße* nicht vergessen. Seit undenklichen Zeiten versteht man in Ägypten Tonkrüge zu fertigen, welche durch ihre sehr feinen Poren immer eine geringe Menge der in ihnen enthaltenen Flüssigkeit durchschwitzen lassen. Diese überzieht dann den Krug von außen mit einer sehr feinen, beständig verdunstenden und dadurch das Gefäß und seinen Inhalt kühlenden Schicht. Von diesen Gefäßen unterscheidet man zunächst zwei Sorten: den *»Sihr«* und die *»Khula.«* Ersterer dient dazu, eine große Menge des frischgeschöpften Nilwassers zu läutern und zu kühlen, die letztere, um das schon gereinigte Wasser möglichst abzufrischen.

Der Sihr ist ein großer, ungefähr zwei Eimer haltender, zuckerhutähnlicher Topf, welcher mit seiner nach unten gerichteten Spitze aufgestellt und dann mit Wasser gefüllt wird. Seine Masse hat gröbere Poren, welche, zwar immer noch fein genug, um das durch sie ausfließende Wasser zu läutern, doch einer größeren Menge den Durchgang gewähren. Das durchgesickerte Wasser wird in einer glasierten Schüssel aufgefangen und nun erst in die kleinen, zierlichen und sehr verschieden gestalteten Khulal* gebracht, in denen man das Trinkwasser bis zu einer Frische von + 8° Reaumur, abkühlen kann. Beide Gefäßarten sind so billig, daß sie sich selbst der ärmste Fellach anzuschaffen vermag.

Aus diesen Anstalten zum Reinigen und Kühlen des Nilwassers geht schon hervor, daß es so ohne weiteres keineswegs *»das beste Wasser der Welt«* genannt werden kann, wie viele Reisende es getan haben. Ich selbst werde im Verlaufe dieser Blätter vielleicht auch mit Entzücken von demselben sprechen und fühle mich deshalb um so mehr zu dem of-

* Plural von Khula.

fenen Bekenntnis, *daß die Ansichten über die Güte des Nilwassers nur relativ sind,* verpflichtet. Wenn der Strom seine größte Höhe erreicht hat, führt sein Wasser so viele erdige Teile mit sich, daß es davon hellbraun gefärbt wird; bei langem, ruhigem Stehen oder inniger Vermischung mit schnell klärendem Alaun, bitteren Mandeln, Buffbohnen und dergleichen sinken diese eben die Fruchtbarkeit Ägyptens bedingenden Schlammteile zu Boden und bilden eine das Zwölftel des Inhalts eines Gefäßes betragende, dichte Schicht. Ungeklärt genossen, hat es stets Durchfall und einen Ausschlag, welchen die Araber geradezu Nilausschlag nennen, zur Folge. Es ist also nicht wohl denkbar, daß ein so beschaffenes Wasser das beste Trinkwasser sein kann.

Aber – die das köstliche Nilwasser preisenden Reisenden haben ganz recht, wenn sie sagen: Es gibt *in Ägypten* kein besseres Wasser als das des Nil. Ich bin fest überzeugt, daß das Wasser unserer Elbe ebenso gut ist als das des Nil; allein zwischen beiden Gewässern findet der Unterschied statt, daß wir in Deutschland silberreines Quellwasser und in Ägypten nur stinkendes, ekelerregendes Lachen- oder Zisternenwasser *zur Vergleichung haben.* Und dabei ist ägyptischer Durst ein anderer als deutscher, wenigstens deutscher Wasserdurst. Durst ist der beste Mundschenk; man ist in heißen Ländern froh, wenn man den oft zur Qual werdenden Durst löschen kann; geistige Getränke können das Wasser nie entbehrlich machen: ihr Genuß vermehrt nur die Begierde darnach. *Und deshalb ist das Nilwasser das beste* Wasser *der Welt.*

Unsere Reise durch Oberägypten gewann mit jedem Tage an Interesse. Weite, fruchtbare, jetzt im Frühlingsgrün stehende Saatfelder, fruchtbeschwerte, in großen Wäldern vereinigte Dattelpalmen, Dörfer und Städte, öde liegende, vom Riedgras in Besitz genommene Strecken guten Ackerlandes, den beiden Wüsten des Landes angehörende Sandebenen, kahle Gebirge, mit jäh abstürzenden Felspartien oder geröllbedeckten Bergeshängen, Trümmer von altägyptischen Tempeln und Ruinen verfallener Wohnsitze wechseln hier in bunter Reihe miteinander ab. Der Vergnügungsreisende hat Zeit genug, alles Merkwürdige zu besichtigen; wir, von der Mission abhängend, konnten nur die Morgenstunden den Besuchen des festen Landes, mit denen wir zugleich die Jagd verbanden, widmen.

Der Wind war uns während der ganzen Reise konstant günstig. Schon seit mehr als einem Monate wehten die regelmäßigen Nordwinde. Jene

Ruinen des Tempels Setis I. bei Dulgo

unter dem Namen »Passatwinde« bekannten Luftströmungen herrschen auch in Ägypten. Die für die Schiffahrt auf dem Nil äußerst nützlichen Nordwinde beginnen hier gewöhnlich erst in der Mitte des Oktobers und währen bis Ende März oder Anfang April; in diesem Jahre waren sie aber schon früher eingetreten. Andere Luftströmungen halten selten über einen Tag lang an. Am Morgen erhebt sich der Wind gegen neun Uhr und weht nun unausgesetzt bis gegen Sonnenuntergang; dann tritt Windstille ein. Oft kehrt aber schon nach wenigen Stunden der Wind zurück und bläst bis zur Kühle des heraufdämmernden Morgens mit wechselnder Stärke. Zuweilen wird der Nordwind so heftig, daß die zu Tal gehenden Schiffe, trotzdem daß man sie entmastet hat und mit Rudern fortbewegt, nicht von der Stelle kommen. In den Monaten April, Mai, Juni und Juli wechseln die Winde nach allen Richtungen der Windrose miteinander ab; häufig tritt dann auch der die Bäume entblätternde *Chamasihn* auf, welchen die Araber für sehr ungesund halten. Dann stockt die Schiffahrt. Reiner West- oder Ostwind dagegen hindert sie nicht; die Schiffe können, bei der südlich-nördlichen Richtung des Nil, mit ihren lateinischen Segeln dann bequem zu Berg und zu Tal fahren.

Am zweiten Oktober legten wir im Hafen *Minnies,* eines kleinen Städtchens in Oberägypten, an. Ein türkischer, sehr reich gekleideter

Offizier kam zu uns an Bord und gab sich als ein schon mehrere Jahre in ägyptischen Diensten stehender Franzose zu erkennen. Wir erfuhren bald, daß er mit seiner türkischen Tracht auch türkische Gebräuche angenommen hatte; kurz nach seinem Weggang brachte uns ein Diener von ihm einen fetten Hammel und einen großen Korb voll Brot, als Beweis der »Akrahme«* seines Herrn.

Um Mittag segeln wir weiter. Wir fahren an unzähligen, hoch oben in die Felsen des rechten Ufers eingehauenen Katakomben vorüber, haben aber keine Zeit, sie zu besichtigen, weil man den vortrefflichen Segelwind benutzen will.

In den Dörfern, welche wir bisher besuchten, fanden wir fast nur Greise, Frauen und Kinder: die Männer und Jünglinge braucht oder beansprucht der Vizekönig für sein Heer, seine Bauten, seine Fabriken, Schiffe etc. oder für seine Handelsunternehmungen. Die Konskriptionen des Paschas sollen am Nachteiligsten auf die Vermehrung der Bevölkerung einwirken; wenigstens ist die Furcht vor ihnen so groß, daß achtzig Prozent der arabischen Mütter ihren Säuglingen den Zeigefinger der rechten Hand zu verstümmeln pflegen, um sie zum Militärdienst untauglich zu machen. Zwar hat der strenge Befehl der Regierung, gerade die so geschändeten Jünglinge zu Soldaten zu nehmen, diese grauenhafte Sitte beeinträchtigt, aber ihr noch keineswegs Einhalt getan. Es ist nicht zu verkennen, daß sich die Einwohnerzahl Ägyptens zusehends verringert. Die Regierungsweise des Paschas hat der Quelle des Wohlstandes Ägyptenlands, dem Ackerbau, Tausende von arbeitsamen Händen entzogen.

Am 12. *Oktober* legten wir in der Nähe der Ruinen des hunderttorigen Theben, bei dem Dorfe *Luksor,* an. Elende Fellachenhütten stehen in und auf einem Tempelportale; das Dorf selbst verbirgt dem Auge viele Denkmäler. Es ist nicht meine Absicht, die in mehr als hundert Werken bereits gegebene Beschreibung der Ruinen von *Luksor* und *Karnak, Kurnu* und *Medinet-Habu* hier zu wiederholen; ich werfe nur flüchtige Blicke auf sie und teile das mit, was ich bei Besichtigung derselben empfand.

Alle ägyptischen Monumente sind großartig, aber steif und tot; die griechischen Tempel und anderen Denkmäler der Baukunst und Bild-

* Man kann Akrahme mit »Gastfreundschaft« übersetzen.

hauerei erwärmen und begeistern mit ihren lebensvollen Formen das Herz des Beschauers; wer dies gesehen, den lassen jene kalt. Nach meiner individuellen Ansicht gibt es nur drei wirklich erhabene Denkmäler altägyptischer Baukunst: die *Pyramiden, die Königsgräber* und *die Felsentempel von Abu-Simbel.* An allen übrigen Monumenten Ägyptenlands sind die zum Bau verwendeten riesigen Werkstücke, die mit unübertroffener Schärfe und Genauigkeit, aber ohne allen Begriff von Perspektive eingemeißelten Hieroglyphenreihen vom höchsten Interesse, die großartigen Anlagen der Werke sind staunenerregend; aber nur das Kolossale, nicht die Formen sind bewundernswert.

So ist es mit den Königsgräbern. Sie liegen wie die meisten Tempel der alten Ägypter am linken Nilufer, in der Wüste.

Man zieht auf einer breiten Straße, welche noch deutlich die Spuren einer künstlich angelegten zeigt, in die Berge hinein. Immer öder und trauriger, tot und still wird der Weg, man reitet sichtbar in das Reich der Toten. In weitem Bogen umzieht die Straße die hier sich hoch erhebenden Gebirge; erst nachdem man eine starke Meile zurückgelegt hat, gelangt man zum Eingange des jetzt mit No. 1 bezeichneten Königsgrabes. Die übrigen, wohl einige und zwanzig an der Zahl, liegen in der Nähe in einem von hohen, steilen Bergeshängen gleichwie von Wänden umschlossenen Tale.

Ein tiefer Sinn liegt in der Wahl dieses Friedhofes. Hier lebt kein Wesen, hier sieht man kein Geschöpf, keinen Vogel, bis hierher verirrt sich kein Tier. In diesen Gründen waltet heilige Ruhe und soll hier walten; denn hier ruhen die Könige des merkwürdigsten Volkes der Erde. Die Weisheit seiner Priester bettete die aus dem wogenden Gewühl eines rauschenden Lebens Abgeschiedenen an einen erhabenen Ort heiliger, ewiger Stille. Berge bedeckten die Räume, in denen die Sarkophage mächtiger Herrscher standen, Steingeröll verbarg die Grabespforten, und dennoch wagte es die frevelnde Hand späterer Geschlechter, jene vermauerten Eingänge zu eröffnen, die Särge aufzubrechen, den heiligen Friedhof zu entweihen.

Die Anlage der Gräber ist mit wenig Modifikationen immer dieselbe. Mehrere Säle liegen hintereinander, in dem letzten von ihnen steht der Sarkophag. Da, wo der Felsen, in dem man das Grab eingehauen hat, glatt war, wurden die Hieroglyphenbilder in den Kalkstein, da, wo er zersplittert war, in einen Mörtelüberzug eingeschnitten. Die Bilder sind die Lebensbeschreibung des in dem Grabe Ruhenden: man sieht den

König in seinen Schlachten, auf seinem Throne, in seinem Gebete, in seinen häuslichen Verhältnissen, in seinen Vergnügungen dargestellt. Einzelne Wände zeigen durch die Ägypter unterjochte Völkerschaften in der Sklaverei; man kann den krausköpfigen Äthiopier ohne Mühe von dem feingegliederten Inder, den Juden von dem Perser unterscheiden. Auf den getünchten Wänden prangen die Bilder vergangener Jahrtausende noch heute in unvergänglicher Farbenfrische, als ob der Künstler gestern zum letzten Male seine Hand ans Werk gelegt hätte. Einige Figuren sind mit Rötel vorgezeichnet, aber noch nicht in den Kalkmörtel eingegraben – der König starb und sollte in seinem Mausoleum beigesetzt werden –: da verstummte der Hammerschlag des Bildhauers in den hohen Räumen, die Schar der Arbeiter zog dem Lichte zu, und der Chor der Priester brachte die Mumie zur Ruhe in der dunklen Gruft.

Erhaben ist die Wahl des stillen Tales, erhabener noch die Anlage dieser Gräber. Sie weiter zu beschreiben vermag ich nicht; hierzu gehören mehr Monate als ich, sie zu besichtigen, Stunden übrig hatte. *Champollion* [1] hat diese Arbeit ausgeführt; *Lepsius* [2] soll, wie viele Inschriften in allen europäischen Sprachen beweisen wollen, mehr vernichtet als wissenschaftlich geforscht haben. Auch viele Säulen der Tempel Karnaks und Luksors weisen Stellen auf, an denen die Hieroglyphenbilder ausgemeißelt wurden. Ein Fellach, welcher des letzteren Altertumsforschers Diener gewesen zu sein vorgab, erzählte, daß dieser erst Ausgrabungen gemacht und gezeichnet, dann aber das Abgezeichnete vernichtet und, um eine neue Schande alt erscheinen zu lassen, mit Kot beworfen habe. Es gehört wirklich die ganze Leichtgläubigkeit gewöhnlicher Touristen dazu, ähnlichen ungereimten Erzählungen Glauben zu schenken. Daß unser ausgezeichneter Landsmann zu seinen Arbeiten Meißel und Hammer brauchte ist erklärlich; spätere Reisende wünschten von unwissenden Fellachen von der Wissenschaft bisher noch nicht aufgedeckte Namen der Verwüster jener Monumente zu wissen und – *Lepsius* wurde genannt. Obgleich nun diese und andere Verleumdungen den gelehrten Mann gar nicht treffen können, ist es für den Deutschen doch unangenehm, gerade einen Namen hören zu müssen, den man als den eines Heros der Wissenschaft zu verehren gewohnt ist.

Nach kurzer Besichtigung der Altertümer bei Luksor und Karnak schickten wir uns zur Weiterreise an. Da erschienen, in leichte Gewänder gehüllt, drei jener öffentlichen Tänzerinnen »Rhauasïe« – von den Reisenden oft Almeh* genannt – und begannen beim Klange ihrer Kastagnetten, eines Tamburins und einer zweisaitigen Violine, die ein alter blinder Kerl bearbeitete, ihre sinnlichen maurischen Tänze aufzuführen. Wir weltliches Personal hätten gern den reizenden Tänzerinnen zugeschaut; die geistlichen Herren aber, vielleicht mit Ausnahme des Bischofs, fürchteten die Versuchung und jagten sie unbarmherzig fort.

Es wurde uns erzählt, daß die Rhauasïaht** hier in der Verbannung leben. Sie übten ihre Künste früher in der Khahira und in Alexandrien aus, trieben es aber dem alten Mohammed-Ali zuletzt doch zu bunt. Plötzlich erzürnt, unterbrach er ihr fröhliches Leben durch den strengen Befehl, nach Oberägypten auszuwandern, und ließ die Säumigen durch Soldaten nach mehreren Städtchen transportieren. Hier führen sie ein höchst unregelmäßiges Leben und werden dem Reisenden durch ihre Zudringlichkeit oft lästig. Man findet unter ihnen sehr schöne Mädchen; gewöhnlich aber sind sie durch Ausschweifungen aller Art, hauptsächlich auch durch Trunksucht, so herabgekommen, daß sie Ekel und Mitleid erregen. Die mit ihnen aufgeführten Orgien und Bacchanalien nennen die Türken »Fanthasïe«***; auf ihre Tänze werde ich zurückkommen.

Wenn die Rhauasïe jung, hübsch und reich gekleidet ist und ihre leidenschaftlichen Tänze gut zu produzieren versteht, ist der Ausdruck Fanthasïe auch in seiner ursprünglichen Bedeutung gerechtfertigt. Ihr Erscheinen schon ist phantastisch. Aber leider verblühen ihre Reize bald, und wenn sie dann Männerherzen zu fesseln nicht mehr fähig ist, sinkt sie gar schnell in die Nacht der Vergessenheit. Nur die allerniedrigsten Kupplerdienste erwerben ihr, wenn sie alt wird, einen notdürftigen Geldgewinn, kaum hinreichend, ihr elendes Leben zu fristen. Dieses kontrastiert mit dem Glanze ihres früheren Auftretens so grell,

* Die Almeh ist eine Sängerin, welche vor den im Diwan des Türken versammelten Gästen singt. Sie selbst sitzt hinter dem engvergitterten Fenster eines Nebengemachs, durch welches wohl ihre Töne dringen, sie aber *nicht gesehen* werden kann und darf.

** Plural von Rhausïe.

*** Ich will dieses Wort, das ich gewohnheitshalber, wohl noch manchmal brauchen werde, erklären. Es ist nicht gleichbedeutend mit *φαντασια* der Griechen, obwohl davon abgeleitet oder herstammend; sondern bezeichnet jede Art von Unterhaltung oder nicht religiöser Festlichkeit eines Orientalen. Jeder Zierrat heißt Fanthasïe; ein gesticktes Kleid, ein graviertes, silber- oder goldbelegtes Gewehr mit geschnitztem Kolben, jeder farbenprächtige Teppich oder verzierte Sattel usw. ist »mit viel Fanthasïe« gearbeitet. Ein Trinkgelage, eine Tanzunterhaltung, ein festlicher Aufzug usw. usw. ist Fanthasïe.

daß wirklich eine mohammedanische Ergebung in das Walten des unabänderlichen Fatums dazugehört, um den Kontrast ertragen zu können.

Eine wegen ihrer Schönheit berühmte Tänzerin namens *Safie* (Sophie) war die Geliebte des nachherigen Vizekönigs *Abbas-Pascha.* [3] Sie soll zur Zeit ihrer Blüte so schön gewesen sein, daß *Abbas*, damals Gouverneur von Kairo, in seinem Harem keine ihr an Reizen ähnliche Frau besaß. Er besuchte heimlich oft die liebliche Tänzerin, überhäufte sie mit Geschenken, verlangte aber von einem öffentlichen Mädchen Treue, die er nie erwarten konnte. Einst fand er sie in den Armen eines schmucken Arabers. Seine Rache war seiner Roheit und Grausamkeit gleich. Er ließ das unglückliche Weib ergreifen und ihren Rücken mit Peitschenhieben zerfleischen. Monate vergingen, ehe ihre Wunden heilten; ihre Blüte war geknickt, ihre Schönheit vernichtet. Ich sah sie später in *Esneh,* wo sie ein ziemlich großes Haus bewohnte. Sie zeigte noch immer Spuren ihrer früheren Schönheit; doch war ihr kostbarer Anzug damals noch das Schönste an ihr. Eine unheilbare Lahmheit, die Folge der erlittenen qualvollen Strafe, blieb ihr für immer eine Erinnerung an die Liebe und Rachsucht eines Abbas.

Der Wind war uns unausgesetzt günstig. Schon am *13. Oktober* erreichten wir das Städtchen *Esneh,* am 16. Oktober den »Berg der Kette« *(Djebel el Selseli)* – nach anderen »Berg des Erdbebens« *(Djebel el Salßali)* genannt –, einen engen Strompaß: den letzten Damm, durch welchen sich der Nil Bahn brechen mußte, ehe er in dem durch ihn hervorgerufenen Schlammlande Ägypten seine Fluten still und ruhig dahinsenden konnte. Die Stelle ist merkwürdig, weil man am rechten Ufer großartige Steinbrüche, am gegenüberliegenden Katakomben und kleine Tempelportale der Alten bemerken kann.

Oberhalb des Djebel el Selseli treten die Gebirge wieder in weitem Bogen zurück, und das Ackerland Ägyptens zeigt noch einmal seinen Reichtum. Am rechten Ufer liegt auf einem steilen, jetzt mit Sand überschütteten Felskegel *Kom-Ombos,* ein Doppeltempel der Pharaonen.

Wir fuhren mit der Schnelligkeit eines kleinen Dampfbootes den Strom hinauf. Auf mehreren Sandinseln bemerkten wir die ersten lebenden Krokodile, welche aber unsere Barke nicht einmal auf Büchsenschußweite an sich kommen ließen und langsam ins Wasser krochen. Vor einigen Tagen sahen wir bereits einen dieser Riesensaurier im Flusse schwimmen, aber, wie ich sogleich wahrnahm, leblos. Dennoch sandten die geistlichen Herren ein halbes Dutzend Kugeln nach der Panzerhaut des keinen Schuß mehr verlangenden Tieres ab. Man wunderte sich allgemein über die Ruhe des »schlafenden Ungeheuers« und ich im stillen mich über Sonntagsjäger und Sonntagsjägerei.

Gegen Abend legten wir in *Assuan*, der Grenzstadt Ägyptens gegen Nubien hin, neben einer Sklavenbarke an. Schon von weitem, lange bevor man die hinter Palmen versteckte Stadt gewahrt, sieht man das hoch auf den Bergen des linken Ufers gelegene Grabmal des Heiligen *Mubsa*, des Schutzpatrons des ersten Kataraktes. Im Strome türmen sich schwarzglänzende Granit- und Syenitmassen zusammen und hemmen im Sommer die Schiffahrt. Dann erscheint die Insel Elephantine wie ein lieblicher Garten und mit ihr Assuan. Bei hohem Nilstande kann man zu Schiff direkt bis an die Stadt gelangen, bei niederem Wasser muß man, am rechten Ufer hinfahrend, die Insel umschiffen und mit großer Vorsicht sich zwischen den letzten Felsblöcken der Stromschnelle hindurchwinden. Dann findet man in höchst romantischer Lage zwischen Granitblöcken mit Hieroglyphenbildern ein stilles Ankerplätzchen, zu welchem nur das ferne Tosen des Katarakts dringt, dicht oberhalb der Stadt.

Assuan ist das alte *Syene* der Griechen. Früher war es wegen der berühmten Steinbrüche der Alten von größerer Ausdehnung und Bedeutung als jetzt, wie man aus Trümmern, welche den vierfachen Raum der heutigen erbärmlichen Stadt bedecken, leicht schließen kann. Die Steinbrüche, aus denen jene Kolosse, Obelisken und Säulen stammen, deren Massenhaftigkeit, Festigkeit und Schönheit man bei allen Tempelruinen Ägyptens zu bewundern Gelegenheit hat, liegen ganz in der Nähe der Stadt in der Wüste. Man sieht noch überall die Spuren der Sprengarbeiten der Alten: kleine, aber tiefe, in gerader Reihe in das Urgestein eingemeißelte Löcher, in denen man eingetriebene Holzkeile durch Übergießen mit Wasser so ausdehnte, daß sie Blöcke von mehreren tausend Zentnern Gewicht vom Felsen ablösten. Das Urgestein ist jene Quarz-, Glimmer- und Feldspat-Verbindung*, welcher man nach ihrem altbekannten Fundort Syene den Namen *»Syenit«* erteilt hat.

Weniger solid erbaute Festungswerke, Moscheen und Grabmäler aus einer viel späteren Periode, vielleicht noch aus der Zeit der Mameluk-

* Oder Hornblende- und Feldspatverbindung.

kenherrschaft herstammend, nehmen einen großen Raum der jetzigen Wüste ein. Sie liegen in Trümmern und vereinigen sich mit mehreren wilden Partien der Stromschnelle im Hintergrunde zu sehr anziehenden Ansichten. Die große Ausdehnung dieser Trümmermassen deutet darauf hin, daß Assuan, der Stapelplatz des ersten Kataraktes, früher eine ansehnliche Handelsstadt gewesen sein muß.

Das heutige Assuan verdient den Namen einer Stadt nicht mehr. Es hat nur wenige und schlechte Kaufhallen, in denen man oft weder Käufer noch Verkäufer sieht, und ist der Sitz einer ägyptischen Maut*, weil alle nach dem Sudan gehenden und von daher kommenden Waren hier versteuert werden müssen. Für die Sklaven, welche ja im Orient überall als Ware betrachtet werden, ist die Steuer sehr hoch**. Wahrscheinlich lagen wegen der Versteuerung ihrer Neger und Negerinnen während unseres Aufenthalts mehrere Sklavenhändler einige Tage hier. Man bot uns ein sehr niedliches Gallamädchen zu dem Preise von achtzehnhundert Piastern an; Negerknaben und Negermädchen waren viel billiger.

Einer dieser Sklavenhändler besuchte uns auf unserem Schiffe und erzählte uns von den oberen Ländern des weißen Flusses, den er bereist zu haben vorgab. Er zeigte uns Waffen und Gerätschaften der Neger, welche allerdings furchtbar und eigentümlich genug aussahen und von uns allen mit lebhaftem Interesse betrachtet wurden.

Alle von Ägypten nach Nubien gehenden Nilschiffe passieren den Katarakt von Assuan, obgleich er nicht gefährlich ist, nur wenn es dem Reïs des Schiffes vorher kontraktlich zur Pflicht gemacht worden ist. Unsere große Dahabïe wäre unter allen Umständen nicht dazu geeignet gewesen. Wir mußten deshalb unsere Effekten von Assuan aus mit Kamelen über die Stromschnelle bringen lassen. Don *Ignatio* hatte in der Nähe der Insel Philä einen Lagerplatz ausgewählt, in welchem wir bis zur Ankunft anderer Barken verweilen wollten. Am achtzehnten Oktober kamen gemietete Kameltreiber, beluden ihre stöhnenden Tiere mit dem Gepäck der Mission und zogen gegen Mittag dem Lagerplatze zu. Wir ritten nach dem *Aassr* auf Eseln nach und erreichten mit Sonnenuntergang das oberhalb der Stromschnelle gelegene Dörfchen *Siahle.*

Die Umgebung desselben ist wildromantisch. Die Gebirge treten in

* Zollbehörde

** Sie beträgt für einen Neger oder Abessinier zwanzig, für eine Negerin vierundzwanzig und für eine Abessinierin dreiunddreißig Taler unseres Geldes.

einem weiten Bogen zurück, der Nil braust über ihre Ausläufer hinweg. Schwarzglänzende Syenit- und Porphyrmassen, teils in ungeheuren Felsen vereinigt, teils wie von der Hand eines Riesen durcheinandergeworfen und zuammengeschichtet, teilen den Strom in Hunderte von kleinen, rauschenden Bächen, stauen ihn in den durch ihr Zurücktreten gebildeten Kessel auf und zwingen ihn, seine Fluten mit donnerndem Schwall über sie hinwegzustürzen. Nur schmale Kulturstreifen ziehen sich dicht an seinen Ufern dahin, die Gegend ist tot und öde, aber dennoch schön.

Inmitten dieses Felsenchaos liegt die palmenbestandene, grünende Insel *Philä* mit ihren Tempelruinen. Man glaubt ein Feenschloß vor sich zu sehen, wenn man sie zum ersten Male erblickt. Ernste, gegen die dunklen Felsenmassen aber doch freundliche Tempel, in der tiefen Stille der Einsamkeit nur umtobt von den immer und immer von neuem dahinrollenden Wasserstürzen, eingerahmt von balsamduftenden Mimosen und schlanken Palmen, steht an einem zur Verehrung der alten Gottheit Ägyptens passenden Orte, wie es keinen zweiten, ähnlichen geben kann.

Die Tempelhallen sind in dem vollendetsten, reinsten ägyptischen Stile ausgeführt; jeder einzelne Teil des Bauwerks zeigt von einer mehr ideellen Anlage des Ganzen. Das Schwerfällige, Erdrückende anderer Monumente Ägyptens verschwindet, während ein freierer, kühnerer Schwung ganz unverkennbar ist. Leicht gehaltene Knäufe krönen die schlanken Säulen; jeder einzelne ist von den übrigen verschieden, nur die Lotosblume ist allen gemeinsam. Wie ich an einigen noch unvollendeten Kapitälen sah, wurde ihre feinere Bearbeitung erst nach Vollendung des ganzen Baues vorgenommen, woraus sich auch eher die Schärfe und Mannigfaltigkeit des dargestellten Blätterwerks erklären läßt.

Die bestimmte und sichere Nachricht, daß wir in *Korosko* nicht die nötige Anzahl von Kamelen zur Reise durch die große *Nubische Wüste* finden würden, bewog die Mission, ihre Reiseroute umzuändern. Man mietete zwei kleinere Schiffe bis *Wadi-Halfa* und beschloß, von dort aus entweder zu Kamel oder zu Schiffe nach *Dongola* zu gehen, von wo aus man, ohne Aufenthalt befürchten zu müssen, durch die Wüstensteppe *Bahiuda* weiterreisen konnte. Am 21. Oktober bezogen wir mit dem Bischof *Casolani*, Padre *Muhsa* und Don *Angelo* das kleinere, aber bequemere der beiden Schiffe, die übrigen Mitglieder blieben auf der

ger einer Missions-Expedition oberhalb der ersten Nilkatarakte bei Philä

Transportbarke. Der Wind blieb uns günstig. Schon am 22. Oktober passierten wir mit Gewehrsalven den Wendekreis; zwei Tage später erreichten wir *Korosko.* Wir fanden hier eine meist aus Bergleuten bestehende Expedition des Vizekönigs, welche für die Goldbergwerke bei *Khassahn* bestimmt war und seit achtzehn Tagen auf Kamele, mit denen sie durch die Wüste reisen wollten, warteten. Die Leute gingen mit Zittern und Zagen nach dem in Kairo wegen seines Klimas sehr verrufenen Sudan.

Korosko ist ein elendes Dorf und enthält nur wenige Häuser: die erbärmlichen Wohnungen der die Briefpost zwischen Chartum und Kairo besorgenden Kamelreiter. Dennoch ist der Ort für den Verkehr Ägyptens mit Ostsudan als Einbruchsstation in die große Nubische Wüste von großer Wichtigkeit. Man legt den fünfunddreißig bis vierzig deutsche Meilen langen Wüstenweg nach *Abu-Hammed*[4] im südlichen Nubien in sieben bis neun Tagen zurück und gelangt, am Nile fortziehend, in fünf weiteren Tagen nach *Berber el Mucheïref.* Im Inneren der Wüste stößt man nur einmal auf einen Brunnen, den *Bihr murre,* welcher, wie der arabische Beiname besagt, nur salziges Wasser enthält. Deshalb gehört die Reise zu den beschwerlichsten und zu den teuersten dieser Art*, auch ohne die Prellereien und Betrügereien der Kamelscheichs, denen der Reisende, wenn er nicht einen Firmahn** von der Regierung besitzt, sicher ausgesetzt ist.

Der Unterschied zwischen dem bis jetzt bereisten Teil Nubiens, dem *Wadi-Kenuhs,* und Ägypten ist auffallend und erstreckt sich nicht auf das feste Land allein, sondern auch auf die Menschen, ihre Sprache und ihre Sitten. Nackte Felsmassen engen den Strom auf beiden Seiten ein; seine Ufer sind viel zu hoch, als daß er sie überfluten könnte. Daher hört man hier das Gekreisch unzähliger Schöpfräder, welche die schmalen und wenig fruchtbaren Felder an den Ufern des Stromes bewässern, Tag und Nacht. Der arme Nubier konnte seinem Steinlande nur wenig abgewinnen. Seine Dörfer sind armseliger, aber freundlicher und hübscher als die der Fellachen; er selbst ist ärmer, aber besser als der Ägypter.

* Ein mit Wasserschläuchen beladenes Kamel kostet nach den von der Regierung erlassenen Bestimmungen, wie das Reitkamel, sechs Taler unseres Geldes für diese Tour, der Transport eines arabischen Zentners von hundert »Ardahl« oder einundachtzig Wiener Pfunden wird mit dreißig Piastern oder zwei Talern preußisch berechnet. Diese Mietpreise sind nicht niedrig, weil man bei dem beschwerlichen Weg einem Kamele nur drei arabische Zentner aufbürden darf und sehr viel Trinkwasser mit sich führen muß.

** hier: Geleit- und Schutzbrief

Schon auf den ersten Blick unterscheiden sich die friedlichen *Berbern* von den Ägyptern. Die Männer haben eine mehr oder weniger dunkle Hautfarbe, sind schmächtiger, furchtsamer als die Fellachen und nicht so geeignet, jene enormen Körperanstrengungen, welche wir bei dem Ägypter beobachten können, zu ertragen; die Frauen sind klein, nicht besonders hübsch und gehen unverschleiert. Erstere bekleiden sich mit kurzen Beinkleidern und einem langen und breiten Umschlagtuche, »*Ferdah*« genannt, feiertags wohl auch mit einer blaugefärbten Baumwollkutte; letztere tragen über einem Paar weiten Beinkleidern die in den mannigfaltigsten Faltenwürfen, wie eine römische Tunika, um sich geschlagene Ferdah und haben ihr kurzes struppiges und grobes Haar in Hunderte von kleinen Zöpfchen geflochten, gerade so, wie es, nach den Bildhauerarbeiten auf ägyptischen Denkmälern der Baukunst, vor mehreren tausend Jahren auch üblich war. Ihre bisweilen recht angenehmen Gesichtszüge kann man leider nur aus der Ferne betrachten, denn in der Nähe schwindet deren Reiz vor ganz anderen Eindrücken. Ein unerträglicher Gestank weht dem entgegen, der sich einer Nubierin nähert. Sie haben nämlich die Gewohnheit, sich ihre Haare mit Rizinusöl sehr stark einzusalben; dieses wird in der heißen Luft bald ranzig und verpestet die Atmosphäre bis auf dreißig Schritte Entfernung. Die Mädchen tragen schon hier den *Rahhad*, eine im Sudan allgemein gebräuchliche Lederschürze, als einziges Kleidungsstück, die Knaben gehen bis ins zwölfte Jahr fast ohne Ausnahme nackt.

Zwischen Derr und Korosko verläßt der Nil seine südlich-nördliche Richtung und wendet sich nordöstlich. Auf dieser Strecke ist der herrschende Nordwind den Schiffen ungünstig, weshalb diese am »Trekseile«, arabisch »*Libbahn*« genannt, weitergezogen werden müssen. Ein Befehl der Regierung hat den Bewohnern des rechten Ufers – das linke ist Wüste – die Pflicht auferlegt, diese Arbeit zu übernehmen. Auch wir machten von dem Vorrechte aller Vornehmen Gebrauch und ließen uns so rasch als möglich befördern. Aber es empörte uns die Art und Weise, mit welcher man die Nubier zum Schiffsziehen preßte. Zwei unserer Matrosen, tüchtige, handfeste Burschen, liefen den Barken voraus und trieben die in den Feldern, an den Schöpfrädern oder in den Häusern arbeitenden Männer mit Gewalt und Prügeln zum Zugseile. Wir wollten ihrer Roheit Einhalt tun, sahen aber ein, daß es ohne die landesübliche Methode nicht möglich war, fortzukommen, und mußten diese daher ihren Weg gehen lassen.

Während der Fahrt bereitete uns Don *Angelo,* dessen Furcht vor dem Ertrinken ich schon gedacht habe, ein spaßhaftes Intermezzo. Unsere Dahabïe lag still, der Nil war seicht und ruhig und die Luft höchst angenehm. Man redete also dem guten Padri zu, sein Rettungsboot, die Gummimatratze, doch einmal zu versuchen, um ihre Nützlichkeit bei einem tatsächlich vorkommenden Schiffbruche zu erproben. Es fehlte nicht an Gründen und Vorstellungen, ihm die Sache recht einleuchtend zu machen; er entschloß sich wirklich zu einer Probefahrt. Die luftgefüllte Matratze lag auf dem Wasser, Don *Angelo* entkleidete sich und bestieg sie mit Hilfe des Barons sehr vorsichtig. Behaglich schaute er von seinem Lager herab in den Strom. »Nun wüte, Nil, ich bin geborgen!« Aber – eine Bewegung – das trügerische Bett drehte sich, Don *Angelo* lag im Wasser! Obgleich er auf festem Grunde stand, rief er doch kläglich um Hilfe. Man brachte ihn an Bord, um eine Hoffnung weniger. Von nun an sah er nur mit der höchsten Seelenangst in die trüben Fluten des Stromes.

Abends landeten wir in *Derr,* einem großen, zwischen Palmen versteckten, ganz unbedeutenden Dorfe, in dessen Nähe sich ein halbverfallener Felsentempel befindet. Hier hatten unsere geistlichen Herren eine Amtsverrichtung. Ein Vater begehrte Hilfe für sein krankes, ganz erbärmlich aussehendes Kind. Man wußte nicht, was man diesem geben sollte, da die Mutter schon lange vor seiner Geburt an Syphilis gelitten hatte. Aber der Bischof wußte sich zu helfen. Er ließ es dem Vater unter dem Vorwande, daß er ihm Arzneien geben wolle, abnehmen und – taufen! O sancta simplicitas!

Von Derr aus fehlte uns der Wind. Die Barken wurden deshalb von unserem Schiffsvolke am Libbahn langsam weitergezogen. Am 29. kamen wir an der zerstörten Mameluckenfestung *Ibrihm* vorüber. Ein Dorf gleichen Namens liegt am Ufer des Stromes unter Palmen. Die Festung befand sich auf einem fast senkrecht vom Nil aufsteigenden Felsen, wenig stromaufwärts vom Dorfe. Ihre Mauern waren zwar nur aus lufttrockenen Steinen aufgeführt, aber diese sind in Ländern, in denen es fast nie regnet, ein vollkommen dauerhaftes Material. Ibrihm war einer der letzten Haltepunkte der Mamelucken[5], jener von Mohammed-Ali sehr gefürchteten, willens- und tatkräftigen Kriegerschar, dem Pascha, solange sie bestanden, gefährlicher als das an einem Haare hängende Schwert dem Damokles. Lange war es ihm nicht möglich, etwas gegen die wohlverteidigte, fast unersteigliche Festung zu unternehmen, während die Besatzung, insgeheim mit den Nubiern im Bunde, dem Angreifer durch Plünderung der den Strom befahrenden Schiffe und kühne Ausfälle beträchtlichen Schaden tat. Das Felsenschloß war mit Nahrung und durch eine in den Felsen gehauene, aus dem Strome gefüllte Zisterne auch mit Trinkwasser wohlversorgt. Endlich entschieden die Geschütze des Paschas den Fall desselben. Er zerschoß, eroberte und zerstörte die Burg und trieb die geschlagenen Feinde bis zur Insel *Sais.* Dort fanden sie später vollends ihren Untergang.

Abu Simbel

Am 1. November erreichten wir die Felsentempel von *Abu-Simbel*[6] oder *Ibsambol.* Es sind zwei großartige Monumente, welche die kühnsten Erwartungen übertreffen. Vor dem vom Sand der Wüste fast verschütteten Portal des großen Tempels sitzen vier Kolosse von der Höhe des Memnoninus (vierundsechzig Pariser Fuß); ihre Gesichter sind wie die aller ägyptischen Bildsäulen unschön, aber wirklich grauenhaft anzusehen und deshalb imponierend. Der innere Tempel ist ganz aus dem Felsen gehauen. Er enthält vierzehn Kammern und Hallen mit Hieroglyphentafeln und Statuen von mehr als dreißig Fuß Höhe. In der hintersten und kleinsten Zelle sieht man drei Steinbilder, wahrscheinlich Sinnbilder verschiedener Gottheiten. Nach *Prokesch* *[7] beträgt die innere Tiefe des Riesenbaues hundertdreißig, die Breite hunderfünfund-

* »Das Land zwischen den Nilkatarakten.«

vierzig Wiener Fuß. Der zweite Tempel verschwindet neben ihm. Er liegt, nur wenige hundert Schritte von dem großen Tempel entfernt, dicht am Strome, ist kleiner und weniger schön.

Dem Reisenden fällt die ewige Bettelei der Kinder und Erwachsenen aller nubischen Dörfer sehr zur Last. Bis hierher erstrecken sich noch die Reisen der gewöhnlichen Touristen, welche das Volk durch kleine Geschenke so verwöhnt haben, daß man in Dörfern, zumal wenn man europäisch gekleidet ist, sogleich von einem Haufen nackter Knaben oder in Lumpen gehüllter Erwachsener umringt und mit den im Chor geschrienen Worten: »Chawahdje haht Bakschisch!« (Herr, gib uns ein Trinkgeld!) förmlich verfolgt wird. Selbst ganz kleine Kinder rufen dem Fremden schon »Bakschisch« entgegen; es sind die ersten Laute, welche sie stammeln lernen. Gegen die oft die Grenzen himmlischer Geduld – und diese besaß ich nie – übersteigende Anmaßung der Erwachsenen halfen mir gemeiniglich einige Hiebe mit dem unübertrefflichen Dolmetscher meiner Entrüstung, der aus der Haut des Hippopotamus geschnittenen Peitsche, kurzweg »Nilpeitsche« genannt. Da habe ich zum Beweise der unersetzbaren, überraschenden Wirkungen dieses vorzüglichen Instruments dann häufig sagen hören: »Samehhuhni ja sihdi!« (Verzeihe mir, Herr!), »ich wußte nicht, daß du den ›tartieb el belled‹ (die Sitte, den guten Ton des Landes) so gut verstündest, ich will durchaus kein Bakschisch; aber ich hielt dich für einen des Landes Unkundigen, mahlesch« (laß es gut sein). »Rabbena chaliek!« (Unser Herr erhalte dich!) Erst oberhalb *Wadi-Halfas,* dessen Katarakt den Touristenreisen Grenzen setzt, hört diese Bettelei allmählich auf.

Am dritten November erreichten wir den letztgenannten Ort. Er liegt in einem meilenlang sich am rechten Ufer hinziehenden Palmenwalde zerstreut, ist armselig, ohne Bedeutung und bietet an und für sich gar nichts. Nur der eine Viertelmeile oberhalb der letzten Häuser des Dorfes beginnende, sogenannte *zweite Katarakt* hat *Wadi-Halfa* [8] bekanntgemacht, denn es besitzt nicht einmal einen Markt. Sein Name ist aus den Worten »wadi«, d.i. *Niederung,* und »halfa«, der Benennung eines trockenen scharfschneidigen Riedgrases, abgeleitet.

Wir bezogen die große, von den Einwohnern *el Khassr,* »das Schloß«, betitelte Karawanserei und mußten hier, weil sich in Wadi-Halfa weder Kamele noch oberhalb der Stromschnelle Schiffe vorfanden, dreizehn Tage verweilen. Unsere Wohnung bestand – vier Jahre später lag sie fast ganz in Trümmern – aus einem zweistöckigen, zimmerarmen Wohnhause und einem sehr ausgedehnten Hofraume. Das Gebäude war durchgehend aus lufttrockenen Ziegeln aufgeführt und mit (zu diesem Zwecke unbrauchbarem) Sparrwerk aus Palmenstämmen gedeckt. In der Ringmauer, welche das Ganze umschloß, sah man viele auf die Möglichkeit einer Verteidigung hindeutende Schießscharten. Früher mochte es wohl nötig gewesen sein, die reichen Karawanen vor etwaigen Angriffen zu schützen; zur Zeit unseres Aufenthalts in Wadi-Halfa, wo der Handel Monopol der Regierung war, erschien der Bau als nutzlos. Jedenfalls kam er uns aber sehr gelegen.

Scheik-Wohnung

Wir langweilten uns in Wadi-Halfa ganz entsetzlich. In unserer Wohnung peinigten oder ängstigten uns große, in Menge vorhandene Skorpione; im Freien ärgerten wir uns über das unergiebige Jagdterrain. Nur durch Zufall erhielten wir einige wertvolle Vögel. Am 23. November konnten wir endlich die Reise fortsetzen. Einige Nubier schafften unser Gepäck über den Katarakt hinauf; wir verließen, auf Eseln reitend, nachmittags den einförmigen Ort und zogen längs des Nilufers an dem Katarakt hinauf. Mehrere unserer Reisegesellschaft hatten zum ersten Male Reitkamele bestiegen und machten, um sich in den hohen Sätteln im Gleichgewicht zu erhalten, wunderliche Anstrengungen.

Die Entfernung unseres Ziels, des Lagerplatzes *Amke* oder *Abke*, beträgt, von Wadi-Halfa aus gerechnet, über zwei Meilen. Schon eine Viertelmeile oberhalb des letztgenannten Ortes sieht man keine menschlichen Wohnungen mehr. Man gelangt in das Gebiet des von Wüsten eingeschlossenen zweiten oder *großen Katarakts*. Das Auge erschaut nichts als Steine, Sand, Felsen, den Himmel und den durch Hunderte von Felseninseln zerspaltenen, schäumenden und donnernden, seine gestauten Fluten gewaltsam über die hemmenden Felsblöcke stürzenden Nil; nur hier und da reckt ein Mimosenbäumchen seine Zweiglein in die ruhige Luft; es hat am Ufer oder selbst mitten zwischen dem zerklüfteten Gestein doch noch Nahrung und somit die Möglichkeit zum Leben gefunden. Das Schauspiel ist entsetzlich schön. Es scheint, als läge hier die Natur noch in der chaotischen Verwirrung des Schöpfungsmorgens vor dem Auge des Beschauenden: so unendlich wild ist das vom Donner des Wasserfalls scheinbar erzitternde Panorama.

Mit einbrechender Nacht kamen wir in Abke an. Die Matrosen vieler hier in einer Bucht wie im Hafen liegenden Barken saßen bei einer Temperatur von +14° Reaumur am Feuer und wärmten sich. Auch unseren verwöhnten Körpern tat die Wärme des Feuers wohl. Die Nacht war wundervoll. Noch hallte das Tosen des Katarakts in unserer Nähe als Echo wider, aber es begleitete nur die nicht unmelodischen Klänge der nubischen Zither, welche, weil sich das junge Volk der Schiffer zum Tanze ordnete, vor uns von kundiger Hand geschlagen wurde. Im Strome konnte ein scharfes Auge den Mastenwald der nahebei vereinigten Schiffe erkennen; er selbst glich einem stillen, nur melodisch an dem Felsenufer plätschernden See, darin die leuchtenden Sternlein wieder flimmerten. Würzige Mimosendüfte schwängerten die frische reine Luft. Im leichten Winde rauschten die Kronen der Palmen; sie rauschten sanfter und weicher – wir schliefen!

In Abke lagen mehr als fünfzig jener kleinen Barken, welche man zur Fahrt in den Katarakten benutzt, und löschten ihre von *Dongola el Urdi* hierhergebrachte, fast nur aus Sennesblättern bestehende Ladung. Die Schiffchen sind aus einzelnen, verhältnismäßig kleinen Planken ohne Rippen zusammengenagelt, haben einen Mast mit rautenförmigem Segel, aber keine Kajüten, sondern nur einen höchst unbequemen Schiffsraum, welcher selten mehr als vierzig arabische Zentner an Ladung aufnimmt. Alle Abweichungen dieser Bauart von der anderer Nilschiffe sind durch die gefährliche Wegstrecke, innerhalb deren sie sich bewegen, geboten. Die Rippen fehlen, damit das Boot eine möglichst große Elastizität bekommt und bei dem häufig vorkommenden Auffahren und Aufstoßen an Felsenstücke nicht sogleich leck wird; die zwischen zwei Rahen (eine bewegliche und eine unbewegliche) eingeklemmten Segel sind rautenförmig, damit man die Kraft des Segels nach der verschiedenen Stärke des Windes regulieren kann; das Boot ist klein, kurz und niedrig, weil alles darauf ankommt, schnelle Wendungen machen zu können.

Die Mission bedurfte acht dieser Schiffe zum Transport ihrer und unserer Effekten und stieß am 18. November zugleich mit einigen und zwanzig anderer Barken vom Ufer ab, um bei günstigem Winde ihre Reise fortzusetzen. Es war ein schöner Anblick, den Strom mit einem Male von mehr als dreißig mit weit geöffneten, weißen Segeln fahrenden Schiffen bedeckt zu sehen. Unsere Boote zeichneten sich von den übrigen durch die an der Rahenspitze flatternden Pavillone aus. Die höchst malerisch auf einem zackigen kohlschwarzen Felskegel gelegene Lehmfestung von *Abke* verschwand den Blicken; wir betraten das Battn el Hadjar, »den Bauch der Steine«, d. i. das Steintal: die wüsteste Provinz Nubiens, den traurigsten Landstrich, welchen ich je gesehen habe. Hohe, kahle, schwarze und glänzende Felsenmassen steigen senkrecht aus dem Nil, welcher sich durch sie hindurch im Laufe der Jahrtausende sein Bett graben mußte, empor, engen ihn ein und zersplittern, sich seinem tobenden Drängen kühn entgegenstellend, seine Kraft, stauen ihn hoch auf und zwängen ihn, daß er zur Zeit seines höchsten Wasserstandes um zweiundvierzig Fuß höher steht als im April. Sie brechen die Macht des Mächtigen. Er strebt, sie zu vernichten, umschäumt sie mit seinem ewig rauschenden Wogenschwall; sie stehen unerschütterlich. Alles Kulturland haben sie verdrängt, aber mit ihnen im ewigen Wechselkampfe sucht der Strom sein göttliches Vorrecht: das segensreiche Korn zu nähren und zu stärken, auch hier geltend zu machen. Wo er ein stilles Plätzchen findet, senkt er seinen fruchtbaren Schlamm auf das nackte Gestein und führt diesem selbst den Samen zu. Mitten im Strome sieht man von Weidengebüsch überzogene, ursprünglich kahle Felseninseln. Die Weiden haben ihre Zweige tief eingesenkt in das zerklüftete

Gestein und treiben zur Zeit des niedersten Wasserstandes Blätter, Zweige, neue Wurzeln. Sie gewähren den gefiederten Wanderern gastlich ein wirkliches Dach. Fröhliche Sänger durchschlüpfen die blüten- und insektenreichen Hecken; die ägyptische Gans brütet dort still auf ihren sechs bis zehn Eiern, der Pelikan ruht dort von seiner Fischjagd aus und putzt sich mit plumpem Schnabel das rosenrot überhauchte Gefieder, die schwanzwippende Felsenbachstelze (Motacilla capensis) wird hier geboren. Jetzt schwellt die gewitterreiche Regenzeit der Tropen den mächtigen Strom. Die Umstände ändern sich, die Felsen sind jetzt die Träger des Lebens, der Strom droht Vernichtung des grünenden Weidendickichts der Insel. Aber schlank und schmiegsam beugt sich die Gerte vor dem Zürnen des Gewaltigen. Sie senkt sich, zitternd vor dem heftigen Wellendrang, tief ein in die trüben Fluten, aber geschickt weicht sie und grünt und blüht bei fallendem Nil kräftiger und lebendiger als vorher.

Das Steintal ist kaum fähig, kleine Vögel zu ernähren, und dennoch gibt es Menschen, welche es ihre Heimat nennen. In meilenweiten Abständen haben sie sich kleine Hütten erbaut, sie besitzen nur das, was sie der Milde des Stromes zu verdanken haben. Mit Lebensgefahr schwimmen sie zu einer von dem Gebirge her vielleicht unzugänglichen, stillen Felsenbucht und streuen hier Blumenkörner in den auf den Steinen haftenden Schlamm. Der Ertrag der Ernte ist ihr Reichtum; sie besitzen weiter nichts; sie sind so arm, daß ihnen selbst die ägyptische Regierung keine Steuern auferlegen konnte. Es gibt im *Battn el Hadjar* wohl auch einzelne Stellen, an denen mehrere Nubier vereinigt ihre Strohhäuser aufgeschlagen haben, ein kleines Stückchen Feld bewirtschaften und zwei Rinder oder vier Ziegen halten können, aber das sind Oasen, welche nicht das Gepräge dieser unglücklichen Provinz an sich tragen. Ein Palmenbaum, ein Strauch, eine Hütte wird hier mit Jubel begrüßt; ein Bohnenfeld ist das Ziel tagelanger Hoffnung, ein Schöpfrad das Zeichen des Reichtums. Das Steintal ist unendlich, unsäglich arm!

Am 19. *November.* Die Mohammedaner feiern das Fest zur Erinnerung an das Opfer Abrahams; unser Schiffsvolk sitzt in Feiertagskleidern auf dem Deck der Barken und läßt den günstigen Wind unbenutzt vorüberblasen; wir kommen erst um Mittag in Bewegung. Ruhig sitzen wir im Schiffsraum. Urplötzlich erzittert die Barke in ihrem ganzen Bau, sie ist mit furchtbarem Krachen auf einen Felsen gefahren. Wir springen entsetzt auf und machen Anstalten zum Schwimmen. Aber unser alter stromkundiger Reïs *Bellahl* sitzt mit dem gemütlichsten Gesichte von der Welt am Steuer und ruft uns freundlich zu: »Mahlesch!« Dank sei es diesem »Berge und Täler ebnenden, das Unmögliche möglich, das Unerträgliche erträglich machenden, den Zorn beschwichtigenden, die Angst verbannenden« Worte, mit der unendlich vielfachen Bedeutung, welche ich mit: *»Es tut nichts«* übersetzen will – wir beruhigen uns. »Die Barken sind sehr fest und halten manchen Stoß aus; ich habe noch ganz andere erlebt«, sagt unser Altvater aller Kataraktschiffer, »seid ohne Sorgen!« Es war nicht zu bezweifeln, *Bellahl* kannte den Strom wie kein anderer, er wußte jeden unter dem Wasser liegenden Felsen, schon ehe wir hinkamen, aber ebenso unzweifelhaft schien es zu sein, daß er mit einem gewissen Behagen das Schifflein auf den ihm bewußten Felsen jagte. Einige Tage nach dem eben Erzählten stieß unser mit starkem Winde segelndes Schiffchen so heftig auf versteckte Felsen auf, daß das Wasser durch ein bedeutendes Leck ins Innere eindrang. Aber man war auch auf ähnliches gefaßt. Lumpen und Werg lagen bereit und wurden sofort zum Kalfatern verwandt; sie reichten nicht; da riß sich einer der Matrosen sein Hemd vom Leibe und opferte es zu gleichem Zwecke für das allgemeine Wohl. In wenigen Minuten war der Schaden beseitigt.

Am 20. November kamen wir zum *Schellahl** von *Senne.* Durch drei Stromengen, von einer kaum mehr als vierzig Fuß betragenden Breite, drängt sich die ungeheure Wassermenge des Nil hindurch. Das Wasser steht am Anfange der Stromschnelle positiv um sechs Fuß höher als zwanzig Fuß weiter stromabwärts. Wir fuhren mit aller Segelkraft bis an einen der brausenden Wasserstürze heran, unsere Matrosen stürzten sich mit einem Seile in den schäumenden Gischt, durchschwammen den heftigen Wogenzug und befestigten ihr Tau und somit unser Schifflein an einem Felsblocke. Hier lagen wir, bis sich die Mannschaft sämtlicher acht Barken vereinigt hatte, dann zog man das schwankende Boot an starken Tauen durch die tobenden Fluten, welche fast über den Stern desselben zusammenschlugen.

Zu beiden Seiten der Stromschnelle stehen kleine, aber zierlich ausgeführte und mit sehr scharf gearbeiteten Hieroglyphenbildern gezierte Tempelruinen aus der Pharaonenzeit. –

* Unter Schellahl versteht der Nubier eine Stromschnelle.

Wenn der Wind fortdauernd günstig bleibt, kann man alle Stromschnellen des Steintals in sechs bis acht Tagen überschiffen. Leider hatten wir auf unserer diesmaligen Reise nicht guten Segelwind; wir legten in drei Tagen nur eine Strecke von anderhalb deutschen Meilen zurück. Weder die Mission noch das Schiffsvolk war auf die Möglichkeit einer so ungünstigen Fahrt eingerichtet. Die Lebensmittel gingen zur Neige; auf den Schiffen stellte sich, obgleich nur sehr dürftige Rationen verteilt wurden, wirkliche Not ein. Unsere Matrosen schwärmten bei der herrschenden Windstille vergeblich meilenweit herum, um etwas Genießbares aufzutreiben. Sie aßen anstatt des Gemüses wild-, aber spärlich wachsende Kräuter, welche sie hier und da auffanden, und blieben bei all ihrer Not frohen Mutes, sangen und lachten. Wir Europäer waren bei unserer schmalen Kost weniger zufrieden und sehnten uns nach frischem Fleisch und Gemüse. Am Morgen erhielten wir eine Tasse Kaffee und einen Schiffszwieback, mittags trockenen Reis, *»Pillau«* genannt, und abends eine magere Suppe. Den Gerichten fehlte alle Würze, weil uns das Schmalz schon seit mehreren Tagen mangelte. Ich erlegte eine Nilgans, deren Fleisch uns ein wahrer Leckerbissen wurde, und erwarb mir ein freundliches Gesicht meiner europäischen Reisegefährten wegen des gelieferten Bratens, die Bewunderung aller Nubier aber wegen des geschickten Schusses.

Zwei Nilgänse, schöne, aber scheue Vögel, waren auf eine uns gegenüberliegende, wohl dreihundert Fuß entfernte Felseninsel gekommen und liefen am Strande herum. Sie fühlten sich, durch den breiten, wogenden und jählings abstürzenden Nilarm von uns getrennt, ganz sicher; aber meine treffliche Büchse erreichte sie doch. Ich sandte dem Männchen des Pärchens eine Kugel durch die Brust; nach wenigen Flugversuchen lag es getötet am Strande der Insel. Die vereinigte Mannschaft von mehr als zwanzig unterhalb der Stromschnelle versammelten Schiffen hatte mir zugesehen und brach in lautes Beifallsgeheul aus. Nun trennte mich aber der breite Wassersturz noch von meiner Beute. Da erbot sich, in der Hoffnung eines zu erlangenden Bakschisch, einer unserer Matrosen, den Vogel herüberzuholen. Er legte sich auf einen kurzen Holzstamm und stürzte sich in den brausenden Strom. Die schäumenden Wogen schienen ihn verschlingen zu wollen und entzogen ihn auf Augenblicke wirklich unseren Blicken, aber er arbeitete sich rüstig durch, erreichte glücklich sein Ziel und kam, mit dem Vogel in der Hand, ohne Unfall wieder bei uns an.

Man kann die Gewandtheit der nubischen Schwimmer nicht genug bewundern. Während sich der Ägypter nur nach einiger Selbstüberwindung zum Schwimmen entschließt, scheint sich der Nubier im Wasser ganz heimisch zu fühlen. Er schwimmt, oft mit einem mehr als hundert Fuß langen Tau zwischen den Zähnen, kühn von Fels zu Fels trotz Wogendrang und Stromschnelle. Von Kindheit an ist er in der Kunst des Schwimmens geübt. Der Knabe jagt sich mit dem Mädchen spielend im Strome herum; der Jüngling oder erwachsene Mann bläst sich einen dichten Lederschlauch mit Luft auf, legt sich darauf und läßt sich dann vom Strome tagereisenweit talabwärts treiben; Frauen und Männer setzen mit ihren Schläuchen ohne Bedenken über den oft mehr als tausend Schritte breiten Strom.

Am 25. November legten wir mitten in dem bedeutenden Schellahl von *Ambukohl* an einem Felsenblocke an. Die Bewegung der wohlbefestigten Barken in dem Strudel der Stromschnelle war so heftig, daß mehrere aus unserer Gesellschaft die Seekrankheit bekamen. Wir zogen es vor, auf dem Felsen zu schlafen, wählten uns eine durch den Strom aufgelegte, ebene Sandbank zur Lagerstätte, breiteten unsere Teppiche darauf und schliefen, umtobt von dem Donner des Katarakts, herrlich die ganze Nacht hindurch.

Wir bemerken zu unserer großen Freude, daß die Gegend besser zu werden scheint. Hier und da zeigt sich eine Palme oder eine Mimosengruppe. Große Flüge verschiedener Zugvögel wandern den Strom entlang nach Süden und geben uns Hoffnung auf Beute. Die Not ist bei uns groß; wir haben fast nichts mehr zu essen.

Erst am 28. November erhob sich der sehnlich herbeigewünschte Nordwind und trieb unsere Schiffe nun ziemlich rasch dem Strom entgegen. Zwei Tage später durchschiffen wir die Stromschnelle von *Tanguhr.* Eine gänzlich zertrümmerte Barke lag mitten im Katarakt auf einer Felseninsel; sie war vor einem Monate mit ihrer Ladung gescheitert. Auch heute gelang es nur den vereinigten Anstrengungen vieler Matrosen, ein Schiff unseres Geschwaders vom Untergange zu retten. *Mohammed,* der Koch der Mission, wollte schwimmend sein mitten im Strome liegendes Boot erreichen. Die heftige Strömung trieb ihn unwiderstehlich dem Schellahl zu; er kämpfte verzweifelnd mit den Wellen, wäre aber ohne Zweifel ertrunken, wenn ihm nicht zwei andere Nubier zu Hilfe geeilt wären. Diese brachten ihn, obgleich selbst dem Versinken nahe, besinnungslos ans Ufer. Man versicherte mir, daß jährlich mehrere Barken hier zugrunde gehen und oft auch Matrosen trotz aller Schwimmfertigkeit ertrinken.

Einer unserer Schiffsleute, *Aabd-Allah* mit Namen, hat seine Frau, eine wirklich schöne Nubierin aus dem Palmenkreise Sukoht, mit an Bord. Gestern näherte ich mich zufällig der nußbraunen Schönheit. Wie ein gereizter Tiger fuhr der Nubier auf mich los. »Herr«, rief er wütend, »was willst du von meiner Frau?« Ich mochte ihm beteuern, was ich wollte, er betrachtete mich von nun an mit namenloser Eifersucht und schien uns beide aus tiefster Seele zu hassen.

Am 1.*Dezember.* Wir befinden uns in einem weit besseren Landstrich als bisher. Palmen und Mimosen gruppieren sich zu kleinen Wäldchen. Vor uns liegt am rechten Ufer ein hoher Berg mit zackigen, ausgeprägten Gipfeln, der *Djebel el Tibsche.* Auch am linken Ufer erheben sich steile Felsmassen. Eins der schönsten Bilder des Battn el Hadjar liegt vor uns. Die glühenden, schwarzglänzenden Felsenpartien geben dem Panorama etwas schauerlich Wildes, aber da liegt wenig weiter oben *Akahsche* mit seinem weißen, zwischen Mimosen hervorschauenden Scheichsgrabe, umgeben von freundlichem, bebautem Ackerlande, und mildert das grausig Tote der übrigen Wildnis.

Gegen Mittag erreichen wir die heiße Quelle von *Okme.* Sie kommt neben einem alten, halbverfallenen und verschlemmten Turme, welcher sie früher wohl gefaßt haben mag, zutage. Rings herum ist der Boden mit einer Salzkruste bedeckt. Die Wärme der Therme beträgt über 40°

Strohhütten unweit Okme

Reaumur; ihre Wassermenge ist gering, hell und nach Schwefel schmekkend. Obgleich überall in Nubien als Heilquelle bekannt, wird sie doch wenig benutzt. Selten badet ein Kranker in ihr, gewöhnlich aber mit gutem Erfolge. Diese Quelle ist die einzige, welche zwischen Chartum und Kairo in den Nil fällt.

Die Stromschnelle von *Akahsche* ist kaum eine halbe Meile südlich von ihr entfernt; wir erreichten sie nachmittags. Von allen Schiffen war das unsrige das einzige, welches den Schellahl sofort durchschiffte. Unser stromkundiger Reïs wiederholte, unzählige Male von der Strömung zurückgeworfen, den Versuch, über den Katarakt zu schiffen, so lange, bis er gelang. Wir gingen oberhalb desselben am rechten Ufer ans Land.

Idrieß, unser schwarzbrauner, nubischer Diener, badete sich, kleidete sich festlich an und ging nach dem heiligen Grabe, um dort das Abendgebet zu verrichten. Der daselbst ruhende Scheich steht, als Schutzpatron der Stromschnelle, in viel zu hoher Achtung, als daß es sich ein Schiffer erlauben würde, an seinem Grabe vorüberzugehen, ohne zu beten. Das Schiffsvolk aller mit uns angekommenen Barken folgte dem Beispiel unseres Idrieß; nur der alte, religiöse Reïs *Bellahl* konnte nicht wohl abkommen. Da brachten ihm seine Leute Erde von dem heiligen Grabe mit; er streute diese auf das Deck seines Schiffleins und betete auf ihr. Bellahls Gottesfurcht ist unserer Achtung wert. Ehe er sein Schiff in die brausenden Wogen steuert, kniet er zum Gebete hin, um sich den Segen Allahs zu der gefährlichen Fahrt zu erflehen; wenn die Gefahr vorüber ist, drückt er dankend die Stirne in den Staub. Er ermahnt seine Untergebenen, ihren religiösen Verpflichtungen nachzukommen; seine Frömmigkeit ist keine Maske, sondern tiefgefühlte Wahrheit.

Am 9. Dezember. Es war Windstille. Der Baron hatte sich auf die Jagd begeben; ich lag, von dem ersten Anfalle des klimatischen Fiebers gepeinigt, im Schiffsraum; der Fieberfrost durchschüttelte mich. Da erhob sich auf dem Deck der Barke ein wüstes Geschrei, dessen grelle Töne mir bald unerträglich wurden. Ich erfuhr von unserem Diener *Idrieß*, daß man auf den Baron unwillig sei, weil dieser nicht zurückkehre, nachdem Wind aufgekommen wäre. Um die Reise fortsetzen zu können, habe man den Matrosen *Aabd-Lillahi* (oder Aabd-Allah) fortgeschickt, um den Baron zurückzurufen. Mir ahnte davon nichts Gutes: *Aabd-Lillahi* war uns allen als jähzorniger, wütender und roher Mensch genugsam bekannt geworden.

Wenige Minuten später hörte ich den Baron um Hilfe rufen und sah ihn am Strande im ernsthaftesten Handgemenge mit dem Nubier, welcher sich der Jagdflinte meines Gefährten zu bemächtigen suchte. Er würde diesen, wäre er in Besitz der Waffe gelangt, wahrscheinlich zusammengeschossen haben, weshalb ich auch keinen Augenblick zögerte, das Gefürchtete womöglich noch zu verhindern. Ich nahm die Büchse zur Hand und den Nubier aufs Korn; aber die Streitenden veränderten ihre Stellungen so oft, daß ich, ohne den Baron zu gefährden, den Schuß nicht wagen konnte. Jetzt wurde er frei, ich zielte genauer – da brach er plötzlich, noch ehe ich geschossen hatte, blutend zusammen: der Baron hatte ihm sein Dolchmesser in die Brust gestoßen.

Von ihm erfuhr ich nun auch den Hergang der Sache. *Aabd-Lillahi* war im höchsten Zorne schimpfend und fluchend auf ihn zugekommen, hatte ihn mit Gewalt dem Ufer zugedrängt und in der Nähe des Schiffes sogar geschlagen. Der Baron nimmt erzürnt sein Gewehr von der Schulter und will dem Nubier einen Kolbenschlag versetzen, dieser aber springt wütend auf ihn los, preßt ihm mit der Hand die Kehle zusammen, schimpft ihn Christenhund und Ungläubigen und droht, ihn mit dem Gewehr, dessen er sich bemächtigen will, niederzuschießen. Von diesem Menschen war alles zu fürchten und der Baron, bei seiner wehrhaften Verteidigung, in seinem vollen Rechte.

Es ist unmöglich, von dem sich nach diesem Auftritte erhebenden Lärmen eine Beschreibung zu geben. Das Schiffsvolk schrie wie immer entsetzlich, schwor fürchterliche Rache und zog haufenweise zum Padre *Ryllo.* Dieser Jesuit war nicht nur niederträchtig genug, der Menge recht zu geben, sondern hetzte sie sogar noch gegen uns – Ketzer – auf. Don *Angelo,* der Arzt der Mission (welcher, beiläufig bemerkt, eine dunkle Idee von der Möglichkeit der Heilkunde haben mochte), wurde beordert, den »armen Verwundeten« zu sondieren und zu bepflastern. Das Volk wurde, wie leicht zu begreifen, durch diese christlichen Maßregeln noch weit erbitterter und anmaßender. Die Reïsihn erklärten unter tierischem Gebrüll wiederholt, unsere Barke zurücklassen und sich selbst Recht verschaffen zu wollen. Wir setzten unsere Waffen zu einer Verteidigung auf Leben und Tod in den besten Stand, bedeuteten die Schiffsführer, welche am nächsten Morgen ihre Drohungen erneuerten, ihre Pflicht zu tun, versprachen, uns vor das Gericht des Gouverneurs der Provinz Dongola zu stellen, und schworen, jeden, welcher sich unserem Boote in feindlicher Absicht nähern würde, niederzuschießen.

Unsere Energie verfehlte ihre Wirkung nicht. Die Matrosen fügten sich murrend unseren Gewaltmaßregeln und sagten uns Gehorsam zu.

Aabd-Allahs Wunde war nicht gefährlich. Eine Rippe hatte die Kraft des außerdem unfehlbar tödlichen Stoßes gebrochen. Nachdem das im Anfange sehr heftige Wundfieber vorüber war, genas er bald. Da er sich später willfährig zeigte, den Streit in Güte beizulegen, gab ihm der Baron drei Speziestaler Schmerzensgeld und schlichtete damit den bösen Handel zu beiderseitiger Zufriedenheit.

Die Jesuiten haben sich später bemüht, die Handlung meines Gefährten in ein schlechtes oder wenigstens zweideutiges Licht zu ziehen und seine Selbstverteidigung als Verbrechen darzustellen, weshalb ich ihn hier vertreten zu müssen glaube. Er handelte, wie jeder andere in seiner Lage gehandelt haben würde. Mord und Totschlag ist in jenen Ländern keineswegs etwas so Außergewöhnliches, daß man nicht an eine kräftige Verteidigung denken sollte, wenn man sein Leben bedroht sieht.

Unsere Reise förderte von nun an rasch. Wir näherten uns, weil der im Dahr el Mahhaß felsenfreie Strom uns nicht mehr aufhalten konnte, der Hauptstadt *Dongola* täglich mehr. Am 12. Dezember störte ein Zufall noch auf kurze Zeit die Ruhe einer äußerst angenehmen Nilfahrt durch das im Vergleich mit dem mühsam durchsegelten Battn el Hadjar reich bebaute Palmenland Dongola. Unser Reïs zertrümmerte beim Auffahren auf die letzten Felsblöcke, welche er zu finden glauben mochte, das Steuer unseres Bootes. Obgleich der Schaden notdürftig wieder ausgebessert wurde, blieb der Verlust doch so fühlbar, daß die Wellen bei einem heftigen Windstoß über Bord schlugen und an dem gänzlichen Umschlagen der Barke wenig fehlte. Nachdem uns Reïs Bellahl am 14. Dezember in seiner Wohnung mit *Palmenwein* * bewirtet hatte, schied er von uns. Wir fuhren weiter und landeten um Mittag auf der großen, gut bebauten und stark bevölkerten Insel *Argo,* auf welcher vormals ein eigner König herrschte[9]. Der hier wohnende Eigentümer unserer Barke machte uns seinen Besuch und beschenkte uns mit einem wohlgenährten Schaf und einem Kruge Butter, welche hierzulande immer flüssig ist. Am folgenden Tage landeten wir in *Dongola el Urdi,* nachdem wir, von Wadi-Halfa aus, siebenundzwanzig Tage unterwegs gewesen waren.

Die Stadt *Dongola,* gemeiniglich schlechtweg *»el Urdi«,* das Lager,

* Ein braunes, durch leichte Gärung auserlesener Datteln erzieltes berauschendes Getränk.

genannt, wurde nach einem Plane des Naturforschers *Ehrenberg* [10] an der Stelle des kleinen Dorfes Akromar erbaut und diente den Türken, welche die Provinz erst vor kurzem erobert hatten, anfangs als Festung. Dongola ist ein unbedeutender Ort, welcher schlechte Basare* mit wenigen Verkaufsartikeln, einige Kaffeehäuser und Branntweinkneipen enthält. Es ist der Sitz eines türkischen *Mohdihrs* oder Provinzgouverneurs.

Am ersten Sonntage nach unserer Ankunft (am 19. Dezember) las Padre *Ryllo* in der hiesigen koptischen Kapelle die Messe in arabischer Sprache. Das Gotteshaus war sehr zahlreich besucht worden. *Ryllo* brachte von dort ein Brötchen, wie es die koptischen Christen bei ihrer Abendmahlsfeierlichkeit gebrauchen, mit zurück. Es war aus Weizenmehl frisch gebacken, rund, einen Zoll hoch und hielt drei Zolle im Durchmesser; auf der oberen Seite sah man das fünffache Kreuz von Jerusalem.

Die Mission wollte die zu hoffende Genesung ihres von Kairo an ununterbrochen an einer sich mehr und mehr verschlimmernden Dysenterie leidenden Chefs in Dongola abwarten. Der Ort bot uns zuwenig, als daß wir diese unbestimmte Zeit hier hätten verbringen können. Wir trennten uns daher von der Mission, mieteten eine Barke bis zum Dorfe *Ambukohl* am Eingange des Weges durch die Wüstensteppe *Bahiuda* und verließen Dongola am 20. Dezember. Unser Verhältnis zur Mission war nicht das beste gewesen, aber doch tat es uns leid, von Männern scheiden zu müssen, mit denen wir länger als drei Monate zusammen gelebt hatten; wir fühlten, daß wir von nun an ganz einzeln standen. Der falsche Bischof gab mir Gesundheitsregeln, Pater *Knoblecher* herzlich gemeinte Mahnungen mit auf den Weg; Padre *Ryllo* wünschte uns kalt und steif glückliche Reise; Don *Angelo* machte schlechte Witze, Padre *Muhsa,* mein alter grilliger, aber seelenguter, väterlicher Freund und Bekehrer, und Baron S. S. begleiteten uns bis zu unserem Schiffe. So schieden wir in Frieden voneinander.

Oberhalb Dongola bieten die Ufer des Stromes wenig Bemerkenswertes. *Handak* und *Alt-Dongola, »Dongola adjuhs«* [11], sind so unbedeutende Ortschaften, daß sich wenig oder nichts über sie sagen läßt. Wir verkürzten uns den einförmigen Weg mit Jagen und Präparieren des Erlegten, bis der 24. Dezember herankam. Dieser weckte freilich man-

* Im Jahre 1852 wurden diese vergrößert und verbessert; auch baute man auf Befehl Latief-Paschas, des Generalgouverneurs von Ost-Sudan, eine Moschee.

cherlei Empfindungen in unserem Innern. Wir befanden uns im Innern Afrikas, unsere Gedanken waren daheim. Der Abend stimmte uns weich; wir beschlossen, ihn wie im Vaterlande zu feiern. Uns selbst konnten wir gegenseitig nichts bescheren, darum beschenkten wir unsere Diener. Dann holten wir Wein herbei und tranken aufs Wohl der fernen Lieben. Und als es vollends Nacht geworden war, setzten wir uns hinaus in die helle Sternennacht und horchten still dem Schlage der murmelnden, vom Kiel des Schiffes gebrochenen Wellen; und während dieses langsam, feierlich den Strom durchfurchte, begingen wir ernst und ruhig das Fest der Weihenacht.

Am 25. Dezember landeten wir in *Aabduhn,* einem unbedeutenden Dorfe, weil wir gehört hatten, daß wir auch von hier aus durch die Steppe ziehen könnten und zwei bis drei Tage Zeit ersparen würden. Wir traten mit einem uns von unserem Reïs zugeführten Araber in Unterhandlung, welcher uns versprach, bis Sonnenuntergang acht Kamele für die Mietsumme von vierzig Piastern (für jedes Kamel) zu stellen. Aber wir warteten, nachdem er sich entfernt hatte, um die Lasttiere herbeizuschaffen, mehrere Stunden vergeblich auf seine Rückkehr. Ungehalten wegen der verlorenen Zeit, wollten wir den Lügner durch den *Kaimakahn** bestrafen lassen und ließen diesen herbeirufen. Da erfuhren wir, daß dieser nicht die Macht habe, *Aabd el Hamihd* – so hieß jener Araber – zu züchtigen, weil er nicht unter seine Botmäßigkeit, sondern unter die eines verrufenen Beduinenstammes gehöre. Der Scheich** des Ortes habe ihm Kamele verweigert, weil er gezweifelt habe, daß wir unter Aabd el Hamihds Leitung jemals nach Chartum gelangt sein würden. Der Kaimakahn gab uns zugleich den Rat, uns in Zukunft, wenn wir Kamele bedürften, nur an Beamte der Regierung zu wenden; diese seien für die Sicherheit der Reisenden verantwortlich. In der Folge sah ich ein, wie recht der Mann hatte.

Wir brachen nach dem eben Erfahrenen sogleich wieder auf, störten ein riesiges Krokodil mit Büchsenkugeln aus seinem Nachmittagsschlummer und gelangten mit gutem Segelwinde am Mittag des folgenden Tages nach *Ambukohl.* Der *Kahschef* oder Bezirksvorsteher, ein durch Empfehlungsbriefe von seinem Vorgesetzten *Muhsa-Beï* sehr dienstfertig gemachter, wohlleibiger Türke, versprach alles zu tun, was wir wünschen würden. Abends erschien er auf unserem Schiffe zum Be-

* Der Kaimakahn ist der Vorsteher eines Dorfes, aber immer ein gedienter Soldat.
** »Scheich« ungefähr soviel als *Schultheiß.*

such. Wir bewirteten ihn zuerst mit Kaffee und später mit Rum, weil uns sein Begleiter, ein schmächtiger, kriechender Kopte, versichert hatte, daß sein Gebieter die Befehle des Propheten zu interpretieren wisse. Das berauschende Getränk versetzte unseren biederen Türken sehr bald in fröhliche Laune. Begeistert rief er mehrere Male: »Oh, meine Herren, das ist der schönste Tag meines Lebens!« Das sollte jedoch nicht der Fall sein. Beim Nachhausegehen fiel der schwere, mehr schwebende als gehende Mann von dem den Schiffsbord mit dem Lande verbindenden Brett in den Nil und zog seinen dienstfertigen Geist und Sekretär nach sich in die trüben Fluten. Wir wollten ihm zu Hilfe eilen, aber er hatte die Terra firma bereits wiedergewonnen. Von Wasser triefend kehrte er an Bord zurück, um uns zu versichern, daß nicht er, sondern nur der lumpige Kopte in den Strom gefallen sei. »Seid ohne Sorgen, meine Herren, einer so schmiegsamen Kreatur schadet das nichts. Leïlkum saaïde!« Glückliche Nacht!

IV. Die Wüste und ihr Leben

Am frühen Morgen des 29. Dezember erschien der *»Scheich el Djemahli«*, d. h. der Älteste, Befehlende unter den Kameltreibern, mit einem Führer, *»Chabihr«* *, drei Kameltreibern und acht Kamelen in unserem Lager. Der Kahschef hatte uns die Lasttiere zu dem niederen Mietpreise der Regierung verschafft; wir bezahlten für die Benutzung eines Kameles zur Reise von Ambukohl nach Chartum – einer Wegstrecke von mindestens vierzig deutschen Meilen – nur fünfunddreißig Piaster oder zwei und einen drittel Taler unseres Geldes. Hiervon entrichteten wir ein Drittel im voraus und verpflichteten uns kontraktlich, das Fehlende nach erfolgter, glücklicher Ankunft in Chartum einem der Treiber auszuhändigen.

Während die Kamele ihre noch freie Zeit benutzten und einige Mimosen ihrer Blätter beraubten, begannen die Treiber die nötigen Vorberei-

Karawanen-Rastplatz

* Von »chabara«, benachrichtigen, erfahren sein, etwas genau kennen.

tungen zur Wüstenreise zu machen. Sie erweichten, reinigten und füllten zunächst die für unseren Trinkbedarf erforderlichen, von ihnen gelieferten Schläuche, wählten sich gleichschwere Gepäckstücke zu bestimmten Ladungen aus und umwanden sie mit je zwei starken, von ihnen sofort zusammengedrehten Dattelbaststricken, welche in einem Abstand von anderhalb Fuß um die Kisten geschnürt und unter sich verbunden wurden, an der einen Seite aber in handgroße Schlingen oder Öhren endigten. So einfach dieses Geschäft auch ist, soviel Lärmen, Gezänk und Krakel verursacht es gewöhnlich. Jeder Treiber versucht, um sein eigenes Kamel möglichst zu schonen, die leichtesten Frachtstücke sich zuzueignen, wird aber mit dem andern deshalb regelmäßig in lebhaften Wortwechsel verwickelt und ärgert den Reisenden durch sein Geschrei und nichtsnutziges Benehmen am allermeisten. Wenn die Karawane einmal im Gang ist, geht es besser, weil dann jeder die ihm einmal zuerteilte Last seinem Tiere ohne Widerrede aufbürdet; er würde aber nie zu bewegen sein, inmitten der Wegstrecke seiner Ladung noch eine neue Last zuzusetzen. Selbst der Treiber, dessen Kamel die Wasserschläuche trägt, würde dies nur gezwungen tun, obgleich begreiflicherweise die Ladung seines Tieres von Tag zu Tag leichter wird. Im Anfang der Reise hat freilich gerade das wassertragende Kamel am meisten zu leisten: zwei wohlgefüllte große Schläuche sind eine sehr starke Ladung.

Man unterscheidet in Nordostafrika zwei Sorten dieser Wasserbehälter. Die großen, »Rai« genannt, fassen ungefähr den vierfachen Inhalt der kleineren, »Khirba.« Erstere bestehen aus Rindleder, letztere aus Ziegen- oder Schaffell; beide sind, um sie zu dichten, mit einem Teer, »Khutrahn«, welchen die Araber aus den Samen der Koloquintenkürbisse zu destillieren verstehen, eingeschmiert. Der Khutrahn erteilt dem mit ihm in Berührung kommenden Wasser einen wirklich entsetzlichen Geruch und Geschmack und, wie ich glaube, auch die Eigenschaften der Koloquinten selbst, weil das in den Schläuchen aufbewahrte Trinkwasser schon nach wenigen Tagen ungenießbar wird, peinliche Kolik erregt und zum Erbrechen reizt. In Fässern erhält sich das Wasser länger wohlschmeckend, aber diese zerbersten von der Hitze und zerspringen, wenn ein Kamel seine Ladung abwirft, fast jedesmal. Wir haben gefunden, daß gut verzinnte, durch sorgfältige Verpackung in Holzkisten vor äußeren, mechanischen Einflüssen geschützte Blechgefäße bei Wüstenreisen zum Wassertransport am vorteilhaftesten verwendet werden können. Das in ihnen aufbewahrte Wasser ist zwar immer lauwarm, bleibt aber länger als vierzehn Tage trinkbar und ist dem durch die Hitze und den Samum bewirkten Verdunsten nicht in demselben Grade als das in Schläuche gefaßte ausgesetzt.

Zum eigenen Bedarfe führt jeder Kamelreiter noch ein kleines, mit Wasser gefülltes Ledergefäß bei sich auf seinem Reittier. Es ist der unpraktische *»Saïn«* der Sudanesen oder die wohleingerichtete *»Simsemïe«* der Bewohner des glücklichen Arabiens. Ersterer ist das gegerbte Fell einer jungen Ziege, welches man in der Halsgegend und der der Vorderbeine des Tieres zusammengenäht, am hinteren Ende aber nur zusammengeschnürt hat; letztere ist ein ganz nach dem Prinzip der Wasserkühlgefäße Ägyptens eingerichteter, steifer Lederbeutel mit einem Henkel und zwei durch Pfropfen verschließbaren Mundstücken. Die Simsemïe wird abends gefüllt, im Luftzuge aufgehängt und kühlt während der Nacht das in ihr enthaltene Wasser um mehrere Grade ab. Man bezieht diese bei Wüstenreisen ganz unentbehrlichen Gefäße aus Jemen und bekommt sie in jeder größeren ägyptischen Stadt zu dem mäßigen Preise von einem Gulden unseres Geldes. –

Das ägyptische Lastkamel ist ein kolossales Tier mit kurzen dicken Füßen, einem gedrungenen mächtigen Körper, es ist faul und nur mit Mühe zum Trabgehen zu bewegen; der Bischahri ist hochbeinig, feingliedrig, schmächtig und unermüdlich, eignet sich nicht zum Tragen großer Lasten, wohl aber zum Durcheilen einer bedeutenden Strecke; das ägyptische Kamel würde zu Wüstenreisen unbrauchbar sein, schleppt aber so enorme Lasten, daß die ägyptische Regierung ein Gesetz erlassen hat, nach welchem es nur mit sieben arabischen Zentnern oder ungefähr 570 Wiener Pfunden beladen werden darf*. Beide haben

* Ein Fellach wurde von meinem nachherigen Gönner *Latief-Pascha,* dem damaligen Gouverneur der Provinz *Siut* in Oberägypten, auf merkwürdige Weise zur Bestrafung gezogen. Der die Stadt mit dem Strome verbindende Weg führt durch den Hof des Regierungsgebäudes, dessen Diwan jedem Kläger seine hohen Pforten öffnet. Latief sitzt zu Gericht. Da tritt ein riesiges, mit einer gewaltigen Last befrachtetes Kamel ohne Treiber in den Gerichtssaal. »Was will das Tier?« fragt der Beï, »seht, es ist unverantwortlich beladen! Wiegt seine Last!« Man findet, daß das Kamel zehn Zentner oder tausend arabische Pfunde getragen hat. Nach kurzer Zeit erscheint sein Eigentümer und sieht mit höchstem Erstaunen, daß die Amtsfrone sein Kamel abgeladen haben. »Weißt du nicht«, donnert der Beï ihn an, »daß du einem Kamele nur siebenhundert und nicht tausend Pfunde aufbürden darfst? Gewiß, die Hälfte dieser Summe, dir in Hieben zugemessen, würde dich drücken! Ergreift ihn, Kawassen, und zählt ihm fünfhundert Streiche auf.« Dem Befehle wird gehorcht; der Fellach erhält die ihm bestimmte Strafe. »Jetzt geh«, sagt der Richter, »und wenn dein Kamel dich noch einmal verklagt, dann erwarte Schlimmeres.« »Rabbena chaliek, Effendina!« (der Herr erhalte dich, Herrlichkeit!) erwidert der Fellach und geht.

ihre Vorzüge, aber die des Bischahri überwiegen die des Lastkamels. Es würde eine wahre Qual sein, wenn man tagelang auf einem nur im Schritt gehenden Kamel reiten sollte. Denn da dieses Tier nicht wie andere Säugetiere den rechten Vorder- und den linken Hinterfuß, sondern beide Beine einer Seite zugleich fortbewegt – es erhebt dabei das Hinterbein etwa um eine Viertelsekunde eher als das Vorderbein –, entsteht eine schaukelnde Rückenbewegung, welche der Reiter mit dem Gestenspiele chinesischer Pagoden getreulich nachmachen muß. Der Schritt eines beladenen Kamels ist dem eines guten Fußgängers gleich; man würde also täglich zwölf Stunden lang zu unfreiwilligen Verbeugungen gezwungen sein. Dem entgeht man durch Besteigen des Hedjihn. Ein guter Bischahri setzt seine Beine weit auseinander und geht einen so bequemen Trab, daß der ihn anpreisende Araber sich zu dem etwas hyperbolischen Ausspruche: »Tuschrub findjahn khahwe aale tacheru!« (Du kannst eine türkische Tasse Kaffee auf seinem Rücken trinken!) – nota bene ohne etwas davon zu verschütten – berechtigt glaubt. Aber ein guter Hedjihn hat noch andere Vorzüge. *Er ist nicht störrisch, er schreit nicht beim Auf- oder Absteigen und »verlangt die Peitsche nicht«.* Man muß monatelang mit Kamelen umgegangen sein, um diese Tugenden würdigen zu können, denn von der Störrigkeit eines Kamels kann sich niemand einen Begriff machen. Wenn es etwas nicht tun will, hat man eine Höllenarbeit, um es zu bändigen. Es läßt, in Wut versetzt, ein aus tiefster Kehle kommendes, unheimliches Kollern hören und stößt eine mit Luft gefüllte, von Geifer triefende Hautblase* von der Größe eines Kinderkopfs aus dem Halse hervor, brüllt, beißt, schlägt und geht durch. Man zieht den Zügel mit Leibeskräften an, reißt ihm den Kopf zurück, bis er senkrecht steht, sucht es mit der Stimme zu besänftigen oder einzuschüchtern – es rennt nur um so toller davon. Da erwischt man glücklich noch einen dünnen Riemen, welcher ihm durch den einen Nasenflügel gezogen worden ist, und zieht ihn langsam an – jetzt steht es still. Man will es zum Niederlegen bringen – es beginnt von neuem zu brüllen; endlich liegt es am Boden, man nähert sich ihm, um aufzusteigen, das Wutbrüllen wird ärger als zuvor, wechselt mit kläglichen Lauten, als ob die Bestie gespießt wäre, und geht dann wieder in die Töne des unbändigsten Grimms über. Kaum hat man die Fußspitze im Sattel, so springt es, wie von einem bösen Geiste beseelt, mit unglaublicher

* Den *Brüllsack* der Anatomen.

Schnelligkeit auf und rennt wie rasend davon. Wenn es im Trab gehen soll, bleibt es stehen, dreht sich um oder läuft einer Mimosenhecke zu, in der Absicht, seinen Reiter da hinein, in die dichtesten, zollangen, nadelspitzen Dornen zu werfen; gibt man ihm die Peitsche, dann fängt das Geschilderte vom Durchgehen an, wieder genau in derselben Reihenfolge. Es ist ein Jammer mit solch einer Bestie! Ihr gegenüber verhält sich der Hedjihn wie ein gebildeter Mensch zu einem echt bengelhaften Lümmel.

Aber das Tier besitzt auch große Tugenden. Es ist sehr genügsam, kann lange dursten und wird wegen dieser Eigenschaften das nützlichste aller afrikanischen Haustiere. Seine gewöhnliche Nahrung sind dürre Disteln, verdorrtes, hartes Gras, in den Dörfern Durrahstroh; nur bei anstrengenden Wüstenreisen erhält es Durrahkörner. Die saftigen Blätter der Mimosen frißt es samt den Ästchen und drei bis vier Zoll langen, harten und scharfen Dornen, ohne daß ihm letztere den lederfesten Gaumen oder die warzigen Lippen verwunden. Oft ist ihm ein alter, aus Dattelblattstreifen geflochtener Korb eine willkommene Speise. Belastete Kamele können während des Sommers vier bis fünf, während der Regenzeit oder des innerafrikanischen Winters, zu welcher Zeit sie viel Grünes zu fressen bekommen, acht bis zehn Tage ohne Nachteil das Wasser entbehren. Dann trinken sie aber auch mehrere Eimer davon auf einmal. Eine reine Fabel ist die Erzählung einiger Reisenden, daß man auf Wüstenreisen, dem Verdursten nahe, einem Kamel den Leib aufschneide, um das in seinem Magen enthaltene Wasser zu trinken. Ich habe hierüber alte, in der Wüste ergraute Scheiche befragt: keiner wußte etwas davon. Es ist auch, wie ich mich an frischgeschlachteten Kamelen selbst überzeugt habe, ganz unmöglich, Wasser zu trinken, welches tagelang mit den im Magen aufgehäuften Nahrungsstoffen und dem Magensafte vermengt war. Dieser Brei hat einen äußerst widrigen Geruch, welcher auch dann nicht verschwinden würde, wenn man ihn, um das Wasser von ihm zu trennen, durchseihen und letzteres abkochen wollte. Auch ohne diesen mühsam herbeigeholten Beweis für die außerordentliche Nutzbarkeit des Kamels würde der Wert dieses Tieres augenscheinlich genug sein. Die Kamele sind der größte Reichtum der sich mit ihrer Zucht befassenden Nomaden, der Lebensunterhalt vieler Menschen, die Handel, Reisen und mit beiden verbundene Ausbreitung der Zivilisation ermöglichenden Tiere.

Das Schmerzgestöhn der beladen werdenden Kamele war verstummt, die Berittenen saßen glücklich im Sattel, die Karawane ordnete sich, der Führer schritt voran. Wir zogen dem schon halb in der Wüste liegenden Dorfe *Ambukohl* zu, um uns von unserem rasch gewonnenen Freunde, dem Kahschef, zu verabschieden. Noch einmal mußten wir absteigen und bei ihm in seinem *Diwan* oder Empfangszimmer eine Pfeife rauchen, dann gab er uns bis vor die Tür seines Hauses das Geleit und wünschte uns eine glückliche Reise.

Um halb zwei Uhr nachmittags verließen wir die letzten Häuser Ambukohls und betraten die sich vor uns ausbreitende Wüste. Lange noch blieben uns zwei hohe, kegelförmige Monumente, wie ich hörte die Gräber zweier Heiliger, sichtbar. Wir zogen in südsüdöstlicher Richtung in die Wüste hinaus. Nach Sonnenuntergang wurde haltgemacht; wir breiteten die Teppiche in den weichen Sand und legten uns zur Ruhe nieder.

Karawane in der Wüste Sahara (rechts Oase, in der Mitte Dünen)

Es ist Nacht. Die Luft der Wüste ist, wie immer rein und hell, über uns leuchten die Sterne in ihrer ewigen Klarheit. Außer dem durch die Karawane verursachten Geräusch hört man keinen Laut; eine tiefe feierliche Stille ruht auf der dunklen Ebene. Nur auf wenige Schritte hin erhellt sie ein kleines Feuer, darum sitzen und liegen die halbnackten Söhne Nubiens und kochen sich ihr ärmliches Wüstengericht: *Durrahkörner in Wasser.* Mit zusammengekoppelten Beinen liegen die wiederkäuenden Kamele in einem weiten Halbkreise außerhalb des Lagers;

manchmal leuchten ihre Augen hell auf im Widerscheine der Flammen. Es ist das schöne Bild des Lagers in der Wüste. Wer wäre imstande, die unendliche Schönheit der Nacht der Wüste zu schildern, wer kann sie ahnen, wenn er sie nicht selbst empfunden! Wie wohltuend ist die Kühle der Nacht nach des heißen Tages Last und Mühe!

Die *Bahiuda* liegt nicht mehr unter der Breite der eigentlichen Wüsten. Während der Regenzeit herabstürzende Gewittergüsse, deren Wasser sich in periodisch wiederkehrenden Regenströmen, *»Chohr«*, sammelt, sind imstande, in den Niederungen eine ziemlich lebhafte Vegetation hervorzurufen. Nur die Hochebenen dieser Wüstensteppe, ihre Berge und Höhenzüge bleiben kahl. Nach Süden zu verschmilzt sie allgemach mit jenen gras- und buschreichen, von den Arabern *»Chala«* genannten Savannen des Innern.

Aber an ihren nördlichen Grenzen erstirbt die Spur des vegetabilischen Lebens und mit ihm das Tierleben fast gänzlich. Dort gibt sie stellenweise noch ganz das allgemeine Bild der Wüste: *Sandebenen und Felskegel, kahle Niederungen und glühende Steinmassen, nur in den Tälern einzeln hervorsprossende dürftige, schilfartige Gräser, zwischen denen sich höchst selten ein lebendes Wesen herumbewegt.* In meilenweiten Entfernungen trifft der Wanderer vielleicht nur einmal auf eine Lache, und auch diese hat meist nur bitteres, kaum trinkbares Wasser.

Blutigrot steigt am Morgen die Sonne an dem noch unbewölkten Horizonte herauf, glühend blitzt sie nach einer kleinen Spanne Zeit auf den Wanderer herab. Da schweift das Auge ruhelos umher, um einen kühlenden Schatten zu finden – überall endet der suchende Blick im Sande. Der brennende Sand wirft die Glutstrahlen der sengenden Sonne zurück – kein Felsen, kein wirtliches Dach, um dem ausgedörrten Körper nur ein Plätzchen zur Ruhe, nur einen Augenblick der Kühlung zu gewähren. Längst ist der Gesang der Kameltreiber verstummt. Die Luft zittert vor übergroßer Hitze und spiegelt dem umflorten Auge wogende Seen, trügerische, höllische Bilder vor; fahlgrau umzieht sich der Himmel, ein glühender Wind, dessen unheilkündenden Namen die erschreckte Karawane zu nennen sich scheut, wirbelt den Staub empor und droht die Schläuche zu verderben, die Schläuche, welche den Lebenstropfen, der die lechzende Zunge noch tagelang betauen soll, in sich bergen – der Mut entsinkt dem Manne, nur sein Glaube schützt ihn vor Verzweiflung.

Die Wüste wird nur einförmig wegen ihres großen Mangels an leben-

Speisende Morgenländer

den Geschöpfen, an Pflanzen, Bäumen usw. Ihre geognostischen Verhältnisse wechseln gar manigfaltig miteinander ab. Auf große Strecken hin ist sie ein Steinmeer mit Bergen und jäh abstürzenden Felsschluchten ohne ein freundliches Plätzchen, ohne jegliches Zeichen des Lebens; schwarze, glänzende Syenitmassen, grauliche Sandsteinfelsen türmen sich übereinander, steigen senkrecht, kegelförmig sich nach oben zuspitzend, aus der Ebene auf oder vereinigen sich zu Höhenzügen mit sich mehr und mehr vereinigenden Ausläufern; das Gestein ist reich an Eisen, arm an anderen Metallen und zeugt wegen des gänzlichen Mangels an Kohle davon, daß hier nie vegetabilisches Leben geherrscht hat – an anderen Orten ist sie vollkommen eben und mit feinem, hellgelbem Sande, in welchen der Wanderer bis an die Knöchel einsinkt, bedeckt; der Sand ist an einzelnen Stellen von dem Winde zusammengeworfen, an anderen zerstreut, seine Oberfläche ist uneben, gewellt. An Bergesabhängen treibt ihn der Sturm oft hoch in die Höhe und auf der anderen Seite des Berges wieder herab, dann bildet er auf beiden Seiten dachartig geneigte, in der Sonne goldgelb schimmernde Flächen. Nur in den tiefsten, sehr günstig gelegenen Tälern findet sich das selbst dem Sande Leben entzaubernde Wasser. Dort liegen die von den Karawanen inbrünstig herbeigesehnten *»Biahr«*, Brunnen. Es sind natürliche oder künstliche, stollenartige Vertiefungen, in denen sich der aus den Wänden tropfenweise ausschwitzende Lebenstau sammelt. Liegt der Brunnen im Bereiche der tropischen oder der Küstenregen, dann füllen diese ihn mit klarem, trinkbarem Wasser an. Am Rande des »Bihr« sieht man einige Dattel- oder Dompalmen und halbverkrüppelte Mimosenbüsche, unter denen einige Nomaden oder Beduinen ihre Zelte aufgeschlagen haben. Die Mimosenbüsche erstrecken sich vielleicht auch weiter das Tal hinauf oder hinab, je fähiger dieses ist, Vegetation zu erzeugen und zu erhalten. Zuweilen sieht sich der Reisende bitter getäuscht. Eine mit saftigen, dunkelgrünen Blättern überkleidete Ebene zeigt sich dem Auge, die Karawane bricht in lauten Jubel aus – man erreicht sie –, es ist die Menschen und Tieren ungenießbare *Senna* oder der Koloquintenkürbis, dessen Genuß fast giftige Wirkungen hat. Über diesem so verschieden erscheinenden Landstriche liegt jahraus, jahrein die Sonne mit ihrer ganzen Glut; sie blitzt vom Morgen bis zum Abend von dem wolkenfreien, dunklen Himmel herab und ruft eine fast unleidliche Hitze hervor. Das ist das allgemeine Bild der Wüste.

Leicht veränderlich, gleichwie der ungemessene Ozean, ist das Meer des Sandes. Auch hier ist es der Wind, welcher den Sand wie des Meeres Wogen aufrüttelt und zu Bergen treibt. Während des Nord- und Ostwindes sieht man seine feineren Partien sich einige Fuß hoch erheben und über den Wellenhügeln kreiseln, bei Süd- und Westwind steigt er, wenn die Strömung der Luft elektrisch wird, hoch empor, verfinstert den Himmel oder färbt ihn mit den brennendsten Tinten und jagt vor der rasenden Windsbraut eilig dahin. Das ist dann der gefürchtete *»Samum«* der Wüste, der »Gifthauchende«, wenn ich Samum übersetzen soll. Mit Recht fürchtet ihn der Araber, mit Recht belegt er ihn mit einem so entsetzlichen Namen. Er ist der Schrecken des Reisenden.

Die Wüste ähnelt in noch anderer Hinsicht dem Meere. So wie dort der Wirbelwind des Himmels Wolken herabzieht, um sie mit von ihm gehobenen Wasserkegeln zu vereinen, welche er dann zum Entsetzen der Schiffe über die Wasserfläche dahintreibt, so sieht der Reisende in der Wüste den Sand sich erheben, zu starken und mächtigen Säulen sich gestalten und diese sich bald langsam, bald mit unheildrohender Schnelligkeit bewegen. Der Wanderer steht erstarrt, Furcht lähmt seine Glieder, Entsetzen bindet seine Zunge, und dennoch möchte er wieder seine Bewunderung laut werden lassen. Jeden Augenblick wechseln die Säulen ihren Stand, ihr Aussehen und ihre Gestalt. Sie eilten mit einer Schnelligkeit dahin, daß es Torheit wäre, vor ihnen selbst mit dem flüchtigsten Rosse fliehen zu wollen, die Sonne gibt ihnen den Glanz von Feuersäulen, der um sie und in ihnen herumwirbelnde Orkan trennt sie in mehrere Stücke, vereinigt diese wieder, schwächt und verstärkt sie. Und wenn sie dann auch plötzlich zu einem Sandhügel zusammensinken und dem Reisenden dadurch unschädlich werden, er darf sich noch nicht leichten Hoffnungen hingeben, denn gewöhnlich folgt den Sandsäulen der Samum nach.

Schon mehrere Tage vorher ahnt und weissagt der Wüstensohn diesen furchtbaren Wind, dem er geradezu tödliche Wirkungen zuschreibt. Auch der im Lande einheimisch gewordene Fremde lernt das Phänomen im voraus bestimmen. Die Temperatur der Luft wird im höchsten Grade lästig: sie ist schwül und abspannend, wie vor einem Gewitter – ein deutliches Zeichen von der elektrischen Natur des Windes. Der Horizont ist mit einem leichten, rötlich oder blau erscheinenden Dufte wie überhaucht – es ist der in der Atmosphäre kreisende Wüstensand; aber noch bemerkt man keinen Hauch des Windes. Die Tiere jedoch fühlen seine Nähe wohl. Sie werden unruhig und ängstlich, wollen nicht mehr in gewohnter Weise gehen, drängen sich aus dem Zuge heraus und geben noch andere, unverkennbare Beweise ihres Ahnungsvermögens. Dabei ermatten sie in kurzer Zeit mehr als sonst durch tagelange Märsche, stürzen zuweilen mit ihren Ladungen und können nur mit Mühe oder gar nicht wieder zum Aufstehen gebracht werden.

In der dem Sturme vorausgehenden Nacht nimmt die Schwüle unverhältnismäßig zu. Der Schweiß dringt aus allen Poren hervor; nur die strengste geistige Überwachung vermag dem Körper die ihm nötige Spannkraft zu erhalten. Die Karawane setzt ihre Reise mit ängstlicher Eile fort, solange es gehen will, solange nicht Mensch und Tier vor allzu großer Ermüdung zusammenbrechen, solange noch, dem Führer zum Merkmale, ein Sternlein am Himmel flimmert. Aber auch das letzte verschwindet, ein dicker, trockener, undurchsichtiger Nebel deckt die Ebene.

Die Nacht vergeht, die Sonne steigt im Osten auf, der Wanderer sieht sie nicht. Der Nebel ist dicker, undurchsichtiger geworden, die starkgerötete Luft nimmt allgemach eine grauere, düstere Färbung an:

Es herrscht fast Dämmerung. Das Auge durchdringt den Dunstschleier kaum über hundert Fuß weit. Der Tageszeit nach muß es Mittag sein. Da erhebt sich ein leiser, glühender Wind aus Süden oder Südwesten. Stärkere Stöße folgen, abgerissen, einzeln. Jetzt braust der Wind, zum Orkan gesteigert, daher; hoch auf wirbelt der Sand, dicke Wolken verdunkeln die Luft. Er würde den Reiter, welcher sich ihm widersetzen wollte, aus dem Sattel heben, aber kein Kamel ist zum Weitergehen zu bewegen. Die Karawane muß lagern. Den Hals platt auf den Boden gestreckt, schnaubend und stöhnend, legen sich die Kamele nieder; man hört die unruhigen, regellosen Atemzüge der geängstigten Tiere. Geschäftig bauen die Araber alle Wasserschläuche an der sie vor dem Winde schützenden Seite eines lagernden Kamels auf einen Haufen, um die der trocknenden Luft ausgesetzte Oberfläche derselben zu verringern; sie selbst hüllen sich in das sie bekleidende Tuch so dicht als möglich ein und suchen ebenfalls hinter Kisten oder Warenballen Schutz.

Die Karawane liegt totenstill. In den Lüften rast der Orkan. Es kracht und dröhnt: die Bretter der Kisten zerspringen mit gewaltigem Knallen. Der Staub dringt durch alle Öffnungen, selbst durch die Tücher hindurch, peinigt und quält den Menschen, auf dessen Haut er sich festsetzt. Man fühlt bald heftige Kopfschmerzen, das Atmen wird schwer, die Brust ist bewegt; der Körper trieft von Schweiß, aber dieser näßt die dünnen Kleider nicht, begierig saugt die glühende Atmosphäre alle Feuchtigkeit auf. Wo die Wasserschläuche mit dem Winde in Berührung kommen, dörren sie und werden brüchig, das Wasser verdunstet. Wehe dem armen Wanderer in der Wüste, wenn der Samum lange währt! Er wird sein Verderber.

Ein lang anhaltender Samum ermattet Menschen und Tiere mehr als alle übrigen Beschwerden der Wüstenreise. Und dabei bringt er neue, bisher nie gekannte Qualen über den Reisenden. Schon nach kurzer Zeit springen ihm, weil die heiße Luft alle Feuchtigkeit entzieht, die Lippen auf und fangen an zu bluten; die Zunge hängt trocken in dem nach Wasser lechzenden Munde, der Atem wird übelriechend, alle Glieder erschlaffen. Zu dem grenzenlosen Durste gesellt sich bald ein unerträgliches Jucken und Brennen am ganzen Körper, die Haut ist brüchig geworden, und in alle Risse dringt der feine Staub. Man hört die lauten Klagen der Gemarterten; zuweilen arten sie in förmliche Raserei aus, zuweilen werden sie schwächer und schweigen zuletzt ganz. Im ersteren Falle ist der Arme wahnsinnig geworden, im letzteren hat das mit fiebernder Hast durch die Adern strömende Blut den Kopf so beschwert, daß Bewußtlosigkeit eingetreten ist. Der Sturm ermattet, aber mancher Mensch erhebt sich nicht mehr: ein Gehirnschlag hat seinem Leben ein Ende gemacht. Auch mehrere Kamele liegen in den letzten Zügen.

Und der Überlebende ist nicht glücklicher. Der Durst tötet auch ihn, langsamer, aber qualvoller. Sein Reittier ist gefallen, die Schläuche sind fast ganz geleert. Er versucht, zu Fuß zu gehen, der glühende Sand verursacht in kurzem die schmerzhaftesten Brandwunden. Jeder ist viel zu sehr mit sich selbst beschäftigt, als daß er dem Kranken die nötige Pflege angedeihen lassen könnte; alle Bande der Ordnung reißen, die Treiber suchen auf den noch kräftigen Kamelen zu entfliehen – es würde den Untergang der ganzen Karawane zur Folge haben, wenn es ihnen gelänge –, man muß es ihnen wehren. Das Gepäck wird abgeladen, nur die das Wasser tragenden Kamele bleiben belastet; jedes Mitglied der Karawane hat im glücklichsten Falle noch ein Kamel zum Reiten, man eilt dem Strom, dem nächsten Brunnen zu – nicht alle erreichen ihn. Ein Kamel bleibt hinter den übrigen zurück, es stürzt, sein Reiter steht verlassen mitten in der Wüste. Er zerrauft sich seinen Bart, er verflucht sein Schicksal, für ihn gibt es keine Hilfe mehr. Sein Wasser ist aufgezehrt, der Tod des Verschmachtens steht ihm bevor.

Und jetzt breitet sich das »Meer des Teufels« vor ihm aus. Der Verschmachtende sieht die prächtigsten Bilder: vom Wasser umflossene Landhäuser, Palmenwälder an Seegestaden, Flüsse mit bewimpelten und beflaggten Schiffen; er sieht alles, was mit Wasser zusammenhängt. Die Phantasie tröstet so gern mit freundlichen Trugbildern den erkrankten Geist, und wenn unter solchen Umständen die Fata Morgana ihren Luftsee über die Ebene breitet, dann wird es der Geschäftigen leicht, zu dem scheinbar wirklich Vorhandenen noch Bäume, Häuser, Menschen, dem Verendenden befreundete Gestalten hinzudenken.

Seine Leiche bleibt liegen und dörrt zur Mumie aus. Eine später vorüberziehende Karawane schüttet wohl Staub über den federleicht gewordenen, gebräunten Leichnam, aber immer deckt der Wind ihn wieder auf. An jeder großen Wüstenstraße kann der Reisende dergleichen *Sandmumien* von Kamelen und Menschen finden; gewöhnlich ragt nur ein Glied von ihnen aus dem Sande hervor; der Araber spricht bei ihrem Anblick ein kurzes Gebet. Das ist das »Vom-Sand-begraben-Werden« in der Wüste!

Ich selbst kann nach eigenen Erfahrungen die Zauberbilder der Fata Morgana verbürgen. Mehr als hundert Male habe ich die Luftspiegelung gesehen – bei Chartum während der heißen Jahreszeit tagtäglich –, nur einmal hat sie mir ihre Traumbilder gezeigt. Das Trinkwasser mangelte uns seit länger als vierundzwanzig Stunden; seit achtzehn Stunden hatten wir nichts gegessen, Hunger und Durst quälten uns entsetzlich. Wir ritten dem Nil zu. »Sieh«, sagte ich zum Führer, »endlich erscheint er! Ich sehe ein großes Dorf und viele Palmen, eile, eile, uns dahin zu bringen, dort finden wir Wasser, eile, eile!« »O Herr, der Strom ist noch weit! Du siehst das Meer des Teufels!« antwortete der Mann. Die Erscheinung wiederholte sich unzählige Male – es war immer nur Täuschung der geschwächten Sinne. Zuletzt sahen wir alle die mannigfaltigsten Bilder: Sie waren nur Erzeugnisse der Phantasie, entsprachen aber genau den Wünschen zugunsten unseres leeren Magens und der lechzenden Zunge. Alle Begriffe vereinigen sich, wenn man in jener fürchterlichen Hitze dursten muß, in dem einzigen Worte *»Wasser«*; außer diesem Worte gibt es nichts. Man muß, um die HaSt zu begreifen, mit der sich eine auch frische und gesunde Karawane aus der Wüste zum Flusse stürzt, die Qualen des Durstes kennengelernt haben; man muß selbst halb verschmachtet sein, um an die Bilder der Fata Morgana zu glauben. Wenn inmitten der Wüste der Lebenstau versiegt ist, dann bringt die Phantasie die lieblichsten Traumbilder vor die geschwächten

Sinne; *ist man aber vollkommen gesund und gegen jeden Mangel geschützt, dann verschwinden alle Bilder der Spiegelung, und nur das wirklich Vorhandene bleibt zurück.*

Vierzig Minuten nach Sonnenaufgang saßen wir am 30. Dezember im Sattel und ritten zwei isoliert aus der Ebene aufsteigenden schwarzen Bergen zu. Unser Führer leitete die Karawane mit bewunderungswürdiger Sicherheit und Genauigkeit immer in südöstlicher Richtung durch die nur ihm Anhaltepunkte bietende Wüste. Gegen Mittag lagerten wir in dem dürftigen Schatten einer Mimose, um die Lastkamele, denen wir mit unseren flüchtigen Dromedaren weit vorausgeeilt waren, zu erwarten. Der Führer zündete Feuer an und bereitete den Kaffee. Bald hatte ein Wüstenrabe das ausgewittert und erschien in unserer Nähe. Wir würdigten ihn, weil ihn der Chabihr zu speisen wünschte, nicht der Gastfreundschaft, sondern töteten ihn. Ohne ihm eine Feder auszuziehen, warf der Nubier den Vogel ins Feuer, ließ das Gefieder versengen, das Fleisch ein wenig rösten und verzehrte es dann mit großem Appetite.

Die Simsemïen waren leer, mein Durst wurde brennend; ich erwartete die mit Wasser beladenen Kamele mit Ungeduld und stürzte bei ihrem Erscheinen gierig auf die Schläuche zu. Ein langer Zug brachte mir Erquickung und später fürchterliche Qual. Das Wasser verursachte mir Erbrechen und sich bald zu einem so hohen Grade steigernde Leibschmerzen, daß mir buchstäblich die Sinne vergingen. Tränenden Auges stürzte ich vom Kamel herab und litt bis gegen Abend entsetzliche Schmerzen. Späterhin habe ich lieber den unleidlichsten Durst zu ertragen gesucht, als ähnliches Wasser getrunken.

Der einzige, fast in der Mitte des Wüstenweges liegende Brunnen der Bahiuda, »Bihr el Bahiuda«, sollte uns nach Versicherung des Führers schon am Abend des folgenden Tages mit seinem erquicklichen Naß beglücken und wurde von uns mit Sehnsucht erwartet. Das schon jetzt ungenießbar gewordene Schlauchwasser war weder mit Wein und anderen Spirituosen noch mit Essig zu korrigieren und erteilte selbst dem stärksten Kaffee seinen widerlichen Geschmack. Wir eilten, so sehr wir konnten, den Brunnen zu erreichen, aber der unebene, sandige, den Kamelen höchst beschwerliche Weg wollte kein Ende nehmen. Gegen Mittag ruhten wir in einem schon gestern betretenen *»Chohr«* und ritten von hier aus in scharfem Trabe einer den Brunnen umschließenden Hügelkette zu. Erst mit Sonnenuntergang langten wir am Bihr an. Er war jetzt bis an den Rand mit Wasser gefüllt und zeigte sich uns in Gestalt einer Lache trüben, grünlichen, schmutz- und schaumbedeckten Wassers. Ein Nomade schöpfte uns davon in ein Gefäß, mußte aber die Oberfläche der Lache erst von dem Kot einer Ziegenherde, welche dort soeben ihren Durst gelöscht hatte, säubern. Und doch deuchte es uns, niemals köstlicheres Wasser getrunken zu haben. Später erhielten wir noch frische Ziegenmilch und schwelgten in ihrem Genusse. Die Milch und das Wasser machten uns reich, weil wir nie so arm an dem Notwendigsten gewesen waren als kurz vorher.

Still und ernst gingen wir ins neue Jahr hinüber. –

Die Strahlen der Sonne des ersten Morgens im Jahre 1848 brannten kurz nach ihrem Aufgange recht fühlbar auf uns herab. Wir waren schon, ehe es tagte, wach, beglückwünschten uns gegenseitig und sandten von hier aus unsere Grüße der fernen, kalten Heimat zu. Dann ordneten wir die Karawane und eilten ihr auf unseren Dromedaren weit voraus. Den Mittag verbrachten wir unter einem über vier in die Erde gepflanzten Lanzen gespannten Tuche und ließen die Lastkamele an uns vorüberziehen. Erst nachmittags um drei Uhr folgten wir ihnen auf unseren schnellfüßigen *Hedjinihn** von neuem. Aber wir mußten nicht auf dem rechten Wege sein; der Führer wurde unruhig und suchte mit aller Anstrengung einen Hügel, von dem aus er wahrscheinlich eine weitere Aussicht gewinnen wollte, zu erreichen. Schließlich erklärte er geradezu, daß er sich verirrt habe. Unsere Lage war nicht gerade angenehm. Abgeschnitten von den Lastkamelen, ohne Nahrungsmittel, ohne Wasser irrten wir in der Wüste umher; beängstigende Gedanken malten uns unsere nächste Zukunft mit trüben Farben aus. Da fiel mir fast zufällig der Kompaß in die Hände; wir zeigten ihn mit lautem Freudenrufe den darüber nicht wenig erstaunten Nomaden und änderten nach ihm, trotz aller Gegenvorstellungen des Führers, sofort die bisher befolgte Richtung. Nach anderthalbstündigem Ritte entdeckte das scharfe Auge des Wüstensohnes lebende Wesen, welche wir mit unseren Fernrohren für Kamele erkannten. Eine Stunde später hatten wir sie erreicht; es waren die unsrigen. Der Führer schüttelte erstaunt sein Haupt. »Schurhel el efrendj walahi aadjaib!« (Die Sachen der Franken sind bei Gott wunderbar!) sagte er zu seinen Gefährten.

* Plural von »*Hedjihn.*«

Der folgende Tag verging ohne etwas Bemerkenswertes. Unser Chabihr zeigte uns eine Stelle, auf welcher vor mehreren Jahren ein türkischer Kaufmann von den Beduinen überfallen, geplündert und getötet worden war, belehrte uns aber zugleich, daß jetzt ähnliche Angriffe nicht zu befürchten seien, weil die Landesregierung mit den vornehmsten Stämmen wegen der Sicherung der Karawanenstraße ein Übereinkommen getroffen habe. Nach diesem beziehen die Herrn der Wüste jährlich ein bestimmtes Gehalt, wenn sie ihre gewohnten Raubzüge unterlassen.

Wir waren heute allgemach in die Steppe eingetreten und bemerkten das regere Tierleben mit großer Freude.

Am 3. Januar. Das zeitraubende Aufsuchen eines während der Nacht entlaufenen Kamels verzögerte am Morgen den Aufbruch der Karawane; wir kamen erst mehrere Stunden nach Sonnenaufgang in den Sattel. Die Steppe zeigte uns hier zum ersten Male ihre Gras- und Buschwälder. Vorzüglich die letzteren waren von vielen Vögeln belebt. Bisher noch nie gesehene Tropenvögel, zahlreiche Rudel von Gazellen und einzelne Hasen erregten unsere Jagdbegierde; wir fanden immer neue Abhaltung.

Gegen Mittag hörten wir Kindergeschrei und trafen auf eine Familie nomadisierender Araber. Eine alte Matrone kam wankenden Schrittes auf uns zu und flehte uns »bei der Gnade des hochheiligen Propheten« um einen Trunk Wasser an. Wir ließen ihr von unserem reichlichen Vorrat soviel, als sie begehrte, zukommen, empfingen die Segenswünsche der Armen und erfuhren, daß sie mit ihrem Gatten hierhergezogen sei, weil dieser einen jetzt versiegten Brunnen für wasserreich gehalten habe. Nun hätten beide schon seit drei Tagen keinen Tropfen Wasser getrunken und seien dem Verschmachten nahe. Die Kinder waren notdürftig mit Ziegenmilch erhalten worden. Bald darauf erschien auch der Nomade und schlürfte mit ebenso großer Gier das stinkende Wasser unserer Schläuche.

Nach kurzem Ritte hielten uns zwei dicht vor uns auffliegende Trappen von neuem auf. Wir machten eifrig Jagd auf sie, konnten aber nur des einen habhaft werden; der andere entkam, obgleich verwundet, in dem hohen Grase. Nach beendeter Jagd fühlten wir ein schmerzliches Jucken an allen Teilen unseres Körpers. Die feinen Stacheln der Steppenpflanzen waren uns überall durch die Kleider gedrungen und hafteten uns unsichtbar in der Haut. Wir hatten genug zu tun, um unsere Kleider von den an ihnen äußerlich sichtbaren Kletten zu reinigen.

Die Jagd hatte uns viel Zeit gekostet und uns wesentlich zurückgebracht. Wenn wir den Nil noch heute erreichen wollten, mußten wir eilen. Unsere Dromedare trabten, von uns angetrieben, daß uns alle Knochen zu krachen schienen. In einem zweiten Nomadenzelte kauften wir frische Ziegenmilch, erlabten damit unsere lechzenden Gaumen, ritten aber sogleich in unverminderter Eile weiter. Schon jetzt konnten wir die Nähe bewohnter Gegenden an den Spuren des menschlichen Fleißes erkennen; in einer Niederung sahen wir die ausgedehnten Getreidefelder des Dorfes *el Edjehr*, unseres heutigen Reisezieles. Seine Lage bezeichnete uns ein hoher, die am Nil sich hinziehende Gebirgskette überragender Berg, der *Djebel Rojahn*.

Von jedem Hügel aus hofften wir den Strom zu erblicken; wir hofften immer vergebens. Der Berg schien gleich weit entfernt zu bleiben; die Steppe dehnte sich auch jetzt noch unabsehbar vor uns aus. Unsere Sehnsucht nach frischem Wasser ließ uns das beschwerliche Reiten und unsere Müdigkeit vergessen. Wir jagten, so schnell unsere vorzüglichen Tiere laufen wollten, über die Ebene dahin, erreichten aber das Dorf erst spät in der Nacht. Das unleidliche Gestöhn der Schöpfräder am Nil war uns heute Himmelsmusik, das Durrahbrot dünkte uns das leckerste Gericht der Welt zu sein. Frisches, köstliches Wasser und weiche, elastische Bettgestelle erhöhten den Genuß, in den Hafen der Ruhe eingelaufen zu sein. Wir schliefen herrlich die ganze Nacht hindurch.

V. Im Belled el Sudan

Die ersten Strahlen der über den hohen *Djebel Rojahn* hinwegblitzenden Sonne erweckten uns. Die ermüdende Reise durch die Wüste war vergessen; wir ergriffen die Gewehre, um uns der Jagd zu widmen. Aber noch gab es im Orte unserer Nachtruhe viel Neues zu sehen.

Schon hier bestehen die Dörfer nur aus der eigentlichen, uralten Wohnung der Sudanesen, jenen runden Strohhäusern mit kegelförmigem Dach, dem *Tokhul.* Ich will meine Leser zuerst mit diesen Hütten bekannt zu machen suchen. Sie sind als ein für immer feststehendes Zelt zu betrachten. Ihre Gründung ist das Werk weniger Tage, ihre Vernichtung durch Feuer das einiger Minuten. Die festeren Teile der Wand und des Daches sind Mimosenstäbe, die Umkleidung der Hütte Durrah*, Dochen* oder Steppengrasstroh.

Bei Erbauung eines Tokhul vereinigen sich alle erwachsenen Männer eines Dorfes. Einige gehen in den Mimosenwald und holen lange, gerade Stangen herbei; andere rammen oben gegabelte Streben in gewissen Abschnitten eines vorgezeichneten Kreises senkrecht in die Erde und verbinden sie durch Reifen von langen biegsamen Gerten; andere sind mit der Verfertigung des Kegeldachs beschäftigt. In letzteren sieht man kein eisernes Band, keine Klammer, nicht einmal einen Holznagel. Zuerst bildet man aus sechs bis acht schwachen, biegsamen und sehr langen Mimosenästen einen dem Kreise mit den eingerammten Pfählen entsprechenden Reifen, bindet hieran acht dem Durchmesser des Kreises ungefähr gleich lange, gerade und starke Stäbe – die Sparren – und vereinigt diese am oberen Ende vermittelst zähen Bändern aus biegsamen Zweigen. Dann legt man in Entfernungen von je drei Fuß immer enger werdende Reifen auf, verbindet sie mit den Sparren zu einem möglichst haltbaren Ganzen und schiebt nach unten zu schwächere Sparren zwischen die ersteren ein. So entsteht ein festes, ziemlich enges Gitterwerk, welches nach seiner Vollendung von mehreren Männern auf die festste-

* Hirsearten

henden Streben gesetzt und an diesen gut befestigt wird. Schließlich wird das Gebäude dicht mit Stroh bekleidet.

Nur eine einzige niedrige Tür führt in das Innere des Tokhul. Deshalb herrscht da stets ein magisches Dunkel; bei heftigem Winde gesellt sich unerträglicher Staub dazu. Der Aufenthalt in der Hütte würde demnach ein ganz unleidlicher sein, gäbe es nicht hinreichende Gründe, ihn dennoch annehmbar zu machen. Erst in der Regenzeit bewährt sich der Tokhul: er ist wasserdichter als die übrigen Wohnungen des Ostsudan. Vor der Tür befindet sich regelmäßig noch ein zweites Gebäude, die *»Rekuba«*, eine kubische Strohhütte, in welcher die Frauen Getreide mahlen und andere häusliche Verrichtungen besorgen. Arme Familien besitzen nur einen Tokhul, wohlhabendere erbauen sich mehrere und schließen ihr Besitztum durch die *»Serieba«* von den Wohnungen ihrer Nachbarn ab. Serieba bedeutet eigentlich einen Schlupfwinkel, weil man aber auch die durch Dornenhecken eingefaßten Viehhürden damit bezeichnet, jetzt jede Art von Umzäunung. Die Serieba dient in den Dörfern zum Schutz gegen die Kamele – welche fähig wären, den Tokhul bis auf sein Holzgerüst aufzufressen – und gefährliche Raubtiere. Wo man nächtliche Einfälle der letzteren zu befürchten hat, nimmt sie an Stärke, Dichtigkeit und Höhe zu. Eine gut angelegte Serieba ist eine vollkommen undurchdringliche Schutzmauer.

Die im Sudan ansässigen Türken haben den Tokhul insofern verbessert, als sie die senkrechte, kreisrunde Mauer höher – sechs bis acht Fuß hoch – und aus Erde erbauten. In einigen Tokhahl* sind wohl auch Fensteröffnungen angebracht worden. Das Dach bleibt aber immer ein jeden Gewitterguß sicher ableitendes Strohdach.

Ein Tokhuldorf ist zur Verhütung von Feuergefahr weitläufig gebaut und gewährt, in der Ebene liegend, keinen anziehenden Anblick. Die Spitzen der niederen Hütten ragen, aus einiger Entfernung betrachtet, wenig über den wogenden Graswald aller Ebenen Ostsudans empor; man muß nahe heranreiten, ehe man die auf der unermessenen gleichförmigen Fläche verschwindenden menschlichen Wohnungen sieht. Um so malerischer ist ein Tokhuldorf im Urwalde. Unter jedem schattigen Baume steht eine Hütte. Die blütenreiche Mimose überwölbt ihr bemoostes, unregelmäßig abgeflachtes Dach; von der »sich (durch ihre Dornen) Schützenden«, der *Harahsi*, neigen sich blätterge-

* Plural von *Tokhul.*

schmückte Schlingpflanzen auf die Hütte herab und umspinnen den ganzen Bau mit ihrem traulichen Rankennetze; der zum Baume gewordene Nabakstrauch läßt seine unzähligen, nicht ganz geschmacklosen Früchte über ihr reifen. Unten am Stamme der freundlichen Bäume spielt die schwarze oder braune Jugend des Dorfes, oben in der Krone baut der sudanesische kleine schwarze Storch, die Ciconia abdimii *Ehrenberg* *, seinen Horst. Vertrauensvoll läßt sich der überall die Nähe des Menschen aufsuchende Vogel wohl auch auf die mit Straußeneiern gezierte Spitze des Tokhul selbst nieder. Und sein Vertrauen wird nicht getäuscht. Der Bewohner der Hütte freut sich über diese »Vögel des Segens« – Thiuhr el baraka – und schützt sie gegen fremde Störungen. Ohne ihre Nester gibt ein Dorf des Sudan kein rechtes Bild.

In jedem Tokhul befindet sich wenigstens eins jener elastischen Bettgestelle, auf denen wir unsere erste Nacht im »Lande der Schwarzen« ** zugebracht hatten. Man nennt sie hier *Ankharehb.* Es sind feste, auf vier oder sechs anderthalb bis zwei Fuß hohen Füßen stehende Holzrahmen, über welche man Leder- oder Strickgeflechte gespannt hat. Die Lederstreifen des engen Geflechtnetzes werden feucht aufgezogen und verkürzen sich beim Trocknen; die Stricke werden durch eine besondere Vorrichtung immer nach Belieben angespannt. Deshalb sind die Anakharihb *** sehr elastisch. Sie sind aber auch, weil die Nachtluft von unten her zu dem Körper des Schlafenden Zutritt hat, angenehm kühl, schützen, vermöge ihrer erhöhten Stellung, den auf ihnen Ruhenden vor schädlichem Gewürm und Getier und vereinigen alle Eigenschaften eines für jene Länder bequemen Lagers. Die Anakharihb sind ein allen Einwohnern Ostsudans gemeinsames Hausgerät und finden sich ebensowohl in den Häusern der Vornehmen und Europäer als in den Hütten der Niedrigen und Neger.

Am 4. Januar. Wir zogen gemächlich unseres Weges entlang. Von Zeit zu Zeit begegneten uns »Männer des Sudan« ****. Sie ritten auf schlecht gesattelten Eseln und trugen mit seltener Ausnahme ihre altherkömmliche Waffe, die langgestielte Lanze mit der breiten zweischneidigen

* So einem Freunde *Ehrenbergs,* dem damaligen Gouverneur von Dongola; *Abdim* (richtiger *Aabdim*) zu Ehren genannt.

** Wörtliche Übersetzung von »Belled el Sudan«.

*** Plural von *Ankharehb.* (Sie werden noch heute überall verwendet; Anm. des Herausgebers.)

**** So pflegen sich die Eingeborenen gern zu nennen.

Eisenspitze. Um Mittag rasteten wir in dem Dorfe *Surrurahb*, in welchem damals eine Schwadron leichter, irregulärer türkischer Reiterei lag. Die weißen Gesichter der Soldaten und ihrer Kinder fielen mir auf, so sehr war ich bereits an die braune Hautfarbe der Nubier gewöhnt. *Surrurahb* ist nach den Bestimmungen der europäischen Geographen das letzte Dorf Nubiens; mit dem Dorfe *Kerreri* [1], in dem wir übernachteten, beginnt der Sudan. Zur Zeit meiner Erzählung residierte in letzterem sonst ganz unbedeutsamem Orte ein von den Türken und Eingeborenen gleich hochgeachteter Mann, *Solimahn Kahschef* [2], der Vorsteher des größten Regierungsbezirks im Paschalik. Er starb im Jahre 1849. Durch *Wernes* [3] Beschreibung der dritten, von *Mohammed-Aali* ausgerüsteten Entdeckungsreise auf dem weißen Flusse ist er auch in Deutschland bekannt geworden. –

Am sechsten Januar brachen wir schon in der Nacht wieder auf und kamen nach drei Stunden, während derer wir wieder in Mimosenwäldern dahingeritten waren, mit Sonnenaufgang an das linke Ufer des weißen Flusses *»Bahr el abiadt«*. In der Nähe des Dörfchens *Umdurmahn* [4] fanden wir eine Überfahrtsbarke und schlugen bei ihrem Landungsplatze am Ufer das Zelt auf.

Wenig unterhalb unseres Lagers, in dessen Nähe kleine Kalkbrennöfen stehen, vereinigt sich der Bahr el abiadt mit dem kaum schwächeren *»Bahr el asrakh«* oder blauen Flusse, dessen helles Wasser in jetziger Zeit gegen das trübe, grauweiße des weißen Flusses merklich absticht. Die Ufer beider Flüsse sind jetzt gut bebaut. Unser Zelt steht auf einer grünen Wiese, in welche sich das früher überschwemmte flache Schlammufer verwandelt hat. Herden von Rindern, Ziegen und Schafen, Pferde, Esel und Kamele weiden auf ihr in buntem Gemisch. Reges Leben macht sich längs der beiden Ufer bemerkbar. *Gänse, heimatliche Störche* (Ciconia alba) und *Reiher* sitzen in langen Reihen am Strande, *Pelikane* fischen inmitten des Stromes, auf einer Insel läuft der erste mir zu Gesicht gekommene *heilige Ibis* herum. Die Stadt *Chartum* liegt in einer Entfernung von kaum einer halben Meile vor uns.

Am folgenden Tage zog ich, nachdem ich das Gepäck übergeschifft und mich von den braunen Genossen unseres zurückgelegten Weges verabschiedet hatte, der Stadt auf frisch gemieteten Kamelen zu. Ich fand den Baron in Gesellschaft eines Europäers und beschäftigt, ein kleines Haus zu mieten. *Ibrahihm Iskanderahni* überließ uns eine für Chartum recht hübsche und freundliche Wohnung für eine monatlich zu entrichtende Mietsumme von zwanzig Piastern oder einem Taler und zehn Groschen unseres Geldes. Der Kontrakt wurde zu allseitiger Zufriedenheit vollzogen; wir bezogen die neue Wohnung und empfingen die Besuche der hier wohnenden Europäer.

Am 9. *Januar* gingen wir zum Gouverneur der Provinz Chartum, *Solimahn-Pascha,* von welchem wir mit großer Artigkeit aufgenommen wurden. Er bat den Baron, sich in jeder Verlegenheit an ihn zu wenden, und sicherte uns im voraus die Gewähr aller unserer Wünsche zu.

VI. Chartum und seine Bewohner

Die Geschichte des Sudan beginnt erst in unseren Zeiten; das vorher Geschehene ist durch das Blut von Tausenden, der Habgier und Rache geopferten Menschen verwischt worden. Nur traditionell zieht sich die Erinnerung wie ein goldener Faden durch dieses trübe Blutmeer hindurch, die Erinnerung an die früheren glücklichen Zeiten unter der Herrschaft der eingeborenen Könige aus dem Stamme der *Fungi*, an die Zeiten, wo auf der Insel *Argo* in Nubien noch tausend Schöpfräder kreischten, wo dort noch ein König *Gericht* hielt, wo das Volk der *Scheikïe*, zu *Berber* und *Halfaï*, die Bewohner von *Sennar*, *Roseeres* und *Fassokl* noch eigne Herrscher hatten und *Kordofahn* unter dem milden Szepter *Dar-Furs* stand. Aber diese Erinnerung lebt nur noch in dem Gedächtnisse weniger; erst seit den Jahren 1820 und 1821 ist die Geschichte in aller Mund. Die Begebenheiten jener Jahre werden nie vergessen werden: verlassene Städte, verödete Felder und zugrunde gerichtete Völker sprechen ohne Worte ihr nie verhallende Sprache. Ich meine mit jenen Ereignissen die Eroberung des Sudan und die Unterjochung seiner Völkerschaften durch die türkisch-ägyptischen Truppen.

Mit der Niedermetzelung der *Mamelucken* schien *Mohammed-Alis* Herrschaft in Ägypten erst neu gegründet, aber gesichert zu sein. Allein, noch war die Ruhe nicht hergestellt. Die Häuptlinge der Mamelucken waren gefallen, meuchlings gemordet, unbesiegt. Noch lebte ihre tapfere Kriegerschar. Aus ihrer Mitte wählten sie sich neue Führer und zogen sich nach Nubien zurück, in der Absicht, dort ein neues, von ihnen beherrschtes Reich zu gründen. *Mohammed-Alis* Truppen folgten ihnen. *Ibrihm*, *Sais* und andere Festungen der Mamelucken wurden belagert und erobert, obgleich die Belagerten mit Todesverachtung kämpften und den Siegern nur ihre Leichen überließen.

Im Jahre 1820 stellten sich die *Scheikïe* [1] den Ägyptern bei *Korti* gegenüber. Mit Schaudern denkt noch heute jeder Nubier des unglücksvollen Tages. Die Ägypter siegten. Ein tapferes, heldenmütiges, aber regelloses Volk kämpfte mit Lanze und Schild gegen tüchtige Krieger mit dem ihm noch unbekannten Feuerrohr in der Hand. Seine Frauen waren mit ihren Kindern hinausgezogen, um die Männer durch gellenden Schlachtruf zum Kampfe anzufeuern oder im frommen Gebete den Sieg für sie zu erflehen. Sie hielten ihre Kinder auf den Armen empor und beschworen liebkosend die Väter, ihr Teuerstes vor schmachvoller Knechtschaft zu bewahren. Der Kampf begann. Die Geschütze der Ägypter schleuderten Tod und Verderben in die Reihen der tapferen Nubier und, obgleich diese die Kanonen erreichten und mit dem Schwerte in die metallenen Röhren Lücken zeichneten, welche man noch heute sehen kann* – nicht die ruhmvolle Tapferkeit, die Übermacht der Waffen entschied den Sieg.

Nur noch einmal entflammte ihr Heldenfeuer, noch einmal erhob sich das edle Volk zur letzten Gegenwehr. Der kühne *Melik el Nimmer*[2], d. i. der Tigerkönig, zu *Schendi* versammelte sein Volk. *Schendi* und *Metämme*, jene zwei südnubischen Schwesterstädte, sollten aufs neue die Geisel des Siegers fühlen. *Ismaël-Pascha*[3], des alten *Mohammed-Ali* Sohn, erschien mit seinen Soldaten im Oktober des Jahres 1822 auf vielen Schiffen vor Schendi. Er verlangte von dem dort herrschenden Melik innerhalb drei Tagen eine nicht zu liefernde Menge von Sklaven und mehr Geld, als je im Besitz des Häuptlings gewesen war. Diesem und allem seinem Volk stand die Todesstrafe bevor, wenn er die ihm auferlegte Steuer nicht entrichten konnte. Da gab ihm die Verzweiflung Mut. Der König heuchelte dem Pascha gegenüber die tiefste Unterwerfung. Durch falsche Vorspiegelungen lockte er Ismaël von seiner sicheren Barke in eine geräumige, mit dichter Serieba umschlossene Strohhütte. Große Strohhaufen lagen im Innern der Umzäunung aufgeschichtet und wurden als Kamelfutter ausgegeben. *Melik Nimmer* selbst richtete in jenem Tokhul dem Pascha ein Gastmahl zu, zu welchem alle höheren Offiziere gebeten wurden und auf Befehl ihres Gebieters erschienen.

Der Pascha und seine Getreuen sitzen beim Mahle. Vor der Serieba tönt die *Tarabuka***, das junge Volk übt sich im fröhlichen Tanze. Sie werfen gegenseitig Lanzen aufeinander und fangen sie geschickt mit ihren Schilden auf. Der Pascha wirft zuweilen einen Blick auf das Getümmel und ergötzt sich an dem Geschick der Tanzenden. Und

* In Kordofahn sah ich noch mehrere Geschütze, welche die Wahrheit jener kühnen Tat beweisen.

** Die Tarabuka ist eine Trommel, hier die Kriegstrommel der innerafrikanischen Völkerschaften.

als wollten diese ihre ganze Gewandtheit zeigen, so rasch und wild werden ihre Bewegungen. Sie kämpfen scheinbar mit Erbitterung. Immer tobender werden ihre Spiele, immer heftiger dringen sie aufeinander ein, die Trommel tönt ununterbrochen fort, plötzlich aber auch in allen übrigen Teilen der Stadt. Ein gellendes durchdringendes Geheul durchzittert die Luft. Die Kämpfenden haben sich vereinigt und schleudern ihre Lanzen nicht mehr nach den Schilden ihrer Freunde, sondern in das Innere der Serieba auf die Türken. Von allen Seiten sieht man Frauen mit Flammenbränden herbeieilen und diese in das aufgehäufte Stroh am Tokhul des Paschas werfen. Im Nu hat das Feuer alle Teile des Strohgebäudes ergriffen, ein Flammenmeer rötet den Himmel. Jetzt hört man die Kriegstrommel auch in *Metämmej,* man hört sie in jedem der benachbarten Dörfer; ihr Klang erschallt von Ort zu Ort und verbreitete sich durch die ganze Provinz. Es ist, als ob die Streiter des geknechteten Volkes der Erde entkeimten. Was Waffen tragen kann, trägt sie; Weiber stehen, ihr Geschlecht vergessend, in den Reihen der Männer, man sieht sie, Asche und Sand in den fettgetränkten Haaren, mit entblößtem Busen und nur um die Lenden geschürzt, die Feinde verfolgen; Kinder und Greise fechten mit der Kraft der Männer. An der brennenden Hütte, welche den Pascha und fünfzig seiner Offiziere einschließt, beginnt der Vernichtungskampf. Wer herausflieht, wird niedergestochen; die Bleibenden frißt das Feuer, keiner entkommt*. Schendi und Metämme sind in einer Nacht von den Feinden befreit. An den übriggebliebenen Mauern des festen Schlosses zu Metämme bezeugen noch heute dunkle Blutflecken die Begebenheiten jener Tage.

Nur wenige von den Soldaten *Ismaël-Paschas* entkamen auf ihren Schiffen und brachten dem in Kordofahn weilenden *Mohammed-Beï el Defterdahr*[4] die grauenvolle Nachricht. Dieser, wegen seiner Grausamkeiten »el Djelahd«, der Henker, genannt, eilte mit der ganzen Macht seines Heeres nach Schendi und schwur, die Mannen seines Oberbefehlshabers und Verwandten blutig zu rächen. Obgleich die Nubier sich mit aller Macht rüsteten, waren sie doch nicht imstande, den wohlgeübten Truppen Mohammed-Beïs zu widerstehen. Sie wur-

* Es wird den in jener Strohhütte eingeschlossenen Soldaten ewig zum größten Ruhme gereichen, wie sie ihren Feldherrn vor dem sie alle vernichtenden Feuer zu schützen versucht haben. Man fand den Pascha unversehrt unter einem Haufen halb und ganz verkohlter Leichen. Die Soldaten hatten ihn mit ihren eignen Leibern vor den Schmerzen des Flammentodes bewahrt. Er erstickte in der Mitte seiner Getreuen.

den wieder geschlagen. Niemand kennt die Zahl der Menschen, welche jener Tyrann seiner Rache opferte; sie soll die Hälfte der damaligen Bewohnerzahl weit überstiegen haben. *Mohammed-Beï* vernichtete die Blüte der streitbaren Mannschaft Nubiens und mordete die Greise, Frauen und Kinder des unglücklichen Volkes. Die Greueltaten, welche er ausübte, sind nicht zu beschreiben und machten auf das Volk einen fürchterlichen Eindruck. Ich habe das hier Mitgeteilte aus dem Munde eines Augenzeugen vernommen. Der Nubier *Tomboldo,* einer meiner nachherigen Diener, war in der Periode jener Schreckenstage noch ein kleiner Knabe; er war, wie er sagte, »im Blute seiner Landsleute groß geworden«. Als er mannbar wurde, sproßten ihm statt des kohlschwarzen Haares der Nubier *graue Haare* um Mund und Kinn; sein Haupthaar ergraute noch vor seinem zwanzigsten Jahre »wegen des vielen Blutes, welches vor seinen Augen vergossen worden war«.

Nach dem letzten, lange dauernden Blutbade war die Unterjochung der Nubier beendet. Das früher freie und stolze Volk der *Scheikïe* hörte auf, ein Volk zu sein. Die Häuser der Getöteten verfielen, Schendi und Metämme verödeten, die Felder blieben unbebaut, der Sand der Wüste bedeckte das frühere Kulturland. Dreifach schwerer lastete das Joch, welches die Nubier abzuschütteln versucht hatten, auf ihnen; es lastet auch heute noch. Erst nach Jahren entstand ein in der Knechtschaft aufgewachsenes Geschlecht, das sich geduldig dem Beherrscher seines Landes unterwirft. Es ist knechtischer geworden als seine kampflustigen Vorfahren, aber nicht besser als diese*.

Nachdem sich *Mohammed-Beï* am Blute seiner gemordeten Schlachtopfer genugsam gesättigt hatte, drang er unaufhaltsam dem Süden zu. Die das Land durchreisenden Sklavenhändler brachten vom oberen Laufe des blauen Flusses Goldkörner und Goldringe, vom *Bahr el abiadt* vorzügliches Elfenbein in großer Menge mit sich. Sie erzählten, daß die Sudanesinnen schwere Goldringe in der Nase trügen, daß der König der *Fungi zu Sennar,* der Hauptstadt seines Reiches, eine Serieba von Elefantenzähnen um seinen Strohpalast gezogen habe, wie man sich

* *Melik Nimmer* entfloh nach Abessinien. Die türkische Regierung setzte einen hohen Preis auf seinen Kopf und dingte Mörder für ihn. Selbst der Vater einer seiner Frauen zettelte gegen ihn eine Verschwörung an, wurde aber von seiner eignen Tochter an den Häuptling verraten. Dieser lud die Verschworenen zu einem Gastmahl ein und ließ sie umbringen, wobei die erwähnte Frau ihren eigenen Vater erdolcht haben soll. Der Melik entging glücklich allen Nachstellungen, lebte lange in hohen Ehren und starb erst vor wenigen Jahren. Er wurde von seinen früheren Vasallen oft besucht und von ihnen wie ein Heiliger verehrt.

dasselbe noch heut zu Tage vom Sultan Dar-Furs erzählt. Die Herden der Kamele und Rinder, welche bisher nur von dem König der Wildnis, dem Löwen, belästigt, in den tropischen Wäldern an den Ufern der beiden Ströme weideten, hielten sie für unzählbar. Diese teilweise wahren Erzählungen ermunterten den habsüchtigen Tyrannen zu weiterem Vordringen. Er entthronte den König von *Halfaï* und besiegte den König der *Fungi*. Die Provinz *Kordofahn* war dem milden Szepter *Dar-Furs* bereits entrissen worden. Dort stand noch ein ziemlich starkes Heer, um das besiegte Volk im Zaume zu halten; der Beï konnte frei agieren.

Die Königreiche *Halfaï* und *Sennar* waren bald unterjocht und noch schneller ausgeplündert. Weiter im Süden winkte die Goldernte. Man erreichte *Roseeres* und erfuhr, daß das Gold noch weiter südlich, in *Khassahn*, gegraben werde. Aber es war jetzt nicht ratsam, auch bis dahin vorzudringen. Die Truppen waren schon zu weit von Ägypten entfernt, und man mußte ihnen erst eine Station errichten, von welcher aus man weitere Feldzüge unternehmen konnte. Die Wahl derselben war äußerst glücklich.

Da, wo der muntere Gebirgsstrom, der *Bahr el asrakh* *, seine raschen Fluten mit den langsam dahinschleichenden, trüben Wässern des *weißen Stroms* vermischt, lag ein kleines Dorf: *Chartum* [5]. Aus ihm sollte die Hauptstadt der »*Königreiche des Sudan*« – so nennen die arabischen Gelehrten noch heute jenes Land – hervorgehen. Im Jahre 1823 erbaute man die ersten *Tokhahl* für die Soldaten, ein wenig oberhalb des Dorfes und wegen des guten Trinkwassers aus dem blauen Flusse, dicht an diesem Strome.

Von hier aus wurden nun in späteren Jahren mehrere Feldzüge und viele Sklavenjagden unternommen. Das zwischen dem Roten Meere und dem blauen Flusse, der Nordgrenze Abessiniens und dem *Atbara* gelegene Belled *Tahka* wurde unterjocht; man eroberte die Länder des oberen blauen Flusses: *Rosseeres, Fassokl* und *Khassahn*, ließ hier aber die früheren Herrscher noch einige Zeit lang nominell in ihrem Besitztum und erlaubte ihnen, ihren Rang und Titel fortzuführen, freilich ebenfalls nur dem Namen nach. Bis jetzt haben diese Länder den Eroberern noch keineswegs große Vorteile gebracht.

El Charthum, gemäß der arabischen Aussprache, liegt dicht am

* der Blaue Nil

blauen Flusse und nur hier und da von ihm durch Gärten getrennt. Der blaue Fluß oder *Bahr el asrakh* vereinigt sich eine Viertelmeile unterhalb der Stadt bei *Rahs el Chartum* (dem Vorgebirge von Chartum) mit dem *Bahr el abiadt* oder weißen Flusse und bildet mit ihm den *Bahr el Nihl* oder *Nilstrom*, welcher von nun an auf seinem fast dreihundert deutsche Meilen langen Bogenlaufe nur noch die Fluten des *Atbara* bei *Berber el Mucheïref* aufnimmt.

Bevor man zur Stadt gelangt, muß man eine von Aas und anderem Unrat stinkende, staubige Fläche passieren und einen zum Schutze der Häuser gegen die übertretenden Flüsse gezogenen Damm überschreiten. Man betritt auf dem erwähnten Wege die Hauptstraße Chartums, welche vom Westen nach Osten zu die Stadt durchschneidet, und kommt durch sie zunächst auf den Markt. Wenn ich eine Straße Chartums beschreibe, schildere ich auch alle übrigen. Die Straßen sind während der trockenen Jahreszeit staubig und sandig, während der Regenzeit eine ununterbrochene Reihe von Pfützen und Kothaufen. Der in ihnen zu jeder Jahreszeit herrschende Gestank und ihre Hitze sind über alle Begriffe zivilisierter Menschen erhaben. Fast alle Straßen führen nach dem Markte oder zu einem der beiden Amtsgebäude; sie sind selten breit und gerade, sondern meist krumm und unregelmäßig und verstricken sich oft zu einem kaum zu ergründenden Labyrinth. Freie Plätze sind in Chartum selten und haben, wo sie sich finden, gewöhnlich keinen Zweck.

Chartum zeigt in seiner heutigen Gestalt noch deutlich den Gang seiner Entstehung. Anfangs stand es jedem Baulustigen vollkommen frei, sich einen Bauplatz auszusuchen, wie er ihn wünschte. Diesen benutzte er ganz nach seinem Gutdünken. Man findet deshalb mitten in der Hauptstadt noch große Gärten und sieht nirgends die Anzeichen eines von Anfang an befolgten, regelmäßigen Bauplanes.

Die Häuser Chartums sind durchgehend einstöckig, mit plattem Dache. Jede größere Wohnung bildet ein für sich abgeschlossenes Ganzes, zumal wenn sie einem Türken, Kopten oder reichen Araber gehört. Sie enthält gewöhnlich zwei voneinander getrennte Teile: die Behausungen des männlichen und die des weiblichen Personals einer Familie oder, wie man in Ägypten sagt, den *Diwan* und den *Harem*.

Der Bau einer *Tankha* (im Plural *Tanakha*), wie die aus Erde errichteten Wohnhäuser im Sudan genannt werden, geht sehr rasch vonstatten.

Straße in Chartum

Man gräbt und formt die notwendige, tonhaltige Erde so nahe als möglich an der Baustelle und läßt sie in der Sonne trocknen. Bei der immer herrschenden Hitze werden die Luftsteine bald so hart, daß sie zum Bauen verwendet werden können. Nun werden die Mauern bis zu der bestimmten Höhe fortgeführt und dann zur Bedachung vorbereitet. Das Dach ist derjenige Teil des Hauses, auf welchen die größte Sorgfalt verwendet werden muß und deswegen auch am kostspieligsten. Es ruht zuerst auf einer Unterlage von ziemlich starken Balken aus Mimosenholz, welche man, etwa anderthalb bis zwei Fuß voneinander entfernt, in die Wände einmauert. Auf diese Balken legt man querüber dünne, dicht aneinander gereihte Stäbe, von den Eingeborenen *Rassaß* genannt, welche in den tropischen Wäldern geschnitten und oft weit herbeigeschafft werden. Sie tragen doppelt übereinander gebreitete, sorgfältig geflochtene Matten aus Palmenblättern. Jetzt erst folgt die eigentliche, wasserdichte Bedachung: eine mehrere Zolle dicke, festgestampfte, möglichst geglättete Lehmschicht. Nach jedem Gewitterregen sieht man die Einwohner Chartums beschäftigt, die Dächer ihrer Wohnungen wieder auszubessern; oft kommt es sogar vor, daß sich die Abzugskanäle verstopften. Dann bildet sich auf dem Dache eine Wasserlache und erweicht dasselbe so, daß das Wasser nach dem Innern einen Abzug findet und die Räumlichkeiten der Wohnung überschwemmt. Zuweilen hat dies auch den Einsturz des ganzen Gebäudes zur Folge. In Chartum sind schon viele Menschen von dem während eines Gewitters zusammenstürzenden Dache erschlagen worden. Wir waren mehrere Male genötigt, unsere Effekten vor dem in das Zimmer herabstürzenden Regen in Kisten zu bergen und wurden nicht selten aus einem Zimmer ins andere getrieben.

Das Innere der Häuser gleicht ihrem Äußeren. Der Fußboden besteht aus gestampfter Erde, ebenso der um anderthalb Fuß über denselben erhöhte *Diwan**, auf welchen man später Matten oder Sitzpolster legt. Nur selten haben die vier nackten, etwas geglätteten Lehmwände eine besondere Verschönerung aufzuweisen, nur in wenigen Häusern sind sie außer der Rindermistkruste auch noch mit Weißkalk getüncht worden. Die Fenster sind Mauerlöcher, vor denen man weite oder enge Gitter befestigt hat, die Türen ähneln ihnen und können nur in manchen Gebäuden geschlossen werden. Man findet im ganzen Hause weder Schloß und Riegel, noch Bänder und anderes Eisenwerk. Selbst die in Ägypten gebräuchlichen Holzschlösser sind selten. Alle Zimmer gleichen eher Viehställen als menschlichen Wohnungen.

Am schlimmsten sind in Chartum, was die Wohnung anlangt, die Neuangekommenen daran. Wenn ein Fremder seine erste Wohnung mietet, bekommt er regelmäßig das schlechteste Haus, weil die besseren Gebäude schon an länger Ansässige verdingt sind. Hier muß er sich nun so gut als möglich selbst einrichten, denn der Hausherr bietet seinem Mietsmanne außer den vier Wänden nichts. Zuerst gilt es, das Haus von dem innewohnenden Ungeziefer zu säubern. Alle dunkleren Orte be-

* Hier die sich an der Wand hinziehende breite Ottomane.

Gouverneurspalast in Chartum

herbergen, zumal während der Regenzeit, *Skorpione, Taranteln, Vipern, häßliche Eidechsen, Hornissen* und andere schlimme Gäste. Man darf abends nie ohne Licht ein Zimmer betreten, weil sonst die zu dieser Zeit lebendige Schar leicht gefährlich werden könnte. Ich trat einmal in einem dunklen Gange auf eine sehr giftige Viper, welche aber zum Glück gerade beschäftigt war, ein von ihr getötetes, harmloses Schwalbenpaar zu verschlingen und nicht beißen konnte. An große *Spinnen* und *Skorpione* gewöhnt man sich so, daß man die nötigen Vorsichtsmaßregeln nie versäumt. Nächtlich lebende Eidechsen, welche mit ihren Klebefingern an der Decke hin und her spazieren und Fliegen fangen, werden wegen ihres Nutzens und ihrer unschuldigen Lebendigkeit einem zuletzt lieb und wert; man freut sich, wenn man ihr gek, gek – den Ruf, wegen dessen sie *Gekos* genannt werden – hört. Um so unangenehmer werden die lästigen Insekten. Die offenen Fensterlöcher gewähren bei Tage einer hungrigen Schar von Fliegen und Wespen, nachts unzählbaren Haufen summender, blutdürstiger Moskitos freien Eingang. Diese Quälgeister peinigen den Schläfer bei Nacht ebensosehr als die Fliegen, Wespen und Hornissen den Wachenden bei Tage. Man weiß sich vor ihnen gar nicht zu schützen. Dabei pfeift der Wind ganz nach Belieben durch diese Räume, die wir »Zimmer« nennen müssen, hindurch und wirft von außen Sand und Staub durch sie herein. Die in den meist niedrigen Räumen gewöhnlich herrschende große Hitze muß erst durch öfteres Sprengen mit Wasser etwas beseitigt werden.

Chartum ist arm an *öffentlichen Gebäuden.* Eigentlich kann man nur die Amtswohnung des Generalgouverneurs der vereinigten Königreiche, die des *Modihr* oder Gouverneurs der Provinz Chartum, ein *Lazarett* und den *Basar* öffentliche Gebäude nennen. Sie wurden von der Regierung nach und nach erbaut und erfüllen zum Teil ihren Zweck vollkommen. Will man auch einige Privatanstalten unter die öffentlichen Gebäude rechnen, so muß ich noch die *koptische* und *katholische* Kapelle und eine *christliche Schule* erwähnen. Die erstere Kapelle ist Besitztum der Kopten, die letztere ist wie die Schule von der uns bekannten Mission errichtet worden.

Die Wohnung des Generalgouverneurs liegt im östlichen Teil der Stadt dicht am blauen Fluß und hat einen großen freien Platz vor sich, welcher keinen besonderen Namen führt. Unter der Regierung *Latief-Paschas* (1850–1852) wurde das Gebäude sehr verschönert und vergrößert. Früher war es wie die übrigen Häuser Chartums aus Lehm gebaut, jetzt sind die Erdwände durch solide Ziegelmauern ersetzt worden. Es enthält den Empfangssaal oder *Diwan* des Pascha, die Arbeitszimmer seiner Beamten und Wohnzimmer seiner Bedienten, das Archiv, mehrere Staatsgefängnisse, eine starke Wache und den besonders abgeschlossenen, sehr zweckmäßig und dauerhaft erbauten, für den Sudan kostbar ausgestatteten *Harem,* welcher von einem fruchtbaren, gut gehaltenen Garten umgeben ist.

Durch die Bemühungen von rechtlichen europäischen Ärzten ist das *Lazarett* jetzt so eingerichtet worden, daß der Kranke nicht mehr zu klagen nötig hat. Die Krankensäle sind reinlich, hoch und luftig, die Pflege ist erträglich und die ärztliche Behandlung ziemlich gut, wenigstens werden jetzt keine Quacksalber und Pfuscher mehr geduldet. Leider kann man die *Kaserne* dem Lazarett nicht zur Seite stellen. Sie ist unstreitig unter allen öffentlichen Gebäuden das erbärmlichste und besteht aus mehreren, von einer hohen Mauer umschlossenen, aber voneinander getrennten Höfen, an deren Wänden sich kleine Höhlen befinden. Diese ähneln unseren Schweineställen in ihrem Äußeren und Inneren und sind für die armen Soldaten und deren Familien bestimmt. Auch in Ägypten sind die Kasernen schlecht, jedoch immer noch Paläste gegen die im Sudan.

Wie in allen mohammedanischen Städten ist auch in Chartum der Markt der Zentralpunkt des geselligen Lebens und deshalb mit Sorgfalt angelegt. Er enthält hier die Moschee und mehrere Basare. Erstere ist aus Ziegelsteinen erbaut worden und hat ein recht freundliches Aussehen, obgleich ihre Bauart einfach ist. Das Minarett ist aus Lehm zusammengeklebt und ganz geschmacklos. In ihrer Nähe liegen zwei ziemlich bedeutende Kaufhallen, von denen die eine ebenfalls aus Backsteinen erbaut und zweckmäßig eingerichtet ist.

Zwischen beiden Kaufhallen liegt der Brotmarkt der Stadt. Hier sitzen die aus Ägypten eingewanderten Bäcker unter großen Sonnenschirmen und bieten ganz vortreffliches Weizenbrot feil, während die Sudanesinnen kleine Durrahkuchen und größere Durrahfladen zum Bedarf ihrer Landsleute dort verkaufen. An den Brotmarkt reiht sich der *Milch-*, *Frucht-* und *Gemüsemarkt,* in dessen Mitte sich ein fatales Gerüst, *der Galgen,* erhebt. Es hat etwas Schauerliches, wenn sich hier die Menschen kaufend herumtreiben, zumal wenn der Galgen behangen ist, was die Gärtner und Butterweiber keineswegs in ihren Geschäften stört.

Von hier aus kann man über den *Getreidemarkt* nach dem *Tabaksmarkte* gehen, welcher wiederum mit dem *Fett-* und *Futtermarkte* in Verbindung steht. Auf dem ersteren sieht man *Weizen-* und *Durrahhaufen* auf der bloßen Erde liegen; den Tabak kauft man in einer engen Straße, in welcher der Staub des stets trocknen Krautes die Luft erfüllt. Auf dem Fettmarkte findet man Rinder- und Schöpsentalg zur Anfertigung der *Telka,* von deren Gebrauch wir weiter unten sprechen werden, und auf dem Futtermarkte Heu, Stroh, Durrahstengel und anderes Viehfutter.

Eine ganz besondere Annehmlichkeit Chartums sind die Gärten am Ufer des blauen Flusses. Ihr lebhaftes Grün erfreut das durch die öde Umgebung der Stadt niedergedrückte Gemüt und ihre Früchte sind bei der Fruchtlosigkeit der innerafrikanischen Holzarten oft ein erwünschtes Labsal. In diesen Gärten gedeihen noch *Weintrauben, Limonen* oder Zitronen von der Größe der Walnüsse, *Granatäpfel, Feigen, Kaktus-* oder *Stachelfeigen, Bananen* und die ananasartigen Früchte eines Baumes, *»Khischta«* genannt, von köstlich aromatischem Geschmack. Die Dattelpalme hat hier ihre südlichste Grenze erreicht und liefert, wenn sie auch zu schönen Stämmen erwächst, keine guten Früchte mehr.

Die *Bevölkerung* der Stadt Chartum ist aus sehr verschiedenen Elementen zusammengesetzt, wenn auch nicht so bunt gemischt als in Kairo. Man kann die Gesamtzahl der Bewohner auf 30000 Seelen anschlagen, wovon vielleicht 3000 auf das Negermilitär kommen dürften. Wir finden in Chartum *Türken, Europäer, Griechen**, *Juden, Ägypter, Nubier, Sudanesen, Abessinier, Gallas* und vier oder fünf verschiedene *Negervölker,* als z. B. *Dar-Fur-Neger, Schilluk, Dinkha,* Neger aus Takhale und vom oberen Laufe des blauen Flusses usw. Die Türken des Ostsudan und Ägyptens sind von ihren Landsleuten wegen ihrer schlechten Sitten verachtet, stehen aber in moralischer Hinsicht noch hoch erhaben über den Europäeren Chartums, denn diese sind mit wenigen Ausnahmen der Abschaum ihrer Nationen. Griechen und Juden sind im Sudan nicht besser oder schlechter als anderswo und die Ägypter ihren heimischen Sitten und Gebräuchen treu geblieben.

Unter den *Sudanesen* haben wir alle jetzt in den Ländern des weißen und blauen Flusses einheimischen braunen Völkerschaften des innern Afrika zu verstehen. Schon seit mehreren Jahrhunderten haben sich die Ureinwohner des Sudan, die *Fungi,* mit den umwohnenden Völkern vermischt, weshalb man von einer reinen Rasse nicht mehr sprechen kann. Gegenwärtig zählt man auch die im Sudan wohnenden Abessinier und eingewanderten Nubier zu den Sudanesen, kann aber das Volk in zwei Hauptklassen einteilen: *Städte-* oder *Dörferbewohner* und *Nomaden.* Von den letzteren unterscheidet man die *»Aulahd«* oder *»Beni«* (zu deutsch: Söhne), *el Hassanïe, Beni-Djerahr, Kababiesch, Bischahri, Bakhahra* und andere, welche in Gestalt, Sitten und Gebräuchen mehr oder weniger voneinander abweichen, aber wegen ihrer Lebensart mit den Bewohnern fester Wohnsitze nicht verwechselt werden können. *Alle Sudanesen sind frei geborene Leute, welche nicht als Sklaven verkauft werden dürfen.*

Die Sudanesen sind durchgehend wohlgebaute Menschen von mittlerer oder hoher Statur, kräftig und imstande, bedeutende Körperanstrengungen zu ertragen; die Männer sind mit Ausnahme der Hassanïe gewöhnlich schöner als die Frauen, welche in manchen Städten, wie z. B. in Chartum, geradezu für häßlich gelten. Hierzu trägt hauptsächlich wohl ihre Sitte bei, sich die Lippen blau zu färben, was die Frauen der Nomaden nicht tun. Ihre Kleidung ist mit geringen Veränderungen fast überall dieselbe und sehr einfach. Bei den Männern besteht sie ge-

* Die Griechen werden in der Levante nicht zu den Europäern gezählt, es würde sich sogar jeder länger in Ägypten ansässige Europäer beleidigt fühlen, wollte man einen Griechen ihm gleichstellen. Es wird selbst ausdrücklich bemerkt, wenn man jemanden nach der Nationalität eines noch unbekannten Mannes fragt, wenn dieser ein Grieche ist, daß er *ein Grieche* und *kein Europäer* sei. In ganz Nordostafrika stehen die Griechen in so schlechtem Rufe, daß sich daraus diese sonderbare Tatsache erklären läßt.

wöhnlich nur aus kurzen, ursprünglich weißen, ziemlich weiten Unterbeinkleidern, *»Libbahs«* genannt, welche von der Hüfte an bis zum Knie herabreichen, der *»Ferdah«*, einem oft sechzehn Fuß langen und vier Fuß breiten, baumwollenen Umschlagtuche von grauer Farbe, mit hochroten oder lebhaft blauen Endstreifen, in welches sie den Körper einhüllen, einfachen *Sandalen* und der *»Takhïe«*, einem dicht auf dem Kopfe liegenden, weißen Mützchen aus doppeltem, durch viele parallel laufende Nähte vereinigtem Baumwollenzeuge. An dem linken Oberarm tragen sie in der Nähe des Ellbogens ein kurzes Messer, *»Sekihn«*, welches in einer festen Lederscheide steckt und durch eine aus Leder geflochtene Schnur befestigt wird, oft auch mehrere Lederrollen mit Amuletten, *»Hedjahb«*. Beides wird von ihnen nie abgelegt, das Messer zum gewöhnlichen Gebrauche oder als Waffe benutzt und das Amulett in hohen Ehren gehalten, obgleich es nur ein mit Koransprüchen beschriebenes Papier ist, welches aber die Macht haben soll, verschiedenen Krankheiten vorzubeugen. Einige tragen an lang herabhängenden Riemen lederne Brieftaschen, welche recht zierlich gearbeitet sind, fünf Abteilungen enthalten und in den Beinkleidern verborgen werden. Hierin bewahren sie sich ihr weniges Geld und wichtige Schriften auf. Mehr zur Spielerei als zum wirklichen Gebrauche sieht man in ihren Händen mohammedanische Rosenkränze, deren Perlen sie, ohne etwas dabei zu denken, durch die Finger gleiten lassen.

Von Zeit zu Zeit scheren sie sich die Haare ab und bedienen sich hierzu ganz schlechter Barbiermesser, welche vorher auf der Sandale gewetzt werden. Nur auf dem Scheitel läßt man die krausen, wolligen Locken mehrere Zoll lang wachsen. Dann und wann sieht man aber auch, wie eine Erscheinung aus alten vergangenen Zeiten, einen Nomaden aus der Gegend des *Atbara* oder dem Innern der *Djesihre,* welcher sich in seinem Haarputz wesentlich von den übrigen Sudanesen unterscheidet. Er trägt das Haar sechs Zoll lang und krempt es über der Stirn in die Höhe, salbt es reichlich mit Butter und steckt in dieses krausige Gelock zwei neun Zoll lange, sorgfältig geglättete und schön verzierte Holznadeln, um damit unter den zahlreichen Insassen seines Hauptes Ruhe herzustellen*. Bis zum Jahre 1850 sah man die Männer stets mit

* Die Araber und Sudanesen sind sehr mit Läusen geplagt und können sie nie loswerden. Bei den Sudanesen sind die Läuse schwarz wie die Kopfhaut, auf welcher sie sich aufhalten. Die Wohnungen beherbergen dazu noch viele Wanzen, merkwürdigerweise aber keine Flöhe. Sobald man die Tropen betritt, verschwinden diese unangenehmen, in Ägypten äußerst häufigen Geschöpfe.

einer oder zwei acht Fuß langen Lanzen erscheinen. Diese Waffe verließ sie nie und war ebenso schnell zum Angriff als zur Verteidigung zur Hand. *Latief-Pascha* verbot das Tragen derselben allen Männern des Sudan mit Ausnahme der Nomaden und hat durch diese anerkennenswerte Vorsichtsmaßregel häufigen Morden gesteuert. Doch hat durch den Wegfall der Lanze das Bild der Sudanesen viel von seinem eigentümlichen, fremdartigen Charakter verloren.

Ebenso einfach als die Kleidung der Männer ist im Sudan auch die Tracht der Frauen. Die Mädchen tragen bis zu ihrer Verheiratung den *Rahhad,* jene aus mehreren Hundert feinen Lederstreifen bestehende Schürze, welche mit Quasten und, zur Bezeichnung der Jungfräulichkeit, mit Muscheln verziert wird. Am Tage ihrer Verheiratung vertauschen sie den zierlichen, sehr wohl kleidenden Rahhad mit einer Baumwollschürze. Auch sie besitzen Amulette, befestigen diese aber nicht, wie die Männer, am Oberarm, sondern tragen sie an langen Schnüren unter ihrer Schürze auf dem bloßen Körper. Der Aberglaube lehrt sie dieselben als untrügliche Mittel gegen viele Krankheiten, vor allem gegen Unfruchtbarkeit betrachten. Die Ferdah bekleidet auch bei ihnen als letzter Überwurf den Körper, wird aber auf andere Art getragen als bei den Männern. Sogar der Stoff zu der von den Frauen benutzten Ferdah ist ein anderer als zu jener. Er ähnelt mehr unserer Gaze und läßt die braune Hautfarbe der Schönen durchschimmern. Man umhüllt mit der Ferdah den Körper bis zu den mit Sandalen bekleideten Füßen herab und wickelt mit ihr auch den Kopf so ein, daß nur das nie verschleierte Gesicht von ihr frei bleibt. Die Nase wird mit großen und starken messingenen oder silbernen (früher goldenen) Ringen verziert und diese geben nebst den blau gefärbten Lippen dem Gesicht etwas so Widerliches, daß man es aus ästhetischen Rücksichten lieber verhüllt sehen möchte. Wie überall suchen auch im Sudan die Frauen einen gewissen Luxus zu entfalten. Demzufolge sind ihre Sandalen weit kostbarer gearbeitet als die der Männer. Während sich diese mit einfachen, nur anderthalb Groschen unseres Geldes kostenden Ledersohlen begnügen, benutzen jene aus mehreren Stücken zusammengeheftete und mit allerhand Schnörkeln verzierte Sandalen, welche bis zu dem Preise von dreißig Piastern oder zwei Talern preußisch verkauft werden. Das krause Haar wird auf ganz eigentümliche Art von besonderen Künstlerinnen aufgeputzt. Zuerst werden über hundert dünne Zöpfchen geflochten und diese dann mit arabischem Gummi so gestärkt und vereinigt, daß sie in einzelnen

Partien und drei oder mehr Terrassen vom Haupte abstehen. Nachdem die schwierige Arbeit vollendet ist, beginnt die Salbung des künstlichen Haarbaues. Man nimmt hierzu eine Mischung aus Rinderfett und wohlriechenden Substanzen. Diese Pomade wird so dick aufgetragen, daß sie erst nach und nach durch die Sonnenwärme flüssig gemacht und gehörig verbreitet wird. Dabei tropft das Fett auf Schultern und Nacken herab, wird hier aber sorgsam in die Haut eingerieben. Anfangs ist der Geruch der Pomade erträglich, wenn das Fett nach Verlauf einiger Tage ranzig wird, ist er ganz unleidlich. Ein solcher Kopfputz gilt im Sudan für sehr schön und kostet viel Geld; er wird aber nur alle Monate einmal neu hergerichtet. Die Eitelkeit der Frauen hat auf wahrhaft heroische Mittel gesonnen, ihn so lange instand zu halten und möglichst gegen Zerstörung zu schützen. Wie in früherer Zeit die Europaerinnen eine Nacht im Lehnstuhle zuzubringen pflegten, um sich das für den folgenden Tag vorbereitete frisierte Haargelock nicht zu verderben, berauben sich auch die Sudanesinnen des süßen Schlafs, um einen ähnlichen Zweck zu erreichen. Sie legen den Nacken beim Schlafen auf kleine, vier Zoll hohe, der Wölbung des Kopfes entsprechend ausgehöhlte Stühlchen von nur anderthalb bis zwei Zoll Breite und quälen sich, auf diesen entsetzlichen Pfühlen die Nacht zu verbringen.

Beide Geschlechter pflegen sich ihren Körper wie die Nubier und Neger von Zeit zu Zeit mit Fett einzureiben, wozu sie die *Telka,* eine der beschriebenen Haarpomade ganz ähnliche Salbe, gebrauchen. Sie schützen dadurch ihre Haut vor dem Brüchig- und Trockenwerden und erhalten sie gelind und geschmeidig. Ich bin von europäischen Ärzten, welche sich längere Zeit im Sudan aufgehalten haben, versichert worden, daß sich sehr bald Hautkrankheiten bei ihnen zeigen, wenn sie das Einreiben der Telka unterlassen müssen. Die Neger erhalten durch diese Salbe eine glänzend schwarze Haut, wie wir sie bei ihnen in Europa nie finden; die Frauen der dunklen Völkerschaften erweichen durch sie ihre Oberhaut in so hohem Grade, daß diese sehr zart und samtartig erscheint und der Haut europäischer Schönen nicht nachsteht. Früher war es in vornehmen Häusern des Sudan allgemeiner Gebrauch, einem geehrten Gaste durch eine schöne Sklavin vor dem Schlafengehen den Körper mit Telka einreiben zu lassen. Leider geht es auch mit der Telka gerade so wie mit der Haarpomade, sie wird ranzig und stinkt dann entsetzlich.

Der Charakter der Sudanesen unserer Tage ist der aller noch halbwilden, aber durch eine für ihre Umstände ganz vortrefflichen Religion schon einigermaßen veredelten Völkerschaften. Man kann, wenn man die Licht- und Schattenseiten ihres Wesens miteinander vergleicht, nicht lange über sie in Zweifel bleiben. Sie sind im Grunde genommen kerngute Menschen, gastlich und zuvorkommend gegen den Fremden und bei all ihrer Armut – oder, besser gesagt, bei ihrem Reichtume, denn sie wissen nicht, daß sie arm sind – gern bereit, einen Dürftigen zu beschenken oder einen Hungrigen zu erquicken; sie halten ein gegebenes Wort und bewahren ein ihnen anvertrautes Pfand besser als ihr Eigentum; sie lieben ihre Kinder und achten ihre Eltern; sie halten die Gastfreundschaft für eine heilige Pflicht und üben sie mit der strengsten Gewissenhaftigkeit aus. Aber – die Sudanesen lügen, betrügen und stehlen, wo sie nur können; sie sind sinnlichen Genüssen sehr ergeben, faul, leichtsinnig, arbeitsscheu und liederlich; sie sind, wie alle Südländer, heftige, leicht reizbare Menschen und durch Kultur und Gesittung noch wenig bearbeitete Kinder der Natur; ihr Zorn flammt wie Strohfeuer auf und läßt sie ohne Bedenken Exzesse begehen, welche sie wenige Augenblicke nachher bereuen. Früher war der Mord etwas ganz Gewöhnliches, jetzt hat die Regierung ihnen durch furchtbare Strenge Zaum angelegt. Vor der türkischen Herrschaft war die Blutrache unter ihnen üblich und Mord und Totschlag kam alle Tage vor. Die Beteiligten fochten ihre Streitigkeiten unter sich selbst aus; sie tun es noch heutzutage, wenn sie glauben, daß es der Regierung nicht zur Kenntnis kommt. Ihre *Melahk** bekümmerten sich wenig oder nicht um die Privatfehden ihrer Untertanen, deshalb wundern sich diese, daß die jetzige Regierung dagegen einschreitet und sich mit derartigen, nach ihrer Meinung sie gar nichts angehenden Kleinigkeiten behelligt.

Ein eigentliches Gesetzbuch besitzen die Mohammedaner zur Zeit noch nicht: *der Koran* ist ihr ein und alles. Er lehrt sie das Gute vom Bösen unterscheiden, bestimmt die Strafe eines Verbrechens und enthält die Gesetze, durch welche der Feldherr Mohammed seine Truppen und Anhänger zügelte. Leider ist dieses ganz vortreffliche Religionsbuch bis jetzt bei den Sudanesen nur wenig verbreitet, sie besitzen erst eine einzige Moschee in ihrem großen Vaterlande (in Chartum) und nur die

* Plural von Melik, König.

Hauptformeln ihrer Religion sind ihnen traditionell bekanntgeworden. Sie sind Mohammedaner dem Namen nach, ohne die Gesetze des Islam zu kennen oder zu verstehen. Wenn sie einigen Formeln genügen, glauben sie genug zu tun.

Der Sudanese ist sinnlichen Genüssen ergeben, faul, arbeitsscheu, liederlich und leichtsinnig. So einfach er in seiner Kleidung ist, so wenig er für Essen ausgibt, soviel verwendet er an öffentliche Mädchen – meist freigelassene Sklavinnen oder Töchter derselben – und soviel vertrinkt er in der *Meriesa.* Ich will es versuchen, noch einmal seine Verteidigung zu übernehmen, indem ich einen großen Teil seiner Sünden dem Einflusse des Klimas zuschiebe. Es ist gar nicht abzuleugnen, daß dieses einen ebenso wesentlichen Anteil an der Ausbildung des Geistes nimmt, als an der des Körpers. Selbst der aus einem anderen Himmelsstriche Eingewanderte vermag es nicht, sich den Einwirkungen des ihm neuen Klimas zu entziehen. Wer jemals in heißen Ländern gelebt hat, weiß, wie leicht dort auch der fleißige Europäer träge wird. Die Hitze der Tropen – welche ich in Chartum bei elektrischem Winde oder *Samum* im Schatten bis auf +40° R ansteigend beobachtet habe – wirkt lähmend auf den Körper ein. Nirgends ist eine rege Geistestätigkeit mehr anzuraten als in den Tropen: sie ist es, welche das Leben erhält. Ohne sie wird der Mensch so träge und faul, daß er sich zuletzt, jeder Bewegung abhold, nur auf seine bequeme, kühle Wohnung beschränkt und dann um so sicherer seinem Untergange entgegengeht. Der Europäer kennt die Macht des heißen Klimas, er kennt die Folgen der Verweichlichung seines Körpers: und dennoch beugt er beiden selten vor; um wieviel weniger wird dies der Sudanese tun! Er urteilt über seine Ausschweifungen ganz anders als der Europäer und ahnt nicht, daß diese ihm sein Leben verkürzen können. Daß er faul ist, liegt in seinen Verhältnissen; wenn er wirklich arbeitet, geschieht es nur, um sich und den Seinigen den Lebensunterhalt zu sichern. Aber er braucht so wenig und sein Vaterland ist so gesegnet mit Fruchtbarkeit und Erzeugungskraft, daß er das wenige ohne Mühe erringt. Warum soll er sich also mit Arbeit quälen, warum etwas tun, was ihm nicht einmal durch seine Religion geboten wird? Diese erlaubt es ihm, sein Leben nach seiner Art und Weise zu genießen, denn sie sagt ihm: »Allah kerihm«, Gott ist barmherzig und will es euch leicht machen. Sie tröstet ihn, wenn jemand an den Folgen seiner Ausschweifungen stirbt mit den Worten: »Mäktuhb aaläihu min aand rabbina subchahne wu taale.« (Es ist ihm so vom höchsten und allmächtigen Gott bestimmt [geschrieben] gewesen.) Und darum lebt er sorglos in den Tag hinein.

Bei Tage arbeitet der Eingeborene des Sudan nur höchst wenig; er liegt in seiner Behausung auf weichem Ankharehb und pflegt der Ruhe. Mit Sonnenuntergang geht das wahre Leben erst bei ihm an, aber nicht das der Arbeit, sondern das des Genusses. Der behaglich hingestreckte, fast unbekleidete Mann schöpft sich mit einer Kürbisschale seinen Labetrunk aus einer großen, mit Meriesa gefüllten *»Burma«*. Sein *»Keïf«* * erreicht den höchsten Grad, wenn ihm ein schönes Weib die Schale kredenzt; berauscht von Liebe und Meriesa verbringt er die halbe Nacht mit seiner Burma und seiner Schönen. Was kümmert er sich dann um das Leuchten der Sterne in der klaren Tropennacht, was um Allah und seinen Propheten, was um Arbeit oder seinen Arbeitsherrn! Er lebt nur sich, dem Weibe und der Meriesa. »Allah kerihm!« Er vergibt dem Sünder.

Wir finden diese Genußsucht und Leichtfertigkeit nicht allein bei den Männern, sondern auch bei den Frauen der Sudanesen ganz allgemein verbreitet. Ihre eheliche Treue läßt sehr viel zu wünschen übrig. Die *Hassanïe* stehen in dem Rufe, die schönsten, aber auch genußsüchtigsten Frauen zu haben und pflegen vor ihrer Heirat einen ganz besonderen merkwürdigen Heiratskontrakt abzuschließen, welchen sie mit »Dilteïn wu dilt« (zwei Drittel und ein Drittel) bezeichnen. Ihre Frauen verpflichten sich, je zwei Tage lang ihren Eheherrn in allem gehorsam sein und sie mit ihrer ehelichen Liebe beglücken zu wollen, bedingen sich aber aus, den dritten Tag, ungekränkt der Rechte des Ehemanns, nach eigenem Willen und Gutdünken über ihre Reize verfügen zu dürfen. Sogar die andere Auslegung des Dilteïn wu dilt, wo die Frauen zwei Tage für ihren »Keïf« beanspruchen, kommt häufig vor, und es findet so ein recht gemütliches Zusammenleben beider Geschlechter statt, obgleich es von anderen Arabern und Nubiern genugsam bespöttelt wird[6].

Man kann noch bei anderen Gelegenheiten einen ähnlichen Kommunismus beobachten. Die Mohammedaner üben eine religiöse Zeremonie aus, welche sie »Sikr« nennen**. Der Sikr wird auch in Ägypten abge-

* *Keïf* ist ein nicht zu übersetzendes Wort und bezeichnet jenes Wohlbehagen, welches der Mohammedaner durch den Genuß alles ihm nur erdenklichen Komforts zu erreichen bestrebt ist; es ist das »dolce far niente« der Italiener in seiner höchsten Vollendung. Eine Pfeife sehr guten Tabaks, ein schönes Weib, Gold oder Besitztum ohne Arbeit, weiche Diwankissen, gute Speisen und Getränke gehören dazu, um den Keïf vollkommen zu machen. Auch die *Siesta* wird Keïf genannt, ebenso der freie Wille eines Menschen.

** Das Wort ist von der Wurzel sakara abgeleitet und bedeutet wörtlich einen Rausch.

halten und gilt für ein höchst gottseliges Werk. Hohe und Niedere nehmen daran teil, vornehme Mohammedaner veranstalten die Feierlichkeit auf ihre eigenen Kosten. Bei keinem Religionsgebrauche zeigt sich der Fanatismus in einer so abschreckenden Gestalt als bei dem Sikr. Um einen Geistlichen *(Fakhïe)* oder Mönch *(Derwisch),* der mit lauter Stimme Gebete und *Koranstellen* rezidiert, sammelt sich ein Kreis von Männern jedes Standes, welche unter fortwährenden Kopf- und Kniebeugungen den Namen Gottes oder die Formel: »Allah hu akbar« (Gott ist der Größte)! ohne Aufhören ausrufen. Ihre Bewegungen und Worte werden so leidenschaftlich, daß ihnen zuletzt der Schaum vor dem Munde steht und sie wie »berauscht« oder selbst ohnmächtig zusammenbrechen. Der Anblick einer solchen Schar wahnsinnig scheinender Männer hat etwas Abschreckendes und Schauderhaftes. Im Sudan wird der Sikr ebenfalls begangen, nur mit dem Unterschiede, daß hier auch Frauen daran teilnehmen dürfen und mit dem unschuldigen Nachspiele, daß sich nach Beendigung der Feierlichkeit jeder der Betenden eine von den frommen Frauen auswählt, um sich in ihren Armen von den Beschwerden des heiligen Werkes zu erholen.

Trotz ihrer Unsitten und moralischen Schwächen kann ich bei Betrachtung ihrer vielen guten Eigenschaften mehreren Reisenden, welche sie gar zu tief stellen, nicht beipflichten und glaube, meine Meinung rechtfertigen zu können. Ich habe zwei Jahre unter ihnen gelebt, aber nie Heimtücke von ihnen erfahren oder an ihnen bemerkt, während diese von vielen anderen Völkern, wie z. B. von den Negern, mit Recht gefürchtet werden muß. Ihre Laster lassen sich fast alle mit ihrem grenzenlosen Leichtsinn oder Jähzorn und ihrem Mangel an Bildung entschuldigen. Leider aber habe ich beobachtet, daß diejenige Bildung, welche sie sich auf Reisen aneignen und mit nach Hause bringen, ihre Sitten nicht verbessert. Je weitere Reisen sie machen, je mehr Kenntnisse sie erwerben, um so mehr Laster nehmen sie zu gleicher Zeit mit an. Es geht ihnen wie den jungen Ägyptern und Türken, welche der Vizekönig zu ihrer Ausbildung nach Europa sendet. Auch diese bringen gewöhnlich die Untugenden der Europäer mit in ihre Heimat, ohne sich ihre Vorzüge zu eigen gemacht zu haben.

Obgleich die Sudanesen Mohammedaner sind, weichen viele ihrer *Gebräuche* doch von denen anderer Völkerschaften, welche dieselbe Religion bekennen, wesentlich ab. Dies muß uns wunderbar erscheinen, weil gerade bei den Mohammedanern die Religion überall ins Leben eingreift und die meisten Gebräuche ursprünglich durch sie entstanden sind. Die Sudanesen üben nun zwar auch die mohammedanischen Religionsgebräuche aus, haben aber dabei noch viele andere mit aufgenommen, welche ihnen jetzt ebenso heilig erscheinen, wie die durch die Religion gebotenen. So ist die Beschneidung der Mädchen in der von ihnen gebräuchlichen Weise ihnen ganz eigentümlich und nicht durch die Gesetze des mohammedanischen Glaubens vorgeschrieben*. Gewöhnlich erfolgt diese fürchterliche Operation, wenn das Mädchen fünf bis sieben Jahre alt geworden ist; sie wird von alten Weibern vorgenommen, welche mit stumpfen Rasiermessern die nötigen Schnitte machen, dabei aber das Kind auf entsetzliche Weise quälen. Oft muß es vier Wochen lang mit zusammengebundenen Füßen auf dem Ankharehb liegen bleiben, ehe die Wunde vernarbt.

Wie bei der Beschneidung der Knaben üblich, gehen auch der Zirkumzision der Mädchen große Festlichkeiten voraus. Schon mehrere Tage vor dem vorzunehmenden Akte singt, lärmt, tanzt und trinkt man bis tief in die Nacht hinein. Das »Mädchen des Festes« wird so viel als möglich mit zur Teilnahme gezogen. Während der Operation verdoppelt sich das Lärmen, das wüste Gelage wird ausschweifend, die Tarabuka ertönt unter mächtigen Schlägen, ein die Ohren der Zuhörer – wenigstens der Türken und Europäer – zerreißendes Geheul durchzittert die Luft**. Wahrscheinlich will man den Schmerz des beschnitten werdenden Kindes mit all dem Lärm betäuben, denn nach vollendeter

* Mohammedanorum leges puellarum clitoris modo circumcisionem imperant; at Sudahni incolae non solum ea, sed etiam labiis minoribus (Nymphis) abscissis labia pudendi majora inde a Veneris monte usque ad vaginam sanando ita copulant, ut fistula sola ad urinam fundendam pateat. Ante nuptias sponsus penis sui modulum ligno sculptum mittit, secundum quem in sponsae pudendis foramen fiat. Ante gravidarum partum pudendorum foramen dilatatur ad infantem pariendum. Sunt mariti, qui post uxoris partum Perationem novam instiuunt, ut illa quasi in virginitatis statum redeat.

In *Dar-Furi* regno in puellis circumcidendis »Satura cruenta« quoque adhibetur, hoc est labiis pudendi minoribus incisionibus factis vulneratis labia majora acu et filo conjunguntur.

Hujus circumcisionis finis is esse videtur, ut sponsas virginem puram in matrimonium ducere persuasissimum habeat.

** Dieses Geheul ist weder zu beschreiben noch nachzuahmen. Einige Reisende versuchten es durch »ululul« wiederzugeben; ich bezweifle, daß es überhaupt durch Buchstaben versinnlicht werden kann. Die Frauen bringen es durch ein bei zitternder Zunge oder sich im Munde schnell bewegenden Zeigefinger ausgestoßenes Kreischen hervor und drücken damit jede heftige Gemütsbewegung: Freude und Schmerz, Trauer, Furcht und Schrecken, Wonne und Entsetzen aus; auch ist es das Kriegsgeschrei. Der Kürze wegen will auch ich es wie *Rüpell*[7] und andere durch ulululul ausdrücken.

Operation schweigt der Haufen der tumultierenden Gäste und die *»Fantasie«* hat ein Ende.

Bei der Verheiratung eines Sudanesen werden nur selten besondere Festlichkeiten veranstaltet. Wenn der Knabe sein fünfzehntes Jahr erreicht hat, ist er gewöhnlich erwachsen; das Mädchen wird schon mit dem dreizehnten Jahre mannbar. Glücklicherweise befolgt man im Sudan nicht die Unsitte der Ägypter, die Mädchen schon im zarten Kindesalter zu verehelichen, sondern läßt die Natur erst ihr Werk vollenden, ehe man an dessen Zerstörung denkt. Auch der Sudanese ist gehalten, seinem Schwiegervater eine gewisse Summe *Mahr* zu zahlen. Der *Mahr* * ist aber viel geringer als in Ägypten und wird gewöhnlich in einzelnen Raten abgetragen, wozu der *Maarïhs* oder Bräutigam oft mehrere Jahre braucht. Die Vereinigung der Brautleute besorgt ein *Fakhïe* in aller Schnelligkeit und aus dem Stegreif, unter Hersagung mehrerer auf die Ehe bezügliche Koranstellen.

So gering auch der *Mahr* im Sudan ist, so kommt es doch oft genug vor, daß ein Vater seine Einwilligung zur Verheiratung seiner Tochter in der Absicht verweigert, um eine größere Summe für sie zu erhalten. Man betrachtet in allen mohammedanischen Ländern die Verheiratung wie einen Handel; es darf deshalb auch nicht befremden, wenn man daraus einen möglichst bedeutenden Gewinn zu ziehen sucht. Aber weil durch die Verhinderung mancher Ehen leicht eine Verminderung der Bevölkerung herbeigeführt werden könnte, hat die Regierung im Sudan ein eigenes Institut ins Leben gerufen. Dort sind der Liebe überhaupt nicht gar so sehr Türen und Tore versperrt wie in der Türkei und anderen dem Islam ergebenen, aber mehr zivilisierten Ländern; die Mädchen gehen unverschleiert und können mit ihrem oft sehr angenehmen Gesicht wohl die Herzen der Jünglinge entzünden. Um nun letzteren in ihren Wünschen behilflich zu sein und ihre Verbindung mit hübschen, jungen Mädchen zu ermöglichen, ehe diese, während der langsamen Abzahlung des hohen Mahr, alt und häßlich und zur Erzeugung tüchtiger Kinder unfähig werden, bestellte die Regierung den *Nahsır el Ënke* ** mit dem Amte eines Ehestifters. Der Nahsir el Ënke ist eine hochwichtige Person im Sudan geworden, steht aber, wie schon sein

* Man konnte dieses Wort mit Brautschatz übersetzen, nur im umgekehrten Sinne, weil der Bräutigam, anstatt zu empfangen, zu geben hat. Dafür muß der Vater des Mädchens die Hochzeitsfeier ausrichten und seine Tochter, wenn sie, von ihrem Manne geschieden, zu ihm zurückkehrt, fernerhin beköstigen und unterhalten.

** Nasir: Behördenchef, Direktor

Name anzudeuten scheint, nicht gerade in hoher Achtung bei den Türken, obgleich diese seinen Namen und sein Amt erdachten. Er ist ein Geistlicher und reist im ganzen Sudan herum, von Dorf zu Dorf und Stadt zu Stadt, erkundigt sich nach heiratsfähigen und heiratslustigen Mädchen, fragt sie, ob sie schon einen Geliebten haben oder nicht, schafft, wenn seine Frage mit Ja beantwortet wurde, den bezeichneten jungen Mann mit Güte oder Gewalt herbei und traut ihm das Mädchen an. Den *Mahr* bestimmt er selbst nach seinem Gutdünken. Damit er in der Ausübung seines Amtes nicht gestört wird, hat ihm die Regierung einen *Khawahs* oder Frohn* beigegeben. Dieser bringt widerspenstige Väter zur Vernunft zurück, treibt die mäßigen Stolgebühren** des Nahsir ein und dient überhaupt als dessen weltlicher Gehilfe.

Der Sudanese ehelicht selten mehr als eine Frau zu gleicher Zeit, liebt aber Veränderung seiner häuslichen Verhältnisse und scheidet sich deshalb oft ohne eigentlichen Grund von seiner Ehehälfte, was ihm nach mohammedanischen Gesetzen vollkommen frei steht. Wenn er Sklavinnen besitzt, erhebt er diese gewöhnlich zu seinen Konkubinen und achtet die mit ihnen gezeugten Kinder denen seiner gesetzmäßigen Frauen gleich. Zuweilen entfliehen von ihm mißhandelte Frauen zu ihren Angehörigen. Dann sattelt der Eheherr sofort seinen Esel und reitet der Entflohenen nach. Wenn er sie findet, bringt er sie gewaltsam in seine Hütte zurück und züchtigt sie, verwickelt sich dadurch aber oft in sehr ernsthafte Streitigkeiten mit ihren Verwandten. Hat sich die Frau aber ohne begründete Ursache entfernt, dann erhält sie von ihrer Freundschaft ernstliche Verweise oder sogar Schläge und wird von ihnen ohne Zutun des Mannes zurückgebracht.

Wenn ein Sudanese so krank wird, daß man sein Ende befürchtet, versammeln sich seine Nachbarn und Freunde um sein Lager, um ihm die Freuden des Paradieses auszumalen und ihm sein Glaubensbekenntnis abzunehmen. Die Gesunden rufen mehrere Male: »La il laha il Allah!« worauf der Kranke oder Sterbende antworten muß: »Wu Mohammed rassuhl Allah.« Tut er dies, dann sind alle, welche seinen letzten Seufzer hören, überzeugt, daß er als guter Muselmann stirbt. Sobald man dem Verscheidenden die Augen zugedrückt hat, teilen seine weiblichen Verwandten ihrer ganzen Nachbarschaft den betrübenden Todesfal durch gellendes Ulululul-Geheul mit.

* Büttel, Amtsgehilfe
** Gebühren für Kulthandlungen

Auf den Klageruf erscheinen die Nachbarn des Verstorbenen am Trauerhause und beginnen die Totenklage, heulen und schreien kläglich, trinken aber dabei Meriesa, soviel sie vertragen können. Mittlerweile wird der Tote gewaschen und in den *»Keffn«* gehüllt. Dieser ist ein langes Stück reines Baumwollzeug, welches selbst der Ärmste für seinen toten Verwandten erkauft oder erbettelt, wobei er der Mildtätigkeit aller seiner Glaubensgenossen versichert ist. Wenn der Kranke am Morgen starb, wird er noch denselben Tag beerdigt, starb er gegen Abend oder in der Nacht, am nächsten Morgen.

Das Begräbnis einer Leiche erfolgt ganz nach mohammedanischen Regeln und Gesetzen. Man macht im Sande der Steppe in einiger Entfernung von dem Wohnplatz eine nur drei bis vier Fuß tiefe Grube, gewöhnlich an hochgelegenen Stellen. Die in den Keffn eingewickelte Leiche wird auf einem Ankharehb in zahlreicher Begleitung von singenden Männern und brüllenden oder heulenden Weibern nach dem Friedhofe gebracht und dort so in das Grab gelegt, daß ihre Füße in die Richtung nach Mekka zu liegen kommen, wohin das Gesicht des Toten schauen soll. Einen Sarg kennt man nicht.

Gehen wir mehr in das tägliche Leben der Sudanesen ein, so finden wir auch hier manche merkwürdige Gebräuche:

Will ein Sudanese seinen Gast besonders ehren, dann schlachtet er ein Schaf oder, wenn er arm ist, wenigstens eine Ziege und bereitet deren Fleisch als besonderen Leckerbissen zu. Gewöhnlich ißt er nur seine stehenden Gerichte *»Assieda«* und *»Lukhme«*. Aber er ist so gastfrei, daß er den Tag, an welchem ein Fremder oder Bekannter in seiner Hütte einkehrt, als einen Festtag betrachtet und dann alles, was in seiner Macht steht, gern tut, um seinen Gast zu erfreuen. Wenn es ihm möglich ist, veranstaltet er wohl auch einen Tanz vor seiner Hütte und versammelt dazu seine Nachbarschaft.

Selbst Fremde werden von dem Sudanesen freundlich und gastlich aufgenommen. Er teilt sogar dem bettelnd und stehlend von Ort zu Ort nach Mekka wandernden Pilger gern eine Gabe mit und ist zuvorkommend gegen Weiße und Braune. Seiner Meinung nach reicht die Gastfreundschaft selbst bis über das Grab hinaus. Man erzählte mir, daß derjenige, welcher auf einem Friedhof eine Nacht zubringen wolle, nur ruhen könne, wenn er sich entschieden *auf ein Grab* und *nicht zwischen zwei Gräber* lege. Denn täte er das letztere, dann zögen ihn die Toten, zwischen deren Behausungen er sein Lager aufgeschlagen habe, wechselseitig zu sich heran, in der Absicht, sich die Rechte des Gastfreundes zu sichern. Der Schlafende würde dann hin und her gestoßen und dabei von unruhigen Träumen gequält.

Die Nahrung des Sudanesen ist an sich sehr einfach; ihre Bereitung erfordert aber so viel Arbeit, daß sie die angestrengteste Tätigkeit der Frauen, denen sie ausschließlich überlassen bleibt, den ganzen Tag über in Anspruch nimmt. Der Grund liegt in der schwierigen Zubereitung des Brotes: *Kisra**. Dieses war zwei Stunden vor der Mahlzeit noch Getreide. Man kennt im Sudan die einfachen Handmühlen der Ägypter nicht, sondern bedient sich zum Zerkleinern der Hülsenfrüchte und des Getreides der *Murhaka* und *»ihres Sohnes«*, um mit dem Sudanesen zu reden. Die *Murhaka*** ist eine etwas schief geneigte Granitplatte, auf welcher die vorher angefeuchteten *Durrah-* oder *Dochenkörner* mit der Hand und durch den »Sohn der Murhaka« (Ibn el murhaka) zerrieben werden. Bei diesem ungemein anstrengenden Geschäft kniet die Frau vor der etwas erhöhten Granitplatte nieder, faßt mit beiden Händen den ovalen Reibstein und zerkleinert durch kräftiges Aufundniederschieben desselben die aufgeschüttete Frucht. Zur Erweichung der Körner gießt sie von Zeit zu Zeit etwas Wasser hinzu und sammelt den groben Brei in einer am unteren Ende der Platte angebrachten, mit Lehm ausgeglätteten Vertiefung. Der Brei, in welchem sich natürlich auch die Kleie mit befindet, ist erst nach zwei- oder dreimaliger Bearbeitung zum Backen der *Kisra* tauglich. Unter dem Klima der Tropen ist dieses Zerreiben so angreifend, daß der Arbeiterin, welche sich bis auf einen Schurz um die Lenden entkleidet hat, der Schweiß in großen Tropfen auf der Haut herunterperlt. Dennoch singt sie dabei ein oft improvisiertes, einfaches Liedchen, mit nicht mißtönender Weise.

Bei jungen Mädchen zeigt sich beim Zerkleinern des Getreides ihr vollendet schöner Körperbau in seiner ganzen Zierlichkeit. Durch keine Schnürbrust eingeengt und verunstaltet, entfaltet bei diesen Kindern eines zeugungskräftigen Klimas der Busen schon im dreizehnten Lebensjahre des Mädchens seine üppigste Blüte; leider welkt diese bei so beschwerlicher Arbeit schnell dahin. Der Sudanese weiß recht wohl, daß gerade die heftige Bewegung des Oberkörpers die Reize seiner Tochter

* Abgeleietet von »kessr«, *zerbrechen*. Kisra heißt wörtlich ein Bruchstück, bedeutet im Sudan aber Brot.

** Abgeleietet von »rahak«, etwas zwischen zwei Steinen zerbrechen.

oder Gattin bald zerstört, und mietet sich deswegen eine Dienerin oder kauft sich eine Sklavin. Beide nennt man *Chadime**. Gewöhnlich ist die Sklavin oder Dienerin alt und häßlich und kontrastiert um so greller und unangenehmer mit den jugendlichen Schönheiten. Bei ihnen gab uns die fehlende Kleidung Gelegenheit, ideale Körperschönheit der Jugend zu bewundern, bei jenen verhüllt sie uns leider die Gebrechen des Alters nicht. Ein altes Weib an der *Murhaka* ist ebenso grauenerregend, wie ein junges Mädchen in derselben Stellung schön. Jene Organe, welche nur das Klima des Südens tadellos hervorruft, sind bei der *Chadime* verwelkt und so schlaff geworden, daß sie während der strengen Arbeit und lebhaften Bewegung des Oberkörpers mit einer Schnur angebunden werden müssen.

Der Sudanese legt seine Durrahfladen gern auf buntfarbige, aus Palmenblattstreifen und Palmenfasern, Weizenstroh und grünem Leder mit vieler Kunst geflochtene, muldenförmige Teller, *Khaddah,* und überdeckt diese mit einem niederen, konischen Aufsatze, *Tabakh,* von derselben Beschaffenheit und Schönheit. Beide haben wirklichen Kunstwert und können als Luxusartikel betrachtet werden. Hauptsächlich in *Kordofahn* und *Woled-Medine*** sind die Frauen sehr geschickt in Flechtereien.

Nur selten bereitet man Fleischspeisen. Tauben und Hühner werden in einer mit entsetzlichen Quantitäten spanischen Pfeffers versetzten Butterbrühe gekocht oder gebraten. Die Europäer glauben ersticken oder inwendig verbrennen zu müssen, wenn sie von dem auf sudanesische Weise zubereiteten Geflügel essen sollen; ich selbst habe es nie dahin bringen können, auch nur einen Bissen davon zu genießen. Quantitativ dürfte wenigstens ein Dritteil der Brühe aus spanischem Pfeffer bestehen.

Bei gewissen Feierlichkeiten essen die Sudanesen einfach in Wasser gekochtes Schaffleisch, ohne irgendeine pikante Würze. Der Scheich eines großen Dorfes speiste mich einmal mit Schaffleisch, welches in Honig gesotten war und trotz dieser frappanten Bereitungsweise nicht übel schmeckte.

Alles Fleisch, welches der Sudanese (als Mohammedaner) genießt,

* Chadime ist abgeleitet von chadam, dienen. Man versteht unter Chadime auch eine Sklavin, weil man das Femininum von Sklave (Aabd) in der arabischen Sprache nicht kennt oder wenigstens nicht anwendet.

** Wad Medani, heutige Provinzhauptstadt der Gesiraprovinz.

muß *»tahir«,* rein*, sein, d. h. das Tier, von dem es stammt, muß so geschlachtet werden, daß beim Tode Blut aus den Halsschlagadern fließt. Ein mit der Kugel durchs Herz geschossenes Tier ist nicht *»tahir«,* wenn derjenige, welcher es erlegte, vor seinem Schusse nicht die gewöhnliche Gebetformel beim Schlachten eines Tieres ausgerufen oder dem Tiere sofort nach demselben die erwähnten Pulsadern durchgeschnitten hat. Beim Schlachten eines Tieres faßt der Metzger sein Opfer am Kopfe und ruft dreimal: »Be ism lillahi el rachmahn el rachihm, Allah hu akbar!«** und schneidet hierauf mit einem raschen Schnitte die Halsschlagadern durch. Nach erfolgtem Tode wird das Fell des Tieres abgestreift und sogleich als Fleischmulde benutzt; dann öffnet man den Leib, nimmt die Eingeweide heraus und zerlegt das Tier in mehrere große Stücke.

Der Sudanese führt, wie alle Morgenländer, seine Speise mit der Hand zum Munde, beobachtet hierbei aber nicht jene Zierlichkeit und Reinlichkeit, welche bei den Türken diese unanständige Eßweise erträglich macht. Er nimmt ein Stück Durrahfladen mit den drei ersten Fingern der rechten Hand, taucht damit in die vor ihm stehende Mulde und führt mit dem als Löffel benutzten Fladen soviel von der Speise in den Mund, als er darin unterzubringen vermag. Nach dem Essen, welches er so schnell als nur möglich beendigt, leckt er sich seine Finger unter lautem Schnalzen einzeln behaglich ab, dann wäscht er sich Mund und Hand und bemüht sich, recht hörbar aufzustoßen. Durch diese Unsitte will er zugleich andeuten, daß es ihm vorzüglich geschmeckt hat. Das einzige Gericht, aus welchem gerade die Mahlzeit besteht, wird vor ihm auf die bloße Erde oder eine auf dieser ausgebreiteten Strohmatte gesetzt, seine Eßgesellschaft hockt sich darum und verschlingt gierig die Speise bis auf den letzten Rest; Fleischstücke zerreißt er mit den Händen und beißt dann davon so große Bissen ab, als er mit einem Male zu kauen imstande ist.

Nicht minder unanständig ist er beim Trinken der geistigen Getränke. Beide Geschlechter gehen in ihrer Hütte bis auf einen Schurz um die Lenden nackt und wissen nicht, was Anstand heißt. Der Mann legt sich

* Tahir heißt nur rein *von dem Gesetz;* es ist das »koscher« der Juden. Der Mann, welcher sich zum Gebet gewaschen hat, ist tahir, selbst wenn er in Lumpen ginge; wir Europäer sind zwar natief (rein in gewöhnlicher Bedeutung), aber als Christen von Haus aus nedjis, d. h. unrein, und wären wir eben aus dem Bad gestiegen.

** Zu Deutsch: »Im Namen Gottes des Allbarmherzigen; Gott ist größer!« Der letztere Ausruf soll nach der mir gegebenen Erklärung bedeuten: Jetzt bin ich größer (mächtiger) als du; Gott ist aber noch größer als ich.

fast unbekleidet auf sein Ankharehb und trinkt seine Meriesa mit solcher Begier, daß er nicht aufsteht, um den notwendigsten Bedürfnissen zu genügen. Das Gefühl der Scham kennt er nicht. Er trinkt, so lange er trinken kann, und bleibt zuletzt berauscht auf seinem Ankharehb liegen.

Die *Meriesa** oder eine geistigere Art desselben Getränks, *Bilbil,* wird aus Durrah oder *Dochen* bereitet und in Chartum in großer Menge verbraucht. Die Meriesa wird in eigenen Brauhäusern auf sehr verschiedene Weise gebraut. In Chartum weicht man die Durrah ein und läßt sie an einem feuchten Orte zwischen den milchigen Blättern der Asclepias procera (arabisch Aäschr) zollange Keime treiben. Wenn wir die Meriesa mit unserem Bier vergleichen, vertritt die Durrah die Gerste und der Aäschr den Hopfen. Nachdem die Durrah genügend gekeimt hat, nimmt man die Aäschrblätter weg und trocknet das Durrahmalz in der Sonne. Dann zerreibt man es auf der Murhaka und bringt es mit einer hinreichenden Menge Wassers in großen irdenen Gefäßen über das Feuer. Gewöhnlich läßt man die Maische sechs bis acht Stunden lang kochen und langsam abkühlen. Wird zu dieser Flüssigkeit Hefe gesetzt und sie der Gärung überlassen, so nennt man das daraus hervorgehende Getränk *Meriesa;* wird sie aber durch einen aus Palmenblattstreifen geflochtenen Trichter geseiht und zum zweiten Male zum Kochen gebracht, so entsteht der *Bilbil,* welcher durch hinzugesetzte Hefe zur Gärung gebracht wird und nach wenigen Stunden genossen werden kann. Man verteilt ihn schließlich in große, fast kugelrunde Töpfe, *Burahm***, deren Inhalt dem von sechs bis acht unserer Flaschen gleichkommt. Eine »Burma Bilbil« kostet in Chartum zwei Piaster; aber ungeachtet dieses niederen Preises beträgt der sich beim Brauen des Bilbil ergebende Gewinn drei- bis vierhundert Prozent der Auslagen.

Der Bilbil schmeckt säuerlich, jedoch keineswegs unangenehm, ist berauschend und wird in kleinen Quantitäten auch von Europäern gern genossen. Er vermehrt die in jenen Ländern die Gesundheit erhaltende Hautausdünstung und soll nach Aussage meiner Diener, unter denen sich große Verehrer dieses sudanesischen Nektars befanden, sehr nährend sein.

Zum Verschenken des Bilbil bestehen in Chartum eigene Kneipen, in denen man gewöhnlich auch öffentliche Mädchen antrifft. Die Reichen

* Hirsebier.

** Plural von Burma.

und Vornehmen Chartums benutzten vor *Latief-Paschas* Regiment diese Einrichtung zur Erzielung eines schändlichen Gewinns, auf Rechnung eines empörenden Mißbrauchs der Sklaverei. Sie kauften sich mehrere hübsche Gallamädchen*, räumten ihnen eine Tankha ein, verschafften ihnen Gelegenheit zum Ausschenken des Bilbil und zwangen sie, in diesen Kneipen als Freudenmädchen zu fungieren. Die Mädchen hatten die Verpflichtung, monatlich eine bestimmte Summe – selbst bis zu zweihundert Piastern – ihres schnöden Gewinns an ihre Herren abzuliefern, und diese betrachteten ihre Sklavinnen als sehr einträgliche Erwerbsquelle. Selbst der *Khadi*** und die *Ulema**** Chartums entblödeten sich nicht, auf diese Weise erst geraubte und dann verkaufte Mädchen gewaltsam zu feilen Metzen**** zu stempeln. Latief-Pascha ist diesem Unwesen mit furchtbarer Strenge entgegengetreten und hat es vermöge der in Aussicht gestellten »tausend Peitschenhiebe« bald unterdrückt.

Nur wenige Sudanesen rauchen Tabak; dagegen kauen ihn Männer und Frauen ohne Ausnahme. Man wählt hierzu eine sehr starke Sorte und vermischt ihn vor dem Gebrauche noch mit Holzasche und Natron. Der Eingeborene erscheint fast nie ohne seine Prime, obgleich sein Aussehen dadurch nicht gerade gewinnt.

Die *Tankha* des Eingeborenen ist ein von vier Lehmmauern umschlossener, überdachter, viereckiger Raum mit einer einzigen Öffnung: der Türe. Denken wir uns als Gerätschaften einer so ärmlichen Wohnung noch einige, zuweilen buntfarbige, geschmackvoll und künstlich gearbeitete Matten zum Daraufsitzen und -liegen; ein Ankharehb, mehrere Glasflaschen und Teller aus schlechtem Steingut, manchmal buntbemalte, halbkugelförmige Schüsseln *(Sultahnie)* aus demselben Material; einen eingemauerten Topf zum Räuchern der Genitalia (mit wohlriechenden, harzigen Hölzern, denen man körperstärkende Wirkungen zuschreibt); viele aus Palmenfasern und Palmenblattstreifen geflochtene Gehänge, in denen man Holzteller und gefüllte Schüsseln zum Schutz gegen die Termiten aufhängt, und andere Kleinigkeiten: so haben wir alles, was die Hütte enthält.

In einzelnen Häusern sieht man auch Waffenstücke der Eingebore-

* Sklavinnen aus dem Süden des Äthiopischen Hochlands
** Richter
*** islamische Geistlichkeit
**** käufliche Dirnen

nen. Die Waffen bestehen aus der *Lanze (Harba)*, einem *ovalen Schild* aus Antilopen- oder Krokodilhaut, dem erwähnten Dolchmesser *(Sekihn)* und einem langen zweischneidigen Schwert *(Seïf)*. Letzteres tragen die Vornehmen, Häuptlinge und Karawanenführer an einem Gehänge am Vorderarme. Die Klingen, welche im Sudan mit einer eigentümlichen Scheide und einem starken Kreuzgriff versehen werden, stammen aus einer der Fabriken Solingens. Einzelne führen auch die Ebenholzkeulen der Neger des blauen Flusses als Waffe. Das Feuergewehr gewahrt man selten in den Händen der Eingeborenen und immer nur bei denen, welche weite Reisen gemacht haben und in mehr zivilisierten Ländern mit dem Gebrauche desselben vertraut geworden sind.

Die *Kinder* der Sudanesen werden im höchsten Grade vernachlässigt und sind äußerst unreinlich gehaltene Geschöpfe. Bis zum Alter von sechs Jahren gehen beide Geschlechter nackt. Dann bekleidet man den Knaben mit einem Paar kurzen Beinkleidern, das Mädchen mit dem Rahad. Um diese Zeit schneidet man in die Haut ihrer Wangen, wie es die Nubier tun, mehrere parallel nebeneinander laufende Wunden, deren Narben als besondere Verschönerung des Gesichts gelten. Diese Unsitte ist wahrscheinlich von Nubien heraufgekommen, jedoch nicht überall im Gebrauch.

Chartum ist die Residenz eines Pascha, welcher zur Verwaltung der Regierung des Ostsudan von Ägypten dahin geschickt wird. Seine Stellung wird wegen des gefährlichen Klimas des Sudan und des Mangels an allen Genüssen und Freuden des geselligen Lebens als eine Strafe angesehen. Deswegen wechselt er in Friedenszeiten alle drei Jahre und kehrt nach dieser Zeit (welche man jetzt in Ägypten geradezu seine Strafzeit nennt) auf seinen alten oder einen besseren Posten zurück. Der Pascha von Sudan, *Hokmodahr el Sudan* genannt, ist der höchste Würdenträger »der Königreiche«, besitzt Recht über Leben und Tod, trotz der schwebenden Tansimatsfrage der Pforte, die Macht, Krieg zu beginnen und Frieden zu schließen, und ist nur dem hohen Rate der Zitadelle zu Kairo verantwortlich. Er ist der oberste Befehlshaber der Truppen und in Rechtssachen der in zweiter Instanz Entscheidende. Seine Besoldung beträgt monatlich vierzig Beutel* oder tausend Speziestaler.

Alle übrigen Beamten des Sudan sind dem Generalgouverneur unter-

* Ein Beutel entspricht 25 Mariatheresientalern.

geordnet. In den einzelnen Provinzen *(Modirïe)* herrscht ein Mohdihr oder Gouverneur, welcher gewöhnlich den Titel und die Würde eines Beï bekleidet. Dieser hat mehrere *Kahschuhf** oder Bezirksvorsteher unter sich, welche wiederum die Ortsvorsteher *(Kaimakahn)* befehligen. Die bisher Genannten besitzen Militärrang. Außerdem gebietet in jedem Dorfe noch der *»Scheich el belled«*, ein Beamter, welcher entweder von der Regierung oder von den Dorfbewohnern bestallt wird und ungefähr die Stellung eines unserer Dorfschultheißen hat. Neben dem weltlichen Gerichtshof besteht der geistliche ganz in derselben Art und Weise wie in den übrigen mohammedanischen Staaten.

Der Sudan ist in seiner jetzigen Verfassung ein Militärstaat. Fast alle Befehlshaber der einzelnen Provinzen oder Dörfer, vom Pascha bis zu dem Kaimakahn herab, gehören dem stehenden Heere an und bekleiden in diesem einen ihrer richterlichen Stellung entsprechenden Rang. In Friedenszeiten beschäftigen sie sich mit der Regierung der ihnen anvertrauten Provinzen, in Kriegszeiten befehligen sie die ihnen zuerteilten Heerhaufen. Deshalb kann man Regierungs- und Militärbeamte kaum voneinander trennen. Auch die Ärzte und Apotheker des Sudan sind Militärs oder haben wenigstens Militärrang. Sie sind fast ohne Ausnahme Europäer, die Befehlshaber der Truppen dagegen meistens Türken oder als Sklaven nach der Türkei gekommene und dort frei gewordene Georgier, Tscherkessen und andere mohammedanische Kaukasier.

Das Gerichtsverfahren ist summarisch; die Verhandlungen werden in arabischer Sprache geführt. Der *Diwan* oder das Empfangszimmer (hier der Gerichtssaal) eines Beamten steht jedem offen; selbst der Ärmste und Zerlumpteste geht ohne Umstände in ihn hinein. Eine Klage oder Bittschrift, *»Urdahal«*, muß auf einen Stempelbogen geschrieben und dem Richter, welcher auf demselben Papiere seine Verfügungen bemerkt, übergeben werden. Dieser entscheidet, nachdem er die andere Partei vernommen hat, kurz und bündig, aber in den meisten Fällen gerecht, und handelt hierbei nach den Gesetzen des Koran oder seinem eigenen Ermessen. Latief-Pascha ließ am Tore der Hekmoderïe einen Kasten aufstellen, in welchen alle Klagsachen und Bittschriften geworfen wurden. Von Stunde zu Stunde ließ er den Inhalt der Kiste untersuchen und jede Schrift binnen vierundzwanzig Stunden erledigen. Die Kopten

* Plural von *Kahschef.*

Chartum um 1870

stehen auch im Sudan den Beamten als Schreiber und Rechnungsführer zur Seite. Polizeiliche Maßregeln bringt das Militär in Geltung und Anwendung; es sorgt für Ruhe und Sicherheit und leistet der Regierung Schergen-, Fron-, Kurier- und andere Dienste, ist aber mit wenig Ausnahmen unzuverläßlich, bestechlich, ja selbst diebisch.

Früher bestand es im Sudan aus viererlei Waffengattungen: den *Arnauten, Morhrarbi, Scheiki* und der *Nisahm;* jetzt sind die *Morhrarbi* und *Scheiki* aufgelöst worden. Diese unterscheiden sich nicht allein durch die Waffen, sondern auch durch ihre Hautfarbe. Die Arnauten sind weiße, die Morhrarbi gelbe, die Scheiki braune und die Nisahm schwarze Soldaten.

Die *Arnauten* sind aus Türken, Albanesen, Griechen und anderen der Pforte untertanen Völkerschaften zusammengesetzt und bilden im Sudan drei Regimenter *(Sendjekïe* oder *Sendjeklik),* denen ein Obrist *(Sendjek)* vorsteht. Sie sind leichte, unregelmäßige Reiter und nicht gepreßte, sondern angeworbene Soldaten; ihre Dienstzeit ist unbeschränkt und gründet sich auf gegenseitiges Übereinkommen. Der Arnaut tritt bei einem Sendjek in Dienst und übernimmt alle Verpflichtungen eines niederen Soldaten. Das Kleid, welches er trägt, die Waffe, welche er führt, und das Pferd, welches er reitet, sind sein Eigentum; er erhält von seinem Befehlshaber nur seinen Sold und eine bestimmte Ration Durrah für sein Pferd. Die Truppe besitzt keine eigene Uniform, nicht einmal bestimmte, vorgeschriebene Waffen, und deshalb sind die

Arnauten das regelloseste Korps, welches man sich denken kann. Der eine führt ein Paar Pistolen und einen Jatagahn, der andere Pistolen und eine lange Flinte, der dritte Pistolen und einen Säbel; der eine kleidet sich in Tuch, der andre in Baumwollzeug; der eine trägt den Turban, der andre nur den Tarbusch*; die Leute sind ebensowenig eingeübt, als ihre Pferde zugeritten: aber dennoch sind die Arnauten die besten Soldaten des Sudan. Sie haben keine Begriffe von einem geordneten Angriff in geschlossener Schwadron, wohl aber besitzen sie große Tapferkeit und wilden Mut. Das Regiment stürmt unaufhaltsam auf den Feind los und jeder Soldat sucht im Einzelkampfe Großes zu leisten. Gegen europäische Soldaten würden sie nichts ausrichten können, den von ihnen ohnehin gehaßten Farbigen sind sie jedenfalls überlegen.

Jeder gemeine Soldat bewohnt dort mit einer Sklavin oder Dienerin eine Strohhütte, vor welcher man sein Pferd nach arabischer Sitte am Fuße gefesselt sieht. Während der Regenzeit laufen die Tiere frei in der Steppe herum und sind nur der Obhut einiger dazu kommandierter Soldaten überlassen. Die Arnauten verbringen ihre Zeit mit Nichtstun; sie besuchen die Kaffeehäuser, spielen und rauchen. Dagegen sind sie, wenn es sein muß, zu jeder Anstrengung und für jede Gefahr bereit und ohne Zweifel die festesten Stützen der türkischen Regierung des Sudan.

Die *Morhrarbi*** waren eine den Arnauten entfernt ähnliche Waffengattung, ritten bescheiden auf Eseln und waren womöglich noch unregelmäßiger als die letzteren, dabei aber so unbrauchbar und nutzlos, daß sie die ägyptische Regierung aufhob. Leider wurden mit ihnen zugleich auch einige Kompanien der mutvollen und tapferen Scheikie mit aufgelöst.

Nur die *Nisahm**** ist regelmäßiges Militär. Sie besteht aus gekauften oder geraubten Negern, welche von ägyptischen Offizieren und Unteroffizieren eingeübt und befehligt werden. Sie sind in jeder Hinsicht schlechte Soldaten, bei Kriegen gegen ihre Stammgenossen und Sklavenjagden höchst unzuverlässig, obgleich man den vererbten Haß der verschiedenen Negerstämme untereinander zu benutzen versteht und immer bloß diejenigen Negersoldaten zur Bekämpfung der freien

* Zumeist rote Filzkopfbedeckung, bei uns Fez genannt.

** Morhrarbi, *Abendländer,* werden alle lichtfarbigen Bewohner der Westländer Afrikas, also Algeriens, Tunesiens, Marokkos usw., genannt. Viele derselben dienten unter dem ägyptischen Militär und bildeten später eine durch Ägypter vielfach vermischte eigene Waffengattung.

*** Nisahm ist abgeleitet von »nissm«, eine Linie bilden.

Schwarzen ins Feld führt, welche diesen von Kindheit an feindlich gegenüberstanden. Diese Soldaten liegen in Chartum in den beschriebenen Kasernen. Sie erhalten vierzehn Piaster monatlichen Sold, einige Ardehb Durrah und dann und wann etwas Fleisch. Bei ihren geringen Bedürfnissen würden sie mit Sold und Nahrung ganz zufrieden sein, aber leider bekommen sie weder das eine noch das andere regelmäßig und sind deshalb zu Empörungen immer geneigt. Die beispiellose Unordnung des türkisch-ägyptischen Staatshaushaltes macht alle Besoldungen häufig nur nominell. Sie greift in alle Verhältnisse störend ein, behindert den Kaufmann, welcher der Regierung etwas liefert, erbittert den Künstler und Handwerker, welcher für das Gouvernement arbeitet, und setzt den Beamten, trotz seines hohen Gehaltes, oft drückender Not aus. So ist es auch im Sudan der Fall, daß die armen Soldaten monatelang keinen Para ihres Soldes zu sehen bekommen und sich, vom Hunger getrieben, als gefährliche Aufwiegler der Regierung gegenüberstellen.

Unter den *Gewerben* der Sudanesen steht der *Handel* oben an, obgleich er erst seit dem Jahre 1850 frei wurde. Früher waren die hauptsächlichsten Handelsgegenstände Monopol der Regierung. Man nahm in Chartum die Naturprodukte des Sudan, z. B. *Sklaven* – ich verwahre mich gegen Mißverständnis meiner Ausdrucksweise!! –, *Elfenbein, arabisches Gummi, Tamarindenkuchen usw.*, zu niederen Preisen als Abzahlung auf die geforderte Steuersumme an und verkaufte diese Artikel in Ägypten mit großem Gewinn. Jetzt sind die Monopole aufgehoben, jedoch beteiligt sich die Regierung noch immer beim Handel des Landes. Der Sklavenhandel[8] geht fast allein durch ihre Hände; sie macht noch regelmäßig Sklavenjagden (wenigstens wurde noch im Jahre 1851 eine *Rhassua** – wie man diese »Heerzüge gegen die Heiden oder Ungläubigen« nennt – ausgerüstet) und sendet alljährlich eine Handelsexpedition, an welcher sich Privatleute nur bedingungsweise beteiligen können, nach dem weißen Flusse ab.

Der Handel Chartums ist bedeutend und entspricht der ihm überaus günstigen Lage der Stadt. Am Vereinigungspunkte zweier großer Ströme, den Herzadern des inneren Afrika, muß sich für Kaufleute ein reges Leben gestalten. Ein Strom besagt in Afrika für den Handel weit mehr als in Europa, wo Eisenbahnen und andere Transportmittel den leichte-

* Wurzel »rhasa«, eine Kriegsexpedition ausrüsten.

sten Verkehr ermöglichen; er ist die beste Handelsstraße, welche es überhaupt gibt. Der blaue Fluß ist von Chartum noch fünf, der weiße Fluß noch elf Breitengrade stromaufwärts schiffbar; der Nil kann ohne Gefahr bis Berber el Mucheïref befahren werden. Von dort an stromabwärts türmen sich der Schiffahrt zwar unbesiegbare Hindernisse, die Katarakten, entgegen, aber dann ist der Verkehr durch eine geordnete Karawanenstraße auch sehr erleichtert. Das rasche Aufblühen Chartums ist ohne Zweifel nur seinem Handel zuzuschreiben: die Hauptstadt des Sudan ist jetzt die wichtigste Handelsstadt, ihr Basar vielleicht das reichste Warenlager Zentralafrikas.

Von den Erzeugnissen des Innern sieht man:

Elfenbein, Ebenholz und Straußenfedern, arabisches Gummi, Coloquinthen-Kürbisse, Sennesblätter, Tamarindenkuchen, Indigo, Kaffee aus Abessinien, Honig vom weißen Flusse, Goldkörner aus Khassahn, Tabak aus Sennar, Leopardenfelle aus Dar-Fur. Dazu kommen Sklaven und Sklavinnen vom weißen und blauen Flusse, aus *Khassahn, Abessinien, Takhale* und *Dar-Fur;* Kamele von den *Bischahri*-Arabern, Pferde von den *Kababiesch* und aus Dar-Fur, Rinder, Schafe und Ziegen von verschiedenen Nomadenstämmen; ebenso Durrahkörner und Dochenhirse vom oberen blauen Flusse und aus Kordofahn; Flecht- und Lederarbeiten aus Woled-Medine usw.

Durch die Europäer kommen zuweilen ganz ungewöhnliche Dinge auf den Basar. Man trank in Chartum schon oft Champagner und gute französische Rotweine, ja selbst Rheinweine. Ein mit Wermut versetzter südlicher Wein war in letzter Zeit ein gewöhnliches Getränk der Europäer und Türken. Im Jahre 1851 fand ich Reibzündlichter aus Wachs in den Händen eines darüber nicht wenig ergötzten Sudanesen. Bei vielen europäischen Kaufgegenständen hat der Betrug freies Spiel. So verkauft man z. B. galvanisch vergoldete Uhren für massiv goldene und findet doch seine Käufer. Es bedarf wohl kaum der Bemerkung, daß bei derartigen Vorkommnissen nur die Europäer die Betrüger sind.

Unter den Produkten des Innern sind für den Handel *Kaffee, arabisches Gummi* und *Elfenbein* die wichtigsten. Der Kaffee kommt aus Abessinien und steht bezüglich seiner Güte dem echten *Mocha* (oft *»Mokka«* geschrieben) nicht oder nur wenig nach. Im Vergleich zu dem Gummi und Elfenbein ist seine Bedeutung eine untergeordnete zu nennen. Letzteres kommt zum größten Teil vom weißen Fluß herab und gelangt entweder über *Sauakim* am Roten Meer in die Hände der Engländer oder geht über Kairo nach Europa. Früher lieferte auch *Takhale* und *Dar-Fur* viel Elfenbein nach Chartum; jetzt ist der Import von dort her geringer.

Nach den Mitteilungen des europäischen Kaufmanns *Contariny* [9] in Chartum unterscheiden die Kaufleute des Innern mehrere Stufen der Güte des Elfenbeins, arabisch *Sin el fihl, Elefantenzahn,* genannt.

Das arabische Gummi wird vorzugsweise in Kordofahn eingesammelt und kommt erst von dort aus nach Chartum. Nach der Regenzeit quillt es als Harz mehrerer Mimosenarten in dicken, wasserhellen Klumpen aus den Zweigen und Ästen der Bäume hervor, trocknet in der Sonne mehlig zusammen, wird dabei, wegen Aufnahme von Sauerstoff aus der Atmosphäre, dunkler und kann nun eingesammelt werden. Hierzu bedienen sich die Eingeborenen hölzerner und eisener Haken, mit denen sie die Harzklumpen abreißen. Sie mischen gute, d.h. reine und schlechte Klumpen untereinander und bieten sie den das Land durchziehenden Kaufleuten partienweise in Bausch und Bogen zum Kauf an. Diese verpacken es in große Bastsäcke, *»Khuffe«,* von je zwei arabischen Zentnern Inhalt, vereinigen zwei solcher Säcke zu einer Kamelladung, *»Rachel«,* und schaffen so die Ware über Chartum oder Dongola nach Kairo. Während des Transportes verliert das Gummi zwölf Prozent seines Gewichts durch Verdunstung des noch in den einzelnen Klumpen enthaltenen Wassers.

Die übrigen Handelsartikel sind mit Ausnahme der Sklaven und Haustiere den erwähnten untergeordnet. Man schafft wohl zu zierlichen Tischler- und festen Holzarbeiten bestimmtes *Eben-* und *Mimosenholz* nach Ägypten, nimmt Sennesblätter, Tamarindenkuchen, Straußenfedern, Hippopotamuspeitschen etc. mit unter die dahin abgehenden Warensendungen auf, aber das geschieht alles nur gelegentlich. Dagegen werden mit Sklaven die ausgedehntesten Geschäfte gemacht, und leider beteiligen sich die in Chartum ansässigen Europäer hieran oft genug. Ich will hier nicht auf die Art und Weise des erniedrigenden Menschenhandels eingehen, sondern begnüge mich, die Qualitäten und die darauf bezüglichen Preise der Sklaven anzugeben. Zunächst unterscheidet man ihren geistigen Fähigkeiten nach *Abessinier, Dar-Fur-, Takhale-, Tabi-, Schilluk-* und *Dinkhaneger* und schätzt sie, nach der von mir beobachteten Reihenfolge, mehr oder weniger. Weibliche Sklaven sind immer teurer als männliche; Verschnittene sind teurer als beide zusammengenommen. Demzufolge handelt man lieber mit weiblichen

Sklaven als mit männlichen; deshalb finden sich noch Leute, welche das schändliche Gewerbe der Knabenverstümmelung betreiben und jene Operation* vornehmen, die nur in fünfundsiebzig von hundert Fällen einen glücklichen Ausgang wahrscheinlich macht. Je nach ihrer Jugend, Schönheit, Körperstärke und Brauchbarkeit werden die Sklaven zum zweiten Male eingeteilt. In Chartum kostet ein *Schilluk-* oder *Dinkhaneger* zwei- bis vierhundert, ein Neger aus *Dar-Fur, Takhale* oder vom Berge *Tabi* vier- bis siebenhundert, ein Abessiner, d. h. *Galla, Makahte* oder *Habeschi,* sechshundert bis tausend, ein Verschnittener sechshundert bis vierzehnhundert oder selbst sechzehnhundert Piaster; Negerinnen sind um die Hälfte teurer als Neger; Abessinierinnen werden mit sechshundert bis zweitausend Piaster bezahlt.

Stellt man die gewöhnlichen Preise der Haustiere daneben, so ergibt sich, daß diese denen der Menschen fast gleich sind. Ein gewöhnliches Kamel wird mit zwei- bis vierhundert, ein guter zugerittener *Hedjihn* von den Bischahri-Arabern mit acht- bis zwölfhundert Piastern bezahlt.

Der Ort wo die Handelsgeschäfte abgemacht werden, ist der Basar; hier werden auch gerichtliche Versteigerungen abgehalten, gewöhnlich freitags. Der Richter nimmt mit seinen Schreibern in einer Bude Platz, die Kauflustigen schlürfen in den übrigen Kaufläden ihren Kaffee. Ein *Dellahl* (Makler) führt die zu versteigernden Gegenstände, z. B. Sklaven, Kamele, Esel, Pferde etc., vor, geht mit ihnen von einer Bude zur andern und nennt mit lauter Stimme die Zahl der Piaster, welche ihm für das Verkaufsobjekt geboten wurden. Das höchste Gebot meldet er dann dem Eigentümer oder dem eine Sache Verkaufenden und fragt an, ob er damit zufrieden sei oder nicht. Er erhält für seine Bemühungen von der Regierung zwei, von Privaten fünf Prozent des Werts der verkauften Ware und wird von beiden gleich oft benutzt. Zuweilen sieht man ihn wie einen Harlekin geputzt über den Markt gehen; er hat vielleicht zwanzig verschiedene Verkaufsartikel über Arme und Schultern gebreitet oder in seinen Leibgurt gesteckt. Diese Leute werden von der Regierung streng überwacht und wenn sie wegen erwiesenen Betrugs ange-

* Puer castrandus antea jejunio longo et alvi purgalione magnopere debilitatur et frangitur. Ante castrationis operationem puer spondae (Ankharehb appellatur) alligitur ne se movere situmque justum vetere possit. Tum operator non solum testicula sed etiam penem ipsum acuto abscindit cultro; emplastrum adipe illitum in vulnere imponit et fistulam plumbeam in urethram immittit, usque ad vulnus santum. Vulnere bene et feliciter sanato carentium loco cicatrix leve modo animadvertitur.

zeigt wurden, so hart bestraft, daß man bei ihnen eine durch die Furcht vor der Peitsche bedingte Ehrlichkeit voraussetzen kann.

Nächst Chartum nenne ich als bekannte Handelsstädte des Ostsudan noch *Musellemïe* und *el Obeïd,* die Hauptstadt Kordofahns. Von letzterer werde ich im Verlaufe meiner Erzählung ausführlicher reden; erstere liegt in der Nähe der Provinzhauptstadt *Wolled-Medine* und ist für den Handelsverkehr mit Abessinien von großer Bedeutung. Der Handel ist auch im Innern Afrikas das die Völker vereinigende Motiv. Fast aller stattfindende Verkehr ist im Interesse des Handels entstanden und wird durch dasselbe unterhalten. Die Regierung richtete nur zwei Poststraßen ein: eine von Chartum nach Kairo, die andere von Chartum nach el Obeïd. Beide sind durch *Latief-Pascha* so verbessert worden, daß jetzt ein Brief in fünfundzwanzig Tagen von Chartum nach Kairo gelangt. Ich verstehe unter der Verbesserung der Poststraßen keineswegs eine geschickte Anlage von Straßen – denn Straßen gibt es im Innern Afrikas nicht –, sondern vielmehr ein geordnetes, sich zur rechten Zeit ablösendes Postpersonal. Von Chartum aus gehen wöchentlich zwei *Hedjanihn* (dienstags und freitags) mit einem Brieffelleisen nach Ägypten ab, erreichen in fünf Tagen *Berber el Mucheïref,* in zwölf bis dreizehn Tagen *Korosko* und kommen nach sechzehn oder achtzehn Tagen in *Assuan* an, wo sie ihre Briefe und Depeschen abgeben. Diese Postreiter werden, wo es tunlich, von zwei Tagen zu zwei Tagen abgelöst und reiten schnellfüßige, gute Bischahri-Kamele. Bei Betracht der Verhältnisse innerafrikanischer Länder muß man dieser Einrichtung jedes Lob zugestehen. Ich meines Teils habe nie den Verlust eines Briefes zu beklagen gehabt.

Das Klima Chartums ist unbedingt eins der ungesundesten der Erde. Man hat berechnet, daß achtzig Prozent aller Europäer, welche gezwungen sind, mehrere Jahre nacheinander in Chartum zu leben, während dieser Zeit sterben. Die Lage der Stadt selbst, zwischen zwei während der Regenzeit anschwellenden und dann große Sümpfe bildenden Flüssen, würde zwar auch unter unserem Himmel eine der Gesundheit schädliche sein, allein die Sterblichkeit ihrer Bewohner steht mit der einer gleich ungünstig gelegenen Stadt Europas in keinem Verhältnis. Das Klima des Sudan ist es, das dem Menschen verderblich wird: ein Klima, welches dem Schwarzen ebensowenig zusagt als dem Weißen, welches den Eingeborenen ebenso leicht hinrafft als den Fremdling. Die Krankheiten sind im Sudan so rapid, daß sie oft in wenigen Stunden den Tod herbeiführen. Sie sind teilweise durch gewisse Jahreszeiten bedingt, treten aber sporadisch auch das ganze Jahr hindurch auf.

Man kann im Sudan hauptsächlich zwei Jahreszeiten unterscheiden: *die Zeit der Dürre* und die *Regenzeit* oder Sommer und Winter. Zwischen beiden gibt es keine Übergänge: die eine folgt plötzlich auf die andere.

Der *Charief**, wie der Araber die Zeit der Regen nennt, beginnt in Chartum im Juni oder Juli und währt bis Mitte Oktober. Im Süden regnet es früher und heftiger als im Norden; die Regen kommen von oben herab und ziehen sich bis zum achtzehnten Grad der nördlichen Breite nach dem Mittelmeer hinab. Man kann sich von dem trostlosen Zustande der Natur vor und dem lebenskräftigen Schaffen derselben während und nach der Regenzeit keine Vorstellung machen. Der Charief erweckt alles zu neuem Leben; er kleidet die verbrannte Steppe in ein neues, blütenreiches, duftiges Gewand.

Wenn in den Monaten März und April die Sonne ihre Glutstrahlen senkrecht auf den Sudan herabsendet und beinahe ihre größte Höhe erreicht hat, treten die Südwinde, welche bis dahin noch durch die von Norden her zuströmenden Passatwinde zurückgehalten wurden, häufiger und stärker auf. Sie vermehren die Hitze und nehmen nach den Beobachtungen *Russeggers* [10] einen elektrischen Charakter an, beengen die Brust des Menschen und ängstigen die Tiere. Es sind dieselben Winde, welche in den Wüsten als *Samum* den Sand emporwirbeln, die Wasserschläuche der ziehenden Karawane trocknen und die an Durstesqualen verendeten Menschen damit begraben, in Ägypten als *Chamasihn***, d. h. der Wind, welcher innerhalb fünfzig Tagen weht, die Bäume entblättern, als *Schirokko* den Schiffern des Mittelmeeres, als *Föhn* den Bewohnern der Alpen gefährlich werden und als *Tauwind* Deutschlands Fluren durchsausen. Sie sind überall mehr oder weniger gefürchtet, am heftigsten und furchtbarsten aber in den Tropen. Es scheint, als wollten sie dort die ganze Natur vernichten. Sie trocknen und zerstäuben die Blätter der noch grünenden Bäume, zerspalten und zerklüften die dürstende Erde.

Ein Gewitter in den Tropen ist eine so imposante Naturerscheinung, ist so grauenhaft furchtbar und so unendlich erhaben, daß keine Fe-

* »Drei Monate zwischen Sommer und Winter, in denen man Früchte einsammelt.«

** Oft Kamsin, Chamsin und Schamsin geschrieben. Abgeleitet von chamsihn, fünfzig.

der Worte finden kann, es würdig zu schildern. Ich will es versuchen, den Umriß zu einem nie wiederzugebenden Bilde zu liefern:

Gewitterschwanger droht der Himmel, ein Orkan mit Regengüssen ist im Anzug. Wir betrachten das sich entfaltende Schauspiel von einem erhöhten Standpunkte aus, wozu uns die Terrasse unseres Lehmhauses am geeignetsten scheint. Noch rührt sich bei uns kein Lüftchen, noch hört man kein Flüstern der Blätter grünender Bäume, noch ist alles tot. Tot wird es aber auch in den Straßen der Stadt, tot in dem Walde und den Baumhecken der Gärten. Die Verkaufshallen in den Basaren, die öffentlichen Amtssäle und Schreibstuben der Regierung werden geschlossen, jedermann zieht sich in seine Behausung zurück; die sonst so lauten, streitsüchtigen Hunde schleichen mit eingezogenem Schwanze einem stillen Plätzchen zu; der Gesang, jede Stimme der Vögel ist längst verstummt, sie selbst haben sich im dichtesten Laubwerk geborgen. Diese Ruhe ist unheimlich, wahrhaft grauenerregend; sie ist die Stille vor dem Ausbruch einer allgemeinen Empörung der Natur.

In der Ferne ballt sich eine dunkle, flammende Wolke zusammen. Sie erscheint wie die Feuerwolke über einer brennenden Stadt oder einem meilenweit in Flammen stehenden Wald. Brandrot, Purpur, Dunkelrot und Braun, Fahlgelb, Grau, Tiefblau und Schwarz gattet und vereint sich in allen Schattierungen zu einem furchtbar anzuschauenden Ganzen. Je dunkler diese Wolke wird, um so dunkler wird der Himmel. Sie wächst immer mehr an Ausdehnung und ihre Farbe an Intensität. Jetzt hört man von ferne ein pfeifendes und sausendes Geräusch – bei uns ist noch alles tonlos. Nur die Hitze und der Luftdruck mehren sich; das Thermometer steigt um mehrere Grade, das Barometer fällt auf »Sturm« herab. Die Schwüle wird unerträglich und beengend; der mutigste Mann fühlt sein Herz stärker schlagen, unwillkürlich muß er dem allgemeinen Zustand der Natur folgen.

Unser Horizont wird immer kleiner. Die dunkle, undurchsichtige Wolke hüllt nach und nach alles Sichtbare in ihren düsteren Schleier. Plötzlich bewegen sich die Zweige der nächsten Bäume mit Heftigkeit, der Wind hat sie erreicht. Zuerst sind es mehrere einzelne Stöße, dann nimmt er seine sich immer steigernde Heftigkeit an. In wenigen Minuten erwächst er zum Sturme, der Sturm zum Orkan. Dieser wütet mit beispielloser Gewalt. Sein Toben ist so groß, daß man das ausgesprochene Wort nicht tönen hört. Jeder Laut wird von einem nicht zu beschreibenden Getöse, Geprassel, Pfeifen und Sausen, Heulen und Rauschen übertönt, verschlungen. Die vor kurzem noch ruhig stehenden Bäume beugen sich wie schlanke Gerten, ihre Kronen werden hin und her geschleudert und des größten Teiles der ihnen noch gebliebenen Blätter beraubt, die Stämme ächzen, krachen und brechen. Es ist, als ob die Elemente miteinander kämpfen wollten. Selbst die Grundfesten der Erde möchte der Orkan erschüttern: er wühlt in den Ritzen und Spalten der Erdoberfläche herum, nimmt den Staub und Sand heraus, führt ihn mit sich fort und schleudert ihn mit Gewalt durch die Tür- und Fensteröffnungen in das Innere der Wohnungen hinein; er belegt damit alle Gegenstände liniendick und wirft ihn mit solcher Macht an feststehende Sachen an, daß er prickelnd zurückprallt. Wir haben längst unseren Rückzug in das Innere der Wohnung nehmen müssen; denn wehe dem Armen, der im Freien von solch einem Unwetter überrascht wird. Aber auch in unserer Behausung wird es unheimlich. Es wird so finster, daß wir, um nur etwas zu sehen, Laternen anzünden müssen; der über und um uns dahinsausende Staub verdunkelt jede Aussicht*.

Da auf einmal übertäuben prasselnde Donnerschläge das Tosen der Windsbraut. Noch kann man keine Blitze sehen, die Staubwolken sind zu dicht, aber immer lauter und vernehmlicher dröhnt des Donners Rollen durch das allgemeine Tonchaos hindurch. Jetzt rauscht es sonderbar dazwischen: es ist, als ob der Hagel Deutschlands Gaue verwüstet und doch sind es nur einzelne Regentropfen, die aber bald zu Güssen anwachsen. Die Musik der Hölle nähert sich dem Ende, der Orkan ermattet, der Sturm schweigt endlich. Nun werden wir auch des fahlen Lichtes der Blitze gewahr; einer folgt auf den andern, ohne Pausen; ihr Licht ist so grell, daß man die schmerzenden Augen schließen muß. Der Donner rollt in unübertrefflicher Stärke, ohne Aufhören, der Regen stürzt in wolkenbruchartigen Strömen herunter. Er hat allen Staub mit sich niedergeschlagen und bildet auf den Dächern der Lehmhäuser Teiche, deren Wasser in dichten Strahlen auf die Straßen herabfällt. In kurzer Zeit gleichen diese Flüssen, die Hauptstraßen Strömen, die öffentlichen Plätze Seen; es bilden sich Lachen von drei bis acht Fuß Wassertiefe.

So dauert das Unwetter zwei oder höchstens drei Stunden. Der dunkle Himmel entsendet einen seiner flammenden Feuerstrahlen nach dem andern, der Donner rollt ohne Unterbrechung, aus dem Regen scheint

* Diese Schilderung wurde nach einem von uns am 5. Juli 1850 in Chartum beobachteten Gewittersturm und einem, uns am 10. Juni im Freien überraschenden Orkane entworfen.

ein Wolkenbruch geworden zu sein. Doch der Wind erhebt sich nach kurzer Ruhe wieder und führt die Regenwolken rasch von dannen; schon leuchten die Blitze in weiter Ferne, der Donner wird schwächer, der Regen hört auf. Noch immer ist die Sonne hinter dichtem Gewölk verborgen, aber ehe sie für heute scheidet, sendet sie noch einen Strahlenblick zu uns herauf und beleuchtet rosig die gleichsam neubelebte Natur.

Jetzt tritt jene wohltätige Ruhe nach dem Sturme ein. Die Blätter der immergrünen Bäume, auf denen sich wochen- und monatelang der Staub gelagert hatte, prangen jetzt im schönsten Dunkelgrün; die Pflanzen, welche ermattet ihre Zweige, Blätter und Blütenkronen hängen ließen, scheinen neu geboren zu sein.

Gewöhnlich regnet es in drei bis fünf Tagen einmal. Die seit Monaten durstige Erde saugt begierig den Himmelssegen ein, das sich auf der Oberfläche sammelnde Wasser verschwindet schnell. Schon nach kurzer Zeit wirbelt der Wind neue Staubmassen auf und erst ein zweiter Regen muß diese wieder niederschlagen. Die Wärme wird überaus lästig, der Mensch Tag und Nacht von dem aus allen Poren der Haut hervorrieselnden Schweiß gebadet; aber dennoch ist es nicht die positive Hitze, sondern mehr eine kaum zu ertragende Schwüle, welche ermattend auf Körper und Geist einwirkt. Jeder neue Regenguß beschleunigt das wunderbar schnelle Wachstum der Pflanzen und jeder schwellt die schon hoch gestiegenen Ströme noch mehr an.

Bekanntlich sind es nur die in den Tropen Nordostafrikas während des Charief herabstürzenden Regen, welche das Steigen des weißen und blauen Flusses und somit auch des Nil bewirken. Nachdem die Regenzeit auch bei Chartum begonnen hat, steigen beide Ströme erstaunlich schnell: der blaue Fluß nimmt manchen Tag um einen Fuß an Höhe zu, der weiße zwar weniger, aber um so mehr an Breite. Zur Zeit der Dürre ist er eine starke Viertelmeile von den Häusern Chartums entfernt, bei seinem höchsten Stande bespülen seine Fluten den dicht an den letzten Häuserreihen der Stadt aufgeworfenen Erddamm; dabei ist er auch auf seinem anderen Ufer fast eine Achtelmeile weit ins Land hineingetreten. Dann sieht man in den einzelnen Ritzen des durch die Sonnenglut tief zerklüfteten Schlammlandes seiner Ufer geschäftig kleine Bächlein Wassers dem Lande zulaufen; sie erweichen schon vorher den Uferboden weit umher und wandeln ihn, noch ehe er von den Fluten des Stromes bedeckt wird, in zähen, tiefen Schlamm um. Ein Orkan treibt die

Wellen des Flusses oft mehrere hundert Schritte über die Ufer hinaus und bildet, das Wasser zurücklassend, neben dem Strome eine mehr oder weniger unterbrochene Reihe von Sümpfen.

In der Mitte des Monats August hat der blaue Fluß seine größte Höhe erreicht und beginnt von nun an erst langsam, dann sehr rasch und schließlich kaum bemerkbar bis zum Februaranfang zu fallen. Der weiße Fluß hat erst zu Ende des August seinen höchsten Wasserstand. Zu dieser Zeit gewähren beide Ströme dicht unter ihrem, der Stadt sehr nahe gerückten Vereinigungspunkte ein majestätisches Schauspiel. Man hat die Wasserfläche eines Stromes von fast einer halben Meile Breite vor sich. Alles Land zwischen den beiden Strömen und Chartum, welches sich früher wüst oder bebaut dem Auge zeigte, ist verschwunden; von den Inseln inmitten der Ströme sieht man nur noch die mit Wasservögeln aller Art wie mit weißen Blüten bedeckten Kronen der Bäume über den Wasserspiegel emporragen.

Trotz der in den Monaten März bis August herrschenden fürchterlichen Hitze ist diese Zeit doch die gesündeste für den Fremden und Einheimischen. Erst am Ende des Charief, wenn die feuchte Erde unter der glühenden Sonne auszudünsten beginnt und giftige Miasmen erzeugt, treten die dem Sudan eigentümlichen Krankheiten in ihrer vollen Stärke auf. Nur wenige Fremdlinge bleiben von ihnen verschont, viele unterliegen ihnen; aber auch die Eingeborenen, welche den Krankheiten nicht die starke Körperkonstitution der Nordländer entgegensetzen können, leiden sehr. Ich glaube, daß ihre Ausschweifungen wesentlich dazu beitragen, daß sie leicht einer Krankheit zum Opfer fallen; oft mag wohl auch gänzlicher Mangel an passender Arznei den Gang der Krankheit beschleunigen und den Tod herbeiführen. Die Sterblichkeit ist unter den Eingeborenen während der Monate September und Oktober zuweilen entsetzlich groß und nur der Glaube an das unabänderliche, ihnen schon vorher bestimmte Geschick vermag sie lebensmutig zu erhalten, wenn der Fieberfrost sie zusammenschüttelt.

Die gewöhnlichen Fieber sind Wechselfieber* mit den auch in Deutschland beobachteten Perioden der Wiederkehr des Anfalls und bei baldigst angewandter ärztlicher Hilfe selten gefährlich. Aber sie entkräften selbst bei kurzer Dauer den Körper so, daß er zu jeder Arbeit und Bewegung unfähig wird. Brustbeklemmung, Ängstlichkeit und

* Malaria in leichter Form.

heftiger Kopfschmerz sind ihre ersten Anzeichen. Dann folgt quälender Frost mit krampfhaften Bewegungen des ganzen Körpers, Übelkeit und trockene Hitze. Das Gesicht des Kranken, welcher während des Frostes sehr bleich aussieht und mit den Zähnen klappert, rötet sich ungewöhnlich; die Neigung zum Erbrechen wird stärker, ein brennender Durst tritt ein; aber der Magen stößt das aufgenommene Wasser unter schmerzhaften Zusammenziehungen der Bauchmuskeln wieder aus. Der Kopfschmerz wird zuweilen so heftig, daß gänzliche Bewußtlosigkeit und Delirium eintreten, der Kranke phantasiert und ist nicht auf seinem Lager zu halten, oft leidet er dabei an entsetzlich peinigender Kolik. Die kräftigsten Menschen werden von dem Fieber am stärksten angegriffen, Frauen ungleich seltener als Männer.

Nach längerer oder kürzerer Dauer des Anfalls mildert sich die trokkene Hitze und ein gelinder Schweiß bricht aus allen Poren der Haut hervor. Je mehr er zunimmt, desto wohltätiger erscheint er dem Kranken. Er fühlt eine große Erleichterung, zugleich aber eine Schwäche, welche ihm keine Bewegung der Glieder gestattet und erst nach einigen Stunden weniger fühlbar wird.

Ungleich gefährlicher als die Wechselfieber sind die den Europäern unter dem Namen »*perniziöse* oder *Sennarfieber*« bekannten Krankheiten. Bis jetzt sind sie noch so wenig untersucht worden, daß selbst die besseren Ärzte Ostsudans nichts Bestimmtes darüber mitzuteilen imstande sind. Heftiger Kopfschmerz und trockene, glühende Haut gehen dem Delirium und ruhrartigem Erbrechen voraus, fürchterliche Krämpfe beenden oft schon am dritten Tage der Krankheit das Leben. Die perniziösen Fieber treten gegen Ende der Regenzeit auf, nehmen zuweilen den Charakter einer Seuche an und dezimieren die Bevölkerung eines von ihnen ergriffenen Orts. Ihre lebenszerstörende Wirkung soll sich vorzugsweise in den Verdauungsorganen aussprechen. Gewöhnlich ist ärztliche Hilfe vergebens; die sicherste Anzeige des tödlichen Ausgangs der Krankheit ist nach *Dr. Penneys*[11] Beobachtungen das Anschwellen der Hals- oder Achseldrüsen. Man schreibt ihr Entstehen den schädlichen Ausdünstungen des durch die Sonne Zentralafrikas monatelang durchglühten und plötzlich stark befeuchteten Erdbodens zu, ob mit Recht oder Unrecht, wage ich nicht zu entscheiden.

Außer den genannten Krankheiten kommt, wenn auch sehr selten, die *Cholera* im Sudan vor. Die Sudanesen und Araber nennen sie »*Haua el asfar«*, d. h. die gelbe Luft, und fürchten sie ungemein. Die *Dysenterie* tritt nicht so häufig als in Ägypten, aber viel rapider auf und endet fast immer mit dem Tode; der *Sonnenstich* wird ebenfalls nur selten beobachtet, ist aber viel gefährlicher als in Ägypten. Es kommt vor, daß vollkommen gesunde Menschen über Kopfschmerzen klagen, nach wenigen Minuten bewußtlos zusammenbrechen und unter anhaltenden Blutstürzen verscheiden. Die *Lustseuche* soll durch türkische Soldaten nach dem Sudan gebracht worden sein.

Sehr selten sieht man unter den Sudanesen einen Lahmen; nie einen Ausgewachsenen*. Alle Krankheiten und Übelstände des Körpers, welche durch das verfeinerte Leben zivilisierter Nationen entstehen, fehlen im Sudan. Der Mensch gleicht in jenem Lande auch in körperlicher Hinsicht den übrigen Säugetieren in höherem Grade, als der auf Unkosten des Körpers geistig verfeinerte Europäer. Das Kind wächst wie ein Tier auf; ungewohnt an sorgsame Pflege und Wartung, kriecht es in wenigen Monaten im Sand herum und lernt seine Glieder viel eher gebrauchen als ein Kind europäischer Eltern. Wie dem Tier sind ihnen viele Krankheiten, welche unsere Kleinen dem Grabe zuführen, fremd; der Mensch wird im ungestörtesten Besitz seiner Gesundheit groß: wird er aber von einer Krankheit befallen, dann teilt er auch die Hinfälligkeit eines kranken Tieres. Er unterliegt einer Krankheit, welche der Europäer leicht übersteht. Man kann dasselbe Verhältnis auch dann noch beobachten, wenn ein Sudanese erheblich verwundet wurde. Wie bei dem Tiere zeigt sich bei ihm die Heilkraft der Natur viel stärker als bei dem Europäer. Ohne geschickte ärztliche Behandlung verharschen tiefe Wunden der Eingeborenen schnell und gut.

Das Klima Chartums oder Ostsudans ist auch, als Ganzes betrachtet, im höchsten Grad gefährlich; Ägypten ist im Vergleich mit Sudan, trotz seiner Pest, Cholera, Ophthalmie und Dysenterie, nicht bloß ein gesundes Land, sondern ein Paradies. Die Regierung hat zwar ihr möglichstes getan, um den Erkrankten Hilfe zu schaffen; sie setzte Ärzte und Apotheker in Chartum ein und errichtete das Hospital – es ist nicht einmal für Chartum genug. Der »Medicin en chef«, *Dr. Penney,* hat das Hospital, wie erwähnt, aus einer Mördergrube in ein Krankenhaus umgewandelt; jeder Eingeborene und Untertan der türkischen Regierung ist berechtigt, die Hilfe des Arztes und die Heil-

* Verwachsener, Krüppel.

mittel des Apothekers unentgeltlich zu beanspruchen: es geschieht damit noch immer nicht genug. Nur zu schnell nimmt der Europäer Chartums die Gewohnheiten und das Phlegma des Türken an, der Arzt begnügt sich mit einem einmaligen Besuche des Hospitals und steht, von Haus aus nicht viel wissend, oft genug am Bette des Kranken rat- und tatlos.

VII. Fremdenleben in Chartum

Hart an der Grenze der osmanischen Besitzungen in Zentralafrika finden wir noch einmal eine Vereinigung der Repräsentanten verschiedener Nationen, wie wir sie in den Hauptstädten dieses ausgedehnten, sich über drei Erdteile erstreckenden Reiches beobachtet haben. Chartum, die südlichst gelegene Stadt von Bedeutung der unter türkischem Szepter stehenden Länder, verleugnet ihr türkisches Gepräge nicht. Die Bekenner dreier Religionen leben hier ebenso friedlich nebeneinander, als jetzt – früher freilich nicht – in der übrigen Türkei. Ja, gerade im fernen Sudan fallen die Schranken, welche sie überall trennen, mehr und mehr. Hier sieht der Christ nicht, wie in Ägypten oder Syrien, verachtungsvoll auf den Türken herab oder umgekehrt, denn beide fühlen es, daß sie so recht eigentlich in der Fremde leben, wo ein Mensch des andern mehr als irgendwo bedarf. Hier unterscheidet beide nur noch die Sprache; die Sitten sind die der stärksten Partei. Sie sind sogar geneigt, dem sonst tief verachteten Ägypter eine fast gleiche Stellung neben sich einzuräumen; nur die im Lande Geborenen bleiben von ihrem Verein ausgeschlossen.

Die *Europäer, Türken* und *Ägypter* sind die Fremden, von deren Leben und Treiben ich jetzt sprechen will.

Ich beginne mit unseren *Landsleuten.* Es ist nicht der engherzige Begriff, den wir in Deutschland mit dem Worte *Landsmann* zu verbinden gewohnt sind, welchen ich hier angewendet wissen will. Schon in Ägypten erweitern sich die Grenzen des Vaterlandes in jenem engen Sinne, schon in Ägypten ist der Deutsche froh, wenn er den Deutschen fand und fragt nicht, ob sein Landsmann dem Süden oder Norden, den Ostseeprovinzen oder Rheinländern angehört. Nun komme man erst nach Chartum! Da bedarf es weder eines Empfehlungsschreibens noch einer längeren Bekanntschaft, um in den Kreis der dort lebenden Europäer einzutreten; die Worte: »Meine Herren, ich bin ein Europäer«, genügen, wenn sie in einer Sprache gesagt werden, welche einer der Anwesenden versteht, den Neuangekommenen in jedes europäische Haus zu führen. Die Umgangssprachen der Europäer in Chartum sind Französisch und Italienisch; wer nur einige Worte einer dieser Sprachen sprechen kann, ist als Landsmann beglaubigt. Erst nach längerer Unterhaltung wird gefragt: »Mein Herr, welcher Nation gehören Sie an?«

Die Europäer Chartums bilden gezwungen gleichsam eine große Familie. Fast jeden Abend kommen sie irgendwo zusammen, um sich zu unterhalten, Tabak zu rauchen und Branntwein zu trinken. Alle Monate gelangt ein Heft französischer Zeitungen in ihren Besitz. Dieses wird von einem nach dem andern aufmerksam und sorgfältig gelesen, um immer von den Hergängen im Vaterlande unterrichtet zu sein. Das gibt dann Stoff zur Unterhaltung für viele Abende. Es bilden sich dabei aber auch Parteien, vorzüglich unter den Franzosen. Die einen huldigen der Monarchie, die anderen der Republik. Heftige Streitigkeiten werden in Chartum ausgefochten, wichtige Zeitfragen dort erledigt. Man vertritt die ganze Nation. Der Branntwein kreist in der Mitte der Streitenden und erhitzt die Gemüter. Die früher nur politisch Entzweiten stellen sich jetzt auch in anderer Hinsicht einander feindlich gegenüber. Der Vertreter der Republik muß hören, daß der Royalist jetzt allen den Schimpf und alle die Schmähungen, welche dem Wesen der Republik galten, auf sein eignes Haupt schleudert. Der Streit droht ernsthaft zu werden. Da springt *Dr. Penney* vom Diwan auf, ergreift die Flasche mit dem begeisternden Getränk, schüttet etwas davon in eine breite Trinkschale, vermischt es mit frischem Wasser, tritt zu den heftig Erregten und spricht begütigend: »Mais, Messieurs, laissez donc la politique; allons, buvez!« Man gehorcht den Ermahnungen, wird ruhiger, versöhnt sich, lacht, scherzt und geht schließlich mit schwerem Haupte heim.

Dr. Penney ist der Friedensengel der in Chartum wohnenden Europäer; er ist nächst den Geistlichen der Mission und dem österreichischen Konsul der einzige Franke, vor welchem man Achtung haben muß. Er ist ein Franzose, in dem wir alle Vorzüge seiner Nation vereinigt finden, ohne sie von den Lastern derselben verdunkelt zu sehen. *Dr. Penney* ist patriarchalisch in seiner Gastfreundschaft, liebenswürdig in seinem Umgange, freundlich gegen jedermann. Von ihm ist noch keiner seiner Landsleute beleidigt worden; ich glaube aber nicht, daß in Chartum ein Europäer wohnt, welchem *Penney* nicht schon eine Beleidigung verziehen hätte. *Penney* hat im Sudan keinen Feind.

Dieser Mann ist es, welcher die übrigen, ihm leider nicht ähnlichen Europäer in seinem gastlichen Hause, das wir scherzhafter Weise das »Hôtel du Cartoum« nannten, vereinigt. Das Haus liegt mitten in der

Stadt und bietet alle Annehmlichkeiten einer Chartumer Wohnung. Man sitzt unter der luftigen Vorhalle und hört in dem nahen Garten das eintönige Kreischen des Schöpfrades. Die nicht gerade unmelodischen Klänge erwecken andere im Herzen der Gesellschaft. Man beschließt den Abend – nehmen wir an, es sei einer jener lustigen und frischen der Regenzeit, welcher den Blütenduft der Mimosen selbst vom andern Ufer herüberführt – den Musen zu widmen. Der Hausherr spielt die Gitarre. »Allons enfants de la patrie« ertönt von den Saiten. Alle singen die Marseillaise: Franzosen, Italiener, Deutsche, Polen oder was sonst für Europäer gerade in Chartum anwesend sind. Voilá, Messieurs, une belle chanson de Béranger: »Mes jours sont condamnés etc.« Man schweigt, man ist begeistert, ob von dem Liede, ob von dem Branntwein – gleichviel!

Die Erinnerung an die Heimat ist das Band, welches die Europäer Chartums vereinigt. So viele einander widersprechende, meist verderbte Charaktere würden sich nirgends im Vaterlande anziehen. Nur die Allmacht der heimischen Sprache, Sitte und Gewohnheit *zwingt* sie, in ziemlicher Eintracht zusammenzuleben. Deshalb kehrt ihre Unterhaltung auch immer wieder zum Vaterlande oder zum Vaterländischen zurück. Und diese Stunden sind die einzigen, in denen uns der Franke des Sudan gefällt.

Der Europäer Chartums erscheint dem Neuangekommenen als ein höchst liebenswürdiger Mensch. Er macht ihm die glänzendsten, freundlichsten Anerbietungen, ist gastfrei und zuvorkommend – aber bald bemerkt man, daß das, was ihn leitete, nur berechnender Egoismus war. Die fröhliche Abendgesellschaft ist bei Tage nicht wiederzuerkennen. Wenn wir einen tieferen Blick in das Innere eines europäischen Hauses werfen, lernen wir den Europäer erst beurteilen. Wir sehen die innere Zerrissenheit des uns so fest scheinenden Verbandes, wir entdekken die Gesetzlosigkeit, in welcher er lebt, wir bemerken, daß *er der Abschaum seiner Nation ist;* wir werden mit Entsetzen gewahr, *daß die ganze europäische Gesellschaft fast ohne Ausnahme aus Schurken, Betrügern, Gaunern, Mördern zusammengesetzt ist.*

Man wird mir diese harten Worte nicht glauben wollen, weil jetzt ein europäischer Konsul[1] in Chartum Gericht hält und der Anarchie, in welcher die Franken lebten, mit aller Kraft zu steuern versucht – wohl, das geschieht jetzt, aber man muß, um meinen Worten unbedingten Glauben zu schenken, in einer ihrer Abendgesellschaften gewesen sein, wenn der übermäßig genossene Branntwein ihrer Zunge Band gelöst und sie ihrer Klugheit vergessen gemacht hat. Dann hört man, wie sie sich ihre Schandtaten gegenseitig vorwerfen; dann erfährt man, daß der Apotheker *Lumello* mit Hilfe eines französischen Arztes mehrere Personen vergiftete, daß der Sardinier *Rollet*[2] einen Sklaven so schlagen ließ, daß der Unglückliche seinen Geist aufgab; daß der erst vor kurzem vor den Thron eines höheren Richters gerufene *Nikola Ulivi*[3] neben unzähligen Betrügereien, Diebereien und einer offenkundigen Mordtat seine eigene, leibliche Tochter so lange quälte, bis diese verzweifelnd in den türkischen Gerichtssaal ging, um gegen einen Vater, *welcher der Tochter Gewalt antun wollte,* Schutz zu suchen; dann erzählen sie, ohne nur daran zu denken, daß sie ihre Verbrechen mitteilen, wie viele Sklavinnen sie schon überdrüssig bekommen, wie oft einer oder der andere von ihnen glücklicher Vater in »seinem Harem, in welchem sich vier bis fünf bildschöne Abbessinierinnen befinden«, geworden ist, wie einer diese oder jene Sklavin verkaufte, wenn sie ihm vielleicht auch schon ein Kind gebar u. desgl. m.

Der Sklavenhandel ist in ihren Augen ein ganz unschuldiges Gewerbe. Es ist eine Schmach des europäischen Namens, den sie führen, daß sie die von ihren Regierungen lange vergeblich bekämpften türkischen Mißbräuche ohne Bedenken annehmen. Die Vielweiberei und der Sklavenhandel finden in Chartum lebhafte Verteidiger; das Rechtsgefühl der Europäer des Ostsudan ist so tief gesunken, daß es darin keinen Anstoß nimmt. Was ihren Begierden zusagt, was ihren Wünschen schmeichelt, erscheint ihnen recht und billig. Nikola Ulivi, welcher in der Ausübung aller Laster immer voranging, soll im Sklavenhandel doch noch von einem Franzosen, *Bessieur*[4], übertroffen worden sein. Dieser trieb das einträgliche Geschäft im Großen, spedierte *unter französischer Flagge* ganze Schiffsladungen »der Ware« nach Kairo und – bewarb sich später um die Stelle eines französischen Konsularagenten für Zentralafrika.

Ich könnte aus der (von uns *»das große Buch«* genannten) Chronique scandaleuse Chartums noch viele Blätter aufschlagen und meine Leser einige Blicke dahinein tun lassen, aber ich glaube, daß das wenige, was ich bereits mitgeteilt habe, genügen wird. Auch wollen wir lieber unsere Blicke auf die jetzigen Verhältnisse, welche ein österreichischer Konsul regelt, werfen und es mit Dank anerkennen, daß jetzt der vormaligen Anarchie durch Machthaber gesteuert wird. Dem Deutschen muß es erfreulich sein, daß eine deutsche Regierung das erste Konsulat in Chartum errichtete.

Die rechtlichen Europäer ziehen sich von der übrigen Gaunerbande möglichst zurück. Ganz isolieren kann man sich leider nicht. Die alte Gewohnheit ist zu mächtig und reißt einen doch wieder in ihre Mitte. Selbst die Geistlichen der Mission, welche in ihrem eigenen Hause ganz eingezogen lebten, mischten sich zuweilen unter den wilden Kreis ihrer Beichtkinder. Wir Deutschen bildeten, wenn wir auch nicht zahlreich waren, immer eine eigene Gesellschaft. Die andern gingen ihren mannigfaltigen Geschäften nach. Einige sind Kaufleute, andere Angestellte der Regierung. Diese tun wenig oder nichts, lassen ihre Arbeiten von ihren Untergebenen besorgen und leben in Saus und Braus, für jene arbeiten ihre Sklaven; nur bisweilen machen sie eine Handelsreise ins Innere oder nach Kairo. *Rollet* besuchte mehrere Male den oberen Bahr el abiadt und trieb dort Tauschgeschäfte mit den Negern; Nikola Ulivi handelte zumeist mit Kordofahn und als Großhändler mit den kleineren Kaufleuten Chartums; die Geistlichen lasen sonntags die Messe in ihrer kleinen Kapelle und unterrichteten in den Wochentagen die christliche Jugend; noch andere hatten kein eigentliches Gewerbe und lebten doch.

In Hinsicht auf Kleidung, Essen und Trinken leben die Europäer ganz auf dem Fuße der Türken. Nur sind sie weit ausschweifender als die Letzteren, welche auch in Chartum noch immer Zucht und Sitte vor Augen haben. Die Vielweiberei, welcher jene treulosen Bekenner des Christentums ohne Ausnahme huldigen, hat bezüglich der Frauen auch das Absperrungssystem der Türken bei ihnen in Aufnahme gebracht. Nikolas schöne Sklavinnen blieben dem Auge der übrigen Europäer ebenso unzugänglich als die Schönheiten eines türkischen Harems. Selbst die Tochter Ulivis, die blasse, mondenscheinige *Genoveva*, welche ich später in Kairo sah, durfte das Frauengemach ihres Vaters nicht verlassen. Überhaupt haben die Europäer viele türkische Gebräuche und – es läßt sich nicht verkennen – darunter auch einige gute angenommen. Aber dafür haben sie so vielen Tugenden ihrer Landsleute entsagt, daß sie sich nicht gebessert haben. Sie sind ihrem Vaterlande verloren, sie handeln nie für etwas Gemeinnütziges, nur für ihr eigenes Interesse. Von ihnen ist keine wissenschaftliche Beobachtung zu erwarten; ihr Streben geht dahin, sich ihren Unterhalt zu sichern und sich das Leben so angenehm als möglich zu machen. Edle Genüsse kennen sie nicht mehr, deshalb berauschen sie sich in gemeinen. Wenn wir bei ihnen wirklich einmal Sinn für etwas Erhabenes finden, dann müssen wir ihn als den letzten Hauch des von ihrer Heimat mitgenommenen besseren Lebens ansehen. Ihr Leben in Chartum ist das eines aus allen Banden der Geselligkeit, Freundschaft und Liebe herausgerissenen Menschen; *es ist grenzenlos elend*! Wohl mögen sie das manchmal fühlen, wohl mögen sie sich manchmal zurücksehnen in die blühenden Lande der Heimat – sie sind unauflöslich an ihre jetzige Existenz gekettet. Im Vaterlande würden sie, die aller heimischen Sitten Entwöhnten, sich auch nicht mehr wohl befinden. Und darum bleiben sie in der freudlosen Fremde und leben ihre Tage dahin. Und wenn dann das Fieber einen von ihnen überwältigt, dann verscharren ihn die übrigen im Sand der Steppe und wenden sich nach seiner Wohnung, um sich dort bei klingenden Gläsern in seine Habe zu teilen*. Kein Freund betrauert den Toten, keine Träne fließt um ihn. Der, welcher lebend keine Achtung verdiente und besaß, erwirbt sie sich auch nach seinem Tode nicht. Sein Name ist nach wenig Jahren verschollen. Das ist das Leben der Europäer in Chartum!

Die Türken Ostsudans haben wir bereits als die Bekleider der höchsten Ehrenstellen kennengelernt. Andere in Chartum lebende Osmanen sind Kaufleute, wieder andere befinden sich hier in der Verbannung, weil Abas-Pascha alle, die ihm lästig wurden, nach Chartum oder in die Goldbergwerke von *Khassahn* in das Exil sandte. Wie in Ägypten sind die hier unter dem Namen Türken bekannten Kaukasier keineswegs allein aus Konstantinopel, der europäischen oder asiatischen Türkei abstammende Mohammedaner, sondern vielmehr ein Gemisch verschiedener, dem Islam ergebener, weißer Nationen, welche sich, nachdem sie ihre Heimat verlassen, längere Zeit in der Türkei aufhielten und die Gebräuche des letzteren Landes annahmen. Demnach finden wir unter ihnen *Tscherkessen, Georgier, Kurden* und *Griechen, Bosnier, Wallachen* und andere Slaven, welche Renegaten wurden. Bloß die Perser werden von allen diesen Nationen scharf getrennt und unterschieden. In den meisten Fällen wurden die Türken von der ägyptischen Regierung nach dem Sudan gesandt, um hier irgendein Amt zu verwalten. Nur die Kaufleute zog Gewinnsucht hierher.

Das Charakteristische des türkischen Lebens ist im Sudan wenig ausgeprägt, weshalb ich jetzt nur von der hier mehr als irgendwo hervortre-

* Ob das jetzt, seitdem ein Konsul in Chartum lebt, noch geschieht, weiß ich nicht; früher war es immer der Fall.

tenden Gastfreundschaft sprechen will. Hier, im tiefen Innern, wo der Türke vereinzelt dasteht, führt er ein echt patriarchalisches Leben. Ein Kahschef oder Kaimakhan lebt oft das ganze Jahr hindurch einsam und allein in einem vielleicht rings vom Urwald umgebenen oder inmitten der Steppe gelegenen Dorfe. Seine wenigen Bedienten genügen zuletzt nicht mehr, ihm Unterhaltung zu gewähren, er sehnt sich nach Gesellschaft. Deshalb ist seine Freude, wenn ein Fremder unter sein Dach eintritt, aufrichtiger, als es im Gewühle einer belebten Stadt zu erwarten sein möchte. Er übt mit wahrem Vergnügen alle Pflichten der »*Thiahfa*« und sucht die Abreise seines Gastes durch alle ihm zu Gebote stehenden Mittel zu verhindern oder wenigstens zu verschieben. Auf jede Weise ist er bemüht, den Gast zu fesseln; er läßt auftragen, was die Küche liefern kann, weiß dem Fremden jeden Wunsch an den Augen abzusehen und entläßt ihn mit Bedauern.

Der Reisende kommt mit seinem Reitkamel vor dem Hause eines Türken an, legt das Tier nieder, springt aus dem Sattel und tritt in das Empfangszimmer des Hausherrn. »El salam aleïkum!« – Friede sei mit euch! – spricht er und geht auf den Diwan zu. Der Gastgeber erhebt sich und antwortet: »Aleïkum el salam, wu rachmet lillahi wu baraktu oder warakahtu!« – Mit euch sei das Heil und die Gnade Gottes und sein Segen!* – »Marhabahbkum!« – Seid mir willkommen! – Diese wenigen Worte genügen dem Wirt, seinen Gast (er sei nur kein gemeiner Fellah oder Sudanese, sonst aber wer er will) aller Rechte der Gastfreundschaft teilhaftig zu machen und versichern den Gast des freundschaftlichen Empfangs.

Gelangt man zu Schiffe oder zu Kamele in eine kleine Stadt, dann erscheinen sehr bald nach der Ankunft des Fremden die türkischen Beamten des Fleckens, um ihn zu bewillkommnen. Bisweilen fallen diese Besuche zur Last, man kann ihnen aber nicht entgehen. Die etwa mit ins Spiel kommende Neugierde, einen Fremden kennenzulernen, ist den Einsiedlern nicht zu verdenken. Der das ganze Jahr auf denselben Umgang beschränkte Türke sehnt jede Abwechselung seines langweiligen Aufenthaltes herbei. Er kommt auf die Barke, trinkt seinen Kaffee, ist sehr artig und bittet den Fremden schließlich um Gegenbesuch. Man nimmt die Einladung ebenfalls der Abwechselung wegen gern an, raucht einige Pfeifen bei dem neuen Bekannten, erfährt nebenbei so

* Das ist der Gruß, welchen der Prophet den schönsten nennt. »Denn dem, welcher Gutes tut oder wünscht, soll man das Empfangene zweifältig zurückgeben.«

manches über den Ort und kehrt befriedigt zu seinem Lager oder Schiff zurück. Ich sage »befriedigt«, denn was will, was erhält man mehr?

Wie angenehm die schöne Sitte der Türken, den Fremdesten freundschaftlich aufzunehmen, kurz die Gastfreundschaft dem Reisenden in einem Lande ohne Wirtshäuser ist, brauche ich wohl nicht auseinanderzusetzen. Noch bei seinem Weggange empfängt er Beweise derselben. Der Gastfreund läßt seinen Gast nicht ziehen, ohne ihm noch ein Schaf, Brot oder sonstige Provisionen »für die Küche« mitzugeben. Dann geleitet er ihn bis auf den richtigen Weg oder solange dieser gefahrbringend sein sollte, und wünscht beim Scheiden den Segen Allahs auf den Fremdling herab.

Die aus Ägypten in den Sudan eingewanderten Araber wohnen nur in den Städten des Landes – falls sie nicht Soldaten und als Ortsvorsteher angestellt sind – und betreiben dort Handwerke. In Chartum verfertigen sie Schuhe, Sattlerwaren, sind Blaufärber – denn man versteht nur mit Indigo zu färben –, Barbiere, Kaffeebereiter, Büchsenmacher, Garköche, Bäcker, Kaufleute, Geistliche usw. Sie erhalten sich nicht immer ihre heimischen Sitten und Gebräuche, dünken sich aber hoch erhaben über den Nubier oder Sudanesen. In Chartum haben sie ihr eigenes, wenn auch inmitten der Wohnungen der Eingeborenen gelegenes Quartier und im Basare ein nur von ihnen, den *»Aulahd Masseri«* oder »Söhnen Kairos«, besuchtes Kaffeehaus. Durch sie ist die Hauptstadt der Königreiche wohnlicher geworden. Sie liefern die notwendigsten Arbeiten und haben vor allem einem Mangel, dem an genießbarem Brote, abgeholfen. Früher war man genötigt, auch in Chartum das ekelhafte Gebäck der Eingeborenen zu essen, jetzt bekommt man vortreffliches Weizenbrot.

In den Häusern vornehmer Türken finden wir den Ägypter als Diener und dann, wenn auch unter die türkischen, doch immer über die dunklen Bedienten und Sklaven seines Herrn gestellt. Hierzu berechtigen ihn seine Fähigkeiten. Er ist, von seinem Vaterlande getrennt, ein sehr zuverlässiger und treuer Dienstmann und geht, zumal wenn er über die Jünglingsjahre hinaus ist, seinen Geschäften mit Ernst und Eifer nach. Während man in Ägypten nubische Bediente den ägyptischen oft vorzieht, schätzt man diese im Sudan mehr als jene. Auch in der Fremde behalten sie ihre ihnen wohl anstehende Kleidung bei und zeichnen sich dem Eingeborenen gegenüber immer durch Reinlichkeit aus.

Wenn sich ein Ägypter im Sudan seinen Herd gründen und verheiraten will, erbaut er sich sein Haus nur in der Nähe der Wohnungen seiner Landsleute und späht nicht unter »den Töchtern des Landes« umher, um sich aus diesen seine Gattin zu erwählen, sondern sucht sich seine Rasse möglichst rein zu erhalten. Eine mannbare Tochter ägyptischer Eltern ist in Chartum ein sehr gesuchter Gegenstand. Der Ägypter preist sich glücklich, wenn er eine solche gefunden. Seine Kinder läßt er Lesen und Schreiben lehren und erzieht sie immer besser als die Sudanesen die ihrigen, wenn man bei diesen überhaupt noch von Erziehung reden kann. Wie die Europäer unter sich, schließt er mit seinen Landsleuten einen engen Kreis; wenn er im Innern desselben etwas Heimisches ins Leben rufen kann, freut er sich unendlich darüber. Man muß einen Ägypter von seinem schönen Kairo reden hören, um aus seinen Worten die Tiefe seiner Sehnsucht nach dem Vaterlande verstehen zu können.

Und deshalb versammeln sich die Ägypter allabendlich, um in ihrer Unterhaltung Kairos zu gedenken, um ihre Gefühle auszutauschen. Wenn der Familienvater das Gebet der Nacht gesprochen hat, nimmt er seinen Tschibuhk und wandelt nach dem Markte. Dieser vereinigt für ihn und wohl auch für den Türken alles, wonach sein Herz sich außerhalb seines Hauses sehnen kann. Hier bleibt er bis spät in die Nacht. Und dann geht er, geistig und körperlich erquickt durch süße Rede und würzigen Kaffee, wieder heim in seine dürftige Wohnung und beginnt am nächsten Morgen sein Geschäft in der süßen Hoffnung, den Abend wieder im trauten Kreise »der Söhne seines Volkes« verleben zu können. Und so versucht er sich von Tag zu Tag, von Jahr zu Jahr zu trösten und bittet das Geschick, ihm doch bald den Weg zur Heimat zu eröffnen.

Wohl mag auch der in Chartum erst neuangekommene, fremde Neger sich zurückwünschen in die Heimat, in seine undurchwandelten Wälder – sein Heimweh will niemand fühlen! Auch er ist Fremdling in dem von den Türken unterworfenen Gebiet, aber von seinem Fremdenleben kann ich hier nicht sprechen.

VIII. Sklaven und Sklavenjagd

Der Kampf der Völkerschaften des *Sudan* mit der türkisch-ägyptischen Regierung ist beendet, mit den Sklaven währt er noch heute fort; mit ihnen wird er noch so lange dauern, als der freigeborene Mensch sein heiligstes Gut zu verteidigen imstande ist, so lange noch kräftiger Mannesmut mit Todesverachtung gegen List und Schändlichkeit, Habgier und Beknechtungssucht in die Schranken treten kann. Ich verstehe unter den Sklaven alle diejenigen freien Völker, denen die türkische Regierung auf ewig den Krieg erklärt hat, weil sie die Kraft ihrer Männer oder die Schönheit ihrer Frauen im Dienste der Knechtschaft verwenden will; weil sie beide nicht höher achtet als der gebildete Mensch die Tiere seiner Herde; weil sie Menschen findet, welche Menschen kaufen. Das unglückliche Los, als verkäufliche Ware betrachtet zu werden, trifft die Völkerstämme Abessiniens und die verschiedenen Negerstämme aus den südlichen Ländern des weißen und blauen Flusses.

Wenden wir uns, bevor wir mit der Rhassua* in die Urwälder eindringen, rückwärts und betreten wir einen Sklavenmarkt in Ägypten. Der Reisende, welcher heutzutage dieses Landes Hauptstadt betritt, fragt zuerst mit nach dem Sklavenmarkt. Gesättigt und erhoben von all dem Großartigen, das er in wenigen Tagen gesehen, befriedigt von dem Anschauen eines der Wunder der Welt: den Pyramiden, noch staunend über die Pracht der Gräber der Kalifen, ernst gestimmt von der Stadt der Toten, schwelgend im Genusse eines ewig heiteren, unbewölkten Himmels, betäubt vom uralten und immer neuen Gewühl und Getön in den Straßen der Stadt der Sarazenen, wendet er sich nach dem Sklavenmarkte, um auch hier seiner Neugier zu genügen. Glücklich hat er sich durch das Menschengewimmel der Märkte hindurchgedrängt und gelangt in ödere, stillere Straßen. Vor einem alten Gebäude hält sein Führer. Er befindet sich vor der *»Wekahle el Abihd«* (dem Sklaven-Verkaufshaus). Ein wirres Gemisch von Höfen, Ställen, Zimmern und

* Sklavenjagd.

Räumen breitet sich vor ihm aus. Schon am Eingang sieht er »die Ware« vor sich. Auf schlechten, aus Palmenfasern geflochtenen Matten sitzen die dunklen Kinder des Südens, dürftig bekleidet, um den Fremden oder dem Käufer zur Schau zu dienen. Der *Djellahbi* raucht, auf einem *Ankharehb* liegend, ruhig seine Pfeife und ladet den Angekommenen ein, *»el Farchaht«* (die jungen Tiere) zu besichtigen. Ist dieser ein Kauflustiger, dann erhebt jener sich wohl auch, um ihn zum Aufenthaltsorte des Sklaven zu begleiten; unbekümmert um Alter oder Geschlecht gebietet er diesem, die Zähne zu zeigen, um danach, wie in Deutschland bei einem zu verkaufenden Pferde, einen Schluß auf das Alter und die Brauchbarkeit des Individuums ziehen zu können, verschiedene Stellungen und Biegungen des Körpers vorzunehmen, um die Gelenkigkeit desselben kundzugeben und schließlich sich zu entkleiden, um Untersuchungen gefühlloser und wollüstiger Barbaren auszuhalten: Untersuchungen, die selbst das Schamgefühl eines Wilden auf das Tiefste empören müssen. Scheinbar gefühllos starren die Sklaven den Käufer an; ohne eine Miene zu verziehen, gehorchen sie den Befehlen des Djellahbi; sie lassen alles über sich ergehen, wandern aus einer Hand in die andere, ohne ein Gefühl des Schmerzes kundzugeben. Und dennoch ist ihr bloßer Anblick für den fühlenden Europäer schauderhaft! Er sieht einen Menschen vor sich, der einem Vieh ähnelt und wie ein Vieh behandelt wird. Indigniert wendet er sich ab und verläßt die Wekahle – er hat einen Markt verlassen, auf dem der Sklave, im Vergleich zu denen des innern Afrika, mild, menschlich behandelt wird; er hat die wenigen Hellstrahlen des Nachtgemäldes gesehen. Erst im Sudan sieht er die Sklaverei in ihrer ganzen Abscheulichkeit, denn dort begegnet er der Sklavenjagd.

Knechtung und qualvoller Frondienst, Unterdrückung der heimischen Sitte, Trennung der heiligsten Banden, Schändung des Teuersten, Vernichtung der edelsten Gefühle steht dem Abessinier oder Neger bevor, wenn sich die Rhassua oder die auf flügelschnellen Rossen herankommende Araberhorde seinem Heimatlande nähert. Kein Wunder, daß der Mann mit Mannesmut dem blutdürstigen, beutelustigen Feinde zum fürchterlichen Kampfe entgegentritt; kein Wunder, daß er mit entsetzlicher Grausamkeit Grausamkeit vergilt. Das türkische Gouvernement will Menschen fangen, um sie an Soldes statt seinen Beamten zu geben; der Araber will Sklaven haben, um sie als Diener, denen alles aufgebürdet werden kann, zu benutzen oder als gewinnbringende Ware zu verschachern. Der braune oder schwarze Mann des Gebirges oder des Urwaldes kennt sein Los; er weiß seinen Herd zu verteidigen – und tut es. Die Sklavenjagd ist jetzt nicht mehr einträglich, wie sie es war, ehe der Neger seinen grimmigsten Feind als sterbliches Wesen kennenlernte; jetzt fallen oft mehr Soldaten als Feinde gefangen werden.

Es ist noch nicht lange her, da betrachtete der ungebildete Sohn der Wildnis den Weißen als unantastbares, geheiligtes, der Gottheit – oder dem Teufel gleichen Wesen. Im Jahre 1851 befehligte der Italiener *Nicola Ulivi,* jener in Chartum ansässige, in ganz Ostsudan als Gauner, Betrüger, Dieb und Mörder bekannte Kaufmann, die Handelsflotte, welche jährlich von Chartum aus nach dem weißen Flusse gesandt wird, um dort mit den eingeborenen Negern, dem Stamme der *Dinkha, Schilluk, Nuëhr* usw., Tauschhandel zu treiben. Die Habgier des Italieners war mit dem dabei sich ergebenden enormen Gewinn nicht befriedigt. Bei Gelegenheit des Handels im Lande der *Kihk* bekam ein Neger von den Tausenden, welche sich in der Nähe der Barken versammelt hatten, Streit mit einem Matrosen, von dem er übervorteilt zu sein glaubte und auch wirklich war. Die Männer am Ufer murrten über die schreiende Ungerechtigkeit der Weißen. Da befürchtete *Nicola,* daß sein Handel gefährdet sein könnte, und ließ, um den armen Schwarzen seine Stärke zu zeigen, die fünfzig Negersoldaten, welche die Handelsexpedition begleiteten, auf das am Ufer versammelte Volk Feuer geben. Mehr als zwanzig Neger fielen nach den ersten Schüssen.

Erbebend, wie vor dem unabwendbaren Gericht allmächtiger Götter, beugten die unwissenden Naturkinder ihre Knie vor dem Frevler. Wehelaute des Schreckens und der Furcht ausstoßend, fielen sie auf ihr Angesicht; heulend und klagend besichtigten sie die Körper der Gefallenen, deren Wunden das warme Herzblut entströmte; wie Kinder, welche das unbegreifliche Walten der Gottheit nicht zu fassen verstehen, betasteten sie die Wunden der Leichen, in denen kein Pfeil, keine Lanze steckte. Die bleiernen Todesboten aus den Geschossen der Weißen hatten unsichtbar ihren grauenvollen Weg zurückgelegt. Noch war den armen Schwarzen die Feuerwaffe beinahe unbekannt. Sie kannten den Frevel, sie kannten die Waffe in des Frevlers Hand noch nicht. Ihre Brüder lagen dahingeschlachtet wie des Waldes Tiere; sie sahen nur das Entsetzliche, aber kein Mittel, das Entsetzliche abzuwenden, und entflohen jammernd dem Orte des Schreckens.

Nicht alle Negerstämme sind heutigen Tages noch über den Weißen und seine Waffen so im unklaren wie die betörten *Kihk*. Die *Schilluk* und *Dinkha, Takhali* und *Dar-Furi,* die *Abessinier* und *Tabi* wissen, welch ein Feind ihnen gegenübersteht. Und wo der Neger eingesehen hat, daß er mit sterblichen Wesen kämpft, da hat er auch den Weißen jedesmal besiegt. Immer seltener, immer beschwerlicher, immer gefährlicher wird die frevelhafte Jagd.

Dinkhas

In demselben Jahre, welches Nicolas Morden sah, rüstete *Latief-Pascha* auf Befehl des Vizekönigs eine Rhassua gegen Takhale aus. Der kühne Fürst, denn diesen Namen verdient der Schwarze, hatte versucht, sich an den Feinden seiner Nation zu rächen. Er hatte aufgehört, den Tribut zu entrichten, welchen die Türken seinem Lande nach einem glücklichen Feldzuge auferlegt hatten; er war sogar in das Gebiet der Türken, in die Provinz Kordofahn, eingefallen und hatte dort Dörfer zerstört, Herden hinweggetrieben, Leute getötet und in die Gefangenschaft geführt: er hatte einfach das Vergeltungsrecht für unzählbare, seinem Volke früher angetane Grausamkeiten geübt. Dafür sollte er bestraft werden. *Latief-Pascha* rüstete ein für jene Länder bedeutendes Heer aus. Mehr als tausend Negersoldaten vom blauen Flusse, von Haus aus grimme Feinde der Takhalaui, vierhundert berittene Arnauten und sechs Geschütze mit ihrer Bemannung bildeten die Kriegsmacht.

Ähnliche Heerhaufen brachten sonst gewöhnlich fünf- bis sechshundert Gefangene mit sich zurück; diesmal wurde das Heer total aufs Haupt geschlagen; von den vierzehnhundert kehrten nur dreihundert zurück. Der Negerkönig hatte sich zum größten Staunen ein mit Feuerwaffen bewehrtes, durch Überläufer eingeübtes Heer gebildet. Jeder Überläufer, der mit seiner Waffe bei ihm eintraf, erhielt von ihm eine Hütte und zwei Frauen geschenkt und befand sich unter seinen Stammesverwandten – denn selbst die angeerbte Fehde lernt der Sklave vergessen – wohler, als er sich in der Knechtschaft der ihn peinigenden Türken befunden hatte. Ehe es noch zum Kampfe kam, verließen Hunderte von Negersoldaten die Reihen ihrer Bataillone und gingen zum Feinde über. Die Türken, ohnehin von einem erbärmlichen Oberst, dem einäugigen, wie die Italiener sich auszudrücken pflegen: »von Christus gezeichneten«*, von allen gemeinen Soldaten gehaßten *Mohammed-Arha,* schlecht angeführt, mußten trotz aller Tapferkeit der Arnauten das Feld räumen. Mohammed-Arha hatte in dem König von Takhale einen ihm nicht nur ebenbürtigen, sondern sogar überlegenen Kriegsmann gefunden. Er hatte in der Schlacht die größte Feigheit, der König der Neger die größte Tapferkeit gezeigt. Glücklich hatte dieser den Unbesonnenen in die Berge gelockt, wie Wetterleuchten ihn dort überfallen und geschlagen. Der türkische Befehlshaber rettete nur durch schleunigen Rückzug die Trümmer seines Heeres; von einer Schwadron zu hundert Reitern blieben ihm bloß fünf gesunde Leute übrig.

Eine Sklavenjagd ist der vollkommenste Guerillakrieg. Von beiden Seiten suchen sich die Kämpfenden an List und Grausamkeit zu überbieten. Ich will versuchen, sie nach den Mitteilungen eines mir befreundeten, wahrheitsliebenden türkischen Majors zu schildern.

Die Rhassua ist versammelt; Geschütze und Waffen sind im besten Stande, Bespannungs- und Lasttiere vollzählig, die Soldaten selbst frohen Muts. Kamele tragen das Gepäck der Krieger und kleine Kisten mit Munition; die Soldaten ziehen leicht dahin. Man erreicht die Grenze des den Türken unterjochten Landes und betritt das Gebiet der freien Schwarzen, die noch von keiner Axt entweihten Urwälder. Die Kolonnen teilen sich und machen sich mühsam durch das Gehänge der Schlingpflanzen, durch das Dickicht der niederen Mimosen Bahn. Dichter und dichter werden die Urwälder. Kein Feind zeigt sich; die zu-

* Marcato di Cristo.

fällig aufgefundenen Dörfer sind leer; man begnügt sich, sie anzuzünden. Das Heer zieht weiter in den Wald hinein; die Beschwerden mehren sich. Ungewohnt des ihm fremden Klimas stürzt das Kamel, sei es, wie man annimmt, infolge der Stiche von tausend kleinen Fliegen, sei es infolge der ihm nicht zusagenden Kräuter; südlich des dreizehnten Grades gedeiht es nicht mehr. Man verteilt seine Last unter die Soldaten. Langsamer bewegen sich ihre Reihen. Tagelang schon marschieren sie, noch immer haben sie keinen Feind erblickt. Aber dunkle Gestalten sind ihrem Zuge gefolgt. Von Baum zu Baum schleichend, sich hinter jedem Stamme verbergend, beobachten schwarze Männer jede ihrer Bewegungen, zählen oder schätzen ihre Streitkräfte und benachrichtigen ihre Stammgenossen mit dem Resultat ihrer Erfahrungen. Endlich werden sie von jenen entdeckt, jedoch einzelne Schüsse genügen, die Neger zu vertreiben.

Unbekannt in dem Urwald schleppt sich die Reihe der durch Beschwerden aller Art schon geschwächten Krieger durch das Urdickicht des Waldes. Bereits sind die Geschütze notgedrungen zurückgelassen worden. Müde und matt erreichen die Krieger einen freien, zum Lager passenden Platz. Nach kurzer Ruhe beginnt ein reges Leben. Die Äxte fällen die Mimose, deren stacheligen Äste, zur undurchdringlichen Serieba vereinigt, das Lager schützen; ein kleiner Raum beherbergt die zusammengedrängten Bataillone. Dunkel senkt sich die Nacht auf den Wald hernieder. Geprüfte ägyptische Soldaten halten, paarweise vereint, die Wache. Tiefe Stille; die Nacht ist anfangs still und dunkel im Urwalde, erst später erschallen seine nächtlichen Stimmen. In der Ferne hört man das grunzende Gebrüll des Panthers, der milchweiße Uhu ruft seinen Namen, sein *»Buhm«* klingt schauerlich im Walde wider; fast verhallend tönt das melodische, glockenreine Gezirp gewisser Grillenarten zum Lager herüber; in einem entfernten Sumpf quaken die Frösche; tiefer im Wald heult die Hyäne. Dichte Schwärme summender Moskitos, Hunderte von Fledermäusen umschwirren die Häupter der auf ihre Gewehre gelehnten Wachen.

»Hörst du nicht, mein Bruder? Raschelte es nicht dort im Gebüsch? Siehst du nicht jene dunkle Gestalt?«

»Wohl, es wird der *Marafihl** sein, den wir hörten; schieße nicht nach ihm, wer weiß, ob es nicht einer jener Verfluchten, ein Zauberer –

* *Marafihl* ist der im Sudan gebräuchliche Name der gefleckten Hyäne.

Tamarinden-Gruppe

aus billahi min el scheïtan, ja rabbi!* – ist, welcher die Gestalt des Marafihl angenommen hat.«

»Verflucht sei der Wald und seine Bewohner! Mein Bruder, mir dunkelts vor den Augen, ich bin müde, müde! Ah ja rabbi!«

Der ermüdete Soldat kann sich trotz des gegenseitigen, immer erneuten, ermunternden Zurufs der übrigen Wachen des Schlafes kaum erwehren, er schlummert nicht, aber sein Auge ist trübe vor Müdigkeit. Er sieht nicht jene sich in der Schwärze der Nacht leise, wie schleichende Katzen herannahenden, dem Auge kaum wahrnehmbaren schwarzen Männer, und doch kriechen sie schon dicht vor ihm auf dem Bauche, unhörbar an den Wall heran. Endlich bemerkt er sie.

»Allah hu akbar! Esmaa ja achui, hauen aaleïna ja rabbi, el aabi – ht**! Weiter sagt er nichts: eine Lanze hat ihm die Brust durchbohrt. Vor der Serieba erheben sich Tausende schwarzer Männer, ein heulender, langgedehnter, gellender Schlachtruf erschallt, das Grunzen des Panthers, das Geheul der Hyäne, der Todesruf des Uhus erklingt aus dem Munde der Neger; mit dem Schlachtgebrüll durchzischt die kräftig geschleuderte, tötende Lanze die Luft. Wo sie auch hinfällt im Lager, sie fällt in die dichtesten Rotten der bedrängten Soldaten; das Blitzen einzelner Gewehre zeigt diesen, daß sich unter den Angreifern auch der Feuerwaffen kundige Männer befinden. Jetzt entladen Hunderte von Soldaten ihre Feuerwaffen, eine oder zwei leichte Kanonen donnern gegen den Feind – die Kugeln schaden wenig oder nicht. Längst schon sind die Angreifer wieder geborgen. Dicke Bäume, Erdwände, Erhöhungen des Bodens und die Nacht schützen sie. Die Kugeln der Soldaten pfeifen durch die Äste der Mimosen, ohne mehr zu nützen, als den Feind von einem neuen Angriff abzuschrecken.

Der heranbrechende Morgen beendet den Kampf. Sein Licht beleuchtet das kleine Schlachtfeld. Viele der Soldaten haben keine Bewegung gemacht; der Tod hat sie im Schlafe ereilt. Mit den Lanzen sind sie fest an die Erde geheftet, die Stiele derselben starren in die Luft hinaus. Andere sind unter den fürchterlichsten Krämpfen verschieden: ein vergifteter Pfeil hat sie getroffen; andere liegen im Todeskampfe. Von den Schwarzen sieht man auf der Walstatt keinen Toten; die Lebenden nahmen die Leichen ihrer Brüder mit sich hinweg, um sie nach ihrer Weise zu beerdigen oder den Wellen des geheiligten Stromes zu übergeben.

* »Schütze mich Gott vor dem Gespenst (dem Teufel)! o schütze mich, Herr!«

** Gott ist der Größte! Höre, mein Bruder! Hilf uns, o Herr! Die Ne–ger!

Unter solchen Umständen tut der Führer der Rhassua wohl daran, den Rückzug anzutreten. Seine Negersoldaten werden durch Mißgeschick im Kriege leicht zu Empörungen geneigt und gehen, obgleich man die Vorsicht gebrauchte, sie nur gegen Feinde zu führen, mit denen sie auf Tod und Leben zu kämpfen von Kindheit an gewöhnt sind, gern zu ihren Stammesverwandten über, diesen im Anfange willkommen, später vielleicht eine unnütze, von neuem gehaßte Last.

In den übrigen Soldaten erwacht der Mut der Verzweiflung. Sie verlangen stürmisch, gegen den Feind geführt zu werden; sie fluchen ihm und, alle mohammedanische Resignation vergessend, ihrem fürchterlichen Lose. Mit seinem Bajonett, mit dem Jatagahn in der Faust stürmt man den Berg hinan, den Dörfern der Schwarzen entgegen. Hinter jedem Baumstamme lehnt ein kampfgerüsteter Mann; der sichere Pfeil entgleitet geräuschlos seinen Händen. Hier nützen Feuerwaffen wenig oder nichts. Der Krieger kämpft Mann gegen Mann mit dem Feinde. Oft werden die Gewehre der schwarzen Soldaten, welche ihre Furcht vor dem Pulver nicht überwinden konnten und mit abgewandtem Gesichte feuern, plan- und zwecklos gebraucht; weder Taktik noch Kanonen helfen im Urwald; der nach den Regeln europäischer Kriegskunst eingeschulte Soldat unterliegt im Einzelkampfe dem kühnen Schwarzen.

Wohl diesem, wenn er den Feind zwingt, sich zurückzuziehen, aber wehe ihm, wenn ihm dies nicht gelingt! Dann wird das Dorf der Neger umzingelt und genommen. Tigern gleich stürzen sich die Soldaten auf ihre Beute. Greise, Kranke und zu Sklaven unbrauchbare Feinde werden von den jetzt keine Menschlichkeit mehr kennenden Soldaten ohne weiteres niedergestochen, die Frauen geschändet. Den wütenden Grimm der Männer hat man zu bändigen gewußt. Man hat sie längst entwaffnet und in die Scheba* gesteckt. Sie versuchen, sich darin zu erwürgen; man wehrt es ihnen. Vor ihren Augen schlachtet man Weib und Kind, Vater und Mutter; selbst die unschuldigen Haustiere werden er-

* Die *Scheba* ist eine roh zugearbeitete Holzgabel, in welche der Hals des Gefangenen gesteckt wird. Vorn ist die Gabel durch ein fest aufgenageltes Querholz verschlossen, am hinteren Ende besitzt sie einen langen Stiel. Diesen muß der Gefangene selbst tragen oder, wenn man sein Entfliehen befürchtet, einen hinter ihm Gehenden tragen lassen. Der Gefesselte behält die Gabel so lange an seinem Halse, bis er am Orte seiner Bestimmung angelangt ist. Sie ist nicht geglättet oder mit weichen Lumpen umhüllt, und verursacht deshalb böse Wunden, welche so lange nicht heilen, als die Scheba ihre Wirkung äußern kann. Es ist keinem so Gefesselten möglich, zu entfliehen.

barmungslos niedergestochen. Zur Ehre der Weißen sei gesagt, daß bei solchen Gelegenheiten die Negersoldaten im Vergleich zu ihnen echte Teufel sind, Teufel, welche mit wahrer Virtuosität schauderhafte Martern für die Besiegten aussinnen und an ihnen ausüben. Nun werden die Gefangenen gemustert und alle Unbrauchbaren niedergemacht. Nachdem der Sieger auch soviel Vieh, als er finden konnte, zusammengetrieben hat, tritt er den Rückzug an. Von Soldaten eingeschlossen, bewegt sich der Zug der Gefangenen, mehr gestoßen und gepeinigt, als eine Herde Vieh. Der Kommandierende ruft halt. Alles wendet die Blicke nach dem brennenden Dorfe. Ob dort ein Schwerverwundeter erst in den Flammen seinen Tod findet; ob dort ein gemartertes Weib mit den Zähnen in die Erde beißt, um ihre Schmerzen zu betäuben, ob sie, unfähig zum Gehen, die vernichtende Feuersbrunst näher und näher kommen sieht und sich bei ihr die Todesangst zum Todeskampfe gesellt; ob inmitten einer vom Feuer ergriffenen Hütte ein verlassenes Kind um Hilfe schreit – den Sieger kümmert das wenig. So geht es mit noch mehreren Dörfern, bis man Sklaven genug hat oder dem Klima und dem immer und immer die Soldaten umschleichenden Feinde nicht mehr widerstehen kann. Sengend und

Sklaventransport nach Ägypten

brennend, mordend und plündernd ziehen die Soldaten nach Chartum zurück.

Der Zug geht langsam. Die schmerzgepeinigten Männer, welche noch Wunden vom Schlachtfeld her tragen, deren Hälse die Scheba wund reibt, die armen halb verdurstenden und verhungernden Weiber, die schwachen Kinder sind nicht imstande, schnell zu gehen.

Ich habe einen Transport Dinkha-Neger in Chartum ankommen sehen. Der Anblick war schauderhaft. Keine Feder kann ihn beschreiben, keine Worte drücken ihn aus. Mir hat er wochenlang wie ein Bild des Schreckens vor der Seele gestanden.

Es war am zwölften Januar 1848. Vor dem Regierungsgebäude in Chartum saßen über sechzig Männer und Weiber im Kreise auf der Erde. Alle Männer waren gefesselt, die Weiber frei. Kinder krochen auf allen vieren zwischen ihnen herum. Die Unglücklichen lagen ohne den geringsten Schutz in der glühenden Sonne, mit stieren, toten und dennoch unendlich traurigen Blicken auf der Erde, ohne zu klagen, ohne zu wimmern. Eiter und Blut floß aus den Wunden der Männer hervor, kein Wundarzt bekümmerte sich um sie. Sie hatten nichts als heiße Erde, um das herabträufelnde Blut zu stillen; ihre Nahrung bestand aus rohen Durrahkörnern, demselben Futter, das die Kamele fressen. Unwillkürlich suchte sich der Blick des Beschauers aus dem Entsetzlichen das Entsetzlichste heraus. Dort jene Mutter mit ihrem Säugling war es, jene kranke Mutter mit jenem verschmachtendem Säugling! Mit Tränen in den Augen sah sie das Kind auf allen vieren zu sich herankriechen. Das Kind verlangte die Mutterbrust. Aber diese labte nicht mehr. Die Haut lag bei beiden in großen Falten auf dem Knochengerippe. Ich sah im Geiste den Todesengel über beiden schweben, ich glaubte das Rauschen seiner Flügel zu hören und habe Gott gebeten, ihn bald, recht bald zu senden.

Ein Ägypter, der Tschausch oder Unteroffizier der die Wache haltenden Soldaten, trat zu uns. »Siehst du, Herr, Allah war unserem Zuge günstig, wir waren glücklich. Fünf Dörfer haben wir erobert, mehr als fünfhundert Heiden getötet. Ah ja kelahb, ah ja malaïn, ja Allah urkhus*! Wartet, ich will euch aufhelfen!« Der Unmensch nahm in die eine Hand eine Peitsche, in die andere ein Musikinstrument, schwang beides und befahl durch einen Dolmetscher den Negern zu tanzen und zu singen.

Das ist die Sklavenjagd, welche die Regierung öffentlich betreibt. Es

* O ihr Hunde, o ihr Nichtswürdigen, auf, tanzet!

ist kein Wunder, daß sie auch Privatleute ausüben. Zwischen Obeïd und dem weißen Flusse wohnen die *Kababiesch*, ein räuberischer Nomadenstamm, dem Namen nach von den Türken ebenfalls unterjocht. Zwanzig bis dreißig dieser Nomaden besteigen ihre schnellfüßigen, ausdauernden Pferde und jagen dem Gebirge zu. Ehe die mutigen Gebirgsbewohner es ahnen, ist ein Dorf überfallen, zehn bis zwölf Kinder werden geraubt, bevor noch der Neger zu den Waffen greifen konnte, ist die Räuberhorde wieder verschwunden. Sklavenhändler erscheinen nun im Lager der Nomaden, kaufen die Kinder und bringen sie nach Obeïd. Die Knaben werden entweder Soldaten oder, wie die Mädchen, Dienstleute, Sklaven in den Häusern der Vornehmen und Reichen. Wohl ihnen, wenn sie in die Hände milder Türken oder Ägypter fielen; wehe ihnen, wenn ihr unglückliches Los sie in die Hände eines Nubiers, Kordofahnesen oder – *eines Europäers* warf! Die aus der Haut des Hippopotamus geschnittene Peitsche zerfleischte ihren Rücken, ehe sie noch Jünglinge wurden. Die grausame Behandlung dauert auch in der Sklaverei fort. Es ist wahr, der Neger ist in der Knechtschaft ein anderer Mensch als in der Freiheit seiner heimatlichen Berge. Wie jeder unterdrückte und dabei unzivilisierte Mensch wird er falsch, tückisch und schlecht. Seine Energie verwandelt sich in der Sklaverei in Starrköpfigkeit, seine Kriegslist in Hinterlist und Heimtücke, seine an dem feindlichen Stamme ausgeübte Blutrache in Rachsucht: der frühere Krieger wird jetzt leicht ein zu fürchtender Mörder. Der Sklave, welcher seine Kette nicht brechen kann, sinnt auf Mittel, sich an dem zu rächen, welcher ihm diese geschmiedet.

Einem so mißhandelten Sklaven ist es nicht zu verargen, wenn er sich sehnt, anstatt des lästigen Staubes der Ebene, welche er zu Feld umzuschaffen gezwungen wird, die frische Luft seiner heimatlichen Berge zu atmen; wenn er wünscht, seinen von Peitschenhieben zerfleischten Rücken des lastenden Jochs zu entledigen und mit der Lanze in der Hand dem *frei* gegenüberzutreten, welcher ihn in jahrelanger Knechtschaft quälte. Er entflieht und eilt zurück nach den blühenden Wäldern seiner Heimat, zu den Brüdern seines Stammes. Aber eine fürchterliche Strafe harrt seiner, wenn ihm ein Fluchtversuch nicht gelang und er wieder eingefangen wurde. Der Sklavenbesitzer will seinen Neger, mit dem er schalten und walten kann gleichwie mit vernunftlosem Vieh, nicht gutwillig fahren lassen. Was ist schon für ein Kummer, wenn so ein Sklave stirbt! Wie bedauert sein Herr den Verlust der zwei- oder dreihundert Piaster, die er gekostet hat! Und welche Wut erfaßt einen Sklavenbesitzer, wenn es einem seiner Leibeigenen gelang, zu entfliehen! Er schwört ihm im voraus grimmige Rache, unmenschliche Strafe zu. Dann geht er zu einer gewissen Art Menschen, die den Dienst der Bluthunde Nordamerikas übernehmen. Er führt sie in seine Behausung, zeigt ihnen die Fußstapfen des Entflohenen und fordert sie auf, ihn wieder einzufangen, wofür er eine gewisse Geldsumme verspricht. Die Bluthunde machen sich auf, den Flüchtling zu suchen. Sie bewaffnen sich mit Pistolen, einem Feuergewehr und der Lanze, nehmen Ketten, Nägel und eine Axt mit sich, um sogleich die Scheba zu zimmern. Dann verfolgen sie die Fährte des Entkommenen. Unter Tausenden von Fußstapfen wissen sie dieselbe herauszufinden und zu behalten. Es gelingt ihnen nach stunden- und tagelanger Jagd wirklich, den Sklaven wieder einzufangen oder niederzuschießen, wenn er sich nicht gefangen geben will. Im ersteren Falle bringen sie den Unglücklichen zu seinem Herrn zurück. »Fesselt und bindet den Hund auf diesen Balken!« herrscht er die übrigen an. Der Befehl wird ausgeführt. Die Henkersknechte, welche die Peitsche schwingen müssen, erhalten von der berauschenden Meriesa, soviel sie trinken wollen. Die Bastonade beginnt. Kein Laut entfährt dem Gefolterten. Schon ist die Lederhaut seines Rückens gesprungen, die blutgetränkten Peitschen wühlen in den bloßgelegten Muskelfasern. Dahin und dorthin fliegen die losgetrennten Fleischstükke. Der Gemarterte schweigt: *er ist besinnungslos oder gar tot.* Ich habe einen so mißhandelten Menschen gesehen, der mit dem Leben davongekommen war.

Wir waren in dem Grenzdorf *Melbeß* in Kordofahn; es war im Monat Mai 1848. Mein Bedienter Mohammed balgte mehrere große Geier ab, deren Fleisch in Haufen vor unserer Hütte lag. Die Geier fressen nur faulendes Aas, sie selbst nehmen den Geruch desselben an und stinken noch nach Jahren in den Sammlungen, trotz des Kampfers und anderer stark riechender Konservationsmittel. Der Nubier hatte sich, um den Gestank der Vögel ertragen zu können, *Zwiebeln in die Nase gesteckt.* Da schlich hinkend eine menschliche Gestalt zu ihm und bat ihn mit arabischen Worten: »Ja achui, be rachmet lillahi, wu rassuhlu Mohammed, etini hasa el lachem*! Ich trat verwundert aus meiner Rebuka

* Mein Bruder, bei der Gnade und Barmherzigkeit Gottes und seines Gesandten Mohammed, gib mir dieses Fleisch.

hervor. Vor mir stand ein Mensch – nein, es war kein Mensch mehr! –, vor mir stand ein menschliches Knochengerippe, mit geistgetötetem Auge, die Füße in eine mehr als zehn Pfund schwere Kette gezwängt, mit acht bis zehn 4–8 Zoll langen, 1–2 Zoll breiten, eiternden Wunden auf dem Rücken, zitternd vor Schwäche am ganzen Körper und gestützt auf einen Stab, um das wankende, kraftlose Gerippe aufrecht zu erhalten.

»Unglücklicher, was willst du mit dem Fleisch?« fragte ich die Jammergestalt.

»O Herr, ich will es essen, ich bin so kraftlos und habe seit Monaten kein Fleisch genossen, ich will mich daran kräftigen.«

Ich hatte ihm keine Antwort gegeben, ich fand keine Worte. Stumm willfahrte ich seiner Bitte. Hätte er mich gebeten, ihm die Kugel der neben mir stehenden Büchse durch sein Hirn zu jagen, ich hätte es auch getan! – Das ist die Sklaverei im Innern Afrikas; das war ein Sklave, der entflohen, wieder gefangen und vor drei Monaten bestraft worden war!

Man erinnere mich hier nicht an die bekannte Tatsache, daß die Schwarzen Hunde, Schlangen, Krokodile und anderes Getier, vor dessen Genuß wir zurückschaudern würden, ohne Ekel verspeisen – Geierfleisch essen sie nicht. Ich behaupte, daß es einem Menschen, der andere Nahrung erhalten kann, unmöglich ist, eine so ekelhafte Speise zu genießen. Das bewies das Erstaunen und Grauen meines braunen Bedienten bei der Bitte des Unglücklichen, das bewiesen meine lebenden, stinkendes Aas mit Begierde verschlingenden Hyänen, welche sich weigerten, Geierfleisch zu fressen. Ein fast verhungerter, durch Mißhandlung halb wahnsinnig gewordener Mensch ißt es, er befindet sich aber in einem so traurigen Zustande, daß er nicht mehr Mensch genannt werden kann.

In Chartum erlaubt den Negern ein sonderbarer Gebrauch, ihre Herrn zu wechseln. Wenn nämlich ein Sklave mit Recht oder Unrecht mit seiner Lage unzufrieden ist, geht er zu einem anderen, als menschenfreundlich bekannten Türken oder Araber und schneidet einem diesem gehörigen Esel, Pferde oder Kamele ein Ohr ab. Nach dem Gesetze oder an Gesetzes Statt gültigem Gebrauche wird der zahlungsunfähige Täter Eigentum des Besitzers eines so verunstalteten Tieres, wenn sein früherer Herr nicht Schadenersatz leisten sollte. Kamele und Pferde sind in Chartum häufig nominell wertvoller als Sklaven und deshalb wird selten Schadenersatz geleistet. Auch würde der Sklave so lange Esels- oder Kamelohren abschneiden, bis es sein Herr überdrüssig bekäme, dieselben zu bezahlen.

In diesem Gebrauche kann man, wenn man das Los des Negers kennt, abgesehen von der Tierquälerei, nichts Strafbares finden, aber eine gewisse Tücke leuchtet unverkennbar hindurch. Diese, verbunden mit einer grenzenlosen Undankbarkeit, kann man sehr oft bei ihm wahrnehmen. Von letzterer erlebten wir selbst ein Beispiel. Bei unserer Ankunft in Kordofahns Hauptstadt erfuhren wir, daß der Sohn des aus Dar-Fur vertriebenen »Sultan« *Abu-Medien** [1] daselbst in großer Dürftigkeit lebe. Der Baron beschloß, ihn zu sich und, wenn er es zufrieden, mit sich nach Europa zu nehmen. Früher war er schon einmal in England gewesen und hatte sich dort so wohl befunden, daß er wünschte, nach Europa zurückzukehren. *Abd-el-Samaa-aht*** erschien in den zerlumptesten Kleidern bei uns und schien entzückt über die sich ihm darbietende Gelegenheit, wieder in bessere Umstände zu gelangen. Er fiel auf sein Angesicht, küßte die Füße des Barons und sagte: »Herr, ich bin dein Sklave, tue mit mir, wie du willst, ich bin deiner Gnade nicht wert!« Der Baron schenkte ihm Kleider und Geld, ließ ihn mit sich an einem Tische speisen und behandelte ihn mit ebensoviel Liebe als Auszeichnung. Acht Tage später hatte der armselige Prinz uns verlassen und – bestohlen.

Ich könnte Tatsachen erzählen, welche darzutun scheinen, daß die Schwarzen aller Laster fähig sind. Der Neger, den alle, welche den weißen Fluß bereisten, als gutmütigen, arglosen Menschen schildern, wird im Kriege mit den Türken zum Tiger. Es ist nicht zu verwundern, wenn der rohe, ungebildete Bewohner des Urwaldes, um dem beim Erscheinen des Feindes ihm bevorstehenden furchtbaren Los zu entgehen, des Menschen heiligstes Gut, *die Freiheit,* mit einem Mute verteidigt, der ihn der Zivilisation und Bildung würdig machen könnte; aber es ist ebenfalls nicht zu verwundern, wenn er sich blutig rächt an den Feinden, welche sengend und brennend in sein Land einfallen, wenn er aus Rache ihre Besitzungen plündert, Reisende des feindlichen Volkes und zuletzt alle Weißen verfolgt und tötet und dem ganzen Volke seiner Peiniger offenen und heimlichen Krieg erklärt hat. Man beurteilt die schauderhafte Sitte der Abessinier, jeden gefangenen Feind zu entman-

* Zu deutsch: Vater (Begründer) der Städte.
** Sklave der Himmel.

nen, milder, wenn man weiß, daß den Schritten dieses Feindes Schrekken und Fluch, Elend und Verzweiflung nachfolgen. Der Haß der dunklen Völkerschaften ist gerecht; die ausgesuchte Grausamkeit, mit welcher der in ihre Hände fallende Weiße hingeschlachtet wird, ist nur die Ausübung einer furchtbar begründeten Rache. *Die Sklavenjagd ist es, welche dem Forscher den Weg ins Innere Afrikas verschließt.*

IX. Reise nach Kordofahn

Die wohlbemannte Dahabïe, welche uns und *Mr. Petherik* [1] bis zu dem Walddorfe *Torrah* den weißen Fluß hinaufführen sollte, verließ am 25. Februar gegen Abend Chartum, glitt unter kräftigen Ruderschlägen rasch den *blauen Fluß* hinab, bog bei Rahs el Chartum in den *weißen Fluß* ein und öffnete ihre Segel einem frischen Nordwind, welcher den Fluten des letztgenannten Stromes entgegenwehte. Der Wind war gut, das Wetter herrlich. Wir waren vergnügt über die voraussichtlich schnelle Fahrt und gespannt auf das uns noch gänzlich unbekannte Steppenland. Aber es war an einem Freitag, und *Contariny* hatte uns noch warnend das Sprichwort:

»Venerdi ed marte, non si sposa, non si parte*«,

zugerufen. Der Freitag ist den Seefahrern ein böses Omen. An diesem Tage sticht in Italien kein Schiff in See, geht keine Braut zum Traualtare, tritt niemand, wie wir Freigeister es taten, eine wichtige Reise an. Die Seeleute haben auch ganz recht: Der Freitag ist kein glücklicher Tag zur Abreise.

Wir flogen an den Ufern des Stromes vorüber und setzten, so lange der Wind »fahrend« blieb, unsere Reise fort. Am anderen Morgen befanden wir uns beim Erwachen schon wieder mitten in dem hier mehr als dreitausend Schritte breiten Strome. Bei dem mittelhohen Wasserstande desselben waren bereits ausgedehnte Schlammbänke und Sandinseln an beiden Ufern bloßgelegt worden. Auf ihnen trieb sich eine unzählbare, ununterbrochen sich am Ufer fortziehende Vogelschar herum. Wir sahen den Tag über viele Tausende von Nilgänsen, Reihern, Störchen, Kranichen, Nimmersatten, Königskranichen, heiligen Ibissen, Strandläufern und anderen Sumpf- und Wasservögeln. So weit das Auge reichte, waren beide Ufer mit Mimosenwaldungen bedeckt, welche schon hier zuweilen den Charakter der tropischen Urwälder Nordostafrikas annahmen. Große Strecken von ihnen waren noch jetzt unter Wasser gesetzt, an den trocken liegenden kündeten uns die Stämme den

* Freitags und dienstags heiratet und reist man nicht.

höchsten Wasserstand des Stromes, welcher an einigen Stellen zehn Fuß über dem Boden emporgestiegen war. Wenn die Wälder sich einmal von den Ufern zurückzogen, zeigte sich eine unabsehbare Ebene mit hie und da aufsteigenden, nackten Hügeln dem Auge. Die Dörfer waren im Wald versteckt, aber große Herden verrieten ihr Dasein. Unschätzbare Massen von Schafen, Rindern und Kamelen weideten das kurze Gras der schlammigen Ufer oder benagten die blättertragenden Äste der Bäume.

Seqieh-Reiter, ihre Pferde im blauen Flusse tränkend

In den weiten Schlammbänken fielen uns tiefe, nach dem Walde führende Furchen auf. Es sind Gangstraßen der Nilpferde (von den Arabern richtiger »Flußbüffel« genannt), welche diese dem weichen

Schlammboden eindrücken, wenn sie, zur nächtlichen Weide gehend, den Fluß verlassen. Bei ihrer ungeheuren Schwere versinken ihre kurzen Beine im Schlamme, der Bauch schleppt auf der Erde und zieht jene Rinnen. Die Flußbüffel sollen hier sehr häufig sein und in den Durrahfeldern großen Schaden anrichten. Wo sie vorhanden sind, fehlt auch ihr steter Begleiter, das Krokodil, nie; wir sehen diese gefürchteten Saurier, Baumstämmen gleich, in langen Reihen auf den Sandbänken liegen und beim Erscheinen eines Bootes langsam ins Wasser kriechen.

An beiden Ufern wohnt ein Stamm jener Halbnomaden, welche zwar ganz das Leben der echten führen, aber nicht wandern. Hier sind es *Hassanïe*, deren Herden ihr einziger Reichtum ist. Sie treiben nebenbei wohl auch etwas Ackerbau, immer bleibt aber die Viehzucht ihr eigentlicher Nahrungszweig.

Der weiße Fluß scheint um so breiter zu werden, je mehr wir uns *Eleïs*, dem letzten Orte unter türkischer Herrschaft, nähern. Er muß bei seinem höchsten Wasserstande schon in der Nähe des Dorfes *Buëhda* über eine deutsche Meile breit sein. Die Wälder werden zum Urwald. Wir finden Schlingpflanzen, deren Ranken, weil sie mehr als sechs Zoll im Durchmesser haben, Stämme genannt werden können. Im Innern der oft unzugänglichen Dickichte herrscht ein echt brasilianisches Tropenleben. Der langgeschwänzten Affen Scharen gurgeln in der Tiefe des Waldes oder erscheinen mit komischen Sprüngen am Ufer, um zu trinken; die Papageien fliegen kreischend von Baum zu Baum. Bei jedem neuen Schritt sieht der Jäger neue, fremdartige Erscheinungen. Die Jagd fällt immer befriedigend aus.

Am 28. Februar landeten wir in der Gegend des anderthalb deutsche Meilen landeinwärts liegenden Dorfes *Torrah* und schlugen, bis zur Ankunft der erforderlichen Lasttiere, unsere Zelte auf. Der Naturforscher braucht im Innern eines fremden Erdteils nie über Langeweile zu klagen. Während *Mr. Petherik* sehnlich die Weiterreise herbeiwünschte, bot uns der nahe Wald so viele Unterhaltung, daß wir gern noch einige Tage hiergeblieben wären. Leider beendete das klimatische Fieber schon am folgenden Tage meine Jagdfreuden. Ich kam krank von einem Ausflug zurück und fühlte bald den peinigenden Frost jener unseligen Krankheit. Der Baron öffnete mir eine Ader, weil wir, von den Ratschlägen eines einfältigen italienischen Arztes betört, damals noch Blutentziehungen für zweckmäßig hielten, doch wollte der Anfall nicht weichen. Die mittlerweile angekommenen und schon beladenen Kamele standen zur Abreise bereit; ich mußte mich im vollsten Fieber auf eins von ihnen packen lassen, um nur nach Torrah zu gelangen. Zu schwach, um mich aufrecht erhalten zu können, versuchte ich mich in einer halb sitzenden, halb liegenden Stellung an einer der Kisten, mit denen das Tier noch überdem beladen war, festzuhalten und litt dabei fürchterlich. Jeder Schritt des Tieres wurde mir zur Qual. Die schaukelnde Bewegung verursachte mir Erbrechen, die Anstrengungen, welche ich, um nicht herabzufallen, machen mußte, lähmten vollends meine ohnehin schon geschwächten Kräfte. Nach drei wie auf der Folter verbrachten Stunden kam ich todesmatt im Dorfe an und brach kraftlos in dem ersten Tokhul desselben zusammen.

Ich unterlasse, um nicht zu ermüden, die Aufzählung der Reihe von Krankheiten, welche uns – auch der Baron bekam schon am folgenden Tage das sogleich mit Delirium beginnende klimatische Fieber – von nun an unablässig quälten, und schicke voraus, daß wir während der vier Monate unseres Aufenthaltes in dem Steppenlande Kordofahn das Fieber in seinen verschiedenen Gestalten und Arten gar nicht loswerden konnten. Mehr als dreißig Tage mußten wir auf elendem Schmerzenslager zubringen; dreifach schwer wurden uns die Beschwerden, denen jeder Reisende in diesem Lande ausgesetzt ist, dreifach schwer alle Entbehrungen, welche er zu ertragen hat.

Mit der Karawanne des *Mr. Petherik* verließen wir *Torrah* und ritten an dem schönen Morgen des 9. März dem ersten Dorfe Kordofahns zu. Wir bestiegen die Hedjinihn mit schwerem Herzen. Der Baron war noch sehr leidend, ich noch keineswegs genesen. Um der langsamen Reise mit den Lastkamelen zu entgehen, eilten wir diesen im scharfen Trab voraus, hatten uns aber noch nicht fünfhundert Schritte von ihnen entfernt, als der Hedjihn des Barons im vollen Laufe durchging, den Baron mit Sattel und Zeug, Gewehren und Wasserschläuchen abwarf und bald darauf zwischen den Bäumen verschwand. Die Treiber der Lastkamele erkannten, nach einigen vergeblichen Versuchen, die Unmöglichkeit, das Tier wieder einzufangen und schickten deshalb einen ihrer Gefährten mit dem Auftrage, den Unfall kundzumachen, nach dem Dorfe zurück. Notgedrungen mußten wir jetzt unsere Reise mit den Lastkamelen, von denen ich eins bestiegen hatte, fortsetzen. Der Chabihr führte uns im Zickzack in der Steppe herum und machte uns den Weg dadurch nur um so langweiliger.

Nach vierstündigem Ritte sahen wir die Spitzen der Tokhahl des Dorfes *el Edjehd* aus der Steppe auftauchen. Zugleich bemerkte einer der Treiber einen mit Windeseile auf uns zukommenden Hedjahn. Es war ein Araber, welcher uns das durchgebrannte Kamel wieder überlieferte. Er hatte es, vier Stunden von Torrah entfernt, fröhlich in der Steppe weidend, angetroffen, erkannt und nach Torrah gebracht, von wo er uns nachgeschickt wurde. Trotz des Spaziergangs von ungefähr sechs Meilen, welchen der vorzügliche Hedjihn heute gemacht hatte, schien er nicht übel Lust zu haben, seine Fluchtversuche zu wiederholen. Aber Idrieß, unser Diener, ein sozusagen auf dem Rücken der Kamele aufgewachsener Nubier, war nicht so leicht aus dem Sattel zu heben als sein früherer Reiter, legte ihm einen Nasenzaum an und jagte mit ihm eine halbe Stunde lang dergestalt in der Steppe herum, daß der Mutwille und Trotz des störrischen Tieres bald gebrochen war.

Wir waren in el Edjehd kaum abgestiegen und in eine Hütte getreten, als eine Schar junger Mädchen erschien, um uns zu bewillkommnen. Sie begannen unter Chorgesang einen ebenso sinnlichen als unästhetischen Tanz und schienen es darauf abgesehen zu haben, unsern Beifall zu erringen. Aber wir waren viel zu müde und hungrig, um für etwas anderes als Ruhe und Essen Sinn zu haben, fertigten sie mit einem sie zufriedenstellenden Bakschisch ab und bestellten, weil es nichts weiter gab, junge Hühner unter dem in Ägypten gebräuchlichen Namen *»Farcha«*. Der Scheich schüttelte verwundert den Kopf.

»Ihr zieht, wie ich höre, nach Obeïd und wollt hier Farcha kaufen? Ich besitze eine, aber sie ist alt und häßlich.«

»Es schadet nichts, bringe sie uns.«

Er erschien und brachte – eine Sklavin! Und diese entsprach in der Tat der Beschreibung des guten Mannes vollständig. Wir lachten und versicherten ihm, daß wir diese *Chadime* nicht brauchen könnten, weil wir die Farcha essen wollten. Der Scheich verließ uns voll Entsetzen. Wir staunten ihm verwundert nach. Erst Idrieß löste das Rätsel, indem er uns mitteilte, daß die Kordofahnesen auch junge Sklaven unter der Rubrik *»junge Tiere«* begriffen, Hühner aber mit *»Faruhdj«* bezeichneten. Er eilte dem mißtrauisch gewordenen Manne nach und forderte das Verlangte mit seinem richtigen Namen, worauf uns auch alsbald Hühner im Überflusse gebracht wurden.

Wir ritten am folgenden Tage gegen Mittag dem mit Tagesgrauen aufgebrochenen Major nach. Nachdem wir noch einige Stunden durch Mimosenwälder gezogen waren, betraten wir die Chala. Mit Sonnenuntergang lagerten wir uns, um Kaffee zu bereiten. Dann zogen wir in der Nacht noch einige Stunden weiter. Unsere Kamele jagten zahlreiche Perlhühner auf, welche sich mit lauten Rufen nach allen Seiten zerstreuten. Es waren die ersten, welche wir in der Freiheit zu sehen bekamen, aber die Tiere waren so scheu, daß wir keins von ihnen erlegen konnten. Nach zehn Uhr lagerten wir uns auf einer vom Grase freien, sandigen Stelle mitten in der Steppe. Nach Süden zu stand sie meilenweit in Flammen; man hatte das dürre Gras angezündet, um den mit dem ersten Regen emporschießenden jungen Weidepflanzen Platz zu machen.

Am 11. März. Die Weiterreise verzögerte sich, weil der Baron in der Nacht wieder einen starken Fieberanfall gehabt hatte und der Ruhe bedürftig war. Unser Weg war heute einförmiger als gestern. Die Steppe hatte überall dasselbe Aussehen. Von ihrem reichen Tierleben zeigte sich außer den zuweilen in Rudeln erscheinenden *Gazellen* gerade heute keine Spur.

Parkartige Wildnis

Von *Edjehd* aus begleitete eine Pilgerkarawane unseren Zug. Es waren schwarze, von *Mekka* zurückkehrende *Takruhri.* Unter ihnen befand sich ein ungefähr fünfzehn Jahre altes Mädchen, welches wir ebensowohl wegen ihrer Schönheit – ich bitte meine geneigten Leserinnen um Verzeihung, aber dunkle Hautfarbe beeinträchtigt niemals wirkliche Schönheit – als auch wegen ihrer Ausdauer bewunderten. Der Takruhri pilgert, fast immer zu Fuße gehend, bettelnd von Ort zu Ort, um seine Wallfahrt aus dem Herzen Afrikas nach dem fernen Asien zu vollbringen. Er erscheint mit einer hölzernen Schreibtafel, auf welcher er »Aïjah« – Verse – aus dem Koran niedergeschrieben hat, und einigen Kürbisschalen schweigend vor dem Tokhul, der Tankha oder dem Zelte des Arabers, Nomaden, Beduinen oder Nubiers, hält mit stummem Bitten die leere Schale dem Bewohner der Hütte entgegen und wartet, bis dieser ihm eine Handvoll Durrah oder ein Stückchen Durrahbrot hineinfallen läßt. Er ist der arabischen Sprache nur insoweit mächtig, um sein Glaubensbekenntnis hersagen, einige Stellen des Koran verstehen zu können. Seine Pilgerreise dauert oft Jahre; er durchwandert die glühende Wüste, die wasserlose Steppe und wandelt, alten Groll vergessend, auf seinem gegen dreihundert deutsche Meilen langen Wege friedlich neben seinem Todfeinde.

Man versteht unter Takruhri jeden schwarzen Pilger aus dem tiefsten Innern Afrikas, z.B. aus den Ländern *Timbuktu, Dar-Fur, Bornuh, Barhrarmi* usw. Diese Pilger sind Neger, welche aber den verschiedensten Stämmen angehören. Im Sudan sind sie wenig angesehen, weil man sie in dem, wie ich glaube, unbegründeten Verdacht hat, daß sie Kinder rauben, um diese als Sklaven zu verkaufen. Daß sie Nahrungsmittel stehlen, ist begründet.

Gegen Mittag lagerten wir uns im Schatten einiger Mimosen und bereiteten uns das gewöhnliche Mittagsmahl in der Wüste: Kaffee und Schiffszwieback. Nach zweistündiger Rast ritten wir der Karawane im scharfen Trabe nach und erreichten sie in den ausgedehnten Dochenfeldern des Dorfes Haschahba – zu deutsch »Holzdorf« –, dessen Tokhulspitzen sich in der Ferne erkennen ließen, weil sie von dem im Abendrot flammenden Himmel dunkel abstachen. Bald darauf trafen wir den mit zwei erlegten Gazellen von der Jagd heimkehrenden Engländer und kamen mit ihm nach stündigem Ritte im Dorfe an.

Haschahba wird von *Madjanihn,* einem Zweig des großen Nomadenstammes der Hassanïe, bewohnt. Sie sind keine Nomaden, sondern hausen in festen Wohnsitzen, und zwar hauptsächlich in den Dörfern Haschahba und *Djoëmahd,* bauen Dochen, etwas Baumwolle und Durrah, nähren sich aber vorzugsweise von der Viehzucht. Ihre Herden bestehen aus Rindern und Ziegen, für welche man, wie in allen Dörfern Kordofahns, in der Nähe der Wohnsitze das Gras der Steppe stehen läßt, weshalb man die Felder wohl eine halbe Meile von den Häusern entfernt anlegt, um dem Vieh ja recht ausgedehnte Weideplätze zu erhalten. Ich schicke hier voraus, daß die Ortschaften Kordofahns einander selten näher als anderthalb Meilen, oft aber vier bis sechs Meilen voneinander entfernt sind.

Die Weideplätze sind überall mit dem abscheulichen *Askanit,* einer Steppenpflanze, bedeckt, nur in den Feldern hat man sie vertilgt. Diese bringen bei aller Trockenheit dennoch einen reichlichen Ertrag. Der Dochen trägt so außerordentlich ergiebig, daß man nur ungefähr fünf Sechstel der Ernte, d. h. nur die schwersten und schönsten Kolben einsammelt und das übrige, ohne jemals eine Hungersnot befürchten zu müssen, den Vögeln des Himmels überlassen kann. Die Ernte geschieht wie in der Provinz Chartum und wird auch ebenso aufbewahrt. Aus den Körnern bereiten die Frauen und Mädchen unter ziemlich melodischem Gesange poesiereicher Lieder in der oben angegebenen schwierigen Weise wohlschmeckendes Brot und vorzügliche Meriesa, welches Getränk das in Chartum gebraute an Güte weit übertrifft. Dies mag seinen Grund ebensowohl in der Beschaffenheit des Getreides als auch in der eigentümlichen Zubereitung der Meriesa haben. Man reibt hier zuerst den sehr zuckerhaltigen Dochen zu einem feinen Mehl, rührt dieses mit Wasser zu einem dicken Brei an und läßt letzteren in saure Gärung übergehen. Wenn er die gewünschte Säure erlangt hat, zündet man im Sande vor der Hütte ein mächtiges Feuer an, schüttet den Teig auf die erwärmte Bodenfläche, bedeckt ihn mit Asche und schürt das Feuer von neuem an. Nach dreistündigem Backen wird das brotähnliche Gebäck aus den Kohlen genommen, heiß zerbröckelt und in einem Gefäß mit Wasser übergossen. Schon nach wenigen Stunden beginnt eine zweite Gärung, welche man erst am folgenden Tage unterbricht. Schließlich wird die Masse durchgeseiht, auf Burahm gefüllt und verschenkt. Die Meriesa Kordofahns ist ein höchst angenehmes, erfrischendes Getränk und gilt als ein Labsal für jung und alt, reich und arm. Jedenfalls ist sie gesünder als das salzige Wasser der meisten Brunnen der kordofahnesischen Hochebene. Hier in Haschahba tranken Menschen und Tiere aus einer Zisterne, welche siebenundzwanzig Klafter tief war und ein abgestandenes, brackiges und faulschlammiges Wasser enthielt. Der Salz- und Salpetergehalt desselben war so groß, daß sich beim Kochen in Geschirren davon eine starke Kruste an den Wänden der Gefäße ablagerte.

Auch in ihrer Kleidung unterscheiden sich die *Madjanihn* nicht von den Hassanïe. Die kleinen Mädchen tragen, wie überall im Sudan, den *Rahad* und wissen recht wohl, wie hübsch er sie kleidet. Unter den erwachsenen Mädchen – d. h. unter denen, welche das zwölfte oder dreizehnte Lebensjahr erreicht haben – findet man ideal schöne Gestalten, mit oft recht ansprechenden Gesichtszügen. Sie verzieren sich Kopf und Hals mit Bernsteinstücken, farbigen Steinen, z. B. *Karneol,* Glasperlen und dergleichen; die Arme schmücken sie mit Messing-, Horn-, Elfenbein- oder Eisenringen; bei den Reichen findet man auch wohl silberne Spangen. Die Frauen sind ohne Ausnahme sehr eitel, versuchen sich auf alle Weise zu putzen und erachten es für eine Schande, nicht stark betalgtes Haar zu haben. Sie altern schnell und werden dann ebenso häßlich, als sie früher schön waren. Ihnen wird fast alle Arbeit aufgebürdet, die Männer tun wenig oder nichts; ihre einzige Beschäftigung besteht darin, Holz herbeizuschaffen, Wasser zu schöpfen und das Vieh zu hüten; den übrigen Teil des Tages verbringen sie in träger Ruhe im Tokhul.

Die Madjahnin lieben Gesang und Tanz. Herr *Petherik* schaute den schönen, üppigen Tänzerinnen gar gern zu, ermunterte sie durch reichliches Bakschisch und versammelte dadurch tagtäglich die Mädchen des Dorfes vor seinem Tokhul zur Fanthasïe. Ihr Tanz ist von dem der Rhauasiaht oder Fellahhiaht* Ägyptens verschieden. Sie bilden einen weiten Halbkreis, singen und klatschen mit den Händen; ein Mädchen tritt aus dem Kreise heraus und beginnt zu tanzen. Sie geht mit taktmäßigem Schritt und mit zurückgebeugtem Oberkörper auf den Gefeierten zu, entblößt sich vor ihm mit ausgesuchter Gefallsucht nach und nach den bisher von der Ferdah verhüllten Busen und schleudert, sich vorbeugend, die fettgetränkten Haare ihm ins Gesicht. Dann geht sie mit schmachtenden Blicken langsam zurück, eine andere tritt an ihre Stelle und verfährt ebenso, die übrigen folgen, bis alle getanzt haben. Wir Europäer finden die Berührung der Haarzöpfe für unnötig, aber man muß die leuchtenden Blicke eines kordofahnesischen Jünglings, welcher an dem Tanze teilnahm und mit dem Haarfett der Schönen beglückt wurde, gesehen haben, um begreifen zu können, welch eine hohe Auszeichnung diese fatale Zärtlichkeit ist oder sein soll. Stolz steht er da, betrachtet liebeerglüht die Tänzerin und reibt das seinem Gesichte mitgeteilte Fett freudig in seine Haut ein. Beide Geschlechter sind sinn-

* Plural von *Rhauasïe* und *Fellahhe,* Tänzerinnen und Fellahmädchen.

lichen Genüssen in hohem Grade ergeben, doch bleiben die Frauen hinsichtlich ihrer ehelichen Treue in engeren Grenzen als die eigentlichen Hassanïe. Vollkommen unwahr ist die von einem Reisenden[2] mitgeteilte Erzählung, daß die Frauen kordofahnesischer Dörfer dem Fremden auflauern und ihn mit einer angedrohten Bastonade zur Annahme ihrer Gunstbezeugungen zwingen sollten.

Wir verließen *Haschahba* am 22. März abends vor Sonnenuntergang, ritten dem uns am Morgen vorausgeeilten Bimbaschi* nach und lagerten nach einem drei- bis vierstündigen Ritt mitten in der Steppe. Am anderen Morgen zogen wir in der Frühe weiter. Ich konnte mich, weil mir ein Fuß erkrankt war, auf dem noch außerdem schlecht gesattelten Kamel nur mit Mühe festhalten und wurde in der Nähe des sechs deutsche Meilen von Haschahba entfernten Dorfes *Djoëmahd* von meinem wieder einmal durchbrennenden Reittier ab- und mitten in einen Mimosenbusch geworfen. Zerschunden, zerkratzt und mit zerfetzten Kleidern kroch ich mühsam aus den Dornen heraus und setzte auf einem bescheidenen Eselchen meine Reise fort. Das schwächliche Tier blieb leider bald hinter den rasch gehenden Kamelen zurück; ich ritt allein der Karawane nach, bekam einen Fieberanfall und erreichte mit großer Not das Dorf, in dessen ersten Tokhul ich eintrat. Dort bat ich um ein Ankhareb, Trinkwasser und, weil ich krank war, um Ruhe. Die gutmütigen Hüttenbewohner nahmen mich freundlich auf und gewährten mir alles Gewünschte. Bald erschien auch der in der Nähe wohnende Scheich, erkundigte sich nach meinem Befinden und bemühte sich, mir Linderung zu verschaffen. Man brachte mir Wasser, welches durch hartgebackene Durrahfladen gesäuert worden war und mir als wahres Labsal erschien. Gegen Abend verschwand das Fieber, ich verließ mein Lager und mit dankbarem Herzen die gastlichen Leute.

Zwar haben die *Aschiach* der Dörfer des Sudan die Verpflichtung, alle ankommenden Reisenden zu beherbergen, und man findet deshalb in jedem Dorfe eine geräumige, luftige Wohnung für sie, aber es war gewiß ein Beweis wirklicher Gastfreundschaft, daß mich der mir ganz fremde Mann nach besten Kräften pflegte und bediente. Ich würde ungerecht sein, wenn ich annehmen wollte, daß er mir die geleisteten Dienste als einen den Eroberern des Landes – denn er hielt mich für einen Türken – schuldigen Tribut betrachtet habe. Man muß vielmehr die Gast-

* Major

freundschaft als das erkennen, was sie ist: als uneigennützige Ausübung eines von alters her geachteten, ja für heilig gehaltenen Gebrauches, welches der Ärmste wie der Reichste mit gleicher Gewissenhaftigkeit beobachtet.

Ich fand den Baron mit dem Bimbaschi in einem Tokhul am anderen Ende des Dorfes und erfuhr von letzterem, daß man noch diese Nacht den Lasttieren bis zu dem Dorfe Tohm vorausreiten wolle. Das war bei meinem Zustande für mich eine gar trübe Aussicht, aber – Entbehrungen und Strapazen sind immer das Los des in jenen Gegenden Reisenden – ich mußte bei all meiner Schwäche wieder auf das Kamel steigen. Mit Aufgang des Mondes verließen wir Djoëmahd und ritten weiter; ich wurde jedoch bald so schwach, daß ich schon nach kurzem Weg absteigen und einige Stunden ruhen mußte. Mein Lager war ein dünner, auf den Sand der Straße gebreiteter Teppich; ich hätte früher nie darüber geklagt, heute tat ich es unwillkürlich. Erst am anderen Morgen kamen wir in *Tohm* an. Doch lag ich den ganzen Tag und die darauffolgende Nacht beständig im Fieber. Das nennt man »Reisen im Innern Afrikas!«

Wir verließen Bara, uns der Hauptstadt des Landes zuwendend, am 6. April. Der Baron war mit dem Kahschef des Orts bekannt geworden, weil er diesem heilsame Arzneien gegen ein ihn quälendes langjähriges Übel gegeben hatte und erhielt von ihm Kamele zum Transport unserer Effekten nebst einem Empfehlungsbrief an einen Freund des Kahschef in el Obeïd, welcher uns von ihm als ein *»Radjel aasihm«* – ein vortrefflicher Mann – geschildert wurde. Des Kahschef eigener Diener wurde unser Führer. Der Weg nach der Hauptstadt zieht sich durch einen lichten Mimosenwald dahin, in welchem hier und da Dochenfelder zerstreuter Dörfer liegen. Ungefähr vier deutsche Meilen von Bara übersteigt die Straße einen niederen Bergrücken, den *Djebel el Kurbatsch*, zu deutsch »Berg der Reitpeitsche«, von dessen Gipfel man in weiter Ferne die Tokhulspitzen der Hauptstadt auftauchen sieht. Links vom Weg erblickt man ein Wäldchen der Adansonien, jener von den Eingeborenen *Tabaldïe*, *Boabahb* oder *Khunkhlehs* genannten Riesenbäume der alten Welt. Graugrüne, wahrscheinlich schon nach Nistlöchern spähende Papageien flogen kreischend in den jetzt entlaubten Wipfeln der Baumkolosse herum. Etwas weiter nach der Hauptstadt zu kommt man zu einer von hohen Mimosen umschatteten *»Fuhla«*, einer durch die Regengüsse des Charief gefüllten Niederung, welche auch noch lange nach der Regenzeit trinkbares Wasser enthält.

El Obeïd

Eine ähnliche Fuhla gab der sich jetzt vor uns ausbreitenden Stadt *el Obeïd* ihren Namen. Ehe die Türken das Land eroberten, stürzte das Pferd eines Häuptlings der Kordofahnesen in einen Regenteich (welcher an der Stelle, wo sich die Tokhulstadt jetzt ausbreitet, gelegen haben soll), blieb im Schlamme stecken und ertrank. Die Kordofahnesen nannten die Fuhla von jenem Vorfalle an *»Fuhla chossahn el abiadt«* – den Regenteich des weißen Pferdes – und später *»el abiadt«*. Einige in der Nähe des Regenteiches erbaute Hütten, zu denen sich bald mehrere gesellten, wurden anfangs ebenfalls *»el abiadt«* und zuletzt *»el obeïd«* genannt. Die aus dieser Ansiedelung hervorgegangene Stadt wird noch heutigentags *»el Abiadt«* geschrieben.

Unter der Leitung unseres Führers betraten wir das Haus des »vortrefflichen Mannes«. Zu unserem Befremden ritten wir in einen schmutzigen Hofraum ein; man nahm gar keine Notiz von uns und ließ uns, ohne uns zu unterstützen, für unsere Unterkunft selbst sorgen. Müde und erschöpft, wie wir waren, mußten wir zuletzt froh sein, eine elende Rekuba, aus welcher Sklaven murrend auszogen, zum Schlafplatze eingeräumt zu bekommen. Mitten in der Nacht erweckte uns ein furchtbarer Lärm. Unsere Kameltreiber hatten sich mit den Dienern des Hauses betrunken, gezankt und fingen nun an sich gegenseitig zu prügeln. In dem Hause eines so vortrefflichen Mannes, welcher so ausgezeichnet die Gastfreundschaft handhabte, konnte unseres Bleibens nicht länger sein. Wir beschlossen, noch in der Nacht uns ein anderes Quartier zu suchen. Der Baron befahl den Kameltreibern, das Gepäck aufzuladen und ritt fort, um uns ein anderes Unterkommen ausfindig zu machen; ich wachte, mit der Nilpeitsche in der Hand, auf strenge Befolgung des Befehls. Wir fanden in der im Schlafe begrabenen Stadt nun zwar für heute kein anderes Obdach, hatten aber doch vor den inzwischen nüchtern gewordenen Leuten Ruhe erlangt.

Am folgenden Tage wurden uns, vermöge der mächtigen Fürsprache des *Wekihl-el-Mudirïe* oder des in Abwesenheit des Gouverneurs die Geschäfte besorgenden Beamten der Provinz Kordofahn, die Pforten der Wohnung des jetzt gerade abwesenden Franzosen *Thibaut*[3] eröffnet. Wir wurden, nachdem wir uns als Europäer kundgegeben hatten, von dem Hausgesinde dieses braven Europäers auf das Zuvorkommendste behandelt und mit allem Nötigen versehen.

Ich lernte den Mann, dessen Gastfreundschaft wir in Obeïd genossen, später kennen. Er ist im ganzen Sudan unter dem Namen *»Scheich Ibrahim«* wohlbekannt, seit dreißig Jahren beliebt und ein Busenfreund aller Beduinen. In europäischer Gesellschaft ist er ein heiterer, fast zu lustiger Geselle, in Gegenwart der Mohammedaner ein ernster Scheich, welcher den Namen des Propheten nie ausspricht, ohne die Worte »Allah musellem wu sellem aaleïhu«* hinzuzufügen und dabei seine eigene Hand inwendig und äußerlich zu küssen. Er scheint die mohammedanischen Heiligen ebenso zu ehren als die Gläubigen selbst, weiß über Kamel- und Pferdezucht zu sprechen und handelt als echter Kaufmann mit Türken, Arabern und Beduinen auf die verschiedenartigste Weise; er kennt die echten Damaszenerklingen genau und unterläßt nicht, sie den Türken zum Unterschiede der weniger edlen *»Tabahn«* gehörig anzupreisen, ehrt den Gouverneur der Provinz und nennt ihn nie anders als *»Effendina«* – unsere Herrlichkeit –, kurz, er versteht den *»Tartieb el belled«* – die Sitten und Gebräuche des Landes – meisterlich. In seinem eigenen Hause ist er gastfrei wie ein Araber und herrscht wie ein Patriarch unbeschränkt über Herden von Sklaven, Kamelen, Rindern, Schafen und Ziegen; im Diwan seiner besten Freunde tanzt er, trotz seiner achtundfünfzig Jahre, gelegentlich noch mit dem Feuer eines Jünglings die graziöse Polka. Bis jetzt hat er den Anfechtungen des

* Gott sei gepriesen und über ihm – dem Propheten – das Heil!

Klimas glücklich getrotzt und ist rüstiger, als er zu sein scheint. Sein Bart- und Haupthaar ergraute auf einer äußerst beschwerlichen Reise durch die Bahiuda, auf welcher er tagelang kein Wasser zu trinken bekam, drei seiner Gefährten an Durstesqualen verenden sah, zu dem Urin der Kamele seine Zuflucht nehmen mußte und endlich mehr als halbtot den Fluß noch erreichte.

Thibaut würde es verstanden haben, uns länger in Obeïd festzuhalten, als wir vielleicht selbst gewünscht hätten. Jetzt wollte es uns in der Tokhulstadt gar nicht gefallen. Die Jagd fiel in der Nähe der Hauptstadt höchst unergiebig aus, es fehlte uns an Beschäftigung und damit trat eine Langeweile ein, wie ich sie später nur noch in Alexandrien erlitten habe. Deshalb verließen wir Obeïd schon am 13. April und ritten nach *Melbeß,* einem im Süden Kordofahns inmitten der hier wieder beginnenden Urwälder gelegenem Dorfe, welches uns reiche Ausbeute versprach. Hinter der Hauptstadt wandte ich mein Dromedar, um noch einmal auf sie, deren Ausdehnung ich jetzt erst beurteilen konnte, zurückzuschauen.

El Obeïd liegt in einer unabsehbaren Ebene im Süden Kordofahns. Die Stadt besteht aus mehreren Teilen, nach der Beschaffenheit ihrer sehr zusammengesetzten Bewohner. In *Urdi** – dem Lager – hausen die Türken und die unter ihren Befehlen stehenden Soldaten, in *Danakhla* oder *Danagla* die aus Nubien Eingewanderten (welche selbst Danagla** genannt werden), in *Marharba* die früher im Dienste der Regierung gestandenen »Abendländer«, d. h. Algerier, Fezzaner, Marokkaner usw. Der Hauptteil der Stadt ist *el Urdi.* Hier befindet sich der Palast des Gouverneurs: ein einstöckiges Lehmgebäude mit plattem Dache; der *Diwan:* eine weite luftige Halle mit ungeweißten Wänden; die Wohnungen der Beamten: Tokhal mit soliden Erdmauern; die Kaserne, das Hospital und der Markt. Die Kaserne ist ein von einer zehn Fuß hohen und fünf Fuß dicken, undurchdringlichen Serieba umschlossener, freier Platz, welcher ungefähr vierzig in zwei langen Reihen nebeneinander gebaute Tokhahl enthält; das Hospital ist ähnlich eingerichtet, steht aber dem von Chartum in jeder Hinsicht nach: unwissende Ärzte und unkundige Apotheker wirtschaften in ihm in einer so furchtbaren Weise, daß der dort eingesperrte Kranke die in ihm verbrachten oder zu verbringenden Martertage für eine grausame Strafe hält. Über den

* Von »aarid«, sich ausbreiten.

** Plural von *»Dongolawi«* oder *»Dongali«* (Bewohner Dongolas).

Häuptern der gesunden und kranken Soldaten der Kaserne und des Hospitals haben die kleinen schwarzen Störche des Sudan ihre Wohnungen aufgeschlagen und legen unter den die Spitzen der Tokhahl krönenden Straußeneiern die ihrigen in das feste, wohlgebaute und geräumige Nest.

Diwan in Zeribah

Die Basars sind erbärmlich, obgleich der Handel von Bedeutung ist. Erst nachmittags nach drei Uhr beginnt der Markt; die große, auf dem schattenlosen, staubigen Platze doppelt fühlbare Sonnenhitze erlaubt die Versammlung vieler verkaufender und kaufender Menschen nicht früher. Man bietet die Waren nicht in einer kühlen, bedachten Halle, sondern unter einfachen, zum Schutz gegen die Sonnenstrahlen mit Matten bedeckten Gerüsten aus; der Verkäufer ordnet seine Kaufgegenstände auf einer ungegerbten Ochsenhaut. Die gewöhnlichen Handelsartikel sind Baumwollzeug, Glasperlen, schlechter Landtabak, Durrah- und Dochenkörner, Tamarindenkuchen und Lebensmittel. Weißbrotbäcker gibt es nicht; mitten im Sande sitzen Sklavinnen und bieten dünne Dochenmehlfladen, von denen man fünf Stück für einen Para oder Heller unseres Geldes zu kaufen bekommt, an diejenigen feil, welche sich das einfache Gebäck nicht selbst bereiten. In der Nähe des Suhkh sind einige Tokhahl zu schmutzigen Kaffeehäusern eingerichtet worden.

Der Haupthandel Obeïds wird nicht auf dem Markte, sondern in den Wohnungen der Kaufleute abgemacht. Dort kann man jede beliebige Menge von Sklaven, Elfenbein, arabischem Gummi, Tamarindenkuchen und anderen Erzeugnissen des Innern zu kaufen bekommen. Obenan steht der Sklavenhandel, dann folgt der des arabischen Gummis und dann der des Elfenbeins. Das Gummi wird im Lande Kordofahn in großer Quantität eingesammelt, das Elfenbein, von welchem man hier jährlich viele hundert Zentner umsetzt, gelangt zumeist von Dar-Fur nach Obeïd.

Auch hier befindet sich der Handel fast nur in den Händen der Danagla. Sie sind in Nordostafrika, wie die Juden in Europa, überall verbreitet, treiben verschiedene Handwerke, aber auch nebenbei noch andere Gewerbe, gleichviel ob diese entehrend sind oder nicht. Unter letzteren will ich bloß die Umgestaltung der Negerknaben in Eunuchen anführen, weil gerade aus Obeïd die meisten jener, der Eifersucht der Türken unentbehrlich gewordenen und von diesen teuer bezahlten Unglücklichen hervorgehen. Der bei der Verstümmelung der Negerknaben sich ergebende Geldgewinn entschuldigt die grausame Barbarei in den Augen der innerafrikanischen Völkerschaften leider noch immer. Eigentliche Handwerker gibt es wenige in Obeïd. Die Türken brauchen nur Schneider, Schuhmacher, Sattler, Schmiede, Blechschmiede, Goldarbeiter und Schreiner, die Kordofahnesen gar keine. Auch diese Leute hat man in der Nähe des Marktes aufzusuchen.

Mit den Negern der umliegenden Länder betreibt man einen ziemlich regen Tauschhandel. Aus den Ländern der Nuba-Neger tauscht man Gold und Sklaven, aus Dar-Fur Sklaven, Elfenbein, Straußenfedern usw. gegen Glasperlen, Schießpulver – obgleich dieses auszuführen streng verboten ist –, Baumwollzeug usw. ein. Das Gold kommt, wie überall im Sudan, in Ringen, welche die Neger in Tonformen gießen, in den Handel und soll nach Untersuchungen sachverständiger Männer mit das beste der Erde sein und dem venezianischen Dukatengold an Reinheit nicht nachstehen. Vormals sollen die Goldringe von den Kordofahnesinnen allgemein als Schmuck getragen worden sein; die Türken ließen dem Volke nichts von ihrem Reichtum. Oft wurden die grausamsten Mittel angewendet, um Gold zu erpressen. Jetzt erscheint es nur als

Handelsware, aber dennoch tut der Besitzer so köstlichen Gutes wohl, ein Geheimnis daraus zu machen; er dürfte sonst leicht mit hohen, ganz indirekten Steuern belegt oder gar in einen Prozeß, welcher seine Schätze völlig fressen könnte, verwickelt werden. Nur die Frauen der in Kordofahn ansässigen Türken tragen heutigentags ungestraft im Lande gefertigtes Geschmeide. Es sind meistens ebenso einfache wie schöne, aus vier bis sechs verschieden starken, an beiden Enden zusammengeschmiedeten und strickartig zusammengedrehten Golddrähten bestehende Spangen.

El Obeïd ist sehr weitläufig gebaut. Weil fast jedes Besitztum mit einer Serieba umgeben ist, bilden sich überall in der Stadt kleine Abteilungen, zwischen denen sich die Wege dahin ziehen. Diese sind so sandig und staubig, daß man bis über die Knöchel in den lockeren Boden einsinkt und bei der immer herrschenden, fürchterlichen Hitze zu erstikken fürchtet. Jeder Bewohner der Hauptstadt nimmt, wenn er sein Gut mit Erdmauern versieht, das dazu nötige Material mitten aus der Stadt von der Straße weg. So entstehen Löcher, in denen sich aller Unrat sammelt. Da finden sich dann häufig auch Tierleichen, welche die Indolenz der Eingeborenen, ohne sie zu verscharren, ruhig der Verwesung überläßt. Früher soll man sogar Menschenleichen mitten in der Stadt unbeerdigt liegen gelassen haben; jetzt geschieht es, wenn es auch neuere Reisende behauptet haben, nicht mehr. Aber die Bewohner Obeïds verunreinigen die Gruben in jeder anderen Weise, weshalb sich aus ihnen auch immer ein kaum zu ertragender, die Luft von Obeïd verpestender Gestank entwickelt.

Das Trinkwasser der Hauptstadt ist schlecht. Nur wenige Brunnen enthalten trinkbares, d. h. nicht zu salziges Wasser. Man hält sich an die Meriesa, welche man hier vortrefflich zu bereiten versteht. Außer fortwährend bestehenden Meriesakneipen, in denen die blühenden, braunen, simbilduftenden Schenkmädchen auch noch auf andere Wünsche der Gäste Rücksicht nehmen, findet man jeden Nachmittag auf allen größeren Plätzen Sklavinnen, welche das von ihnen bereitete, labende Getränk dem Durstigen anbieten und aus kleinen Kürbisschalen verschenken. Auch brauen einzelne Familien Meriesa und Bilbil, um sie öffentlich auszuschenken. Wie in manchen Dörfern Deutschlands wird dann ein an einer langen Stange befestigter Strohwisch als ein niemals unberücksichtigt bleibendes Schankzeichen ausgesteckt.

Die sehr gemischte Bevölkerung Obeïds mag nahe an zwanzigtausend Seelen betragen. Man hört ebensoviel Arabisch als Berberisch und nebenbei drei bis fünf Negersprachen reden. Die Einwohner leben unter ganz ähnlichen Verhältnissen als die Chartums, sind aber, falls dies möglich, noch mehr sinnlichen Genüssen ergeben, grenzenlos ausschweifend und deshalb häufig zu Verbrechen geneigt. Erst nach Sonnenuntergang geht das eigentliche Leben an; während der Hitze des Tages bleibt man schlafend im Tokhul und verläßt diesen nur gezwungen, z. B. um auf den Markt zu gehen oder wirklich einmal eine Arbeit zu verrichten. Nachts hört man Gesang, das Klatschen taktschlagender Hände, Tarabukenschall und andere Tanzmusik: man macht irgendwo Fantasïe. Da geht dann die Liebe ihre heimlichen Wege und mit ihr der behutsam von Tokhul zu Tokhul schleichende Dieb, denn an ihnen ist die Hauptstadt sehr reich. Man darf das, was die türkische Regierung, um diesem Übel zu steuern, getan hat, nicht verkennen. Noch vor einem Jahrzehnt war niemand seines Eigentums sicher. Jetzt macht man mit einem Dieb kurzen Prozeß: er wird ohne weiteres vor dem Palast des Gouverneurs aufgeknüpft. *Mustafa-Pascha,* der damalige Mudir, war eine wahre Geißel aller Diebe und Räuber; die ersteren wurden gehängt, die letzteren vor die Mündung eines Geschützes, welches dann abgefeuert wurde, gebunden.

Zu allen Arbeiten, welche die Faulheit der Einwohner scheut, gebraucht man hier die Packesel aller Stände, die Sklaven. Sie müssen Gärten und Felder bewässern, das Vieh hüten, Häuser bauen, Dornengehege errichten, das Feld bebauen etc., während ihr Herr untätig im Tokhul liegt oder sich mit der edlen Meriesa beschäftigt. Bei allen ihren schweren Arbeiten sind sie dennoch mit gewichtigen Ketten gefesselt. Wegen geringer Vergehen werden sie unmenschlich bestraft.

Die Frauen Kordofahns haben ebensogut ihre Sklavinnen als die Männer ihre Sklaven. Sie selbst arbeiten nur höchst wenig, gehen gern müßig und scheuen die Sonne, um sich eine lichtere Hautfarbe, als die derjenigen Weiber ist, welche sich den Sonnenstrahlen oft aussetzen müssen, zu erhalten. Man findet auch wirklich, daß ihre Farbe zuweilen so hell als die dunkler Europäerinnen ist. Ihre Körpergestalt ist ideal schön zu nennen.

Der Umgang beider Geschlechter miteinander ist noch freier als in Chartum und ähnelt dem leichtfertigen Wesen der Hassanïe. Die Frauen unterscheiden sich in ihrem Betragen von den öffentlichen Mädchen Ägyptens oder Chartums, welche dem Fremden unverhohlen ihre

Gunstbezeugungen anbieten, wenig oder nicht. Deshalb ist die Hauptstadt Kordofahns dem sinnlichen Nubier stets ein Ort der Freude; dem gebildeten Europäer erscheint Obeïd als das, was es ist: *als die unerträglichste, langweiligste Stadt von ganz Nordostafrika.*

Am 17. April verließ mich der Baron *Müller,* um sich mit *Mustafa-Pascha* und Herrn *Petherik* über eine von uns beabsichtigte Reise nach *Takhale* zu besprechen. Ich blieb mit einem von mir im Abhäuten der Vögel und Säugetiere unterrichteten Diener zurück.

Abends zogen Gewitterwolken am Horizont auf, einzelne Regentropfen, die Boten der kommenden Regenzeit, fielen in unserer Nähe nieder; ich begrüßte sie als traute Bekannte aus der fernen Heimat, denn seit meiner Abreise aus Europa hatte ich keinen Regen gesehen. Im Süden erhellten einzelne Blitze von Zeit zu Zeit den dunklen Himmel, das Gewitter war fern, aber dennoch hörten wir dann und wann ein leises Grollen des Donners.

Aus einem mir am 26. April zukommenden Brief des Barons erfuhr ich, daß am dreiundzwanzigsten April Ostern gewesen war. Ich hatte es nicht gewußt und war am Ostersonntag gerade sehr krank gewesen. So sehr aller heimischen Sitte entfremdet, verlebte ich meine Tage in dem wie von der übrigen Welt abgeschiedenen Walddorf.

Mein Gefährte kehrte am zweiten Mai zu mir zurück. Wir bereiteten uns nun ernstlich auf die projektierte Reise vor, obgleich man uns die Neger von Takhale als furchtbare Feinde der Weißen geschildert und noch außerdem vor den *Bakhahra*-Arabern* gewarnt hatte. Die letzteren waren vor nicht langer Zeit fünftausend Mann stark in Kordofahn eingefallen, hatten dort Herden und Menschen geraubt und sollten von der Regierung gezüchtigt werden; Grund genug, sie gerade jetzt besonders zu fürchten. Wir wollten jedoch unseren Lieblingsplan, ein noch von keinem Europäer betretenes Land zu besuchen, nicht aufgeben und beschlossen dennoch, aber mit äußerster Vorsicht, zu reisen.

* Die *Bakhahra* – von *»Bakhr«,* das Kind – sind Nomaden, welche sich zwischen dem vierzehnten und elften Grade nördlicher Breite herumtreiben. Sie besitzen ausgezeichnet schöne Rinderherden und ganz vorzügliche Pferde, sind ein sehr wohlgebauter Menschenschlag, aber wegen ihrer Grausamkeit und Kinderräuberei in Kordofahn berüchtigt. Dem Namen nach unterjocht, liegen sie dennoch mit den Beherrschern des Landes und anderen Araberstämmen (z. B. den *Kababiesch, Dar-Hammer*) in beständiger Fehde und sind ebensowohl als Krieger als auch als Räuber gefürchtet.

Die Ausführung unseres schönen Projekts scheiterte an etwas, woran wir gar nicht gedacht hatten. Wir waren, behufs der noch nötigen Ankäufe für die Reise, in Obeïd gewesen und kehrten am 10. Mai nach Melbeß zurück, um dort die nötigen Kamele zu mieten. Es fanden sich auch bald kamelbesitzende Araber bei uns ein, alle aber waren trotz der ihnen versprochenen reichlichen Trinkgelder nicht zu bewegen, uns ihre Tiere für eine Reise nach Takhale zu überlassen. Wir waren recht mißmutig, sahen aber schon wenige Tage später ein, daß wir alle Ursache hatten, unserem in Gestalt dunkelbrauner Kordofahnesen verkörperten Geschick zu danken.

Vor ungefähr vierzehn Tagen war eine große Handelskarawane, welcher wir uns sehr gern angeschlossen haben würden, wenn wir von ihrer Ausrüstung Kunde gehabt hätten, nach Takhale abgegangen. Sie zog unter der Führung eines hochgeachteten und wohlhabenden *Scherief* oder Nachkommen des Propheten, um dem König dieses Staates von ihm gewünschte Waren zu überbringen. Man versicherte uns allgemein, daß wir unter der Leitung jenes Mannes vollkommen sicher hätten reisen können. Am 14. Mai kamen einige Kameltreiber der Karawane nach Kordofahn zurück. Nach ihren Erzählungen hatte sie der Negerkönig schon an der Grenze seines Reiches empfangen und bewillkommt. Ohne Argwohn zogen sie mit ihm seiner Hauptstadt zu. Aber noch ehe sie diese erreichten, fiel ein Haufen Schwarzer plötzlich über sie her, warf sie zu Boden, fesselte sie, prügelte sie halbtot, nahm ihnen Waffen und Lasttiere weg und überließ sie ohne Nahrungsmittel hohnlachend ihrem Schicksal. Drei Kameltreiber des ungefähr zwanzig Personen starken Reisezuges waren in Kordofahn angekommen, von den übrigen wußte man nichts.

Diese einzige Tatsache erklärt die Schwierigkeit, in Afrika neue Länder zu bereisen, hinlänglich. Soweit die Weißen den Schwarzen bekannt wurden, sind sie ihnen auch verhaßt geworden. Erst dann, wenn der Reisende jene Länder der Neger, in denen man noch weiß, daß es weiße Menschen gibt, glücklich durchzogen hat, ist er vor *der Rache* der Schwarzen sicher; ihr Jähzorn ist aber auch dann noch in sehr ernste Erwägung zu ziehen. Der mit den Sitten und Gebräuchen halbwilder Völker unbekannte Reisende kann gar zu leicht durch ein bloßes Mißverständnis den schnell aufbrausenden Zorn jener Naturkinder erregen und ihm zum Opfer fallen. Möglich, daß der Neger später die Handlung seiner Hitze bereut – aber der Forscher hat unnütz sein Leben verloren.

Von dem allen Forschungen früher oder später ein Ziel setzenden, mörderischen Klima habe ich bei Erwähnung dieser Gefahren noch ganz abgesehen.

Ich will die Möglichkeit, Afrika zu durchwandern oder die Quellen des Nils zu entdecken[4], nicht bezweifeln, glaube aber nur dann an die Verwirklichung derselben, wenn sich eine ziemliche Anzahl junger und entschlossener, mit allem Nötigen wohlversehener und von einer europäischen Regierung tätig unterstützter Europäer, in der Voraussicht, fünfzig Prozent ihrer Gefährten zu verlieren, auf die Reise macht. Nur eine deutsche Großmacht oder England würde ein solches Vorhaben kräftig unterstützen und nur Deutsche oder Engländer scheinen mir zur Ausführung desselben geeignet. Dies beiläufig; es kann nicht meine Absicht sein, das nur auf meine eigene Ansicht gegründete *»Für* und *Wider«* innerafrikanischer Entdeckungsreisen hier genauer auseinanderzusetzen.

Verschanztes Lager

Die mehr und mehr herannahende Regenzeit, unsere fortwährenden Krankheiten und das Zu-Ende-Gehen unseres Reisegeldes bestimmten uns zur baldigen Rückreise nach Chartum. Ich verließ mit meinem sämtlichen Gepäck Melbeß am 20. Mai und zog nach Odeïd, wo wir noch einige Tage verweilten, zurück. Am 25. Mai traten wir unsere

Rückreise an. Wir ließen die Lastkamele vorausgehen und behielten nur einen Bedienten, welcher ein lebendes, halberwachsenes *»Bakhr el Chala«* oder Steppenrind (Antilope leucoryx) auf seinem Kamel transportieren sollte, bei uns zurück. Das Letztere konnte aber nicht so leicht, wie wir gedacht hatten, ins Werk gesetzt werden. Zuerst hatten wir alle Mühe, das große unbeholfene Tier, welches nach der albernen Ansicht der Araber noch nicht marschfähig sein sollte, auf dem Kamel zu befestigen; es rutschte bald auf der einen, bald auf der anderen Seite herunter. Der zweite Übelstand war, daß sich weder der Bediente noch das Kamel mit dem sonderbaren Reisegesellschafter vertragen konnte. Die Antilope stieß beide mit ihren spitzen Hörnern oder gab ihnen mit den starken Läufen so nachdrückliche Rippenstöße, daß Kamel und Reiter murrten, und ersteres zum großen Verdruß des letzteren schließlich noch entrüstet durchging. Nach langen Bemühungen gelang es uns, das *Bakhr el Chala* so in Teppiche zu wickeln, daß es sich nicht regen konnte, und wir verließen nun die Hauptstadt erst mit Einbruch der Dunkelheit.

Ich hatte bis drei Uhr nachmittags einen Fieberanfall gehabt und war so schwach, daß ich mich kaum im Sattel halten konnte. Mein hochbepacktes Kamel ging den anderen beiden langsam voraus und schritt bedächtig zwischen den verschiedenen *Serieahb** des Bezirkes *Tarharni,* in denen wir uns fast verirrt hatten, dahin. Plötzlich machte der durch irgend etwas erschreckte Hedjihn einige tolle Sprünge und warf mich, weil ich mich nicht darauf vorgesehen hatte, samt dem Sattel ab. Man fing das erboste Tier; ich sattelte es von neuem und fiel wegen meiner Schwäche zum zweiten Male. Ich ritt nun recht mißgestimmt weiter. Die Nacht überraschte uns ganz in der Nähe der letzten Tokhahl Obeïds; meine grenzenlose Mattigkeit erlaubte mir die Weiterreise nicht; wir mußten uns nach kurzem Ritte in der weiten Steppe lagern. Nach Aufgang des Mondes verließen wir unseren Lagerplatz und zogen dem *Djebel Kurbatsch* zu. Bei anbrechendem Morgen hatten wir ihn noch nicht erreicht und irrten ratlos in der Steppe herum. Ein dichter, den Sonnenstrahlen undurchdringlicher Nebel bedeckte die Ebene. Wir waren vom Wege abgekommen und konnten, weil auch unser Kompaß sich zufällig unter dem übrigen, mit der Karawane vorausgegangenen Gepäck befand, uns nicht einmal mehr nach den Himmelsgegenden

* Plural von Serieba.

orientieren. Da sahen wir zwei Holz einsammelnde Neger und baten sie, uns den Weg zu zeigen; sie weigerten sich, es zu tun. Not kennt kein Gebot. Wir hätten, wenn wir ohne Führer weitergeritten wären, inmitten der Steppe verhungern oder verdursten können. Deshalb zwangen wir einen der Neger, unser Führer zu sein, bedrohten ihn, wenn er uns absichtlich auf einen falschen Weg bringen würde, mit dem Tode, und versprachen ihm im entgegengesetzten Falle ein reichliches Bakschisch. Sein Kamerad bat uns vergebens um die Freigebung des in unseren Dienst Gepreßten und entfernte sich dann unter lauten Schmähungen. Der erstere brachte uns nach mehrstündigem scharfen Ritte wirklich auf den Rücken des »Peitschenberges*« und von dort auf eine sehr begangene Straße. Er wurde nun entlassen und beschenkt, zog es aber vor, noch bis zu dem nächsten Dorf mit uns zu gehen, um dort sein Kapital sogleich in Meriesa anzulegen.

Ehe wir die wenigen Hütten desselben erreichten, hatten wir ein neues Mißgeschick. Die zahme Antilope entsprang und spottete allen Bemühungen, ihrer wieder habhaft zu werden. Als ob sie den Vollgenuß der Freiheit fühle, entrann sie mit großen Sätzen bald dem Bereiche unserer Augen.

Es war fast Mittag geworden, als wir in der kleinen *Hilla*** *Tomaht* anlangten. Die Sonne lag, nachdem sie die Dünste des Morgens zerteilt hatte, mit ihrer ganzen Kraft auf der staubigen Ebene. Wir waren durstig und sehr müde. Man bot uns brühwarmes Schlauchwasser, welches unsern Durst nur noch vermehrte. Um so mehr hofften wir durch den uns fehlenden Schlaf erquickt zu werden und betraten deshalb sogleich eine kleine Rekuba, wo wir auf elastischem Ankharehb auch alsbald die gewünschte Ruhe fanden. Ein wütendes Geheul schreckte uns vom Schlafe auf. Ich schaute verwundert nach der Tür der Hütte und sah durch sie einen halbnackten, schwarzen Kerl hereinkommen und mit einem langen, gezogenen Schwert auf mich zustürzen, wobei er den vor der Hütte Brüllenden zurief: »Kommt, hier sind sie, die Hunde, kommt und schlagt sie nieder!« Mit einem furchtbaren Kolbenschlage warf ich den Wütenden zurück, dann erweckte ich den im Innern des mit der Rekuba verbundenen Tokhul schlafenden Baron und unseren Diener Ali. Wir griffen zu unseren Waffen und drohten jeden Eindringling nie-

* *Djebel el Kurbatsch.*

** Unter *Hilla* versteht man in Kordofahn ein kleines Dorf mit wenigen Hütten – ein Weiler.

derzuschießen. Da glaubte Ali, von jenen gehört zu haben, daß sie uns die Hütte über unserem Haupte anzünden wollten. Jetzt waren wir genötigt, diese zu verlassen, wurden aber im selben Augenblick von ungefähr fünfzig Negern, welche auf uns einstürmten und uns ihre Lanzen in einer Entfernung von weniger als einem halben Fuß auf die Brust setzten, umringt. Die Übermacht der Schwarzen war so groß, daß, wie ich sofort einsah, jeder Verteidigungsversuch unseren sicheren Untergang zur Folge gehabt haben würde. Aber ich hatte alle Mühe, davon auch den Baron, welcher beide Pistolen gespannt vor sich hinhielt und schießen wollte, zu überzeugen. Wir wären, selbst wenn wir sechs oder acht von ihnen getötet hätten, noch immer verloren gewesen. Jedem von uns standen vier oder fünf Schwarze so nahe gegenüber, daß sie uns ihre Lanzen mit einer einzigen Armbewegung in die Brust stoßen konnten. Es war jedenfalls das Klügste in unserer Lage, uns, bei all der im Innern tobenden Wut und Rachelust, aufs Bitten zu verlegen, aber das tierische Gebrüll der Neger verschlang unsere Worte. Wir zogen uns, um einigermaßen geschützt zu sein, langsam nach der Tür der Rekuba zurück.

Die Hilfe kam von einer Seite, von welcher wir sie nicht erwarten konnten. Ein Araber, mit milchweißem Barte, eilte, ohne zu wissen, worum es sich handelte, zu unserer Rettung herbei. Die Schwarzen schienen ihn zu kennen. Er trieb sie, welche sich vor den toddrohenden Röhren unserer Gewehre nicht gefürchtet hatten, mit der Peitsche zurück und brachte Ruhe in den tobenden Haufen. Von ihm erst erfuhren wir die Ursache des wütenden Anfalls der rasenden Schwarzen. Wir waren für Sklavenhändler gehalten worden.

Jener Neger, welcher uns um die Freilassung seines Gefährten gebeten hatte, war zu seinem Herrn, einem wohlhabenden Scheich, gelaufen und hatte diesem mitgeteilt, daß zwei Türken – für solche wurden wir gehalten – einen seiner Sklaven gewaltsam entführt hätten. Der Scheich versammelte sogleich die Schar seiner Sklaven, begeisterte sie durch reichlich gespendete Meriesa, bewaffnete sie und gebot ihnen, die »weißen Hunde« zu verfolgen und zu töten, jedenfalls aber zur Herausgabe seines Eigentums zu zwingen. Halb berauscht war die den Spuren unserer Kamele gefolgte Rotte in der Hilla angekommen, hatte unseren Aufenthalt erkundet und uns in der Meinung, daß wir den geraubten Neger in unserer Rekuba gefangen hielten, überfallen. Unser Befreier durchsuchte die Hütte, fand aber den Sklaven nicht in ihr, sondern berauscht in einer anderen, wo er während des ungeheuren Tumults ruhig geschlafen hatte.

Nachdem sich die Sache aufgeklärt und unsere Unschuld sich herausgestellt hatte, baten uns die nüchtern gewordenen Feinde demütig um Verzeihung und um ein Bakschisch, damit auch sie Meriesa trinken könnten. Wir trieben sie zurück und nahmen jetzt einen drohenden Ton an. Sie bestiegen deshalb bald ihre Kamele, nahmen unseren Wegweiser in ihre Mitte und ritten eilig davon. Jetzt schienen sie unsere Rache oder unsere weittragenden Feuerwaffen zu fürchten; sie ritten, so schnell ihre Kamele laufen wollten. Auch wir waren herzlich froh, von ihrer Gesellschaft befreit zu sein, und brachen nach kurzer Erholung von dem ausgestandenen Schrecken zur Weiterreise auf. In einem einzeln stehenden Tokhul, dessen Besitzer den Baron schon einmal beherbergt hatte, blieben wir über Nacht und genossen die Gastfreundschaft guter Kordofahnesen in ihrer vollsten Ausdehnung.

Am 27. Mai saßen wir bereits zwei Stunden vor Sonnenaufgang wieder im Sattel und zogen dann bis Tagesanbruch zwischen Dochenfeldern dahin. Noch schliefen des Tages Vögel, aber die der Nacht waren, wie immer, gegen Morgen um so munterer.

Gegen Mittag erreichten wir das Dorf *Chursi* und fanden dort unsere Diener mit dem Reisegepäck, aber ohne Kamele zur Weiterreise. Der Baron schickte sogleich den Nubier *Idrieß* nach dem nahen *Bara* und ließ unseren Bekannten, *Husseïn-Kahschef,* um Lasttiere ersuchen. Dieser schien keine Lust zu haben, unsere Bitte zu gewähren. Er entschuldigte sich mit einer Lüge und behauptete, für die Regierung fünfzig Lastkamele stellen zu müssen. Wahrscheinlich war er durch den Engländer *Petherik,* welcher sich gerade in Bara aufhielt und mit dem Baron wegen eines Bedienten überworfen hatte, bestimmt worden, uns jede Gefälligkeit zu versagen.

Wir mußten mehrere Tage in Chursi verweilen. Der Baron lag am Fieber darnieder, ich konnte mich kaum aufrecht halten. Die Jahreszeit war schon so weit vorgeschritten, daß wir jeden Tag Regengüsse erwarten konnten; die schon in Melbeß uns unangenehm gewordenen Südwinde nahmen von Tag zu Tag an Hitze zu und ermatteten mich in außerordentlich hohem Grade. Oft durften wir, weil sie die Atmosphäre zum Ersticken mit Staub erfüllten, den Tokhul nicht verlassen. Ein kühlender Nordwind, welcher aber selten lange anhielt, wurde für den gepeinigten Körper zur Wohltat. Die Hitze hatte ihr Maximum erreicht und stieg bei Südwind im Schatten der Strohhütten einmal auf + 45° R; das der Sonne ausgesetzte oder in den Sand gestellte Thermometer zeigte nicht selten fünfundfünfzig Grad. Der Körper triefte Tag und Nacht von Schweiß.

Am 4. Juni verließ ich den Baron, um den Engländer, mit welchem ich noch einiges abzumachen hatte, aufzusuchen. Der Tag war sehr heiß gewesen, der Himmel hatte sich mit Wolken umzogen; es stand Regen oder wenigstens Sturm bevor. Gegen Abend wurden die Wolken dichter. Der Himmel erschien dunkelschwarz. Jetzt brach der Sturm über mich herein und drohte mich vom Kamel zu reißen; das Tier wurde unruhig und wild. Ich ritt, so schnell es laufen konnte, auf dem mir unbekannten Wege dahin. Längst schon hätte ich im nächsten Dorfe sein müssen, die Nacht brach herein, ich hatte noch immer keine Spur einer menschlichen Ansiedlung entdeckt. Es wurde mir klar, daß ich mich verirrt hatte; ich fürchtete, den Weg vollends zu verlieren. Da stieg ich von meinem Kamel ab, band es an eine stachelige Mimose und legte mich daneben. Vergebens versuchte ich, Feuer anzumachen; der heftige Wind blies es mir aus. Ich hatte, außer einem dünnen Pelz, nichts bei mir, um mich gegen die Kühle der Nacht zu schützen. Dennoch schlief ich bald ein. Der Sturm heulte die ganze Nacht hindurch mit den Hyänen um die Wette.

Am Morgen nach der unruhig verbrachten Nacht hatte ich mich aus dem Sande, mit welchem mich der Sturm überschüttet hatte, förmlich herauszuarbeiten. Jetzt war eine wohltuende Stille in der Natur eingetreten. Der Wind hatte sich gelegt, die Morgenröte leuchtete prächtig im Osten, einzelne Vogelstimmen riefen dem kommenden Tage ihre Grüße zu. Lange vor Sonnenaufgang saß ich wieder im Sattel. Ich ritt auf gebahnten Wegen und spähte von meinem hohen Sitz herab nach den in der Ferne glänzenden Straußeneiern der Tokhulspitzen eines Dorfes. Mein Wasservorrat war erschöpft, zu einem recht fühlbaren Hunger gesellte sich brennender Durst. Die Hitze wurde bald wieder unerträglich. Endlich nach achtstündigem, scharfem Ritte kam ich in Dochenfelder und bald darauf in ein kleines Dorf. Mein Kamel war wie ich zum Umfallen müde und hungrig; ich glaubte vor Durst vergehen zu müssen. Der Scheich des Dorfes nahm mich gastfreundlich auf und bewirtete mich mit saurer Milch und schwarzem Durrahbrot, den einzigen Nahrungsmitteln, welche er hatte. Mein Hedjihn schlang begierig die goldenen Dochenkörner hinunter.

Auf die Erkältung der Nacht, vielleicht auch auf das unpassende Mittagsbrot, folgte eine heftige Kolik und Dysenterie, welche mich des Reitens beinahe unfähig machte. Doch konnte ich hier nicht verweilen. Nachdem ich mich nach dem Wege erkundigt hatte, ritt ich, mich dem Dorfe *Tendar* zuwendend, ungeachtet der mich peinigenden Schmerzen weiter.

Die Gegend, welche ich heute durchzog, war von allen bis jetzt in Kordofahn besuchten Örtlichkeiten verschieden. Zwischen zusammen fortlaufenden, sich mannigfaltig verzweigenden Bergrücken lag Kessel an Kessel. Diese Vertiefungen, welche sehr gut bebaut und zahlreich bevölkert zu sein schienen, fielen meistens sehr steil ab; im Grunde lag gewöhnlich ein Brunnen und ein um diesen erbautes Dorf; ihr Durchmesser wechselte zwischen dreihundert bis sechstausend Schritten. Die weinbergähnlichen Abhänge enthielten die rings um den Hügel herumlaufenden Dochenfelder; auf den Hügeln vereinigten sich die sonst einzeln stehenden Bäume der Steppe zu dichteren Gruppen.

Mit Einbruch der Nacht hielt ich mein Kamel vor einem einzeln stehenden Tokhul an und beschloß, daselbst zu übernachten. Der Besitzer der Hütte, welcher mich für einen Türken und folglich Soldaten hielt, versicherte mir vor allen Dingen, daß er weder für mich noch für mein Reittier etwas Eß- oder Trinkbares in seinem Haushalt habe, daß aber ganz in der Nähe ein Weiler sei, zu welchem er mich führen wolle. Ich war damit zufrieden und unser Schwarzer herzlich froh, das drohende Unwetter von seinem Hause abgelenkt und auf die Häupter seiner Nachbarn gewendet zu haben. Nach fünf Minuten kam ich unter der Leitung meines jetzt sehr dienstwilligen Führers in der Hilla an und blieb dort über Nacht.

Am 6. Juni. Das Dorf *Tendar* war von meinem Nachtlager nicht weit entfernt. Ich erreichte es schon vor Sonnenaufgang und ritt dann in nordöstlicher Richtung über eine öde, traurige Savanne nach der Hilla *Umsersühr. Mr. Petherik* empfing mich mit großer Freundlichkeit und gab mir sogleich starke, aber wohltuende Arznei gegen meine Dysenterie. Ich blieb mehrere Tage bei ihm und begleitete ihn, nachdem ich so ziemlich wieder hergestellt war, nach mehreren Dörfern, deren Umgegend er auf Eisen prüfen wollte.

Am 16. Juni traf ich mit dem Baron in dem Dorfe *Seröga* wieder zusammen. Unsere Bedienten waren mit dem Gepäck bereits vorausgezogen, weshalb wir den Ort bald nach meiner Ankunft verließen.

Wir ritten am 18. Juni über *Schetieb* nach dem schön genannten Dorfe *Allah-Amahne*, »Gottesfrieden«, fanden dort aber von der von *Russegger* gerühmten Gastfreundschaft der Bewohner keine Spur mehr. Nur gewaltsame Maßregeln verschafften uns und unseren Tieren die nötigen Nahrungsmittel.

Nachdem der Mond aufgegangen war, wollten wir weiterreisen, aber im ganzen Dorf war kein Führer zu finden. Alle Männer waren in der Voraussetzung, von uns zu Dienstleistungen gezwungen zu werden, durchgegangen. Auf ihre Artigkeit vertrauend, ließ der Baron nach langem vergeblichen Suchen nach etwas Männlichem drei Frauen des Dorfes ergreifen und beschloß, diese so lange, bis die Männer sie ausgelöst und sich zu Führerdiensten bereit erklärt haben würden, als Geiseln zu behalten. Wir hatten die Kordofahnesen sehr falsch beurteilt. Die Männer ließen sich weder hören noch sehen; wir mußten die Frauen endlich doch wieder freigeben. Zum Glück fand einer unserer Kameltreiber den richtigen Weg und erklärte sich zu unserem Führer. Unter seiner Leitung erreichten wir bald die Savanne und ritten noch länger als vier Stunden in die Nacht hinein.

Es war eine jener herrlichen Tropennächte kurz vor der Regenzeit, welche man selbst durchlebt haben muß, um sich eine würdige Vorstellung von ihr machen zu können. Wohl ballten sich im Süden dunkle, regenkündende Wolken zusammen und entsandten leuchtende Blitze, deren Donner sich bei uns in leisem Gemurmel verlor, aber senkrecht über uns leuchteten die Sterne noch in ihrer unendlichen Klarheit. Auch das Kreuz strahlte noch freundlich auf uns hernieder, die Atmosphäre war rein und heiter. Der südliche Himmel zeigte uns noch seine ganze Schönheit. In seiner tiefen Schwärze wölbte er sich über uns.

Um Mittag lagerten wir uns im Schatten einiger Mimosen. Eine drükkende Schwüle lag auf der Ebene. Der Himmel war leicht bewölkt. Da erhob sich ein leiser, glühender Wind, welcher mehr und mehr an Stärke und Hitze zunehmend, zuletzt in Sturm überging. Es war der Samum. Unsere Kamele wurden unruhig und wild, die Treiber ängstlich. Zum Glück wehte der Sturm kaum eine halbe Stunde lang. Wir konnten unsere Reise fortsetzen, waren aber sehr erschöpft.

Zur Zeit des Nachmittagsgebetes begegneten wir einem Araber, welcher zwei Kamele langsam vor sich hertrieb. Wir fragten ihn freundlich, wie weit es noch nach *Helba*, einer von allen benachbarten Dörfern weit entfernten Hilla, sei und erhielten die Antwort: »Reitet, mit Sonnenuntergang trinkt ihr von dem frischen Wasser des dortigen Bihr; ich habe den Ort erst kurz vor dem Aassr verlassen.«

Uns auf den hier von allen Reisenden gehaltenen Rasttag und eine Burma guter Meriesa freuend, trieben wir die Hedjinihn zu frischem Laufe an und eilten der ersehnten Hilla zu. Mehr als die Hälfte der uns von dem Araber angegebenen Wegstrecke hatten wir zurückgelegt, noch immer wollte das Dorf nicht zum Vorschein kommen; noch hörten wir kein Hundegebell. Nur zuweilen unterbrach das eintönige Geheul eines einzelnen, entfernten Schakals die Stille des Abends. Mit Recht verwünschten wir den Araber, welcher uns ohne allen Grund belogen hatte.

Die Nacht war vollkommen hereingebrochen. Wir waren der Karawane weit vorausgeeilt und machten halt, um sie zu erwarten. Bald loderte ein weithin leuchtendes Feuer neben unseren auf den Boden gebreiteten Teppichen. Es sollte der herannahenden Karawane ein Anzeichen unseres Aufenthaltes sein, zog aber zugleich auch ungebetene Gäste herbei. In Scharen lief der Steppe Gewürm und Ungeziefer dem Lichte zu. Taranteln mit sechs fingerlangen, behaarten Füßen, Skorpione mit dem zum Stich erhobenen Schwanze eilten, zum Teil über unsere Teppiche hinweg, wie von einem Magnet angezogen, nach unserem Feuer. Neben uns ringelte und zischte eine kleine, aber äußerst gefährliche Viper auf, deren sich der Baron mit vielem Geschick und Mut alsdann bemeisterte. Mohammed hatte bereits mehrere große, schwarze Skorpione ins Feuer geschleudert, aber noch immer kamen neue Exemplare jener häßlichen Tiere herbei.

In solcher Gesellschaft die Nacht zu verbringen, war in der Tat weder angenehm noch gefahrlos. Wir beschlossen, die Ankunft des Gepäcks abzuwarten und uns dann auf unsere Kisten zu betten, bemerkten die Anwesenheit der Karawane aber erst am folgenden Morgen, als uns das ohrenzerreißende Gebrüll der Kamele aus dem Schlafe rief. Gott Morpheus hatte die Schrecknisse der Nacht zu überwältigen gewußt und uns in seinen sanften Armen gestärkt und erquickt.

Lange vor Sonnenaufgang saßen wir wieder im Sattel und dennoch erreichten wir erst um Mittag den von hohen Mimosen umstandenen Brunnen der Dorfschaft *Helba.* Sein süßes Wasser war angenehm und erfrischend, wenigstens im Vergleich zu dem der salzigen *Biahr* des übrigen Kordofahn. Wir schlugen unser Zelt unter den schattigen Bäumen auf, weil wir notwendigerweise Rasttag halten mußten. Die Kamele waren sehr erschöpft, unsere Diener und wir selbst nicht weniger. Erstere trugen mehrere wundgeriebene Stellen, welche ihnen empfindliche Schmerzen verursachten; die Bedienten waren zum Teil mehrere Tage lang zu Fuß gegangen und klagten über verbrannte Füße; wir selbst litten an dem immer und immer wiederkehrenden Fieber. So war für uns alle ein Tag der Ruhe unerläßlich, wir sollten ihn aber nicht genießen.

Es ist oft unmöglich, von den Kordofahnesen Lasttiere vermietet zu bekommen, selbst wenn man ihnen das Doppelte der Mietpreise bietet. Der alte Haß gegen die Türken, bezüglich gegen alle Weißen, welche ihr Land in Besitz nahmen, sie ihrer Freiheit beraubten und jetzt noch bedrücken, hat sich von Geschlecht zu Geschlecht ungeschwächt erhalten. Sie verweigern dem Weißen zuweilen sogar die nötigen Nahrungsmittel. Der Reisende wird dadurch gezwungen, das, was er bedarf, mit Gewalt zu nehmen. So hatten unsere Diener sich auf gewaltsame Weise Esel verschafft, welche sie dann gemeinsam und abwechselnd zum Reiten benutzten. Ein alter, von uns in Obeïd in Dienst genommener Nubier, *Mohammed-Wod-Gitere* oder *Khitere* genannt, führte einen Eselsattel, d. h. nach Landesgebrauch ein einfaches Holzgestell mit Vorder- und Rücklehne und zwei Sitzbrettern mit sich und legte diesen dem ersten besten Esel auf, dessen er habhaft werden konnte. Dann ritt er ohne Gewissensskrupel mit der Karawane weiter. Der Herr des Esels erschien sehr bald, um sein Eigentum wieder in Besitz zu nehmen, erhielt es aber nicht, bevor sich ein anderer Esel gefunden hatte und wurde bis dahin als Treiber benutzt. Nachdem seine Dienstleistungen beendet waren, empfing er die gewöhnliche Miete für seinen Esel und ein Bakschisch obendrein. Giterendo hatte auf diese Weise einen großen Teil der dem Alten sonst zu beschwerlichen Reise zurückgelegt und gedachte seinen im Dorfe *Schetieb* eroberten Esel noch bis *Abu-Djerahd,* einem am Saum der Steppe in der Nähe des weißen Flusses gelegenen Dorfe, zu benutzen, obgleich der Treiber bereits neun deutsche Meilen neben seinem Grautiere hergewandelt war.

Auch die Bewohner des Dorfes Helba waren nicht zu bewegen, uns einige dringend notwendige Lasttiere zu vermieten. Bitten und Drohungen fruchteten nichts, deshalb nahmen wir zuletzt zwei Esel, welche am Brunnen getränkt werden sollten, gewaltsam weg. Aber die *Helbaui** schienen mit unserem Verfahren nicht zufrieden zu sein. Schon in

* Bewohner des Dorfes Helba.

der Nacht stahlen sie ihre *»Humihr«* * und würden sich gewiß auch einiges von unserem Eigentume zugeeignet haben, wenn Giterendo die nächtlichen Gäste nicht bemerkt hätte. Er verfolgte sie und jagte ihnen einen der Esel glücklich wieder ab.

Am 21. Juni. Mit dem frühesten Morgen erschienen Abgesandte des Dorfes, um den *»Humahr«* zurückzufordern. Wir trieben sie fort, sie kamen aber immer und stets in größerer Anzahl wieder. Zuletzt versammelte sich ein zahlreicher Haufen mit Lanzen bewaffneter Männer, welche wie gewöhnlich entsetzlich schrien, lärmten und sich Rache zu nehmen drohten, vor unserem Zelte. Da es uns in der Tat schien, als solle ein Angriff stattfinden, errichteten wir mit unseren Kisten einen Wall vor der Tür des Zeltes, versammelten unsere Streitkräfte innerhalb desselben, legten unser Geschütz: vier Doppelgewehre, mehrere Büchsen und einige paar Pistolen geladen und gespannt auf die Brustwehr des Walles und ließen den außen Tobenden sagen, daß wir Feuer geben würden, wenn sie sich zu nähern wagen sollten. Der diesmal als Zankapfel erscheinende Esel ward in der Festung wohlgeborgen und nagte, unbekümmert seiner ferneren Schicksale, an einem Bündel dürren Steppengrases. Gewiß wäre die Sache noch zu unserem Vorteil abgelaufen – denn unsere drohende Batterie hielt das Volk wirklich in Respekt –, wenn ich nicht während des Streites meinen Fieberanfall wieder bekommen hätte, infolgedessen ich den Lärm nicht ertragen konnte und den Baron schließlich bitten mußte, das ohnehin schlechte Tier wieder freizugeben. Dies geschah, und die Araber zogen sich mit lauten Segenswünschen und um so stilleren Flüchen nach ihrer Hilla zurück.

Sobald ich reiten konnte, brachen wir auf. Erst in später Nacht wurde haltgemacht. Wir zündeten Feuer an und begannen wie vor einigen Tagen auf das von allen Seiten herankriechende Gewürm Jagd zu machen. Um die Wahrheit der Sage, welche erzählt, daß sich der in einen Kreis glühender Kohlen gebrachte Skorpion selbst töte, zu erfahren, ließen wir heute viele dieser »Spinnenkrebse« fangen und der Feuerprobe unterwerfen. Alle wurden, ohne den Versuch, sich selbst umzubringen gemacht zu haben, bald von der Glut des Feuers getötet.

Der andere Morgen verschaffte uns die Gewißheit des schon seit vorgestern befürchteten Ereignisses, daß unser Eseltreiber aus Schetieb sich mit seinem Tier in aller Stille auf und davon gemacht hatte. Als Entschä-

* Plural von »Humahr«. Esel.

digung für die in unserem Dienste verlorene Zeit oder als Belohnung für seine Bemühungen hatte er einem der Kameltreiber sechzig Piaster entwendet. Der Baron ersetzte dem Armen später seinen Verlust und bezahlte damit die teuerste Eselmiete, welche er je entrichtet hat.

Nach einem entsetzlich langweiligen Ritt durch einen spärlich bestandenen, toten Mimosenwald erreichten wir abends die nur noch drei deutsche Meilen vom weißen Flusse entfernte Hilla *Abu-Djerahd* – zu deutsch »Heuschreckendorf« – und hatten die Freude, den breiten Spiegel des Stromes durch das dunkle Grün der Uferwälder hindurchschimmern zu sehen.

Sykomoren-Gruppe

Am 23. Juni zogen wir in der Frühe weiter und über eine staubige, baumleere Ebene dem Bahr el abiadt zu, auf welchem das scharfe Auge unserer Diener schwellende Segel bemerken wollte. Wir hatten den Anblick einer großen Hitze kündenden, aber prachtvollen Fata Morgana und trieben, um uns derselben zu entziehen, die Kamele zu rascherem Laufe an. Ich bekam leider wieder einen Fieberanfall und litt auf dem Kamel mehr als je. Die Hitze wurde gegen Mittag fürchterlich. Mit ihr nahm das Fieber in solcher Stärke zu, daß ich, um den Qualen unter der glühenden Sonne zu entgehen und auf Augenblicke der Kühlung zu genießen, bei jedem Baume abstieg. Flehentlich beschwor ich den Baron und die Bedienten, mir einige Tropfen Wasser zu übergeben, »denn weiter bedürfe ich ja doch nichts mehr« und mich dann meinem Schicksale zu überlassen; nur solle man mich nicht fort und fort auf jene Folter, den Sattel, zurücktreiben. Ich erinnere mich nicht, mich jemals unglücklicher gefühlt zu haben. Wenn mich der Baron oder der alte ehrliche Giterendo von neuem zum Reiten zwangen, glaubte ich meine ärgsten Feinde vor mir zu sehen und doch taten gerade sie alles, was in ihren Kräften stand, um mir meinen qualvollen Zustand zu erleichtern. Diesen beschreiben zu können, scheint mir unmöglich zu sein. Der Ärmste der Armen Europas findet unter ähnlichen Umständen wenigstens ein kühlendes Plätzchen, einen Ort, wo er sich ruhig hinlegen kann. Ich war der Hitze der afrikanischen Tropensonne ausgesetzt, während das fieberglühende Blut mir alle Adern zersprengen zu wollen schien; ich hing, kaum meiner selbst bewußt, auf dem Rücken des Kamels, mußte meine ohnehin unsäglich geschwächten Kräfte noch zu sammeln streben, um nicht aus dem hohen Sattel zu stürzen, und der Fieberfrost, welcher derselben gluthauchenden Sonne Hohn zu sprechen schien, durchschüttelte mich! *Für einen solchen Zustand, für die Qualen eines Fieberanfalls auf dem Kamel während der Mittagshitze in einer von der scheitelrecht stehenden Sonne durchglühten Einöde des innern Afrikas gibt es keine Worte.*

Endlich, nach fünf martervollen Stunden, kamen wir zu einigen Hütten. Hier erst konnte ich mich ausgestreckt hinlegen, hier erst konnte ich auf Erleichterung meiner Schmerzen hoffen. Mein Zustand ließ gar nicht an eine Weiterreise denken. Der Baron versuchte, von den Bewohnern der Tokhahl Hühner zu erhalten, um für mich eine kräftige Suppe kochen zu lassen; man verweigerte ihm, eins von den vielen, welche um die Wohnungen herumliefen, zu geben. In solchen Fällen gab es nur ein Mittel, um zum Ziele zu gelangen: *Gewalt.* Das erstbeste Huhn wurde zusammengeschossen, gerupft und gekocht. Dann kam der Besitzer und bat um Bezahlung des Tieres, welche er auch regelmäßig von uns erhielt.

Am 24. Juni. Der Weg von unserem gestrigen Nachtlager zu dem Bahr el abiadt führte in einen *Chor,* welcher dem Orte *Mendjere* gegenüber mündete, dem Ufer des weißen Flusses zu. In den Wäldern hatten mehrere Familien der Hassanïe ihre niedlichen Häuschen aufgeschlagen. Ich kannte die schönen Männer und noch schöneren Frauen und Mädchen schon von Butri her. Die letzteren besitzen eine sehr helle

Hautfarbe; das dunkle Braun der Männer ist von dem lichten Bronzegelb der Frauen so verschieden, daß man sie als Glieder zweier Stämme zu betrachten geneigt wird. Ich habe nirgends in Afrika eine größere Sorgsamkeit zur Erhaltung eines blassen Teints gefunden als unter den Frauen der Hassanïe. Während die Männer in der Sonne des Mittags das Vieh hüten, bleiben die Frauen ruhig und träge in ihren kühlen Hütten, welche stets unter Mimosen, deren Laubdach den Strahlen der Sonne jeden Durchgang verwehrt, angelegt sind. Sie sind als faule und arbeitsscheue, aber, wie ich schon bemerkte, als überaus leichtfertige und sinnliche Frauen bekannt, ebenso von den verschiedenen Stämmen der übrigen Nomaden geachtet wie verachtet, gepriesen wie geschmäht, gesucht wie gemieden.

Wir tauschten gegen wenige Para manche ihrer hübschen Arbeiten ein und setzten unsere Reise bald wieder fort.

Gegen Mittag begrüßten wir die Ufer des Bahr el abiadt mit freudigem Jubel. Hinter uns lag ein Land, dessen höllischem Klima wir sicher binnen kurzem unterlegen wären, hätten wir nicht an schleunigen Rückzug gedacht. Vieles Böse, manche trübe Stunde war überstanden. Erquickt und erheitert, ließen wir unsere Blicke auf dem schon hoch gestiegenen Spiegel des Stromes haften. Das Plätschern seiner Wellen war uns Himmelsmusik. Zum erstenmal nach vier Monaten schwelgten wir wieder im Genusse guten Trinkwassers, welches uns der reiche Strom so freigebig spendete. Frohen Mutes schlugen wir unser Zelt im Schatten einer riesigen Mimose auf und sahen den possierlichen Affen zu, welche in Scharen nach dem Flusse eilten und unterwegs ihre Gaukeleien und lachenerregenden Künste gratis zum besten gaben.

Am 26. Juni mieteten wir eine von *Eleïs* zurückkehrende Barke, welche uns für heute nach dem am anderen Ufer liegenden Dorfe *Mendjere* brachte. Am Ufer fanden wir gegen vierzig im Auftrage der Regierung Barken zimmernde Arbeiter beschäftigt. Die Arbeiten, welche die Schwarzen mit ihren unter aller Kritik schlechten Werkzeuge zustande brachten, erregten billig unsere Verwunderung. Man hatte einige Tokhahl zu Schmieden, andere für Schiffszimmerleute, andere wieder für Seiler eingerichtet. Überall herrschte eine rege Tätigkeit. Schon der Name des Dorfes – *Mendjere* bedeutet die Werft – zeigt an, daß es nur durch die hier in dem jetzt gelichteten, früher aber fast undurchdringlichen Urwald vereinigten Arbeiter entstand.

Wir verließen Mendjere in der Frühe des anderen Tages. Ein ziemlich heftiger Südwind trieb unser Schifflein so rasch den Strom hinab, daß wir schon am 28. Juni das Minarett der Hauptstadt Ostsudans aus dem Meere der Fata Morgana auftauchen sahen. Der Bahr el abiadt war bedeckt mit Vögeln aller Art, welche mächtig zur Jagd einluden. Aber mächtiger noch war die Sehnsucht nach dem jetzt in jeder Beziehung wohltätigen Chartum. Schon der Gedanke, wieder einmal unter Europäern sein zu können, nachdem wir so lange des Umgangs zivilisierter Menschen entbehrt hatten, war uns erfreulich genug.

Ein schwerer Gewittersturm war im Anzug, als wir das Rahs el Chartum umfuhren. Der Baron suchte dem Regen zu entgehen und verließ schon hier das Schiff; ich stieg erst eine halbe Stunde später, nachdem die Matrosen die Dahabïe an der nordöstlichen Häuserreihe der Stadt befestigt hatten, ans Land und trat mit Beginn des herabstürzenden, wolkenbruchartigen Regens in den Diwan unseres Freundes *Penney*.

Mit steigendem Interesse vernahmen wir den aus einem Pack französischer Zeitungen vor wenigen Stunden hier bekanntgewordenen Zustand der Dinge in Europa[3].

X. Zweiter Aufenthalt in Chartum. Rückkehr nach Ägypten

Unsere kleine Menagerie, welche wir unter der Aufsicht eines Nubiers, *Fadtl,* in Chartum zurückgelassen hatten, trafen wir bei unserer Ankunft im besten Wohlsein an. Wir bezogen mit ihr ein geräumiges Haus, in dessen großem Hofraum die Strauße Platz genug hatten, alle ihre Unarten zeigen zu können. Die gewandten und dabei gut bewehrten Marabus hatten von ihnen weniger zu leiden als die friedlichen Gazellen und der streitsüchtige *Perro,* unser kluger Pavian, welcher der ganzen Tiergesellschaft die Fehde erklärt zu haben schien.

Wir benutzten die kurze Zeit unseres Aufenthalts noch zu fleißigen Jagden und erbeuteten während der nun begonnenen Regenzeit wertvolle Gegenstände für unsere Sammlungen.

Am 11. Juli. Seit einigen Tagen wurde die Verheiratung des Sendjek *Tomus-Arha* auf das Glänzendste gefeiert. Seine Braut – wenn ich diesen Ausdruck von Mohammedanern gebrauchen darf – war die Schwester des uns bekannten *Muhsa-Beï,* damaligen *Modihrs* der Provinz *Dongola,* und sollte *Tomus-Arhas* dritte Frau werden. Es war für acht Tage eine großartige Fanthasïe, welche durch das festliche Beilager beschlossen werden sollte, zugesagt worden. Raketen und von den Arnauten mit scharfen Patronen abgefeuerte Freudenschüsse durchzischten jeden Abend die Luft; in der Stadt herrschte, wie während des Ramadan, allgemeine Laternenfreiheit; vor dem Hause verbreiteten große *»Maschallaht«* oder Flammenbecher* eine ungewöhnliche Helle; in dem Hofraume ertönten zuweilen Passagen aus einer europäischen Oper, welche von der Musikbande des Linienregiments vorgetragen wurden.

Wir Europäer waren für heute von dem Hochzeiter feierlichst zum Abendessen eingeladen worden und brachen, unseren liebenswürdigen Freund *Penney* an der Spitze, in den verschiedenartigsten Kostümen gegen vier Uhr nachmittags nach dem Lehmpalaste Muhsa-Beïs auf.

Der vordere Hof des Hochzeitshauses zeigte ein buntes Bild der ver-

* Eiserne, auf hohe Stangen gestellte Körbe, in denen man leicht brennendes Holz anzündet.

schiedenen Bewohner der Hauptstadt. Auf der Vorhalle des *Diwan* hatte sich die Musikbande der Armee aufgestellt und empfing uns mit einem kaum anzuhörenden Vortrag der Marseillaise. An langen grauen Teppichen, welche man der Länge des Hofes nach auf den Boden gelegt hatte, schmauste das arme Gesindel Chartums; im Hintergrunde ertönten die sieben, sich ewig in eigenem Takte wiederholenden Schläge der Tarabuka und begleiteten die sinnlichen, unästhetischen, allzu üppigen Tänze öffentlicher Mädchen, an denen sich auch viele Sklavinnen des Gastgebers eifrigst beteiligten. Ihnen fehlte es nicht an Zuschauern. Bedächtig schmauchten ernste Türken ihre Tschibuhkaht, um ihnen zuzuschauen; das junge Volk umstand in Haufen die Gruppe der übermäßig gefetteten Tänzerinnen, und manches beifallspendende »Maschallah« * ermunterte sie zu neuen Verrenkungen des Oberkörpers, neuem Zittern aller Glieder, neuem, staubverbreitendem Stampfen mit den Füßen – kurz, zu möglichst vollkommener Ausführung der früher genugsam geschilderten Tänze. Der schmachtenden, zärtlichen, liebebegehrenden und liebegewährenden Blicke der schönen Tänzerinnen will ich hier gar nicht weiter gedenken; sie wurden den Schönen ebenso reichlich zurückgegeben, als sie von ihnen reichlich ausgespendet worden waren.

Man führte uns in einen zweiten Hof. Wir traten durch eine Vorhalle in den Diwan ein. Unsere Wirte und einige Gäste rauchten dort ihre Pfeifen. Es war ein wohnliches, gemütliches Zimmer, in welchem wir uns befanden. Künstliches Gitterwerk überwob die für Chartum so seltenen Glasfenster, unter denen sich weiche Ottomanen an den Wänden hinzogen. In der Mitte des Zimmers schleuderte ein Springbrunnen schwache Strahlen gegen die Decke empor und füllte damit ein weites Becken, welches im Zimmer angenehme Kühle verbreitete. *Contarinys* Falkenaugen überflogen beim Eintritte sogleich den ganzen Diwan. »Voilà, Messieurs, une batterie bien périllieuse pour nous«, sagte er und deutete auf eine zahlreiche Reihe von Weinflaschen, welche man, um sie abzukühlen, ins Wasser gestellt hatte.

Nachdem wir Kaffee und Pfeifen bekommen und uns eine Zeitlang, mehr als nötig, gelangweilt hatten, erschien eine wenigstens vier Fuß im Durchmesser haltende *Sinnïe* oder die den Tisch der Türken substituierende runde Metallplatte mit einem vollständigen Branntweingeschirr und unzähligen Schüsselchen. In den letzteren befanden sich Näsche-

* Maschallah wird gebraucht, um auszudrücken, daß etwas gefalle oder in Erstaunen setze.

reien, um den Appetit zu reizen. Dann traten arabische Musiker herein, setzten sich und begannen, nach einem quälenden Präludium, ihre arabischen Weisen abzuleiern. Die entsetzliche Einförmigkeit derselben behagte uns so wenig, daß sich jeder auf eigene Art zu amüsieren suchte.

Der arabische Gesang mit den herrlichen, poesiereichen Liedern und den einförmigen, tonarmen Weisen hatte zuletzt selbst die Türken ermüdet. *Tomus-Arha* rief zur Abwechslung einige Albanesen, welche uns ihre Heimatlieder vorsingen sollten, zu uns herein. Die Melodien ihrer Lieder waren schön, das Gefühl, mit denen die Leute sangen, ergriff uns. Gewiß, sie dachten in ihrem, uns unverständlichen Gesange an die schneebedeckten Gebirge ihres Vaterlandes unter dem italienischen Himmel, an das stille Gehöft, in welchem sie ihre Kindheit verlebt hatten, sie dachten vielleicht an ein holdes Mädchen, das ihnen noch jetzt zuweilen als liebliches Traumbild erscheinen mochte, sie dachten an Vater und Mutter, an alle die fernen Lieben, denn weicher und sanfter wurden ihre Akkorde.

So klein, so unscheinbar ihre Zithern waren, so meisterhaft verstanden sie dieselben zu schlagen. War es doch kaum denkbar, daß sie mit dem einfachen, zugespitzten Leder, mit welchem sie die Saiten berührten, ihnen andere als mißtönige Laute entlocken würden, und dennoch entzauberten sie ihnen reiche, volltönende Weisen. In der Musik lag die Weiche der slawischen Volksmelodien, in den Worten die volle Kraft der wohlklingenden türkischen Sprache. Der Chor und die Solosänger trugen ihre Stücke mit gleicher Meisterschaft vor. Die Sänger ernteten reichlichen Beifall, wenn sie vielleicht auch zu lebhaft gestikulierten.

Unser Wirt schien unerschöpflich in seiner Sorge für unsere Unterhaltung zu sein. Die Albanesen hatten ihren Gesang beendet, jetzt begann ein neues Schauspiel. Außen vor der »*Mastaba*« oder Vorhalle eröffnete sich eine wilde Szene. Es war, als ob der Hexensabbath angebrochen wäre. Wir eilten hinaus, um uns das Niegesehene anzuschauen. Um drei der erwähnten Flammenbecher, von denen ein grelles Licht ausströmte, drehte sich in den tollsten Reigen eine wilde Schar. Die männlichen Sklaven des Hausherrn führten mit raubtierähnlichen Sprüngen und gräßlichem Geschrei ihre Nationaltänze auf. Das waren keine Menschen, welche da tanzten, es waren Dämonen der dunklen Nacht; sie tanzten nicht, sondern sprangen, hüpften und kollerten ohne Takt und Regel wie wütende Kobolde, wie eine Gesellschaft verrückter Teufel im Hofe herum. Ihr Gebrüll glich dem Gebrüll der Tiere, wir wußten nicht, was wir sagen sollten. In den Händen schwangen sie den todbringenden *Trumbasch,* an den Armen und Beinen klirrten eiserne Ringe. Und durch das Geheul, Gebrüll, Geächz und Fußstampfen der Kämpfenden oder Tanzenden tönten die durchschallenden Schläge der Kriegstrommel hindurch. Es war ein nicht zu beschreibendes Getümmel.

Seit unserer Ankunft waren mehrere Stunden vergangen und wir recht hungrig geworden. Da brachte man das Essen. Zuerst erschien ein Diener mit vielen Servietten auf dem linken Arm und breitete jedem der Anwesenden eins dieser Tücher über den Schoß; ihm folgten zwei andere mit dem türkischen Waschzeug *Tischt* und *Berihkh.* Ersteres ist einem Waschbecken nicht unähnlich, aber von einem durchbrochenen Deckel, welcher in der Mitte erhöht ist und ein Seifennäpfchen enthält, überdeckt, damit das durch das Waschen unrein gewordene Wasser immer abfließen kann; das letztere ist eine Deckelkanne mit dünnem Hals und einer langen, gebogenen, sehr engen Ausflußröhre. Kanne und Becken sind gewöhnlich aus Metall gefertigt. Der Bediente nimmt das Tischt in die linke, das Berihkh in die rechte Hand, läßt sich vor dem Gast auf ein Knie nieder, hält ihm das Tischt über seinen Schoß und gießt ihm mit dem Berihkh Wasser über die dargebotenen Hände. Nachdem sich der Gast Hände und Mund gewaschen hat, trocknet er sich an der Serviette; der Bediente geht zum zweiten und dritten und so fort, bis sich alle gereinigt haben.

Dann breitet der *Sofredji* oder Tischdecker eine Matte oder einen Teppich auf den Boden, stellt darauf einen kleinen, nur anderthalb Fuß hohen Tisch und bedeckt diesen mit einem großen Tischtuch. Auf dieses setzen zwei andere Diener die blanke *Sinnïe.* Der Hausherr erhebt sich von seinem Platz und bittet die Gäste mit dem Worte *»Bujerum«* (wems beliebt) oder *»Tefattelan«* (wenn es euch gefällig ist) sich um die Sinnïe herumzulagern. Am Rande der Metallplatte liegen kleine, frischgebackene Weizenbrote oder Kuchen und reichgeschnitzte Horn- oder Holzlöffel* zu beliebigem Gebrauch der Gäste. Die Speisen werden nun rasch nacheinander aufgetragen. Zuerst erscheint eine kleine Schüssel mit trefflich zubereiteter Suppe, von welcher die Gäste nach abermaliger Aufforderung des Gastgebers und den an der Stelle des Tischgebe-

* Diese Löffel sind oft sehr luxuriös gearbeitet. Man hat deren, welche aus dem schönen Horn des Rhinozeros gedreht sind und mit Korallen oder Bernsteinstücken verzierte, elfenbeinerne Stiele besitzen.

tes gesprochenen Worten: »Be issm lillahi el rahhmahn el rahhihm*«, einige Löffel genießen. Der Vornehmste der Tischgesellschaft taucht seinen Löffel zuerst in die Suppe, ihm folgen die übrigen nach ihrem Range nach. Auf einen Wink des Hausherrn verschwindet die Suppenschüssel, im selben Nu steht aber auch schon ein zweites Gericht, bei großen Gastmälern die köstliche *»Schourma«*, an ihrer Stelle. Die Schourma ist ein am Spieße gebratenes, mit Reis, süßen Mandeln, Rosinen, Kastanien, Haselnüssen und dergleichen gefülltes Schaf, welches ganz aufgetragen wird. Der Sofredji tritt herzu, streift beide Ärmel seiner Jacke zurück und zerreißt das Schaf mit den Händen in mehrere Stücke. Man greift mit den drei ersten Fingern der rechten Hand zu und sucht sich die besten und saftigsten Rückenstücke vom Braten abzuschälen; Messer und Gabel fehlen ganz. Eine solche Mahlzeit sieht keineswegs einladend aus, wird aber appetitlicher, als man glaubt, indem man weiß, daß sich jeder Mitessende die Hände wusch und seine Speisen immer nur von einer Stelle der Schüssel nimmt. Heute bediente der Hochzeiter seine Gäste selbst und zerriß uns die Schourma eigenhändig. Der in der Bauch- und Brusthöhle des Schafes versteckte Reis wird mit den Fingern oder mit Löffeln herausgeholt. Will aber der Hausherr jemanden besonders ehren, dann dreht er zwischen seinen Händen kleine Kugeln von dem Reis und steckt sie dem Bevorzugten in den Mund. Auch mir widerfuhr diese Ehre. Da half kein Sträuben, ich mußte sie verschlucken, aller europäische Anstand mußte als Vorurteil angesehen werden. Aber ich rächte mich. Eine der Kugeln hatte ich hinabgewürgt und gedachte Gleiches mit Gleichem zu vergelten. Ich drehte unserem gütigen Wirt einen so großen Ballen, daß er ihn kaum in den Mund bringen konnte. »Chalihl Effendi«, sagte er, »du bist in der Kunst, anständig türkisch zu essen, noch sehr unkundig.« Der Arglose ahnte meine Tücke nicht.

Nach der Schourma folgen die Gerichte rasch aufeinander. Die Fleischspeisen werden in kleinen Schüsseln aufgetragen und sind in mundgerechte Bissen zerhackt, die Mehlspeisen werden mit den Fingern zerstückelt. Süße und saure Speisen wechseln in bunter Reihe miteinander ab. Der *Pillau,* jenes bekannte, bei keiner türkischen Mahlzeit fehlende Reisgericht, beschließt das Mahl. Man kocht den Reis zum Pillau nur halb weich und läßt ihn durch die nach dem Abguß des

* Im Namen des Allbarmherzigen.

Kochwassers noch aufsteigenden Dämpfe vollends gar werden. Dann übergießt man ihn mit Schmalz oder einem steifen Aprikosenmus oder mengt kleine Bratenstücke unter ihn. Jeder Europäer gewöhnt sich so an den Pillau, daß er ihm wie dem Türken zuletzt unentbehrlich wird.

Unsere heutige Mahlzeit bestand aus ungefähr dreißig Gängen. Früher verlangte es der Luxus, daß bei Gastmählern türkischer Großer bis hundert Gerichte aufgetragen wurden.

Während des Mahles trinken die Türken im allgemeinen nur Wasser. Ein Diener steht mit der *Khula* hinter den Gästen und füllt jedem, welcher es verlangt, eine breite Trinkschale mit Wasser an. Unser Wirt wurde aber, bezüglich des Genusses verbotener Getränke, keineswegs von zarten Bedenken gepeinigt, sondern trank anstatt des Wassers Burgunder. Schließlich zechte er trotz *Contariny* und anderen Europäern, welche des Guten fast zuviel zu tun schienen.

Wenn die übersatten Gäste einige Löffel oder Fingerspitzen voll Pillau genossen haben, springt einer nach dem anderen mit den Worten: »El hamdi lillahi* von seinem Sitze auf, sagt zu seinen Tischgenossen »Änian (wohl bekomms!), eilt nach dem Diwan und wäscht sich, wie vor der Mahlzeit, Hände und Mund. Der Tisch verschwindet mit den Resten des Mahles so rasch als er kam, die Diener bringen für jeden Gast eine mit dem köstlichen Djebeli** gestopfte Pfeife und ziehen sich noch einmal auf kurze Zeit zurück, um den Kaffee zu besorgen. Im Diwan beginnt die Unterhaltung von neuem, bis einer der Gäste nach dem andern sich zum Weggehen beurlaubt.

Die diesjährige Regenzeit trat hier außergewöhnlich spät ein. Erst am 4. August bekamen wir ein starkes Gewitter mit Regen. Wenige Tage später regnete es unter einem nicht zu beschreibenden Aufruhr in der Natur zum zweitenmal eine ganze Nacht hindurch. Dann folgten die Regen in den gewöhnlichen Zwischenräumen. Wir fühlten an unseren von Kordofahn her geschwächten Körpern bald die verderblichen Wirkungen dieser ungesunden Jahreszeit. Die Fieber Sudans peinigten uns unausgesetzt. Ich hatte das Glück, das perniziöse Fieber zu überstehen. Die Tage schlichen uns langsam dahin. Ägypten erschien uns jetzt als ein Paradies, welches zu erreichen wir voll Sehnsucht waren.

* Gott sei Dank.

** Die beste Sorte des syrischen Tabaks, welche von dem Dorfe *Djebeli* ihren Namen führt.

Am 28. August erhielten wir die Nachricht, daß *Hahlid-Pascha*, der damalige Generalgouverneur, zwei für Ägypten bestimmte Barken zu unserer Verfügung gestellt habe. Es waren zwei jener Fahrzeuge, welche man in Ägypten mit dem Namen *»Nakhr«* bezeichnet. Sie waren aus dem festen Holze der Mimosen gezimmert, sehr dauerhaft, klein und das Eigentum eines ägyptischen Großen. Ihre Ladung bestand aus Schiffsbauholz. Sie genügten unseren Zwecken. Wir beluden sie noch denselben Tag mit unserem Gepäck und den lebenden Tieren, überdachten sie mit einem Strohzelt und bezogen sie mit Einbruch der Nacht.

Ruinen des Tempels von Musawarat-as-Sufra 1832

Am folgenden Tage verließen wir in der Frühe des Morgens die Hauptstadt. Der Reïs und alle Matrosen beteten die *»Fatcha«*, das erste Kapitel des Koran, um mit diesen, vor jedem wichtigen Unternehmen gesprochenen Worten, Glück für die Reise von oben zu erflehen. Mit gleichmäßigen Schlägen fielen die Ruder ins Wasser; wir glitten rasch an den Häuserreihen hinab und ließen uns dann von den Wellen treiben. Gegen Sonnenuntergang landeten wir in *Woad-Rammla* und blieben dort über Nacht. Eine unserer lebenden Hyänen benutzte die Ruhe, um sich aus ihrem Käfig hinauszuarbeiten, konnte aber nicht entkommen, weil der starke Nachtwind das Land, an welchem wir lagen, in eine Insel verwandelt hatte. Man entdeckte am andern Morgen den Flüchtling; er wurde trotz seines furchtbaren Widerstandes überwältigt und zurückgebracht.

Nachmittags legten die Schiffsleute in der Nähe eines Marktfleckens an, um Provisionen einzukaufen. Wir gingen auf die Jagd. Auf einer Insel liefen seltene und wertvolle Vögel herum, deren wir gern habhaft geworden wären. Da entdeckte der Baron einen ausgehöhlten Baumstamm. Er erklärte ihn für einen Kahn und machte Anstalt, ihn zu besteigen. Meine Abmahnungen fruchteten nichts. Er ergriff eine Art von Ruder und trieb das gebrechliche Fahrzeug in die starken Wellen des breiten Stromarmes. Noch ehe er die Mitte desselben erreicht hatte, schlug das Kanu um, der Baron versank in den Wellen, mit ihm sein Gewehr. Da er schwimmen konnte, erreichte er zwar das andere Ufer, war aber nicht imstande, wieder auf das feste Land zu kommen und stand rat- und tatlos drüben. Ich rief einige Araber herbei und forderte sie auf, meinem Gefährten zu Hilfe zu eilen. Sie schwammen auch sogleich nach der Insel hinüber, schöpften den mit Wasser gefüllten Kahn aus, trugen den Baron hinein und ruderten ihn nach dem festen Lande zurück. Ein in Aussicht gestellter Bakschisch ermunterte die rüstigen Schwimmer zu eifrigem Tauchen nach dem versunkenen Gewehr, und vermöge ihrer Ausdauer waren sie auch wirklich so glücklich, ihre lange vergeblichen Bemühungen zuletzt mit Erfolg gekrönt zu sehen. Das unfreiwillige Bad äußerte keine üble Nachwirkung.

Wir passierten am 3. September die Mündung des *Atbara* oder *Takasse* (des letzten Zuflusses des Nil) und landeten abends in *Berber el Mucheïref,* dessen Nähe uns drei, das Ende des Ramadan bezeichnende Kanonenschüsse schon vorher gekündet hatten. Wir empfingen sofort nach unserer Ankunft den Besuch der Honoratioren der Stadt.

Fast vier Tage mußten wir in *Berber* verweilen, weil die Matrosen erst hier alle Zurüstungen des Schiffes für die Fahrt über die Katarakte beendeten. Unsere Reisegesellschaft vermehrte sich hier in Berber um eine Person. Ein gedienter türkischer, aus *Eudin* bei *Smyrna* gebürtiger Soldat, *Ali,* bat uns flehentlich, ihn mit nach Ägypten zu nehmen. Der alte Krieger war bei einem der letzten Kämpfe mit den Abessiniern durch das Ellenbogengelenk des rechten Armes geschossen und zum ferneren Dienst untüchtig geworden. Er hatte an seiner Wunde wegen Mangel an ärztlicher Hilfe unsäglich gelitten*, war, noch krank, des Dienstes entlassen und von dem nichtswürdigen Obersten ohne seinen rückständigen Sold in die Welt hinausgestoßen worden. Krank war er im Sudan herumgeirrt, mehr und mehr war er heruntergekommen, jetzt befand er sich im tiefsten Elend. Demütig bat er um ein Plätzchen auf dem Schiff, welches er durch treue Dienste reichlich zu bezahlen versprach. Wir erbarmten uns des Armen, nahmen ihn auf und fanden bald, daß Ali ein sehr brauchbarer Diener und eine treue Seele sei. Er hat sich mir dann späterhin immer nützlich, zuletzt sogar unentbehrlich zu machen gewußt.

Die Pyramiden von Meroë

Am 12. September. Die Ufer des Stromes sind Wüste; die Gegend ist sehr traurig. Abends erreichten wir *Abu Hammed,* die Einbruchsstation in die große Nubische Wüste. Der Ort ist überaus elend; er ist das trübste Bild der Wüste. Aus dem gelben Sande erheben sich erbärmliche Strohzelte, zwischen glühend schwarzen Felsen wenige, dürftige Hüt-

* Um den Mut und die Selbstbeherrschung Alis zu beweisen, genüge die Erzählung eines Freundes von ihm, welcher bei seiner Verwundung zugegen war. Nachdem Ali die Kugel erhalten hatte, ging er ruhig zurück, um sich verbinden zu lassen. Die Schmerzen wurden aber bald so heftig, daß Ali sie kaum ertragen konnte und, um keine Klage laut werden lassen zu müssen – *zu singen* begann.

ten. Die Zelte sind so niedrig, daß man darin nur herumkriechen kann; einzelne Hütten bestehen aus senkrecht nebeneinander in die Erde gerammten Palmenstämmen, welche mit Nilschlamm verklebt sind, andere sind die uns bekannten Rekubaht. In allen wohnen die armen *Hedjinihn,* welche die Briefpost zwischen Ägypten und Chartum besorgen.

Von Abu Hammed an, flußaufwärts, beginnt der sogenannte *dritte Katarakt* des Nil. Er charakterisiert, wie der zweite Katarakt, einen der ödesten Landstriche Nubiens und enthält viele Stromschnellen, welche die Eingeborenen unterschieden und benannt haben. Die Beschiffung dieser Strecke ist sehr gefährlich und zu jeder Zeit ein kühnes Wagstück. Wir passierten den dritten Katarakt rasch und glücklich.

Die Pyramiden von Nuri 1832

Am 17. September. Bald nach Sonnenuntergang besichtigten wir die Pyramiden von Nuri[1]. Sie sind klein – wohl keine einzige dürfte über achtzig Fuß Höhe haben –, aus schlechten Sandsteinen aufgeführt und diese anstatt des Mörtels mit Nilschlamm verbunden. Wir zählten deren vierzehn.

Um Mittag landeten wir in dem kleinen Städtchen *Meroë*[2]. Es besitzt eine verfallende Indigofabrik, schlechte Basars, eine ziemlich erhaltene Moschee, liegt aber zum größten Teil in Trümmern. Wir erhielten den langweiligen Besuch des *Kahschef*, des *Kadi* und eines Offiziers – der Honoratioren der Stadt. Nachdem uns diese Leute drei Stunden lang mit dummen Fragen gequält hatten, versicherten sie uns, daß sie die angenehme Unterhaltung zu ihrem Leidwesen nicht fortsetzen könnten – weil sie mit Geschäften überhäuft wären. Wir atmeten freier auf, als die Plagegeister ihr liebliches Versprechen verwirklichten.

Berg Barkal

Der Baron besuchte den Djebel Barkal[3], kehrte aber unbefriedigt von dort zurück. Die Ruinen der großartigen Tempelwerke einer längst vergangenen Zeit sind jetzt zum größten Teil nur noch Haufen von Schutt.

Zwischen dem Djebel Barkal und dem Dorfe *el Tabbe*[4], an dem Ende der großen ost-westlichen Nilkrümmung, liegt einer der fruchtbarsten Landstriche Nubiens. Dattelpalmenhaine wechseln mit höchst ergiebigen Durrahfeldern. Der Nil ist von Felsen wieder frei, die Schiffahrt aber unbedeutend. Hier hauste das tapfere Volk der Scheiki, welches jetzt, nachdem es seine Söhne dem Vaterlande geopfert, aufgehört hat, ein Volk zu sein. Das zu einem elenden Flecken herabgesunkene *Korti* liegt uns gegenüber, am linken Ufer des Stromes, welcher damals die Leichen jener mutvollen, die Freiheit mit ihrem Tode besiegelnden Frauen begrub.

Schon am 21. September landeten wir in *Neu-Dongola* [5]. Wir hielten uns, weil wir gute Jagdbeute machten, dort bis zum 26. September auf. Am 2. Oktober kamen wir morgens zu dem Schellahl von *Dahle,* zwei Stunden später zu dem von *Akahsche.* Das Schiffsvolk begrüßte den dort in seinem kuppelüberdachten Grabe ruhenden Heiligen und warf ihm Datteln in den Strom – ein Opfer für die bei der gefährlichen Fahrt geleistete Hilfe! Noch denselben Nachmittag passierten wir die Stromschnellen *Tanguhr* und *Ambukohl.* Mit Sonnenuntergang hatten wir eine Strecke zurückgelegt, zu deren Durchschiffung wir bei unserer Heraufreise zwölf Tage gebraucht hatten.

Tags darauf überschifften wir den brausenden Schellahl *Semmee* und landeten abends in Abke. Hier lagen wiederum viele mit *Sennah* beladene Barken der Regierung. Der Aufseher der kleinen Flotte, *Osman-Effendi,* ein uns bekannter und befreundeter Türke, versprach uns die kräftigste Hilfe zu der uns morgen bevorstehenden Passage des großen Kataraktes von *Wadi-Halfa,* obgleich er uns abriet, ein Wagnis zu bestehen, welches vor uns noch keine Europäer bestanden.

Der Katarakt von Wadi-Halfa ist in der Tat der gefährlichste aller Wasserstürze des Nil. Es vergeht kein Jahr, ohne daß hier mehrere Schiffe scheitern. Oft verlieren sogar die kühnen nubischen Schwimmer hier das Leben. Alle mahnten uns ab, »Gott zu versuchen«, wir beharrten auf unserem Entschlusse, auch den Katarakt von Wadi-Halfa zu befahren.

Aber unsere naturhistorischen Schätze sollten auf jeden Fall gerettet werden. Der Türke Ali zog mit ihnen auf Kamelen nach *Wadi-Halfa* voraus. Unser Pavian *Perro,* welcher nicht schwimmen konnte, mußte mit Gewalt aus unserer Nähe gerissen werden, den nubischen Bedienten gaben wir Freiheit, den Land- oder den Wasserweg zu wählen; sie verließen uns ohne Ausnahme. Die Schiffer betrachteten unsere Beharrlichkeit als tollkühne Störrigkeit und empfahlen uns dem Schutze Gottes, seines hochheiligen Propheten – Allah musellem wu sellem aaleïhu! – und *Muhsas,* des Schutzpatrones aller Schiffer.

Wir lagen am Ufer, auf schwellenden Anakharihb. Die Nacht zog ihren Schleier über die Erde, in dem »Bauche der Felsen« donnerte der

Katarakt, in unserer Nähe dufteten die Mimosen. Erwartung des Kommenden ließ uns kein Auge schließen. Wir träumten wachend. Da trat *Abd-Allah*, »der Sklave Gottes«, ein alter Schiffsführer, zu uns. Ein weißer Bart umfloß sein ernstes Antlitz, den braunen Körper umhüllte das Gewand des Landes, ein einfaches, weitärmeliges, blaues Kattunhemd. In seiner Erscheinung lag für uns heute alles das Ehrwürdige des alten Morgenländers, welches, Ehrfurcht gebietend, zum Herzen spricht. Sein Gewand schien uns der Talar eines Priesters, seine Worte die eines Propheten zu sein. Er war gekommen, uns nochmals zu warnen; er ahnte nicht, daß das, was er sagte, rednerisch so wirkte, daß es ergreifend war.

»Söhne der Fremde«, begann er, »seht, ich bin ein alter Mann, die Sonne hat mein Haar siebzig Jahre beschienen und gebleicht, des Alters Silber deckt es, mein Gebein ist mürbe geworden – ihr könntet meine Kinder sein. Wohlan, so höret, Männer des Frankenlandes, höret auf das, was ich euch sagen will. Ich spreche die Sprache des wohlmeinenden Warners. Laßt ab von eurem Beginnen, denn ihr geht einer großen Gefahr entgegen, unwissend, sorglos – ich aber kenne sie. Hättet ihr, gleich mir, jene Felsen gesehen, welche, zusammentretend, den Wogen ihre Tür schließen, hättet ihr es gehört, wie sie, Einlaß und Durchgang begehrend, donnernd, zürnend, mächtig an die ewig feststehenden klopfen, wie sie die Steine überfluten und mit Gebrüll zur Tiefe stürzen, und wüßtet ihr, daß nur die Gnade Gottes – subhaanu wu taale* – unser gebrechliches Fahrzeug leiten und führen kann – ihr würdet meinem Rate folgen. Denkt an eure Mütter; der Kummer würde sie erdrücken, wenn uns der Segen des Allbarmherzigen verließe!«

Es wurde uns schwer, den Bitten des von uns als redlichen Mann gekannten Alten zu widerstehen. Wir antworteten ihm:

»Rabbena hauen aaleïna, Allah kerihm**!«

»Nun, so geht mit Gott und seinem gepriesenen Propheten«, erwiderte er, »ich will für euch beten in der Stunde der Gefahr.«

»Amen, o Reïs, wir danken dir, das Heil sei mit dir!«

»Leïlkum saide!« Glückliche Nacht!

Wir legten uns zur Ruhe nieder und schliefen kummerlos die ganze Nacht.

Am 5. Oktober. Mit Sonnenuntergang wurde es lebendig auf dem

* Ihm sei die Bewunderung, denn er ist der Erhabene.

** Der Herr wird uns helfen; er ist gnädig!

kleinen Deck des Schiffleins. Ernste, des Stromes kundige *Reïsihn,* muntere, gliederkräftige Matrosen erschienen und boten uns ihre Hilfe an. Unser Schiffsführer wählte die besten und stärksten. Zuletzt kam auf Verlangen auch *Bellahl,* unser alter Reïs, um den jungen Männern mit Rat zur Seite zu stehen. Alle Ruder hatten mehr als doppelte Mannschaft, am Steuer standen drei Barkenführer. Am Lande lockerte ein Matrose mit dem gewaltigen Holzhammer den Haftpfahl, um das die Barke am Ufer festhaltende Seil losmachen zu können. Er war fertig.

»Männer und Söhne Nubiens, betet die *Fathcha«,* befahl Bellahl. Und der Chor der Versammelten sprach mit lauter Stimme die Worte der »das Buch« (den Koran) »eröffnenden« Sure.

»Behüte uns, o Herr, vor dem von dir gesteinigten Teufel!«

»Im Namen des Allbarmherzigen!«

»Lob und Preis dem Weltenherrn, dem Allerbarmer, der da herrschet am Tage des Gerichts. Dir wollen wir dienen, zu dir wollen wir flehen, auf daß du uns führest den rechten Weg, den Weg derer, die deiner Gnade sich freuen, und nicht den Weg derer, über welche du zürnest, und nicht den Weg der Irrenden! Amen!«

Dann sagte Bellahl: »Eschhetu inu la il laha il Allah!« und alles Volk antwortete: »Wu neschhetu inu Mohammed rassuhl Allah*!« Die Ruder fielen mit gleichmäßigem Schlage ins Wasser.

Das war der allen verständliche, kurze Gottesdienst vor dem Beginn einer gefährlichen Fahrt. Er war des Volkes, welches ihn hielt, würdig. Die Worte und Werke der Religion sind den Mohammedanern keine Formeln, sie sind ihnen tief gefühlte Wahrheit. Denn wir alle beteten, daß Allah sie nicht den Weg der Irrenden führen möge, da beteten sie zugleich, daß Gott ihnen auch heute den rechten Weg zeigen wolle. Auch uns hatte das Gebet der Andersgläubigen tief ergriffen. Nicht Furcht vor der Gefahr bemächtigte sich unser, wohl aber Ehrfurcht vor der Religiosität eines noch halbwilden Volkes, welches nie die Handhabe eines Werkzeuges ergreift, nie ein Werk beginnt, ohne dabei auszurufen: »Im Namen des Allbarmherzigen!« so wie es ihm sein Prophet vor Jahrhunderten geboten. Die Religion regelt und leitet die Handlungen des Mohammedaners, sie regelt sein ganzes Leben.

Der aufgestaute Strom trieb unser Schiff langsam mit sich hinab. Wir ruderten unter fortwährenden Gebeten der Nubier einem sich vor uns

* Zu deutsch: »Bezeuget, daß es nur einen Gott gibt!« – »Und wir bezeugen, daß Mohammed sein Gesandter ist!«

ausbreitenden Felsenlabyrinth zu und gelangten nach kurzer Fahrt zur ersten Stromschnelle. Mit furchtbarer Gewalt fluteten die Wogen über die kaum vom Wasser bedeckten Felsenblöcke hinweg, in allen Fugen stöhnte und krachte das Schiffchen, kein Ruder tat seinen Dienst; dem Steuer ungehorsam tobte die Barke durch den kochenden Gischt. Wir wurden von den über Bord stürzenden Wellen gebadet und fürchteten, das Schiff jeden Augenblick scheitern zu sehen. Das Ohr war betäubt von dem Donnern des Kataraktes, kein Kommandoruf durchtönte das

Eine Fahrt durch die Stromschnellen des Nil

Chaos der Töne. Die mehr und mehr zusammentretenden Felsen schienen jeden Ausweg verschließen zu wollen; ängstlich blickte das Auge nach einer Öffnung zwischen den hohen, schwarzen, glänzenden Syenitmassen.

Durch ein enges Felsentor wälzen sich ungeheure Wogen. Wir treiben mit einer gewissen Beklemmung darauf zu. Urplötzlich stürzen alle zu Boden, das Schiff ist mit einem entsetzlichen Stoße auf die Felsen gefahren. Aber nur ein leichtes Leck ist die Folge dieses allen Mut lähmenden Ereignisses. Auch sind überall Felsen in der Nähe, auf welche man sich wohl zur Not retten kann. Warum also fürchten?

Ruhiger und gefaßter machen wir uns auf die Durchfahrt jenes Tores, in das wir in der nächsten Sekunde eintreten müssen, bereit. Wir stehen wenigstens zwölf Fuß über dem Niveau des anderen Endes dieses Wassersturzes, aber nur einen Augenblick, denn schon erfaßt uns die Gewalt des Stromes. Uns zu beiden Seiten steigen schroffe Felsen fast senkrecht in die Höhe, sie sind von uns kaum acht Fuß entfernt, alle Ruder müssen eingezogen werden. Wie, wenn der Strom unser Schiff an diesen Steinmassen zerschellte, wer vermöchte an ihnen emporklimmen? Niemand! Wir wären rettungslos verloren. Aber nur Mut! Die verderblich scheinenden Wogen selbst erretten uns. Sie umfassen, umklammern das Schiff und fort mit sich nehmen sie es in rasender Eile. Wie ein Pfeil vom Bogen jagt es zwischen den Felsmauern hindurch. Da, Allah! gerade vor uns am Ende des Falles erhebt ein mächtiger Felsblock sein trotziges Haupt über die ihn mit machtloser Wut umtobende Flut, welche, statt ihn zu zertrümmern, nur dazu beiträgt, ihn furchtbarer zu machen. Hochauf an ihm spritzt die Gischt, ohnmächtig rieseln die Fluten zurück, sie sind die Silberlocken dieses Riesenhauptes – und darauf zu stürzt unser Schiff! »Im Namen Gottes, rudert, rudert, ihr Männer, ihr tapferen, ihr gewaltigen, ihr kühnen Männer, rudert, rudert!« stöhnt der Reïs. Vor uns her schwebt, schwankt, taumelt unsere zweite Barke, sie biegt links ab – ein Jubelruf ihrer Matrosen – sie ist in Sicherheit! »Ihr nach, euren Brüdern nach, ihr Männer, ihr tüchtigen Männer!« bittet, schmeichelt, befiehlt der Reïs. Es ist unmöglich. Wir fallen, zwar ohne aufzustoßen, ab, aber auf die andere Seite. Uns folgt eine der Regierung gehörige Dahabïe. Sie ist zu lang, um schnell genug dem Steuer gehorchen zu können; jetzt biegt sich ihr Schnabel nach links, das Wasser ist zu gewaltig – ein furchterregender Krach – dort sitzt sie auf dem Felsen! Der Riese hat sein Opfer. Er trägt es stolz auf seinem Haupte, vergebens strebt das Häuflein der Matrosen, es ihm zu entreißen, er hält es fest. Der Reïs ringt die Hände, er ruft, er fleht zu uns herüber um Hilfe – wir verstehen von allem, was er sagt, kein Wort; wir gehören dem Strom, ihm Hilfe zu bringen vermögen wir nicht. Doch wird er sein Schiff wohl noch losmachen können; es gehört ja der Regierung. Schon stürzt ein kühner, gewandter Schiffer in die schäumenden Wogen; von Felsen zu Felsen schwimmend, wird er das Land erreichen und den in Abke versammelten Matrosen Nachricht bringen. Diese werden die Dahabïe gewiß flottmachen, wenn auch mit unsäglichen Anstrengungen. Im Innern derselben scheint man beschäftigt, das Leck zu verstopfen.

Aber wo befinden wir uns? Warum spähen die Reïsihn so ängstlich zwischen den Felsen umher? Es scheint auch uns, als ob es hier keinen Ausweg gäbe. Wir sind verirrt, wir befinden uns inmitten eines Labyrinths! Eine entkräftigende Angst bemächtigt sich der Mannschaft. Keiner der Matrosen, keiner der Schiffsführer weiß, wo wir sind. Einige Matrosen werfen die letzte Hülle von sich, sie wollen das Ufer schwimmend zu erreichen suchen; an Rettung des Schiffes denkt niemand mehr, den Rudern fehlen die Arbeiter, dem Steuer die Leiter. Die Barke jagt noch immer zwischen den Felsen hindurch, aber nach allen Seiten strömt Wasser ab, unser Fahrwasser muß immer seichter werden. In dieser allgemeinen Not übertönt die Stimme des siebzigjährigen Bellahl, des »Abu el Reïsihn«, des Vaters der Schiffsführer, das Stimmengewirr des jammernden Schiffsvolkes, das Brausen des Katarakts: »An die Ruder, ihr Helden*! Seid ihr denn toll, ihr Kinder der Heiden? Arbeitet, arbeitet, ihr Hunde, ihr Knaben, ihr Männer, ihr Tapferen, ihr Braven! Maschallah! Allah kerihm! ja Allah amahl**!« Er selbst handhabt das Steuer. Da fließt nach links ein starker Arm ab, in ihn lenkt Bellahl die Barke, verfolgt den Lauf des Stromzweiges mit sicherer Hand und erreicht freies Fahrwasser. Die Gefahr ist überstanden, unsere Gewehrsalven begrüßen das am Horizonte auftauchende Palmendorf Wadi-Halfa. Die Araber fallen auf ihr Angesicht und beten wie vor der Abfahrt die Fathcha: »Lob und Preis dir dem Weltenherrn!«

Eine halbe Stunde später landen wir in Wadi-Halfa. Wie belohnend ist uns das Gefühl, ein solches Wagnis glücklich überstanden zu haben! Und dennoch möchte auch ich den Katarakt von Wadi-Halfa,

* Ein sehr beliebter arabischer, jungen Männern schmeichelhafter Ausdruck.

** Bei ähnlichen Gelegenheiten folgen Schimpf und Schmeicheleien rasch aufeinander. Die letzten arabischen Worte bedeuten: »Gott ist gnädig« und »Bei Gott, macht!«

nachdem er mir einmal seine Schrecken enthüllt, zum zweiten Male nicht passieren.

Es ist allmählich Abend geworden. Die Matrosen haben ein Schaf erhalten, sitzen und liegen am Ufer unter den Palmen herum und starren in das Feuer, an welchem es gebraten wird. Der liebliche Abend scheint auch sie zu ergreifen. Schon ertönt die Tambuhra, die Melodie wird lauter und lauter. Es ordnen sich Gruppen zum Tanze. Noch spät in die Nacht hinein erschallt ihr Jauchzen und Händeklatschen. Einer von ihnen hat Meriesa aufgefunden, jetzt sind sie glücklich.

Am 7. Oktober. Gestern abend verließen wir Wadi-Halfa, heute landeten wir bei den Felsentempeln von *Abu Simbel.* Der Eindruck, welchen die hehren Denkmale heute auf mich machten, war größer, als der, welchen ich empfand, als ich zum ersten Male vor ihnen stand. Damals trug ich noch die idealen, lichtvollen Schöpfungen der alten Griechen in der Seele; jetzt kam ich aus dem Sudan und jetzt erst verstand ich, das Großartige zu würdigen.

Schon am 10. Oktober landeten wir oberhalb des Dorfes *Schellahl* bei Assuan. Unser Reïs hatte dieses Dorf, seinen Geburtsort, seit fünfunddreißig Jahren nicht gesehen. Fast aus allen Häusern kamen alte Weiber hervor, um den zu bewillkommnen, welcher als Jüngling sie, die damals kleine Mädchen waren, verlassen hatte. Wir mußten schon erlauben, daß er der nun beginnenden Fanthasïe beiwohnen durfte und blieben für heute hier liegen.

Nachdem unsere Barke von den Zollbeamten besucht und besichtigt worden war, verließen wir am 12. Oktober *Assuan* und setzten unsere Reise mit möglichster Schnelligkeit fort. Wir kamen bei ungünstigem Nordwind abends zu dem Tempel *Kohm-Ombos,* tags darauf nach *Edfu* und landeten am 15. Oktober in *Esneh.* Hinter der Stadt waren alle Felder in einen See verwandelt worden, auf dem sich Tausende von Wasservögeln unter den Herden der Wasserbüffel, welche dort weideten, herumtrieben. Meine Jagd war ergiebig.

In der Nacht fuhren wir weiter, erreichten mit Sonnenaufgang Luksor und kamen am 17. Oktober in *Khenneh* an.

Am 28. Oktober. Die Pyramide von *Maiduhn* tauchte am Horizont auf, die Tore »der Siegenden« sollten sich uns noch heute öffnen. Gewehre und Schießpulver lagen bereit, die alte Stadt der Kalifen zu begrüßen, sobald die schlanken Minaretts der Zitadelle sich zeigen würden. Die Spitzen der Pyramiden von *Gizeh* erhoben sich über das Palmenmeer, noch immer wollte die Stadt unserer Sehnsucht nicht erscheinen. Jetzt traten die Minaretts aus dem Nebel hervor – eine krachende Salve donnerte über den Nil hinüber. Die Gläser klangen, wir tranken den edlen Burgunder, die Matrosen schwelgten, ihres Propheten Lehre vergessend, in französischem Rotwein. Aber wie langsam bewegte sich das Schiff, wie sehr blieb es hinter unseren Wünschen zurück! Wie hielten es nicht länger aus an Bord der trägen Barke, sondern nahmen ein kleines Boot und ruderten und segelten der Hauptstadt entgegen.

Da lag sie vor uns, die »von Allah Beschützte«, prangend in ihrer uralten, ewig neuen Pracht. Wie soll ich den Eindruck schildern, den Kairo auf den unbefangenen Beschauer ausübt, nachdem sich schon Meister vergeblich bemüht, ein niemals zu erreichendes Bild desselben zu geben? Wie vermöchte ich es, meine Gefühle zu beschreiben! Jetzt lag das Ende aller Mühen und Beschwerden vor meinem trunknen Sinn, jetzt stand ich im Begriff, alle Entbehrungen vergessend, mich in den weichen Liebesarmen der Herrlichen zu erquicken, in allen den von ihr gebotenen Genüssen zu berauschen. Ich gehöre nicht zu den Menschen, welche auch das Glück nach Graden und Gewichten messen, ich erfasse es ganz und schlürfte jetzt mit vollen Zügen den Hochgenuß der Freuden ein, die mich beseligten.

In Alt-Kairo warfen wir uns auf Esel und sprengten den alten Toren der *»Massr«* zu. Das in seiner Art unvergleichliche Treiben und Wogen in den Straßen der Hauptstadt überraschte uns weit mehr als vor einem Jahr und wie der geistesarme Bewohner der Urwälder des Innern, welcher, aus seinem Tokhuldorfe hierher versetzt, zum erstenmal eine solche Bewegung anstaunen mag, so ritten auch wir heute bewundernd durch das Gemisch fast aller Nationen des Südens und Nordens.

Mein Gefährte bezog das Hôtel d'Orient, eins der ersten Gasthäuser, ich kehrte nach der Barke zurück, um unsere Sachen in Ordnung zu bringen. Später bezogen wir eine Privatwohnung in *Bulakh* und nun erst genossen wir ungestört der uns allen bedürftigen Ruhe.

Mein Gefährte wollte mit den Sammlungen und ein paar schwarzer Bedienter auf dem nächsten direkten Lloyddampfer Ägypten verlassen und nach Deutschland zurückkehren; ich hatte mir vorgenommen, im Pharaonenlande zurückzubleiben und sollte nach Wunsch und auf

Rechnung des Baron *Müller* eine zweite Reise ins Innere mit den dazu nötigen Begleitern und Gehilfen antreten. Sturm und die verspätete ostindische Post hinderten den Dampfer, zur bestimmten Zeit unter Segel zu gehen. Erst am 10. Februar konnte das Gepäck eingeladen werden. Auch wir gingen noch an demselben Abend in Begleitung des *Dr. Reitz,* welchen wir immer mehr kennen- und liebenlernten, an Bord des schönen Schiffes *»Schild«* und verbrachten dort die Nacht. Der andere Morgen brachte neue Reisende auf das Schiff und die zur Ausfahrt aus dem Hafen nötige Ruhe auf das Meer.

Es tat mir weh, mich von dem Baron trennen zu müssen. Ich hatte mit ihm Deutschland verlassen und Nordostafrika bis zu den Negerländern bereist, Freud und Leid zwei Jahre lang mit ihm geteilt; wir hatten zusammen viel Schönes erlebt, viel Schweres ertragen, in einem Zelt gelebt, unter einer Decke geschlafen und mit einem Becher aus dem Brunnen der Wüste Wasser geschöpft. Obgleich er manchmal ungerecht gegen mich gewesen war, hatten wir doch im ganzen wie Brüder zusammen gelebt. Jetzt trennten sich unsere Wege: er eilte der lieben, teuren Heimat zu, ich sollte mich nach dem fernen Süden wenden. Ich drückte ihn noch einmal ans Herz, sagte ihm noch einmal Lebwohl – wir schieden. Mit *Reitz* verließ ich den Dampfer, dessen Schlot schon dunkle Dampfwolken von sich stieß, und ruderten in einem kleinen Boote zum Land zurück. Noch von fern winkten wir uns mit weißen Tüchern zu, die Ankerwinde klapperte, die Räder des Dampfers tauchten ihre Schaufeln in die blaue Flut. Mehr und mehr vergrößerte sich die Entfernung zwischen der *»Schild«* und unserem Boote; jene eilte Deutschlands Gestaden zu, dieses stieß ans afrikanische Ufer.

Nach der am 10. Februar 1849 erfolgten Abreise des Baron von Müller verblieb Brehm über ein Jahr in Ägypten, um die Sammlungen zu ordnen und die erbeuteten Tiere zu präparieren und auszustopfen. Am 18. März erhielt Brehm den Firman des Vizekönigs von Ägypten, ausgestellt auf den Baron von Müller, womit die vorgesehene zweite Expedition in den Sudan autorisiert wurde. In deutscher Übersetzung lautete der Schutzbrief wie folgt:

»Der Inhaber dieses Buiruldu ist ein Edelmann von Württemberg, Herr Müller, der mit seinen sechs Begleitern jetzt nach dem Belled Sudan zu reisen beabsichtigt. Überall, wo er hin- und zurückgeht, soll niemand ihm ein Hindernis in den Weg legen. Und wenn er auf dem weißen Flusse reist, so soll er unbehindert sein. Alles, was er zum Transport brauchen wird, also Barken, Lasttiere, soll man ihm gegen Entgelt verabfolgen. Wenn er die Grenzen (meines Reiches) passieren will, so muß man es ihm gestatten.

Da dieser Reisende wissenschaftliche Zwecke verfolgt, so darf er an den Mautlinien durch Untersuchung seiner Effekten nicht belästigt werden.

Solches hat der österreichische Generalkonsul vorgestellt. Dem genannten Reisenden mit seinen Gefährten sei es darum erlaubt, auf seiner Reise überall hin- und zurückzukehren. Überall soll man ihn schätzen und ihm Ehre widerfahren lassen und – wie hier geschrieben – niemand soll ihm ein Hindernis auf seiner Reise in den Weg legen. Zu diesem Ende ist ihm dieser unser Buipuldu eingehändigt worden, damit alle, die ihn sehen, genau nach seinem Inhalte handeln.

Im Jahre 1265 den 13. Rabi-ahchir (am 6. März 1849)«

In der Zwischenzeit trug Baron von Müller seinen Plan einer wissenschaftlichen Expedition nach Zentralafrika der kaiserlichen Akademie der Wissenschaften in Wien vor. Danach sollten die Teilnehmer über Suez nach Suakin reisen, den unbekannten Lauf des Atbara untersuchen, um sich sodann nach Chartum zu begeben und von dort aus auf dem Weißen Nil nach Gondokoro zu gelangen. Nach Auffindung der Nilquellen sollte die Expedition quer durch Afrika ziehen, um die Insel Fernando da Po zu erreichen, um von dort aus zu Schiff die Rückreise über den Atlantik anzutreten. Brehm, von Müller zur Abgabe eines Kostenvoranschlages aufgefordert, berechnete die Reisekosten auf 5600 preußische Taler und erwartete nach Übersendung seiner Vorstellungen über Reiseausrüstung und Mittel den Bescheid von Müller. Hierauf wie auf die versprochenen Reisebegleiter sollte er noch lange warten müssen; seine Geduld wurde noch erheblich auf die Probe gestellt, bis am 24. November 1849 schließlich Brehms Bruder Oskar und der Arzt Dr. Richard Vierthaler aus Köthen in Alexandrien anlangten. Statt der erforderlichen 85 000 Piaster brachte Oskar Brehm jedoch nur 30 000 Piaster von Baron von Müller mit. Am 3. Januar 1850 kam dann von Müllers Brief »mit dem bestimmt ausgesprochenen Wunsch, ohne irgendwelchen weiteren Zeitverlust und ohne auf irgend etwas Weiteres von Europa zu warten« Alexandrien zu verlassen.

Nach Eingang einer weiteren Geldsendung und von Müllers erneutem Versprechen, zum 1. Juli 1850 in Chartum einzutreffen, trat Brehm am 26. Februar 1850 die zweite Reise in den Sudan an. Die Reisegesellschaft bestand aus vier Deutschen, den Brüdern Brehm, Dr. Vierthaler, dem Bediensteten August Tischendorf sowie dem Türken Ali und einigem nubischen Personal.

(Der Herausgeber)

XI. Zweite Reise nach dem Sudan

Zum zweitenmal stand ich im Begriff, nach *»dem Lande der Schwarzen«* abzureisen, ungeachtet mir sein höllisches Klima bei meiner ersten Reise beinahe den Tod gebracht hatte. Ich trat meine Reise mit sehr gemischten Gefühlen an und konnte mir mannigfaltige Besorgnisse, welche sich mir immer und immer von neuem aufdrängten, nicht verhehlen. Als dirigierendes Mitglied der »Expedition« hatte ich ernste Verpflichtungen gegen meine Reisegefährten übernommen. Ich sollte und mußte ihnen Führer und Ratgeber sein, denn hierzu berechtigten mich die auf der ersten Reise gesammelten Erfahrungen und, wenn ich auch nicht daran zweifelte, meine Stelle zur vollkommenen Zufriedenheit verwalten zu können, vor unvorhergesehenen Ereignissen bangte mir. Vor dem Klima fürchteten wir uns nicht; wir gingen mit ziemlicher Zuversicht den Gefahren desselben entgegen und hofften und vertrauten auf ein gütiges Walten unseres Schicksals. Aber wenn ich dann an das geheimnisvolle Wirken und Schaffen der heiligen Natur im tropischen Urwald dachte, wenn ich als eifriger Jäger und Naturfreund mich im Geiste dorthin versetzte, wo mir so hohe Genüsse bevorstanden, wo es auch für den Forscher noch ein weites Feld zum Sichten und Ordnen der zahlreichen Erzeugnisse der Natur gab, dann erwachte lebhafter als je der Drang zum Reisen in mir. Wir hegten schöne Hoffnungen. Noch völlig unbekannte Länder zu erforschen, zogen wir aus; wir wollten den oberen Lauf des weißen Flusses besuchen, wenn es möglich wäre, sogar quer durch Afrika gehen. Uns bot sich die schönste Gelegenheit, auch ein Scherflein auf dem Altare der Wissenschaft niederlegen zu können. Meine Gefährten freuten sich noch weit mehr auf die Erlebnisse der bevorstehenden Reise; sie kannten damals die Gefahren derselben nur vom Hörensagen. Keiner von ihnen mochte jetzt wohl ahnen, daß ihm in dem Lande, in welches ich sie führte, die letzte Ruhestätte bereitet werden würde; sie gingen voll Hoffnungen nach dem Sudan und keiner kehrte wieder nach dem Vaterlande zurück! Wer vermag die Wege der Vorsehung zu erforschen?

Gegen Abend des *26. Februar* 1850 kamen meine Gefährten, unserer Übereinkunft gemäß, pünktlich an. Der folgende Tag verging mit Einladen der Effekten. Abends erhob sich schwacher Wind, brachte uns aber nur bis ans obere Ende der Stadt.

Auch die anderen Tage hielt der Wind an und so kamen wir schon *am 2. März* abends in *Minnïe* an. Als wir das Land betraten, erschien ein in eine schwarze, mit Schnüren besetzte Samtpekesche gekleideter Landsmann, um uns zu bewillkommnen. Es war der Schneidermeister *Striebe* aus Hannover, welcher sich hier ansässig gemacht hatte und außer seiner Schneiderei noch eine Schenkwirtschaft betrieb. Während meines Aufenthaltes in Ägypten hatte ich zwar mit manchem deutschen Handwerker verkehrt, aber *Striebe* setzte aller Anmaßung und Großtuerei bei vollkommener Unwissenheit, wie ich sie manchmal beobachtet hatte, die Krone auf. Ich will meine Leser nicht mit einer Beschreibung dieses sonderbaren Kauzes langweilen, zumal *Goltz* in seinem »Kleinstädter« schon eine treffliche Schilderung desselben gegeben hat. Wir ergötzten uns den ganzen Abend an seiner köstlichen Prahlerei und, daß ich es ehrlich sage, an seiner Dummheit.

Am anderen Morgen fehlte der Wind. Wir gingen auf die Jagd und machten gute Beute. *August Tischendorf,* mein neuer Bedienter, sah in den Getreidefeldern einen Luchs, ohne darauf zu schießen. Ob er vielleicht auch die Meinung des Schneiders *Striebe* gehabt und ihn für einen jungen Löwen gehalten hat, weiß ich nicht. *Goltz* läßt diesen, nachdem er in der Durrah jedenfalls auch einem unschuldigen Luchs begegnet war, sein Abenteuer mit folgenden Worten erzählen:

»Mich ist ein schönes Beest, wissen Sie, was man sagen kann, ein gefährliches Tier, aufgestoßen. Wie ich in das Fruchtgetreide oder Feld drein kommen tue, sieht mir dieses Scheusal, wilde Tier, mit zwei schrecklichen Augen an, ganz als wenn es mir angreifen will. Ich denke, entweder du kommst auf mir, oder ich auf dir und so will ich gerade abdrücken, was ich eingeladen habe, so hat es mir nochmals angeblickt, ganz grimmig, und ist davon gesetzt auf zwei Hinterfüße, daß nur so geknastert in das Rohr; daß ich gewiß denken kann, der Gestalt nach und Grimmigkeit, daß dieses Tier ein Löwe gewesen ist, vielleicht noch nicht ganz ausgewachsen, aber doch schon in der Force, was man sagen kann, ein wirklicher Löwe, *der mir angefallen hat.*«

Am 6. März. Gestern abend waren wir nach langweiliger Fahrt, welche wir uns jedoch nach Möglichkeit mit der Jagd zu verkürzen suchten, in *Siut* angekommen. Die Stadt liegt am linken Ufer des Stromes, ungefähr eine Viertelstunde von diesem entfernt, ist die Hauptstadt des Paschaliks *Saïd* oder Oberägypten, hat fünfzehn Moscheen und zählt *sechzehn-* bis *zwanzigtausend* Einwohner. Siut ist die Einbruchsstation für die großen Karawanenzüge, welche jährlich von hier nach *Dar-Fur* und zurück gehen. Die Reisenden berühren auf dieser Tour mehrere Oasen, kommen regelmäßig alle drei bis vier Tage zu einem Brunnen und brauchen dreißig bis fünfunddreißig Tage bis nach *Kobbe,* der Hauptstadt des Negerstaates. Auch gehen von hier aus, ebensogut als von Monfalut, Karawanenstraßen nach den Oasen *Wadi-el Dachele* und *Wadi-el Khardje* in der Libyschen Wüste, aus denen man unter anderem viel Honig und Brennkohlen bezieht.

Der Weg nach der Stadt läuft auf einem Damm zwischen Gärten dahin und führt durch eine von Platanen beschattete Moschee nach dem von Sykomoren umstandenen Hofe des großen und schönen Regierungsgebäudes. Von hier aus gelangt man zu einer von Mohammed Ali angelegten Steinbrücke, welche über den Kanal führt und von da durch mehrere bergige und krumme Gäßchen auf den Basar. Bemerkenswert ist das von *Mohammed-Beï el Tefterdahr,* jenem grausamen Tyrannen, angelegte Bad, jetzt ein vorteilhaftes Vermächtnis an die Hauptmoschee. Die katholischen Christen haben ein Kloster und eine große, recht hübsche Kirche erbaut, deren Geistliche von Österreich ausgesendet und besoldet werden. Das Leben ist in Siut billig und angenehm. Die Hauptbeschäftigung der Einwohner besteht in Ackerbau und Anfertigung von Sattlerwaren und Wollzeug, welche zu sehr niederen Preisen geliefert werden. Interessant ist der Friedhof. Er ist der Stadt der Toten in Kairo ähnlich und liegt westlich von der Stadt in der Wüste. Mimosen, welche die Gräber beschatten, erquicken den Besucher von weitem durch die würzigen, balsamischen Düfte, die ihre goldenen, kleinen Röschen ähnlichen Blüten verstreuen. Links oben, am Bergabhang, sieht man den Friedhof der alten Ägypter, eine Reihe ziemlich großartiger, jedoch unschöner, in die Felsen gehauener Katakomben.

Vom Nil aus gesehen zeichnet sich Siut vorteilhaft vor den meisten Städten Ägyptens aus. Die Häusermassen sind größtenteils durch die lebhafte Einfassung von Palmen, Sykomoren, Mimosen, Orangen und anderen Fruchtbäumen dem Auge verdeckt und treten nur hier und da freundlich aus dem lebhaften Grün hervor, während die schlanken, hoch über Palmen und Sykomoren emporragenden Minaretts schon von fern die Stadt verkündigen. Andere Städte liegen dicht am Strom und zeigen, von da aus gesehen, ihre rohen und teilweise zerstörten Häuserreihen, ohne alle das Bild hebende Einrahmung. Siut ist, von außen wie von innen betrachtet, eine reizende Stadt, in welcher man gern verweilt.

Am anderen Morgen fuhren wir weiter. Der Wind war günstig, wenn auch schwach. Unser Khawahs brachte Fellachen auf, welche die Dahabïe ziehen mußten, bis der Wind stärker wurde. Wir kamen damit bis *Khau*, der alten *Antaëpolis*. Dort wendet sich der Nil nach Westen, weshalb uns der Wind konträr wurde. Die Matrosen wollten wegen der kurzen Strecke, welche die Barke gezogen werden mußte, anlegen und die Weiterfahrt für heute aufgeben, allein der Khawahs wußte Rat. Erst trieb er das Schiffsvolk im guten zur Arbeit an, dann aber gebrauchte er Ernst, fing Fellachen ein, spannte sie gewaltsam an den Libbahn und half selbst mitziehen. Wir hüteten uns wohl, ihn durch hier nicht angewandte menschenfreundliche Gegenvorstellungen in seinen harten Maßregeln zu stören, sondern ließen ihn ganz ruhig seine Peitsche anwenden und sicherten uns bei diesen Menschen ein weit größeres Ansehen dadurch, daß wir nach türkischer Manier lieber unseren Khawassen beauftragten, die gegebenen Befehle auszuführen, als wenn wir selbst dessen Handleistungen übernommen hätten. Es würde uns sehr geschadet haben, hätten wir, ohne die größte Not, eigenhändig eine Ruderstange ergriffen. Nachdem wir die Krümmung des Stroms durchfahren hatten, ging es mit vollen Segeln weiter; wir segelten noch den ganzen Abend hindurch, bis wir um Mitternacht in der Nähe des größtenteils von Kopten bewohnten Städtchens *Tachta* anlegten und übernachteten.

Am 10. März. Die Dörfer in der hiesigen Gegend zeichnen sich durch eine sonderbare Bauart der Häuser aus. Diese scheinen mehr der Tauben als der Menschen wegen erbaut zu sein. Sie ähneln abgeschnittenen Pyramiden und sind zweistöckig. Der untere Raum ist für den Fellachen und seine Familie bestimmt, roh aus luftgetrockneten Lehmsteinen zusammengesetzt und ohne alle Sorgfalt ausgeführt. Der obere Stock beherbergt eine zahllose Menge von Tauben. Mehrere Reihen von dicht aneinander eingemauerten Stöcken oder Reisigbündeln dienen ihnen zum bequemen Sitzplatz in der Sonne, die Wand ist geglättet und häufig sogar mit Kalk beweißt; kurz, die Wohnung der Tauben ist weit eleganter und schöner als die der Menschen. Außerhalb der Dörfer sieht man außerdem noch Reihen von turmähnlichen, aus starken Krügen zusammengemauerten, einzig und allein für die Tauben erbauten Gebäuden.

Bei dem wegen der Räubereien seiner Bewohner arg berüchtigten Dorfe *Dischne* stiegen wir aus, um zu jagen, weil aller Wind aufgehört hatte. Doch erhob er sich sehr bald wieder und unser Reïs, der die Räuber fürchtete, mahnte zur Weiterreise. Da fehlte unser großer Hund. Der Verdacht eines Diebstahls wurde rege und fiel aufs Räuberdorf. Er zeigte sich in der Tat auch begründet. Wir fanden unsern Hund an einem Hause angebunden und lösten ihn mit tüchtigen Peitschenhieben wieder aus. Nachdem wir auf das Schiff zurückgekommen waren, ging unser Reïs sogleich wieder unter Segel. Jeder von dem Schiffsvolke wußte eine Räubergeschichte zum besten zu geben. Der Hauptmann der Bande war ein gewisser *Redjihl,* dessen Geschichte mir der Reïs beim dampfenden Tschibuk erzählte. Sie ist folgende: *Redjihl* war der Vater von fünf Söhnen: *Harrihdi, Moafi, Taiahb, Hassan* und *Schabahn,* welche er mit einer Frau, *Fathme,* zeugte. Die Söhne hießen nach ihm *»el Nedjihli«* und starben, mit Ausnahme eines einzigen, entweder im Kerker oder durch Henkershand. *Harrihdi* wurde in Siut auf einem Fluchtversuch von den Soldaten der Wache mit dem Bajonett erstochen, *Taiahb* in Kenneh aufgehängt, *Hassan* und *Schabahn* starben im Kerker von der allzu großen Last ihrer Ketten. *Moafi* lebt und raubt noch jetzt und ist Anführer einer sehr gefürchteten Bande. Die Art und Weise seiner Räubereien ist originell. Braucht *Moafi* Geld, dann schickt er einen seiner Helfershelfer zu einem der wohlhabenden Scheiche und läßt diesen nach dem friedlichen Gruße: »El salam aleïkum!« höflichst ersuchen, eine bestimmte Summe Geldes und ein fettes Schaf dem Botschafter zu überreichen, durch seinen Bedienten aber einen oder zwei Ardehb Weizen in ein von ihm bezeichnetes Haus bringen zu lassen. Aus Furcht, den Zorn des Räubers zu erregen, gibt der Scheich dem Botschafter, wenn es irgend möglich ist, alles Gewünschte. Man sagt, *Moafi* allein habe einmal dreißig vom Markte zurückkehrenden Fellachen das Geld abgenommen, welches sie bei sich führten; ja, man kennt in dem Dörfchen *Samata,* bei Dischne, seine Wohnung, seine Mutter und ihn selbst ganz genau, ohne sich an ihn zu wagen. Wer die Feigheit der Fellachen kennt, zweifelt an der Wahrheit dieser Erzählung nicht.

Harrihdi machte vor mehreren Jahren die ganze Gegend so unsicher, daß man nur mit Bedeckung reisen konnte. Er hielt die Schiffe auf dem Nil an, befahl den Kapitänen zu landen und feuerte, wenn diese seinen

Befehlen nicht Folge leisteten, vom Ufer aus auf die Schiffsmannschaft oder erschlug diese, wenn er sich des Schiffes bemächtigt hatte. Die Regierung tat alles mögliche, um seiner Person habhaft zu werden, doch waren die Bemühungen der Soldaten, den kühnen und starken Räuber zu fangen, fruchtlos, weil die nahe Wüste ihm bei wirklicher Gefahr stets ein sicherer Zufluchtsort wurde. Zuletzt lieferte er sich selbst an Mohammed Ali aus, bat um sein Leben, gelobte Besserung und wurde von dem Vizekönig wirklich begnadigt. Er erhielt einen Firmahn und sein Leben unter der Bedingung geschenkt, das Land von den Räubern zu befreien und diese an die Obrigkeit abzuliefern. Jetzt begann der Schuft ein wahres Bedrückungssystem auszuüben. Er ging zu den wohlhabenden Scheichen und eröffnete diesen, er wisse, daß sich unter ihrem Schutze mehrere Räuber aufhielten und verlange diese ausgeliefert zu haben, widrigenfalls er sie selbst zur Anzeige bringen werde. Die Scheiche suchten dem angedrohten Schicksal dadurch zu entgehen, daß sie sich mit hundert und mehr Piastern von der Anklage loszukaufen versuchten. *Harrihdi* trieb dies eine geraume Zeit lang und wußte die Regierung stets von neuem dadurch zu täuschen, daß er Gefangene einbrachte. Endlich aber wurden seine Betrügereien doch zur Anzeige gebracht, sein Firmahn wurde entkräftigt und *Harrihdi* mit der Gefangenschaft bedroht. Er flüchtete zu einem Beduinenstamme, wurde dort aber, weil ein Preis von zweitausend Piastern auf seinen Kopf gesetzt worden war, von seinem Gastfreund verraten und nach Siut gebracht. Hier gelang es dem Räuber, Patronen zu erhalten; er bestach den Gefangenenwärter, befreite noch ungefähr hundert andere Verbrecher und entfloh mit diesen seinem Gefängnisse, doch nicht ohne mit seiner Bande die Gefängniswache zu überrumpeln und zu entwaffnen. Glücklicherweise wurde aber bald Lärm geschlagen und die in Siut liegende Garnison aufgeboten, den Flüchtigen nachzusetzen. *Harrihdi* war, durch seine lange Gefangenschaft entkräftigt, nicht imstande, den Verfolgern zu entgehen; er wurde von einem Soldaten eingeholt und ohne weiteres mit dem Bajonette erstochen.

Moafi ist noch jetzt sehr gefürchtet und seinetwegen die Gegend von *Dischne* oder *Samata* sehr verrufen. »Lakin el seïf bitaa Effendina thauihl!« – Allein das Schwert unserer Herrlichkeit (des Vizekönigs) ist lang! – schloß unser Reïs seinen Bericht.

Am 11. März. Auf unserer heutigen Fahrt ereignete sich, außer daß wir wieder zwei Krokodile sahen, nichts Bemerkenswertes. Abends kamen wir bei *Khenneh* an. Während des hohen Nilstandes wird ein dicht bei der Stadt vorüberführender Kanal so mit Wasser angefüllt, daß die Nilschiffe unter den Mauern der Stadt anlegen können. In jetziger Jahreszeit hat man eine Viertelstunde zu gehen, ehe man vom Landungsplatz der Schiffe die Stadt erreicht.

Khenneh zählt ungefähr *achttausend* Einwohner und sechs Moscheen, besitzt einen sehr schlechten Basar und ist der Sitz eines Beï, des Statthalters der Mudirïe oder Provinz *Khenneh.* Die Hauptbeschäftigung der Einwohner besteht in Anfertigung der *Khulahl* oder Wasserkühlgefäße, wozu sich in der Nähe passender Ton in großer Quantität findet. Der Lohn der Arbeiter *(Facherahni)* ist gering und steht mit ihrer Arbeit in gar keinem Verhältnis.

Khenneh ist die Einbruchsstation für die Wüstenreise nach *Kosseïr* am Roten Meer, eine Straße, welche vorzüglich von den Pilgern bei ihren Wallfahrten nach Mekka benutzt wird. Um auch irdischen Bedürfnissen der heiligen *Hadjahdj** zu genügen, ist Khenneh reich an Kaffeehäusern, Branntweinkneipen und Spelunken mit schwarzen, braunen, gelben und weißen Freudenmädchen. Leider sind diese Geschöpfe aber so häßlich oder vielmehr Abscheu erregend, daß sie die *Huris* des Paradieses keineswegs zu versinnlichen imstande sind. Eine andere Persönlichkeit, welche sich dem Fremden noch eher vorstellt als die öffentlichen Mädchen, ist ein nicht über drei Fuß hoher Zwerg. Er hält sich entweder am Landungsplatz oder am Eingang der Stadt auf, ist überaus flink und rasch in seinen Bewegungen, begleitet den Reisenden bei jedem Schritt, den er tut, bittet um Aufträge, welche er zu besorgen verspricht, ist sehr höflich und verlangt für alles dieses nur ein Bakschisch.

Eine halbe Stunde stromauf und ebensoviel landeinwärts liegt am rechten Nilufer der Tempel von *Denderah* [1], das am besten erhaltene und, wie sich durch neuere Forschungen herausgestellt hat, jüngste Monument Ägyptens. Der Tempel, welcher noch sehr erhalten ist, wurde erst um das Jahr 100 v. Chr. von der *Cleopatra* und ihrem und *Cäsars* Sohn erbaut und der Gottheit *Hathor* oder der ägyptischen *Venus* geweiht. Der Portikus wird von vier Reihen Säulen getragen, von denen in jeder Reihe drei und drei so zusammenstehen, daß in der Mitte ein breiterer Zwischenraum für den Eingang bleibt. Die vierundzwanzig Säulen des Portikus, deren nördlichste Reihe durch eine niedere

* Plural von »Hadj«, Pilger.

Mauer verbunden ist, sind über und über mit Hieroglyphen bedeckt. Jede der Säulen hat sieben Fuß im Durchmesser und ist zweiunddreißig Fuß hoch. An der Decke der Vorhalle sah man einen später nach Paris gebrachten *Zodiakus*.

Nach einer Fahrt mit wenig Wind und viel Libbahn kamen wir am 15. März bei den Ruinen von *Theben* [2] an. Fünfzehn Schiffe mit Europäern, meist Engländern oder Nordamerikanern, lagen bei *Luksor* [3] im Nil. Wir besichtigten die großartigen Monumente nur flüchtig, bloß um sagen zu können, *wir haben sie gesehen*. Deshalb kann ich auch keine Beschreibung von ihnen geben. Ich müßte das, was ich sagen wollte, aus anderen Werken entlehnen, und das will ich nicht. Der freundliche Leser muß diesmal mit mir weiter reisen und *Luksor* und *Karnak* [4] links, *Medinet-Habu* [5], die tönende *Memone* [6] und die Königsgräber [7] rechts liegen lassen. Wir fuhren am Tag unserer Ankunft wieder ab und reisten teils mit, teils ohne Wind, also mit dem Libbahn, weiter. Einzelne Krokodile lagen auf Sandbänken im Nil, *Warane* oder große, gegen sechs Fuß lange Wassereidechsen trieben wir aus den Gebüschen am Ufer des Stromes, in den Lüften kreisten Störche, in spitzigen Winkelzügen flogen Kraniche; beide eilten der Heimat zu.

Am 17. März hielten wir kurze Zeit in *Esneh* [8]. Das Städtchen mag ungefähr sechstausend Einwohner zählen, enthält zwei Moscheen sowie auch einen altägyptischen Tempel und war früher der Verbannungsort der öffentlichen Mädchen, welche es in Kairo zu bunt trieben. Sie bewohnten hier ein eigenes Viertel, in welchem zuweilen ein gar lustiges Leben herrschte, zumal wenn reiche Engländer, der Eifersucht ihrer Ladys überhoben, sich hier Fanthasïe machten und die berühmte »Nachele ja hoh« sich vortanzen ließen. Jetzt sind die Mädchen fast alle begnadigt worden und nach Kairo zurückgekehrt.

Esneh macht, vom Nil aus gesehen, einen traurigen Eindruck. Die Stadt liegt auf einem kahlen, nur am unteren Ende mit Gärten und Lusthäusern gezierten Hügel und zeigt ihre verworrenen, halb verfallenen, liederlich gehaltenen, schmutzigen Häuser- oder Barackenreihen in nackter Blöße dem Auge.

Gegen Abend kamen wir an *Edfu* [9] vorüber, ohne auszusteigen. Zur Zeit der *Aïsche* oder Nachtgebetes wurde bei einem Dorfe haltgemacht. Bald erhielten wir Besuch von der sehr zahlreichen Hundeeinwohnerschaft desselben, welche nicht übel Lust bezeigte, unserer Barke den Belagerungszustand zu erklären. Einige wohlgezielte Schüsse, welche die

Haupträdelsführer niederstreckten, befreiten uns für die Nacht von dieser ungebetenen Gesellschaft.

Am 20. März. »Siebenunddreißig Grad Reaumur in der Sonne und fünfundzwanzig Grad in der Kajüte! Was soll daraus noch werden? Es ist zum Ersticken, man kann es wahrhaftig nicht aushalten usw.« So ungefähr klagen meine Gefährten am heutigen Tage, wo kein Lüftchen weht. Ich versuche sie durch die Versicherung zu trösten, daß wir noch anderthalbmal so viel Wärme bekommen werden, muß aber mit Bedauern sehen, daß mein Trostgrund als solcher nicht anerkannt wird. Die Barke wird langsam weitergezogen; selbst den Matrosen scheint der 20. März zu heiß zu sein. Die Gänse und Störche beeilen sich, nach dem kühleren Deutschland zu wandern; wir sehen sie in Zügen von mehreren Tausend Individuen an uns vorüberziehen.

Tempel von Edfu

Der *Djebel el Selseli* ist in weiter Ferne in Sicht. Tags darauf geht es mit schwachem Winde weiter; allmählich wird er stärker und artet plötzlich in einen so heftigen Sturm aus, daß er unser Schiff, ehe noch die Segel geborgen werden, mit Macht auf eine Sandbank schleudert. Alle Anstrengungen der Matrosen, die Dahabïe wieder flottzumachen, sind vergeblich. Ali-Arha läßt sich von einem der Matrosen aufs feste Land tragen und fängt unter fürchterlichem Fluchen ungefähr zwanzig

Fellachen ein. Sie entkleiden sich und stemmen ihre Schultern an beide Seitenwände des Schiffes. Seufzer, Gestöhn, unartikulierte Töne und zuletzt eine Art von verzweifeltem Gesange regeln ihre gemeinsamen Anstrengungen. Die Dahabïe schwimmt endlich wieder in gutem Fahrwasser. »Allah maakum!« (Gott sei mit euch!) rufen die Matrosen als einzigen Dank den Helfern zu. Die Barke fliegt jetzt den Strom hinan. Brausend brechen sich die Wogen am Bug des Schiffes, kein Segel ist geöffnet, zwei Mann regieren das Steuer und so geht es schneller als jedes Dampfschiff, den Wogen des Nils entgegen.

Katarakte am oberen Nil

Solche Szenen kommen während einer Nilfahrt sehr oft vor, sind aber keineswegs so gefährlich, wie ängstliche Reisende wissen wollen. Die Araber behaupten: *»Wer den Nil kennt, dessen Freund ist er auch«*, und haben nicht unrecht. Man muß die scheinbare Nachlässigkeit des Ägypters erst wirklich kennengelernt haben, ehe man ihn geradezu als den schlechtesten Schiffer verdammen will. Wer, wie ich, sämtliche Katarakte des Nil überschifft hat, der weiß recht gut, daß es unter den Arabern so mutige und tüchtige Schiffsleute gibt, als unter den Europäern auch. Gewiß sind die Europäer die besten Seeleute, welche existieren; aber ob sie den Gefahren des innerhalb der Katarakte äußerst heftigen Nil besser zu begegnen wissen, als die mutigen Nubier, das fragt sich noch sehr. In Ägypten gibt es auf einem guten Schiff auf dem Nil gar keine Gefahren.

Am 28. März. Der gestrige Sturm hatte sich heute in den besten Segelwind verwandelt. Gegen neun Uhr vormittags passieren wir die

Stromenge zwischen den Bergen der Djebahl el Selseli und landen gegen elf Uhr bei *Kom-Ombos* [10], um den schönen Doppeltempel dieses Namens zu besichtigen. Auf einer Sandbank, mitten im Nil, lag ein ungeheures Krokodil, wahrscheinlich dasselbe, welches ich schon am 16. Oktober 1847 liegen sah. Nach kurzem Aufenthalt gehen wir wieder unter Segel. Einer der Matrosen, *Mohammed,* und zwar ein *Scherief,* fällt in den Nil, während die Dahabïe im schnellsten Zuge den Strom hinaufbraust. Der Scherief war kein fertiger Schwimmer, und alle fürchteten für sein Leben. Im Nu war er mehrere hundert Fuß von uns entfernt und kämpfte verzweifelt mit den Wellen, ohne sich einem der Ufer nähern zu können. Ein tüchtiger Schwimmer warf, um ihn zu retten, die *Rhiskahle* ins Wasser, sprang selbst in den Strom und ruderte eilig auf den Ertrinkenden zu. Er kam mit seinem Rettungsboot auch wirklich noch zur rechten Zeit an und brachte den vollkommen kraftlosen Mohammed mit dessen Hilfe glücklich ans Land, wohin sich auch unser Schiff gewendet hatte.

Kom Ombos

Der Wind bleibt uns so günstig, daß wir schon nachmittags fünf Uhr, nachdem wir seit diesem Morgen ungefähr acht deutsche Meilen zurückgelegt haben, bei der Insel *Elephantine* angekommen. Dort nehmen wir einen Lotsen ein und umfahren mit dessen Hilfe die linke Seite der Insel, wobei wir uns mit äußerster Vorsicht zwischen den Felsmassen des beginnenden Katarakts hindurchwinden. Mit Sonnenuntergang landen wir unter dem Donner der kleinen Kanonen bei *Assuan.*

An den Felsen am oberen Ende der Insel *Elephantine* waren jetzt die riesigen Hieroglyphenbilder sichtbar, welche der hohe Nil mir bei meinen früheren Besuchen Assuans verdeckt hatte. Jahrtausende hindurch waren die Wogen des Nil restlos bemüht, sie zu vernichten, immer umsonst; es scheint, als ob sie erst vor wenigen Jahren in die festen Porphyrmassen eingegraben worden wären.

Nachdem unsere Effekten ausgeladen worden waren, wir die Dahabïe verlassen und ein Zelt im Palmenwalde bezogen hatten, erschienen am Morgen des 25. März einige Araber mit sechzehn Kamelen, um unser Gepäck nach dem uns schon bekannten Dorfe *Schellahl*[11] zu bringen, wo unser Khawahs zwei kleinere Barken, sogenannte *Kheahse,* zur Weiterbeförderung gemietet hatte. Diese Barken sind ohne Kajüte und werden deshalb zur Bequemlichkeit der Reisenden mit großen, aus Palmenblättern geflochtenen Matten überdeckt. Gegen Abend ritten wir auf Eseln auf der schon beschriebenen Straße nach und kamen nach anderthalb Stunden im Dorfe *Schellahl* an.

Die Umgebung des Dorfes ist, wie jeder Punkt des Katarakts, romantisch schön. Am Landungsplatze unserer Barken ist der Nil von ausdrucksvollen Felsenmassen so umgeben, daß er eher einem See als einem Strome gleicht. Die Strömung des Wassers ist auf dem uns gegenüber liegenden Ufer völlig unmerkbar, hier liegt er in Spiegelglätte vor uns.

Wir übernachten im Freien, im herrlichsten Mondenschein. Die Nacht ist so hell, daß meine Gefährten ihr Tagebuch beim Lichte des Mondes schreiben. Nur dann und wann bringt ein schwacher Nordwest das Tosen des Katarakts zu uns. Unsere Leute sitzen in den verschiedenartigsten Gruppierungen am Strand um die Kisten herum und rauchen ihre Tschibuks. Ali-Arha singt türkische Kriegs- und Minnelieder mit den schönen, gefühlvollen Melodien. Außer unseren beiden Hunden hält niemand die Wache; in dem friedlichen nubischen Dorfe ist sie unnötig.

Am 26. März. Große, äußerst fatale Wäsche. Fatal für uns, denn wir müssen die getrocknete Wäsche selbst zusammenlegen, die einzelnen Strümpfe zu Paaren treiben, alles selbst einpacken usw., und das ist doch gewiß keine angenehme Beschäftigung für junge Männer. Wegen der Wäsche denken wir nun auch an diejenigen, welche die heutige, lästige Arbeit im Vaterland uns abnehmen, an die Frauen; unter den

Frauen verstehen wir jungen Leute nun zufällig, aber höchst natürlich, die jüngeren, und so kommen unsere Gedanken von der Wäsche hinweg direkt zu den deutschen Mädchen. Diese steigen plötzlich noch einmal so hoch in unserer Achtung, wenn auch nicht allein wegen der Wäsche. Aber der Schluß aller Gedanken ist und bleibt immer der: Es wäre doch recht schön, wenn einige deutsche Mädchen uns auf unseren Reisen begleiten könnten, um sich dann und wann – die Wäsche zuzurichten! Die Engländer scheinen das recht begriffen zu haben, wenigstens führen sie auf ihren Nilreisen stets eine Menge von Bedienten mit sich, welche ihnen derartige Arbeiten abnehmen. Gewöhnlich befindet sich auch ein Frauenzimmer mit auf der speziell für sie eingerichteten, prachtvollen und äußerst komfortablen Dahabïe – da läßt es sich freilich leicht reisen, denn man weiß da gar nicht, ob man zu Hause oder ob man auf Reisen ist. Wir aber empfinden das letztere wohl, doch trösten wir uns mit dem Berge ebnenden »Mahlesch« – es tut nichts – der Araber.

Nachmittags verteilen wir das Gepäck in unsere beiden *Kheasaht,* von denen die eine von *Dr. Vierthaler* und *Ali-Arha,* die andere, größere von meinem Bruder, meiner Wenigkeit, dem deutschen Bedienten *August,* dem Koch und dem Nubier *Mohammed* bezogen wird. Nach dem Aassr fahren wir ab und legen mit Sonnenuntergang bei den Ruinen von *Philä* [12] an.

Am Ostersonntage, den 31. März. Mit recht günstigem Winde kommen wir bis *Korosko.* Wir kennen den armseligen Ort bereits aus dem ersten Teil dieser Blätter. Zur Feier des Festes zogen wir auf beiden Barken unsere größten Flaggen auf. Ali-Arha begrüßte sie mit freudigen Pistolenschüssen, weil der Türke sich nie recht freuen kann, ohne dabei zu schießen. Unser Khawahs freute sich heute weniger wegen des Festes, sondern mehr in Voraussicht der Meriesa, welche ich den Leuten versprochen hatte.

Wir lagen am Ufer unter Palmen auf Teppichen und rauchten unsere Tschibuks. Rings um uns her standen blühende Mimosen, deren balsamische Gerüche bis zu uns gelangten. Es war der Weihrauch, welchen die hochheilige Natur am heutigen Tage verstreute.

Die Araber hatten Meriesa erhalten und machten Fanthasïe. Sie wurden bald lustig und führten ihre, denen der Kordofahnesen ganz ähnlichen Nationaltänze auf.

Unter Absingen eines ihrer Lieder mit den eintönigen Melodien, welches sie mit Händeklatschen und Stampfen mit den Füßen begleiten, tritt einer in den von sämtlichen Teilnehmern gebildeten Kreis und beginnt, einen Stock in den Händen haltend, den Tanz, in welchem er durch allerlei Bewegungen und Gebärden seine Wünsche auszudrücken versucht. Oft nimmt auch noch ein anderer in der Rolle eines Mädchens am Tanze teil. Dann bekommt freilich nicht selten der Natursohn die Oberhand und stellt Dinge dar, welche die Handlungen der berüchtigten Pariser Tänze noch weit hinter sich zurücklassen.

Die Gesänge der Nubier, meist arabischen Ursprungs, sind oft wunderschön, d. h. von wirklich dichterischem Wert. Die Poesie ist bei den Arabern ins Leben übergegangen. Ihr Talent zu Dichtungen aus dem Stegreif ist außerordentlich. Ich habe oft zwei gesehen, welche sich halbe Stunden lang in Versen unterhielten, wie ja die Märchenerzähler auch stets nur in Versen sprechen.

In Korosko lagen sehr viele Kamele, welche von *Abu-Hammed* angekommen waren. Wir schmeichelten uns, dieselben, weil sie ohne Ladung nach *Abu-Hammed* zurückkehren mußten, billiger mieten zu können, als es sonst der Fall ist, und wären dann durch die große Nubische Wüste gezogen. Der *Scheich el Diemahli* belehrte uns jedoch eines anderen und stellte uns so hohe Preise, daß wir von unserem Vorhaben abstanden und die Route über *Wadi-Halfa* wählten.

Von *Wadi-Halfa* aus wollten wir mit Kamelen weiterreisen. Der Scheich el Djemahli verlangte bis Neudongola oder *Dongola el Urdi* fünfunddreißig Piaster oder zwei Taler zehn Neugroschen für das Kamel. Dies ist der gewöhnliche Preis, welchen die Regierung zu zahlen pflegt; Kaufleute oder Reisende, welche nicht mit einem Firmahn versehen sind, müssen gewöhnlich das Doppelte erlegen. Die Wegstrecke beträgt zweiundzwanzig *Mahhaddaht* oder fünfunddreißig bis vierzig Meilen. Weil der Weg sehr schlecht und uneben ist, braucht man zu der Reise zehn bis zwölf Tage. Gewöhnlich wählt man das linke Ufer des Stromes, obgleich man auf der anderen Seite einen Bogen abschneiden und einen bis zwei Tage eher ankommen kann. Der Weg ist aber hier noch schlechter als am linken Ufer.

Während unseres Aufenthaltes sahen wir öfters große Geier in der blauen Luft ihre Kreise ziehen. Wir beschlossen, sie anzulocken, kauften einen dem Tode stündlich entgegensehenden Esel, vergifteten ihn und warfen ihn als Köder in die Nähe eines der Hintergebäude unserer jetzigen Wohnung. Die Geier erschienen nicht, anstatt ihrer aber jede Nacht Hyänen. Wir machten zuletzt förmlich Jagd auf sie und gingen allabendlich auf den Anstand. Doch waren die Nächte so dunkel, daß wir nie einen sicheren Schuß tun konnten. Wir fanden am Morgen einige Male Blutspuren, die wir über eine Stunde weit in die Wüste hinein verfolgen konnten, ohne jemals eine verendete Hyäne aufzufinden. Diese Tiere haben ein sehr zähes Leben und sind deshalb schwer totzuschießen. In hiesiger Gegend sind sie ganz ungefährlich.

Bei Gelegenheit dieser Jagden gab mir einer meiner Diener *Ali,* mit dem Spitznamen *Mukle**, folgendes zum besten:

»Hier«, sagte er, »ist weiter keine Gefahr damit verbunden, wenn man eine *Tabaä* (Hyaena striata) schießt; etwas anderes ist es aber im Sudan, und zwar hauptsächlich im Sennar und Fassokl, mit den großen *Marafihl* (Hyaena crocuta), welche als verwandelte Menschen herumgehen, große Zauberer sind und dem sie Angreifenden oft gefährlich werden können. Solche Hexenmeister können durch den bloßen Blick ihres *»bösen Auges«* das Blut in den Adern ihres Feindes zum Stocken, das Herz zum Stillstehen bringen, die Eingeweide austrocknen und den Verstand verwirren. Obgleich *Churschid-Pascha* (Gott segne ihn dafür!) viele der Dörfer verbrennen ließ, in denen sich solche Zauberer befanden, ist doch ihre Anzahl noch immer groß genug; mir schaudert die Haut, wenn ich an sie denke, die Allah einst in den tiefsten Pfuhl der *Djehennem* (Hölle) schleudern wird. Churschid-Pascha starb eines frühen Todes, denn er verfuhr hart gegen alle Zauberer. So machte er einstmals mit zwei- bis dreihundert Soldaten Jagd auf Nilpferde und schoß, obwohl ihn ein weiser Scheich wohlmeinend warnte, es nicht zu tun, auf die *Djamamihs el bahr,* wenn auch der Scheich wiederholt sagte, es seien keine wirklichen *Aeësinaht***, sondern lauter verwandelte Menschen, welche des Nachts in ihren Wohnungen schliefen und bei Tage die Gestalt eines *Aeësint* annähmen. Der Pascha achtete seiner nicht, und wie bald hat ihn der giftige Blick eines *Sahahr* – Zauberers – getötet! Friede sei über ihm und Gott sei seiner Seele gnädig! Er ist dahingestorben an einer Krankheit; den fränkischen Ärzten hat er sich anvertraut und diese konnten ihm keine heilsame Arznei geben. Er war verzaubert, nur ein anderer Zauberer oder ein weiser, frommer Scheich hätte ihm helfen können.

* *Mukle* soll in der Berbersprache einen närrischen Kauz oder spaßhaften Kerl bedeuten, und das war Mukle allerdings.

** *Djamuhs,* Plural *Djamamihs, el bahr* ist der eine *Aeësint,* Plur. *Aeësinaht,* der andere arabische Name des Nilpferdes.

Doch, du zweifelst noch an meinen Worten, Herr? Du glaubst nicht, was ich sage? Ihr Franken seid einmal Ungläubige, was soll ich dir sagen! Glaubst du denn gar nicht an derartige Dinge?«

»Nein!«

Mukle lachte hellauf. Er beteuerte das, was er gesagt hatte, mit kräftigen Schwüren. Ich glaube noch immer nicht. »So wisse denn, Herr – meine Rede ist bei Gott wahr –, daß im Sudan noch ganz andere Zaubereien verübt werden. Ich muß mein Heimatland* doch besser kennen als du! Mein Vater und mein Großvater wissen doch mehr, als du von Dingen wissen kannst, welche in einem Lande vorkommen, welches du gar noch nicht kennst. Ich will dir andere Geschichten erzählen:

Im Sudan, und zwar in der Nähe der Stadt *Sennar,* leben Weiber, welche so die Zauberei verstehen, daß sie einen Mann, der sie nur einmal liebkoste, durch Zauberei verhindern, andere Weiber zu besuchen. Er darf ohne ihren Willen nicht einmal seinen ehelichen Pflichten genügen. Ich kenne einen jungen Mann, einen *Ibn el Harahmi***, welcher durch ihre Zaubereien lange Zeit wie ein Verschnittener beschaffen war, ohne daß ein Messer ihn berührt hatte. Nur durch viele Bitten schenkte ihm die *Sahahre* seine Mannbarkeit wieder; allein nie hat er, solange sie lebte, eine andere Frau lieben dürfen. Er war Sklave ihres Willens und niemand hat den Zauber lösen können.

Und wahrhaftig, nicht immer sind diese Zaubermittel so unheilbringend, denn es gibt andere, in Gestalt kleiner Wurzeln, welche ein Ehemann vor seiner Abreise in den Sand vor seiner Türschwelle gräbt, um sicher zu sein, seine Frau ebenso keusch, rein und treu zu finden, als er sie verlassen hat, weil das Zaubermittel jedem Unberufenen den Eingang wehrt. Es gibt auch wieder andere, welche man anwendet, um die Liebe einer Frau zu gewinnen. Man steckt die unscheinbare Wurzel unter die Takhïe oder den Tarbuhsch und besucht das Mädchen, von welchem man geliebt zu werden wünscht. Das wirkt besser als jeder Liebestrank***; die Wurzel entzündet die heftigste, brennendste Liebe in dem Busen des geliebten Weibes oder bekräftigt und stärkt sie.

Solche Zaubermittel muß man sich von nackten Sahahihr lösen, ent-

* *Mukle* stammte aus *Woled-Medine* am blauen Flusse.

** *Ibn el Harahmi,* der Sohn des Verfluchten oder Gottlosen, bedeutet auch einen ausschweifenden Menschen und wird manchmal gebraucht, um einen »lustigen Bruder« zu bezeichnen.

*** Die Araber glauben fest an die Wirksamkeit solcher Hausmittelchen.

weder für Geld oder Geldeswert. Man findet sie an wüsten Orten; allein es ist dem Frommen nicht zuträglich, sie aufzusuchen, denn sie sind verflucht und sind die Söhne der Verfluchten. Ihnen wird nie das Glück blühen, Vaterfreuden zu genießen, und besäßen sie auch einen Harem, gleich dem des Sultan; sie werden das Paradies nie zu sehen bekommen, sondern in der tiefsten Nacht der Hölle wimmern.

Ich war tatsächlich überführt und glaubte zu Mukles großer Befriedigung alles, ja, ich zeichnete es sogar im Tagebuch auf. Mukle hat mir versprochen, eine Wurzel mit den Eigenschaften zu bringen, welche, Liebe entzündend, Liebe gewähren sollte – hat aber späterhin leider nicht Wort gehalten und mich so des überaus großen Vorteils beraubt, die Schönen im Vaterlande mit ihnen ganz neuen und, was die Hauptsache ist, unwiderstehlichen Waffen zu bekämpfen.

Jeden Tag werden wir jetzt von dem heftigen Chamsin gepeinigt; er wirbelt Wolken von Staub auf und jagt sie durch die luftigen Hallen unserer Wohnung, bezüglich durch die früheren Rinderställe. Wir lassen das Zelt aufschlagen, der Wind wirft es in der Nacht um und über uns. Um nun wenigstens ruhig zu schlafen, legen wir uns im Schutze einer Mauer nieder und errichten dort eine Art von Beduinenzelt.

Am 18. April. Gestern waren Kamele angekommen, aus denen ich drei gute Hedjinihn und unter diesen wieder das beste aussuchte, um es für meinen Bruder zu satteln. Der Doktor vertauschte, trotz meines Abratens, ein großes, schönes Reitkamel mit einem weit kleineren, um nicht allzu hoch herabzufallen. Ich sattelte alle Kamele eigenhändig, weil es ganz unmöglich ist, selbst auf einem guten, aber schlecht gesattelten Kamele zu reiten, und die Art und Weise, den Sattel auszupolstern, keineswegs gleichgültig ist.

Gegen neun Uhr vormittags verließen wir Wadi-Halfa und ritten in leichtem Trab dem großen Katarakt zu. Um Mittag lagerten wir in der Nähe von *Abke* unter Palmen und hielten unser höchst einfaches Mittagsmahl. Ein Nubier in unseren Diensten, welcher einstweilen die Stelle eines Kochs vertrat, *Idrieß,* ging auf eine kleine Insel und prügelte dort, ohne Ursache, seine armen, harmlosen Landsleute. Diese beklagten sich bei mir und wurden durch die Versicherung getröstet, daß dem Burschen die nötige Strafe zuerteilt werden würde. Er erhielt diese auch von mir mit der Nilpeitsche zugemessen, weil das Maß seiner Sünden längst übergelaufen und er einer von denen war, welche nur durch die Peitsche im Zaume gehalten werden können. Obgleich er heute hinreichend bestraft worden war, wirkte dies doch, wie wir bald sehen werden, nur auf wenige Tage.

Um vier Uhr nachmittags reiten wir, mein Bruder und ich, den beiden anderen Kamelen voraus und erreichen zum Aïsche den Nil wieder, wo wir uns lagern und ein weit leuchtendes Feuer anzünden. Erst nach Verlauf von mehr als einer Stunde erscheint das Lastkamel mit unserem Doktor, weil dessen schwächliches Tier unterwegs gestürzt ist und jetzt leer geführt werden muß.

Nachdem wir heute morgen noch einige Stunden an dem ununterbrochenen Palmenwalde dahin geritten waren, kamen wir zu den Ruinen eines Tempels aus der Pharaonenzeit, dessen Name mir unbekannt ist und verließen, einen Wüstenstreifen betretend, das *Dahr el Sukoht.* Der Wüstenweg schnitt einen Bogen des Nil ab, dehnte sich aber mehr und mehr aus, so daß der Mittag längst vorüber war, als wir das Dorf *Koë* im *Dahr el Mahhaß* erreichten. Ruhend erwarteten wir die Lastkamele, welche erst zwei Stunden später eintrafen. Mein Bruder, der unermüdliche Sammler, war bereits wieder auf die Käferjagd ausgegangen. Ich bot die ganze Dorfschaft auf, um ihm sein Geschäft zu erleichtern. Für eine gewisse Anzahl von Käfern, wovon ich erst ein Exemplar vorzeigte, versprach ich wenige Para. In kurzer Zeit verließen die Knaben ihren Sitz am Triebrade der Schöpfmaschinen, die Männer ihre Felder und die Weiber ihre Reibemahlsteine, um Käfer zu suchen, wovon auch bald Massen ankamen. Unter den Weibern, welche fast alle recht hübsch waren, befand sich ein bildschönes Mädchen oder junges Weib in der üppigsten Blüte der Jugend. Immer hatte man mir die Frauen des *Dahr el Mahhaß* als die schönsten ganz Nubiens geschildert; allein meine Erwartungen wurden durch das vor mir stehende Original noch bei weitem übertroffen. Man hätte es für eine Abessinierin halten können, so regelmäßig und vollendet schön war der Körperbau des Mädchens. Durch das lustige, durchscheinende Tuch, die Ferdah, welche es in malerischen Faltenwürfen um sich geschlagen hatte, wurden seine Reize keineswegs in den Schatten, sondern erst recht ins wahre Licht gestellt. Es fehlte ihm in unseren Augen weiter nichts als eine lichte Hautfarbe. Allein selbst ein durch blendendweiße Georgierinnen verwöhnter Türke oder ein durch das glühende Kolorit der Frauenbeschreibungen aus dem Munde des Meddah idealisierter Araber würde nicht gezögert haben, der Nubierin ebenfalls einen Preis der Schönheit zuzuerkennen, warum sollte ich es da nicht tun, ich, dem alle Mittel zum Vergleich fehlten? Waren ja doch die deutschen Frauen, welche ich – ich wiederhole es gern – ganz gewiß für die liebenswürdigsten, einnehmendsten der Erde halte, so weit entfernt, daß ich mich jetzt unmöglich im Geiste mit ihnen beschäftigen konnte, wo ein – braunes Mägdlein mit seinen dunklen, von langen, seidenen Wimpern beschatteten Augen, seinen blendendweißen, unübertrefflich schönen Perlzähnen und einem kleinen Mündchen mit purpurroten Lippen vor mir stand! Und diese Lippen waren so schön, so einladend, daß ich unmöglich etwas anderes denken und tun konnte, als mir einen Kuß davon auszubitten. Lachend entfloh das liebliche Kind, kehrte aber doch wieder zurück, um Käfer zu bringen. Die schlechtesten, welche das Mädchen brachte, waren doch immer die besten, wenigstens bezahlte ich es am reichlichsten und schenkte ihm zuletzt noch obendrein eine Kette von Glasperlen, womit ich ihm gar große Freude bereitete. Leider verstand die Nubierin kein Arabisch und deshalb gingen viele Artigkeiten, welche ich ihr sagte, ohne Wirkung an ihrem Ohr vorüber. Und als ich endlich meinen nubischen Bedienten aufforderte, mir den Dolmetscher zu machen, sah ich es ihm an den Augen an, daß er mehr oder weniger eifersüchtig auf seine Landsmännin war, weshalb der Schlingel auch gewiß nicht treu übersetzte.

Am 25. April. Vor dem ersten Morgenschimmer brechen wir auf. Gegen sieben Uhr gelangen wir in ein Dorf und halten dort kurze Zeit an, um unser Frühstück bereiten zu lassen. Während dies geschieht, streichen wir, jeden Augenblick der so kostbaren Zeit benutzend, um Käfer zu sammeln, in der Nähe unseres Lagerplatzes herum und kommen in einem Teil des Dorfes, welcher in die Ringmauern einer der aus trockenen »Luftsteinen« aufgeführten Festungen hineingebaut ist. Ein lautes Klaggeschrei lockte uns näher, man beweinte einen Toten.

»Schmerzvoll an die Brüste schlagend«

saßen einige zwanzig jüngere Frauen im Kreise auf der Erde, weinten und klagten. Drei alte, zusammengeschrumpfte, bis auf die Hüften nackte Matronen liefen hin und her, stießen ein widerliches Geheul aus, schleuderten die Arme hoch in die Luft und streuten sich Staub und Erde aufs Haupt. Die Männer hockten etwas weiter entfernt am Boden und verhielten sich ruhiger. Jeder der Neuankommenden begrüßte die Verwandten des Verstorbenen mit lautem Geheul und Weinen, wie ich dies früher auch schon bei den Sudanesen gesehen hatte.

Die Vegetation in hiesiger Gegend nimmt mehr und mehr den Charakter der Tropen an. Schöne Mimosenwaldungen bedecken die Ebene. Sie prangten jetzt gerade in ihrem Blütenschmucke und durchdufteten die ganze Atmosphäre mit Wohlgerüchen; das Land ist fruchtbar und leicht zu bebauen, aber keine Hände finden sich, um der Erde die Reichtümer, welche sie in ihrem Schoße birgt, abzulocken. Die Bevölkerung dieses gesunden Landstrichs ist seit der Einnahme Nubiens durch die Türken noch immer nicht wieder auf ihre frühere Anzahl gestiegen. Früher hatte die Insel *Argo,* deren unteres Ende uns im Strome gegenüberliegt, tausend Schöpfräder, jetzt ist kaum der vierte Teil dieser Anzahl noch im Gange. Der *Melik* von Argo [13] war ein angesehener Mann, der jetzige Scheich der Insel ist ein unter der ägyptischen Rute seufzender Sklave, wenn er auch frei geboren wurde.

Am 26. April. Der Chamsin machte uns heute die Weiterreise lange Zeit unmöglich. Erst gegen Abend konnten wir wegreiten. Um zehn Uhr hielten wir an, um Kaffee kochen zu lassen. Da fehlte das Wasser. *Idrieß* erklärte sehr naiv, keins mitgenommen zu haben. Ich erinnerte ihn an den von mir vor der Abreise ausdrücklich gegebenen Befehl, die Simsemiaht zu füllen. »Ich habe es aber nicht getan«, war die Antwort.

»Warum nicht?«

»Ich vergaß es, hättest du es doch selbst getan.« Immer noch ruhig, schalt ich ihn aus und setzte ihm auseinander, welches Unglück entstehen würde, wenn er bei einer Wüstenreise sich ähnliches zuschulden kommen ließe. Er wurde, statt zu schweigen, grob und immer gröber, bis dies zuletzt in eine so unerträgliche Unverschämtheit ausartete, daß ich zu dem einzigen Mittel greifen mußte, um ihn zur Ordnung zu bringen, nämlich zur Nilpeitsche. Beim Aufbruch fehlte er ganz und gar; er war, ehe wir recht wußten wie, mit seinem Kamele auf und davon geritten. Wir ritten die ganze Nacht hindurch und kamen wenige Stunden nach Sonnenaufgang in *Dongola el Urdi* an. Unsere Leute hatten in dem Hause eines italienischen Juden, des Herrn *Morpurgo* aus Alexandrien, Aufnahme gefunden. Man wies uns jetzt auch dahin. Wir fanden in unserem Hausherrn einen zuvorkommenden und liebenswürdigen jungen Mann. Nachmittags schickte der Gouverneur der Provinz Dongola, *Schirim-Beï,* zu mir und ließ mich bitten, »in seinem Diwan eine Pfeife mit ihm zu rauchen«. Ich ging hin, wurde sehr freundlich empfangen und endlich durch die Nachricht überrascht, mein Bedienter *Idrieß* sei angelangt und habe mich bei dem Beï wegen erlittener Mißhandlung verklagt. Der Beï bat mich, die Sache der Wahrheit gemäß zu erzählen. Aufmerksam hörte er zu, endlich sagte er zu mir:

»Da hast du freilich einen sehr großen Fehler gemacht, *Chalihl-Effendi.* Du hast den unverschämten Burschen gezüchtigt, aber viel zu wenig. Da muß ich notwendigerweise nachhelfen.«

Alle meine Versicherungen, daß der Bediente seine hinlängliche Strafe empfangen habe, halfen mir zu nichts; der Beï blieb unerschütterlich, ließ den Nubier hereinrufen, hielt ihm eine derbe Strafpredigt und befahl zwei Khawassihn, ihm hundertundfünfzig Hiebe auf die Fußsohlen zu geben. Nachdem die Bastonade vorüber war, rief er Idrieß, welcher kaum noch gehen konnte, zu sich und befahl ihm, sich meine Verzeihung zu erbitten. Ich gewährte ihm diese, gab aber auch seiner Bitte, ihn aus meinen Diensten entlassen zu wollen, augenblicklich Gehör, weil ich sein tückisches Herz kannte und zuletzt fürchten mußte.

Unser Aufenthalt in *Dongola el Urdi* wurde uns durch die Freundlichkeit der Vornehmen der Stadt sehr verschönert. Wir empfingen die Besuche aller höherstehenden Türken und gaben sie zurück, wurden aber auch zu verschiedenen Festen geladen. Am 29. April gab unser Hausherr eine glänzende Fanthasïe, zu welcher der Gouverneur mit seinem Gefolge und den nach Ägypten zurückkehrenden *Sendjek Abdim-Beï* aus *Berber* erschienen. Dabei wurde schließlich auch Wein getrunken und getanzt, wovon sämtliche eingeladene Türken, mit Ausnahme des Beï, keine Feinde waren.

Am 2. Mai besuchten wir den Chef der vierhundert albanesischen irregulären Reiter in seinem Lager bei *Kabtoht,* einem unter Palmen gelegenen Dorfe, unterhalb der Stadt Dongola. *Abdim-Beï* bewohnte ein schönes, großes, im dichtesten Schatten aufgeschlagenes Zelt, in dessen Nähe noch zwei andere, für zwei Frauen seines Harems, errichtet waren. Der in jeder Hinsicht fein gebildete, artige und höchst liebenswürdige Mann nahm uns sehr gut auf, bewirtete uns aufs Beste und ließ uns vor Abend nicht wieder weg. Für den Vizekönig hatte er achtzehn junge Dongolanipferde von der besten Rasse eingekauft und ließ sie uns vorführen. Es waren große, schöne, kräftig gebaute Tiere von dunkler Farbe, feurig und mutig und doch fromm und sanft, wie die guten arabischen Rosse es sind. Mit diesem höchst wertvollen Geschenk hoffte der Beï seinem Gebieter eine Freude zu machen.

Am 5. Mai waren wir zu einer Festlichkeit bei einem der Adjutanten des Beï, *Chalihl-Effendi,* tags darauf zu der Feier des Festes *»Schimm el*

Nessihm« vom Gouverneur selbst eingeladen worden und hatten beide Male an sehr glänzenden Gastmählern teilgenommen. Wir hatten schöne Käfer erbeutet und auf drei getötete Hunde achtundzwanzig *Ohrengeier* gelockt, von denen zwölf Stück erlegt worden waren; kurz, wir verlebten sehr glückliche Tage unter Fest und Schmaus, Arbeit und Belustigung, Jagd und Beutegewinn. Mit dem Vergnügen, welches nur der Sammler kennt, sahen wir unsere naturhistorischen Schätze von Tag zu Tag anwachsen und waren glücklich, sehr glücklich darüber ...

»Doch mit des Geschickes Mächten,
Ist kein ew'ger Bund zu flechten
Und das Unglück schreitet schnell!«

Jawohl, es schreitet oft so schnell, daß das arme Menschenherz seine Schläge noch gar nicht begreifen kann, wenn sie es schon beinahe vernichten. Ich muß hier eine Geschichte niederschreiben, von welcher jedes Wort noch heute in meinem Innersten an eine zitternde Saite schlägt und dumpf und traurig widerhallt.

Es war *am 8. Mai 1850,* der Mittwoch vor dem Himmelfahrtsfest als wir beide, mein Bruder und ich, wie immer uns gegenseitig bei unseren jetzt sehr gehäuften Arbeiten unterstützend, zuletzt so ermatteten, daß wir gegen Abend nach einem kühlenden Bad im Nil verlangten. Nahe bei der Stadt liegt eine stille Bucht im Strom, welche nur an ihrem unteren Ende mit demselben vereinigt, zum größten Teil von einer Sandinsel umgeben und vollkommen frei von Krokodilen ist. Zudem ist dort das Wasser auch so ruhig, daß sie einem See gleicht. Dort wollten wir baden. Es gibt wahrhaftig manchmal Augenblicke im Leben, in denen es uns fast scheint, als wolle eine warnende, prophetische Stimme in unserem Innern dem harten Spruch des Schicksals entgegenwirken, als spräche ein guter Genius, den der gütige Gott in unser Herz gelegt. So kam mir heute im Laufe des Nachmittags, ganz ohne Ursache, das Lied in den Sinn: »Morgenrot, Morgenrot, leuchtest mir zum frühen Tod« usw. und die Weise vor mich hinsummend, sang ich dann laut, mich zu meinem Bruder wendend:

»Prahlst du gleich mit deinen Wangen,
Die wie Gold und Purpur prangen,
Ach, die Rosen welken all'!«

Doch wir gingen ohne Besorgnis zum Baden. Oskar hatte schon oft in dieser Bucht gebadet, nur war sie weiter oben so seicht, daß das Wasser dort unangenehm warm wurde. Wir suchten eine tiefere Stelle. Da wurde mein Bruder leichenblaß und sagte:

»Ach Gott, ich werde doch nicht ertrinken! Mir ist es zu Mute, als könnte ich eine innere Angst nicht bezwingen. Ich kann nicht schwimmen.«

Nun hätte ich freilich davon abstehen sollen, zu baden, ich hätte wenigstens meinem Bruder abraten müssen; allein was hätte ich nicht alles tun können oder was würde ich nicht alles getan haben, hätte ich den Verlauf von einer Viertelstunde voraussehen können! Ich ging ins Wasser und untersuchte die Tiefe genau. Dann meldete ich meinem Bruder, daß das Ufer keineswegs sehr abschüssig sei, zeigte ihm, wie weit er ohne Gefahr hineingehen könne, und schwamm der Mitte der Bucht zu, wo ich mich in dem kühlen Wasser nach Herzenslust erquickte. Mehrere Male schaute ich mich nach meinem Bruder um und sah ihn immer in einer vollkommen ungefährlichen Tiefe im Wasser stehen. Schon war ich auf dem Rückwege begriffen, als ich plötzlich einen taubstummen Knaben, welcher bei uns oft Almosen genossen hatte, einen fürchterlichen Schrei ausstoßen hörte und mit Gebärden, welche mich das Ärgste fürchten ließen, auf das Wasser deuten sah. Ich sah ein, daß ein Unglück geschehen war; die entsetzliche, schaudervolle Wahrheit wollte und konnte mein Geist nicht fassen. Mit aller Anstrengung schwimmend, erreichte ich gar bald das Ufer; ich sah es leer. Bruder! Oskar! Oskar! – Keine Antwort! Doch wo sollte er denn hingekommen sein, da standen ja sogar seine Schuhe noch. Ich sah auf einmal das Gräßliche vor Augen. Schon hatte der Taubstumme Leute herbeigezogen; ich versuchte, in die Tiefe zu tauchen, meine Glieder waren wie gelähmt – ich konnte nicht! Sooft ich in die Tiefe hinabzutauchen suchte, ebensooft wurde ich wieder emporgeschleudert; ich mußte das Tauchen den bereits herbeigekommenen Nubiern überlassen.

Da saß ich denn am Strand, wie vernichtet an Seele und Leib, meine Glieder zitterten, vor den Augen schoß es wirr durcheinander; ich war zu allem unfähig. Ich machte mir die bittersten Vorwürfe, daß ich den allein gelassen hatte, den ich jetzt nicht einmal retten konnte; sprechen konnte ich nicht.

Das ganze Ufer war mit Menschen angefüllt, fünfzehn bis zwanzig Nubier tauchten unermüdlich im Wasser herum; der Doktor, Ali-Arha, mein deutscher Bedienter, unser Hausherr, alle, alle waren bemüht, die Leute aufzumuntern. Man hatte im Nu eine Barke herbeigeschafft und tauchte von dieser ab immer und immer von neuem ins Wasser; endlich – jetzt hatte man den Körper gefunden, hob ihn auf die Barke und trug ihn nach unserem Zimmer. Auch mich trug man mehr dahin, als ich gehen konnte.

Wir legten den leblosen Körper auf ein Lager und fingen an, ihn mit wollenen Tüchern zu reiben. Der Doktor öffnete zuerst am rechten Arme eine Ader – kein Blut! Dann wiederholte er seine Operation am linken – es fielen nur wenige Tropfen. Er war unermüdet, ordnete an, half selbst mit, kurz, er hat getan, was ein Mensch, was der geschickteste Arzt tun konnte; er öffnete zuletzt noch die Luftröhre, um Luft in die Lungen zu blasen – zu spät! Wir beweinten einen Toten. *Dr. Vierthaler* glaubte, daß ihm ein Schlagfluß das Leben geendet habe.

Man brachte mich hinweg und versuchte mich zu trösten, man weinte, man handelte nach Schefers Worten:

»Mit dem Betrübten klagen ist das beste,
Die Schmerzen ab ihm von der Brust zu lösen,
Und Worte geben seinem stummen Starren;
Damit er bald der Leiden Kreis durchwandle.«

Und wirklich, ich konnte weinen! Ich drängte die Tränen nicht zurück, die mir aus den Augen perlten; ich versuchte, mich zu fassen, ich vermochte es nicht! Ich versuchte, mich zu überreden, wie der Mohammedaner an ein unerbittliches Fatum zu glauben, ich konnte es nicht! Kein Schlaf kam die Nacht hindurch in meine Augen, sie war die traurigste, die längste meines Lebens. Wenn ich die Lichter schimmern sah, die man bei dem teuren Toten angezündet hatte, um die letzte Wache bei ihm zu halten, da war es mir, als solle durch sie jedes Fünkchen von Hoffnung, das sich in meinem Innern zeigen wollte, verdunkelt werden. Und wenn dann Ali-Arha, der treue Türke, zu mir hereintrat, um nach mir zu sehen und ich auch bei ihm einzelne dicke Tränen in den grauen Bart hinabrollen sah, dann machten auch meine Gefühle sich von neuem Luft und ich weinte wieder bitterlich!

Unser gütiger Hausherr und der wackere Adjutant des Gouverneurs, *Chalihl-Effendi*, besorgten am folgenden Tage das Nötige zum Begräbnisse. Man fertigte aus zweien unserer Reisekisten einen rohen Sarg und legte gegen Mittag die Leiche da hinein. Der Doktor hatte sie waschen und in ein weißes Gewand kleiden lassen. *Schirim-Beï* sandte nicht nur zwei arabische Schreiner, welche den Sarg anfertigen mußten, sondern auch seine beiden Adjutanten, um alles anzuordnen, was zu einem feierlichen Begräbnis nötig wäre. Später erschien auch noch ein Kommando Soldaten, um dem Leichenzuge das Ehrengeleit zu geben.

Nachmittags bedeckten wir den geschlossenen Sarg mit der *österreichischen* Flagge, unter deren Schutz wir bisher so sicher gereist waren, und legten darauf von einer Palme, unter welcher wir oft zusammen gesessen hatten, zwei Zweige. Dann verließen wir die Stadt unter Vorantritt der Soldaten, in Begleitung der Adjutanten des Diwan und wandten uns dem koptischen Friedhofe zu. Dem Sarge folgten wir, *Ali-Arha,* unser Gastfreund *Morpurgo,* der Kaufmann *Hanna Sabuaä,* die Diener des Hauses und mehrere koptische Christen. Wir zogen nach Westen in die Wüste hinaus und langten nach einer Viertelstunde auf dem Kirchhofe an, wo noch an dem Grabe gearbeitet wurde, weil dieses in den Felsen gehauen ward. Auch dieses hatte der Gouverneur angeordnet; *ja er hatte mehrere Hundert gebrannte kleine Ziegelsteine von dem für den Bau einer Moschee bestimmten Material wegnehmen und auf den Kirchhof bringen lassen, um das Grab eines Christen zuzuwölben!* Dieses wurde bald vollendet. Die koptischen Geistlichen weihten den Toten und sprachen ihre Gebete. Wir taten dies mit Worten und Gedanken; die Türken beteten mit uns.

Es tat mir wohl, unaussprechlich wohl, zu sehen, daß sich fünf Religionsparteien vereinigt hatten, um einem Toten die letzte Ehre zu erweisen, um in vier verschiedenen Sprachen an seinem Grabe zu beten. Und du, Leser, der du den Türken, den Mohammedaner als fanatisch verdammst, lerne ihn besser beurteilen! Frage dich, ob du am Grabe eines Griechen, Kopten, Mohammedaners oder Juden wohl auch gebetet hättest, wie diese es taten?

Dann senkten wir den Sarg in seine Gruft und warfen nach vaterländischem Brauch noch eine Handvoll Erde auf die Gebeine des edlen Mannes, den wir beweinten.

Zu dreien waren wir in die Wüste hinausgezogen, zu zweien kehrten wir zurück. Da richtete wohl jeder still die Frage an das Schicksal: »Wer wird der nächste sein, der diesen Weg antreten wird?« Du armer *Richard Vierthaler,* du eifriger Mann der Wissenschaft, wie bald hast du diese Frage beantwortet! Auch jener Levantiner *Hanna Subuaä* liegt schon im Sand der Wüste. Und von den Bekannten und Freunden, die mit mir nach dem Sudan gingen oder die ich dort antraf, wie viele wurden während der kurzen fünf Jahre, die zwischen heute und jenem Tage liegen, schon zu ihrer ewigen Ruhe gebracht!

In der Wüste, westlich von *Dongola,* tausend Schritte von der Stadt entfernt, deckt ein einfacher Grabhügel die Asche meines armen Bruders *Oskar.* Er war ein edler, rechtlicher Mann, kenntnisreich und bescheiden, eifrig und unermüdet, in jeder Hinsicht tüchtig und in jeder Hinsicht anspruchslos. Der Tod ereilte ihn zu früh, denn schon in seinem achtundzwanzigsten Jahr haben wir ihn begraben. Mir starb in ihm der beste Freund, der treueste Gehilfe, der aufopfernde Gefährte. Sein Tod war der schwerste Schicksalsschlag, der mich je betroffen hat.

Am Abend des 10. Mai besuchte mich der Gouverneur *Schirim-Beï,* um mir sein Beileid auszudrücken. Er spendete mir Trostesworte in orientalischer Weise.

»Erhebe dein Haupt, *Chalihl-Effendi,* und murre nicht über die Schickung des allbarmherzigen und hochheiligen Gottes. Du weißt ja wohl, daß der Tod uns alle ereilt, früher oder später, wenn Allah uns die Pforten seines Paradieses öffnen will. Laß dir den Kummer nicht dein Herz bemeistern, denn wir alle sind hier in der Fremde und nicht daheim in unserem Heimatland; wir müssen geduldig ausharren, bis Allah uns zurückführt. Denke an deine Lieben im Vaterland, es ist besser, damit du nicht auch von der Macht des Schmerzes, des Kummers und des Grames zu Boden gedrückt wirst.«

Das sind Worte eines stenggläubigen Mohammedaners, er sprach sie zu einem ihm fast fremden Christen, um diesen zu trösten!

Noch ist mir die ganze Begebenheit nur wie ein schwerer, schwerer Traum. Mir ist, als solle mein Bruder, von einer Jagdpartie zurückkehrend, zur Türe hereintreten. Sein Tod hat einen zu tiefen und zu schmerzlichen Eindruck auf mich gemacht, als daß ich noch länger in Afrika bleiben könnte. Ich will nach Deutschland zurückkehren, wenn der Baron angelangt sein wird. Jetzt verlangt man ja noch alles von mir, so schwer mir auch alles werden wird. Man kann darnach nicht fragen.

Am 13. Mai. Dr. Vierthaler und ich machten heute noch einen Besuch am Grabe unseres teuren Toten. Es war gegen Abend. Die Sonne sandte uns ihre letzten Strahlen ins Gesicht; die Wüste war still und ruhig, kein Laut war hörbar, und das Herz konnte so ganz den Gedanken nachhängen, die sein Innerstes durchtobten. Über den, der vor wenigen Tagen noch in der Kraft der Jugend unter uns wandelte, wölbte sich heute der Hügel des Grabes!

Wir waren beide sehr traurig, ein jeder war in seine eigenen Betrachtungen versunken. Still kehrten wir zur Stadt zurück; wir wollten des anderen Tages weiterziehen*.

Am 14. Mai verließen wir Dongola mit dem herzlichsten Danke gegen alle, welche uns in einer so schweren Zeit so tätige und freundliche Hilfe geleistet hatten. Tiefe Seufzer stahlen sich aus der Brust hervor, als wir vom Landungsplatz der Stadt, welche uns so viel entrissen hatte, abstießen, und von den freudigen Gefühlen, welche man gewöhnlich bei einer Abreise nach uns unbekannten, anziehenden Ländern empfindet, verspürten wir heute keine Regung. Wir legten schon am oberen Ende der Insel, welche vor Neu-Dongola im Strome liegt, wieder an und blieben dort über Nacht.

Mit gutem und schlechtem Winde fuhren wir dann weiter. Nach neuntägiger Fahrt kamen wir in Ambukohl an. Unterwegs bot sich oft gute Gelegenheit zur Jagd, doch wurde diese bloß in der letzten Zeit von mir benutzt. Ich nahm das Gewehr nur in die Hand, um mich zu zerstreuen, und fand, daß mir Bewegung und Arbeit Bedürfnis geworden waren. Mein Jagdgerät wurde mir teuer und wert.

Mit Sonnenuntergang kamen wir zu einigen Nomadenzelten. Eine schöne Stute der vortrefflichen Dongolawi-Rasse stand, am linken Hinterfuß gefesselt, vor dem Eingang des Hauptzeltes, mehrere Hunde, kordofahnesische Windspiele, fielen uns mit wütendem Gebell an. Ganz in der Nähe der Zelte hatte sich der ägyptische *Aasgeier* auf einige Mimosen zur Nachtruhe niedergelassen und teilte diese friedlich mit mehreren Hühnern der Nomaden, hier in der Wüste seltenen Haustieren.

Der *Chabihr* bat uns, eine Karawane zu erwarten, welche uns nach Verlauf einer Stunde nachkam. Dann ging es weiter. Es war Nacht geworden; die Kameltreiber gingen singend hinter ihren Tieren her, Ali-Arha sang die Lieder seiner Heimat. Die schönen, ausdrucksvollen Worte der kräftigen und doch melodischen Sprache hallten weithin durch die stille, herrliche Nacht der Wüste. Wir lagerten bald.

Am 30. Mai. Obgleich wir die Kühle des Morgens benutzen und bei

* Ich habe die traurige Begebenheit ganz aus dem Tagebuch abgeschrieben und Gedanken und Empfindungen mit aufgezeichnet, welche, wie ich wohl weiß, nicht in eine Reisebeschreibung gehören. *Man möge mir es hier verzeihen!*

Mondschein hatten weiterreiten wollen, kamen wir doch erst eine Stunde vor Tagesanbruch zum Aufbruch. Wir ritten im scharfen Trab der Kamele voran und rasteten erst nach einigen Stunden, um uns selbst den Kaffee zu bereiten. Mein Kamel fand es bei dieser Gelegenheit für angemessen, durchzugehen und an einigen Mimosen zu weiden, obgleich diese über eine Viertelmeile von uns entfernt waren. Mit großer Anstrengung gelang es uns, das selbständig handelnde Tier nach einer Jagd von mehr als einer Stunde wieder einzufangen. Dann ritten wir weiter und gelangten nach kurzem Ritte in einen *Chohr,* welcher dicht mit Mimosen bewachsen und reich an Geflügel war. Unsere Richtung ging heute südöstlich, einem kahlen, dunklen Berge zu, welchen der Führer *Schinkaui* nannte. Er erwartete, dort von dem am 23. Mai gefallenen Regen her noch Wasser zu finden, mit welchem wir unsere Vorräte sogleich wieder zu ergänzen beschlossen, um bei der jetzt herrschenden furchtbaren Hitze nicht dem alles vernichtenden Wassermangel preisgegeben zu sein. Um zehn Uhr vormittags lagerten wir uns im Schatten eines äußerst dornigen Baumes oder Strauches, dessen Namen ich nicht kenne, um die Karawane zu erwarten.

Lange Zeit warteten wir vergebens. Wir hatten weder Mundvorräte noch Trinkwasser mitgenommen und verspürten einen bedeutenden Hunger. Zuerst versuchten wir diesen mit den roten Beeren des Strauches zu stillen, unter dem wir uns gelagert hatten, allein der Magen verlangte nach etwas Kräftigerem. Der Doktor ging deshalb auf die Jagd, um wenigstens einige von den vielen wilden *Lachtauben* zu erlegen, welche häufig in den Gebüschen herumflogen, während ich nach Wasser suchte, weil wir vermuteten, daß sich von dem Regen her davon noch finden würde. Nach halbstündigem Suchen entdeckte ich wirklich eine Lache mit diesem köstlichen Naß und füllte frohlockend unsere Simsemiaht. Der Doktor hatte mehrere Tauben geschossen, welche gerupft, in unserem Kaffeegeschirr gekocht und mit Schießpulver gewürzt wurden. Das Wasser fand sich in einer Lehmpfütze und schmeckte, obgleich es ganz von erdigen Teilen geschwängert war, doch ungleich besser als unser Schlauchwasser, denn dieses hatte bei der herrschenden Hitze schon heute ganz den unausstehlichen Geschmack und Geruch angenommen, welche die mit Tran getränkten Schläuche ihm sehr bald mitteilen.

Am 31. Mai. Die Karawane bricht heute sogleich nach Aufgang des Mondes auf; wir folgen erst mit Tagesanbruch und reiten, nachdem wir das Wadi verlassen haben, in südöstlicher Richtung weiter und zwischen dem großen und kleinen *Djebel el Sinkaui,* zwei isoliert stehenden Kegelbergen, hindurch. Vor uns liegen in gleichmäßiger Entfernung voneinander drei andere, deren südöstlichstem, namens Seni, wir uns zuwenden. Auf einer Grasebene, über welche unser Weg führt, laufen vier wohlgenährte Kamele ohne Hirten herum und kommen bei unserem Erscheinen neugierig herbei, um unsere Reittiere zu begrüßen. Um neun Uhr vormittags erreichten wir die Karawane und ziehen mit dieser dem wieder vor uns liegenden Chohr zu, welcher hier den Namen *Wadi Abu-Rhueï* führt. In der Ferne wieder drei Bergspitzen sichtbar, von denen die eine dem Djebel *Abu-Samut,* die andere dem Djebel *el Bahiuda* angehört. Die Hitze ist so groß, daß wir schon gegen zehn Uhr rasten müssen, wozu wir uns in der Nähe des Djebel *Tomaht* schattige Mimosen im Wadi aussuchen.

Erst nachmittags um vier Uhr erlauben uns die sengenden Strahlen der Sonne die Weiterreise. Mein Kamel erregt durch seine grenzenlose Störrigkeit meinen gerechten Zorn, wirft mich aber, in den tollsten Sprüngen durchgehend, mit Sattel und Zeug ab, nachdem ich es die Peitsche hatte fühlen lassen.

Schon in Ambukohl hatte sich eine Araberin von den am Bihr el Bahiuda wohnenden Nomaden unserer Karawane angeschlossen. Sie hatte ihren kleinen, kaum einjährigen Sohn bei sich und ging zu Fuß neben den Kamelen her. Manchmal trug sie das Kind eine Strecke, manchmal reichte sie es einem von meinen Leuten auf das Kamel. Nie hörte ich dasselbe weinen oder schreien; es ertrug die furchtbare Sonnenhitze oder die schaukelnde Bewegung auf dem Kamel mit dem größten Gleichmut. Was würde eins unserer Kinder an seiner Stelle getan haben? Hier sind die kleinen Kinder viel verständiger, viel weiter fortgeschritten als bei uns, und zwar aus dem ganz einfachen Grunde, weil man ihnen hier weit weniger Hilfe leistet. Die Araberin legt ihr Kind nackt neben sich auf eine gegerbte Ziegenhaut und verrichtet ruhig ihre Arbeit; sie hat keine Zeit, sich viel mit ihm zu beschäftigen. Das Kind fühlt, daß es sich selbst überlassen ist und lernt seine Geistes- und Körperkräfte bald in Anwendung bringen. Im Alter von einem halben Jahr kriecht der kleine Erdenbürger schon selbständig im Sand herum und fängt mit seinen Geschwistern an zu spielen. Bei den Wanderungen der Nomaden wird das Kind unter allen Umständen mitgeschleppt und so kommt es, daß dasselbe auch bald eine größere Reise ertragen lernt.

Beim Aufbruch aus unserem Rastorte hatte ich noch den Verdruß, mein Thermometer zerbrochen zu finden. Der Verlust war um so empfindlicher, weil er gar nicht wieder ersetzt werden konnte.

Unsere Richtung war wieder Südost. Wir ritten über eine harte, sandige Fläche, welche mit kleinen schwarzen und runden, hohlen, eisenhaltigen Steinen in der Größe von Flinten- bis zu dreipfündigen Kanonenkugeln bedeckt war, und erreichten nach drei Stunden den *Bihr el Bahiuda.* Dort lagerten wir uns unter derselben Mimose, welche mir schon vor zwei Jahren ein schattiges Obdach geboten hatte. Die Karawane kam nach Einbruch der Nacht am Lagerplatz an.

Am Brunnen standen zwei Araberinnen und schöpften Wasser. Die eine von ihnen war ein bildhübsches Weib und bewillkommte mich freundlich. »Marhabahbak aaschra!« – Du sollst mir zehnmal willkommen sein! – riefen sie mir beide zu, als ich mich dem Brunnen näherte. Ich bat um Wasser, und wie einst Rebekka am Brunnen, so auch heute hier, schöpfte mir die Jüngere in einer Kürbisschale frisches, gutes Wasser und sagte: »Trinke, Herr, dann werden auch deine Kamele getränkt werden.« Sie war, wie ich später erfuhr, eine Tochter der Frau, welche mit uns gekommen war.

Jetzt hatten die Frauen ihre Gefäße gefüllt und warfen den ledigen Strick noch einmal in den Brunnen hinab, aus welchem das Wasser bei der herrschenden Dürre aus einer Tiefe von neun Klaftern herausgehoben werden mußte. Sie zogen und brachten ein kleines Mädchen von höchstens acht Jahren heraus, welches das Wasser unten in einer Art von Stollen geschöpft hatte. Das Kind hatte sich den Strick um die Hände geschlungen und kletterte mit den Füßen an den Seitenwänden des Brunnenschachtes empor. Es hatte ein wunderschönes, offenes Gesicht von hellbrauner Hautfarbe und war zutraulich und liebenswürdig. Das feine Haar hing ihm, in Hunderte von kleinen Zöpchen geflochten, frei um den Nacken. Eben wollte es mit seiner älteren Schwester, der vorhin erwähnten schönen, jungen Frau, den weiter oben aufgeschlagenen Zelten zuwandern, als die Karawane und mit ihr die Mutter ankam. Mit lautem Freudenrufe eilten beide dieser entgegen und bewillkommten sie und den kleinen Bruder mit vielen herzlichen Küssen. Unser Chabihr war ein Verwandter der Familie und trat jetzt auch hinzu, um die beiden Mädchen zu begrüßen. Gewiß würde er auch gern einen Kuß von den frischen Purpurlippen der hübschen jungen Frau angenommen haben, wenn ihm das die Sitte verstattet hätte. So mußte er sich mit einem Händedruck begnügen.

Ich bat um Milch und erhielt bald einen vollen Schlauch mit frischer, guter Ziegenmilch, welche ich mit Geld bezahlte. Als Bakschisch gab ich dem kleinen Mädchen noch eine Schnur Glasperlen und bereitete ihr damit eine große Freude.

Am 2. Juni. Die wenigen Glasperlen, welche ich gestern verschenkt hatte, zogen heute mehrere Araberinnen mit ihren Töchtern in unser Lager. Man brachte Milch, Holzkrüge, Gazellenleder und andere Sachen herbei, um dafür Glasperlen einzutauschen. Gern gewährte ich ihnen ihre Bitten.

Die Araberinnen hier am Brunnen haben sehr schöne, feine, lange Haare und flechten und salben sie auf andere Art, als dies die Frauen der Barabra zu tun pflegen. Ich wünschte ein paar der fetttriefenden Locken zu besitzen, allein da stieß ich auf Schwierigkeiten, welche ich gar nicht vermutet hatte. Die Frauen einiger Nomadenstämme achten ihr Haar so hoch, daß schon seit alten Zeiten ein sonderbarer Gebrauch herrscht, um dasselbe zu schützen. Man legt nämlich bei Verheiratungen dem Ehemanne die Verbindlichkeit auf, den Verwandten seiner Gattin für jedes Haar, welches er ihr gewaltsam ausreißt, eine Kamelstute als Sühneopfer zu geben. Erst nach vielen Bitten und Geschenken erteilte mir jene junge Frau die Erlaubnis, eine ihrer Locken abtrennen zu dürfen.

Vor Sonnenuntergang zog man weiter. Wir ritten, nachdem es dunkel geworden war, neben der Karawane dahin. Singend gingen die Treiber hinter ihren Tieren her; einer sang vor, die anderen fielen nach jeder Strophe mit dem Refrain ein: »Schohkhi el rassuhl ja achuana!« – Der Prophet ist meine Sehnsucht, meine Brüder! – Wenn man die Mühseligkeiten einer Wüstenreise kennt und wenn man bedenkt, daß der Treiber, welcher am frühen Morgen sein Kamel belud, den ganzen Tag in der glühenden Hitze hinter seinem Tier zu Fuß hergehen muß, ohne einen Bissen zu genießen und nur des Abends oder in der heißen Jahreszeit des Mittags einige Nahrung zu sich nimmt, mit welcher in unserem Vaterlande die Schweine gefüttert werden würden, dann wundert man sich freilich, daß ein solcher Mensch noch fröhlich sein und singen kann. Unseren Kameltreibern waren die durch Sandalen notdürftig geschützten Füße verbrannt (denn unsere Hunde konnten nicht auf dem glühenden Sand laufen, weil sie sich die Sohlen versengten, und mußten auf das Kamel genommen werden), der Schweiß rieselte ihnen während des Marsches in Strömen von dem über und über mit Staub bedeckten Körper, bloß zuweilen netzten sie die Zunge mit einigen Tropfen warmen, stinkenden Schlauchwassers. Das war ihre einzige Nahrung während der ganzen Reise; es war dieselbe, welche den Kamelen, ungekocht, gereicht wurde, und nie nahmen sie mehr als zwei Mahlzeiten zu sich. Gewöhnlich aßen sie zu Mittag einmal und dann bis zum anderen Mittag nicht mehr. Es ist ganz wahr, daß man in der fürchterlichen Hitze fast gar keinen Hunger, sondern nur *Durst, Durst, Durst!* verspürt; allein wie man die im höchsten Grad anstrengenden Fußreisen dieser Leute und ihre Enthaltsamkeit zusammenreimen soll, ohne dieses Hungerleiden und jene unmenschliche Beschwerde zu nennen, das weiß ich nicht. Und dennoch sind sie heiter und fröhlich!

Wenn die Sonne sich zum Untergang neigt, dann scheinen sich ihre Glieder zu erfrischen, ihr Mut und ihre Ausdauer neu zu stählen. Und wenn die kühle Nacht dann hereinbricht und in ihrer unendlichen, unbeschreiblichen Schönheit alles Lebende verzaubert, dann zieht eine Fröhlichkeit in das Herz der Leute ein, welche sich notwendig in Gesängen Luft machen muß. Dann ist die Phantasie rege und geschäftig, dem ausgedörrten Pilger der Wüste erfrischende Gebilde vorzuzaubern: sie malt ihm kühlende, mit Palmen umstandene und von duftigen Mimosen beschattete Brunnen und Zelte mit freundlichen Nomaden befreundeter Stämme oder gar verwandter und wohlbekannter Leute vor.

Am 5. Juni. Noch lag der Schleier der dunklen Nacht über der Wüste ausgebreitet, da saßen wir schon wieder im Sattel und ritten weiter. Wir befanden uns jetzt in dem »Gohs«. Es ist eine hügelige und wellenförmige Strecke mit tiefem, leichtem Sand, ohne Bäume und fast ohne alle Vegetation. Die Kamele traten oft fußtief in das trockene Erdreich und kamen nur langsam weiter.

Beim Sonnenaufgang war der ganze Himmel mit fahlen Dünsten umzogen, die Temperatur war höchst schwül und lästig und nötigte uns bald, einen kühlen Rastort zu suchen. Unsere Lastkamele waren so matt, daß mehrere mit ihren Ladungen stürzten, weshalb diese bedeutend erleichtert und, trotz der Einwendungen der Treiber, den Wasserkamelen aufgeladen werden mußten, deren Schläuche schon größtenteils geleert waren. Der Wassermangel wurde um so fühlbarer, weil auch ein Kamel stürzte, welches mit Wasserfässern, in denen wir unser

Trinkwasser aufbewahrt hatten, beladen war. Dieses schmeckte noch immer erträglich gut, während es uns schlechterdings unmöglich war, das Schlauchwasser zu trinken. Daß wir bald einen *Samum* bekommen würden, wußten wir, und sahen nur mit großer Besorgnis den nächsten Tagen entgegen. Es galt jetzt, so schnell als möglich den Nil zu erreichen. Wir änderten sogleich unsere Richtung und zogen statt südsüdöstlich jetzt südöstlich weiter. Mein Reitkamel mußte mit einem anderen vertauscht werden, weil es sich kaum selbst fortschleppen konnte, und ging unbeladen neben der Karawane her. Der Chabihr versicherte uns, daß wir schon morgen früh in *Woad-Bischahri,* einem am Nil liegenden Dorfe, ankommen würden.

Am 6. Juni. Der Himmel war bei unserem Aufbruch wie gestern, durch ein Nebelmeer unseren Blicken entzogen. Wir konnten kaum dreihundert Schritte vor uns die Gegenstände erkennen und sahen die Sonne erst, nachdem sie schon hoch am Himmel stand. Sie erschien uns kleiner als der Mond und war kaum bemerkbar. Von unserer Karawane entdeckten wir nichts, nicht einmal die Fußstapfen der Kamele im Sand. Der Chabihr führte uns, wie ich an meinem Taschenkompaß sah, bald rechts, bald links, weil er in dem trockenen Nebel gar keine Richtpunkte finden konnte; ich glaubte, daß er viel zu weit östlich ging, durfte es aber bei unserer jetzigen Lage nicht wagen, meinem Kompaß mehr zu vertrauen als ihm, auf dessen Ortskenntnis wir bauen mußten. Der Wind erhob sich bald wieder. Er war glühend heiß und vermehrte unseren Durst auf eine unerträgliche Weise. Seit gestern nachmittag hatten weder wir noch unser treuer Hund einen Tropfen Wasser getrunken; dem armen Tier hing die Zunge weit zum Halse heraus, es lechzte unter kläglichem Gestöhn nach Wasser und schien nach Luft zu schnappen. Wir kauten Grashalme, um nur den Mund einigermaßen feucht zu halten, fühlten uns aber alle von einem sehr heftigen Kopfschmerz gepeinigt und unsäglich matt. Unsere Gedanken beschäftigten sich mit weiter nichts als mit Wasser.

So ritten wir noch gegen Mittag, so schnell die Tiere laufen konnten, in der Steppe herum und wie ich mit großer Besorgnis bemerkte, kreuz und quer. Mit Recht mußte ich fürchten, daß der Führer selbst nicht mehr wußte, wo er sich befinde. Zum Glück trafen wir endlich einen Baum, an welchem eine Nomadenfamilie ihre Gerätschaften aufgehangen hatte. Und da hing auch ein halbgefüllter Wasserschlauch. Unmöglich kann ich den Jubel, welcher jetzt laut wurde, beschreiben. Wir fühlten, daß wir den Durst nicht lange mehr hätten aushalten können und würden diesen Wasserschlauch mit den Waffen in der Hand genommen und eher unser Leben als ihn gelassen haben, wenn uns jemand verwehrt haben wollte zu trinken. Aber weit und breit war niemand zu sehen. Das Wasser war jedenfalls zum Bedarfe der Hirten dahin gebracht worden, welche öfters mit ihren Herden hierher kommen mußten. Es war schlecht und lauwarm, für unsere verdorrten Lippen aber eine köstliche Erquickung. Auch unser armer Hund wurde nicht vergessen und leckte begierig eine volle Kürbisschale aus.

Der Chabihr versicherte uns jetzt, daß wir den Fluß sehr bald erreichen würden und nahm aus diesem Grunde und auch deshalb kein Wasser mit, weil wir, wie er sagte, unmöglich unsere Simsemiaht füllen könnten, ohne den Besitzer des Schlauches vielleicht in die größte Not zu versetzen. Wir ritten eilig weiter und hatten bald eine vor uns liegende Hügelreihe überschritten, von welcher aus wir die Nilgebirge sehen sollten; allein vor uns lag gerade wieder eine so leere Ebene als vorher. Herden von Schafen und Ziegen weideten zerstreut unter den Mimosenbüschen, ohne daß wir einen Hirten bei ihnen bemerken konnten.

Nach zweistündigem Ritt kamen wir zu einem anderen Baume, unter welchem Leute schliefen. Das Niederlegen unserer Kamele erweckte zuerst ein Mädchen mit schokoladenbrauner Hautfarbe, sehr feinem und scharf markiertem Gesichtsschnitt, roten Lippen, blendendweißen, vollkommen fehlerfreien Zähnen und einem Auge, in welchem ein ganzer Himmel liegt. Es ist wirklich wahr, etwas Schöneres als das dunkle Auge einer Araberin kann es nicht geben. Die Augen der Nordländerinnen sind gewöhnlich zu sanft, in denen der braunen oder weißen Araberinnen ist dagegen der unschuldige Blick der Gazelle mit dem strahlenden Feuer des Adlerauges vereinigt.

Das Kind war kaum zehn Jahre alt; doch hatten Wärme, Luft und Licht des Südens schon eine Knospe entwickelt, welche nur noch wenige Monde braucht, um sich zur vollendeten Blume zu entfalten. Ich beschenkte es mit Glasperlen und gewann dadurch sogleich sein Wohlwollen.

Wir erhielten Wasser und Milch und zogen nach der Rast von einer halben Stunde dem Dorfe der Leutchen zu. Noch hatten wir uns in der glühenden Sonnenhitze des nubischen Mittags keine dreihundert Schritte entfernt, als die Kleine uns nachgelaufen kam und den Doktor, welcher zuletzt ritt, bat, sie zu sich aufs Kamel zu nehmen. Sie erzählte, daß sie zu ihren Eltern wolle, welche in einem nahen Zeltdorfe ihre luftige Wohnung aufgeschlagen hätten, und zeigte uns den nächsten Weg dahin. Einige Schafe lagen unter einem Busch; sie erkannte sie als die ihrigen und stieg ab, um sie dem Lager zuzutreiben. Später übernahm der Chabihr dieses Geschäft und ich bekam die Kleine aufs Kamel. Der Hund war abgesprungen und lief hinter uns her. Ich übergab ihn der Sorge des Führers und ritt mit meiner kleinen Wegweiserin rasch dem Dorfe zu.

In kurzer Zeit hatte ich es erreicht. Zehn bis zwölf nebeneinander aufgeschlagene, aus Ziegenhaaren gewebte Zelte bildeten den Kern desselben, andere Hütten standen weiter unten im Schatten dichter Mimosen. Die Leute nannten ihr Lager *Abu-Rheïe.* Freundlich bewillkommten sie uns und führten uns zu einem freistehenden Baume mitten im Dorfe, in dessen Schatten wir uns niederließen. Man brachte uns vier Tage altes, stinkendes Schlauchwasser, es war warm und brak, wir schlürften es mit Begierde! Dann regte sich aber der Hunger. Seit gestern abend hatten wir nichts gegessen; doch hatte bis jetzt der Durst jedes Gefühl des Hungers zurückgehalten. Wir baten die Nomaden, uns etwas zu essen zu geben. Sie hatten weiter nichts als Durrahbrot. Es war dick, pechschwarz, schliffig, sauer und voller Asche und Kohlenstaub. Unser Doktor verspürte einen unüberwindlichen Ekel und war unfähig, auch nur einen Bissen zu genießen. Bei mir übertobten die ungestümen Forderungen des Magens alle übrigen Rücksichten; ich suchte mir mit aller Kraft vorzustellen, daß ich mich im Inneren Afrikas befinde, drückte die Augen zu und aß. Dasselbe tat unter fürchterlichen Grimassen auch August Tischendorf.

Jetzt erst wurden wir gewahr, daß unser armer Hund fehlte. Mühsam hatte sich das ermattete Tier von Baum zu Baum geschleppt, um in deren Schatten einige Linderung zu bekommen. Zuletzt war er ganz zurückgeblieben. Ich sandte den Chabihr zurück, um ihn zu suchen, er fand ihn nicht. Trotz meines Mitleides und unserer gemeinsamen Sorge konnten wir uns ohne Wasser und Nahrungsmittel hier nicht länger aufhalten und mußten weiter. Doch wollte ich noch etwas tun und versprach demjenigen, der mir den Hund noch lebend bringen würde, die hier außerordentlich hohe Summe von einem österreichischen Taler.

Am 11. Juli. Ali-Arha bestieg schon sehr früh seinen *Hedjihn,* um nach dem Dorfe Sururahb, in welchem er früher in Garnison gelegen hatte, vorauszureiten. Er war in seiner schönsten Kleidung und hatte seine Waffen schon einige Tage vorher geputzt. Wir folgten später nach und erreichten das große Dorf um Mittag. Der Ort zählt ungefähr fünfhundert Tokhahl, von denen vierhundert von den Soldaten bewohnt werden. Heute wurde gerade Markt gehalten, er war unbedeutend und enthielt nur die nötigsten Lebensmittel.

Arabisches Zelt

Der Khawahs renommierte nach Herzenslust. Er hatte Sururahb als ein armer Invalid verlassen und kam jetzt zurück in den besten Kleidern und mit herrlichen Waffen, Sachen, welche in den Augen des türkischen Soldaten den höchsten Reiz haben und den größten Neid erregen. Sein Kompaniechef bewirtete ihn selbst und ließ ihn neben sich setzen. Dies war eine Auszeichnung, welche dem alten ehrlichen Türken früher nie zuteil geworden war. Allein der Sendjek verfehlte seinen Zweck, wenn er geglaubt hatte, unserem Ali-Arha zu schmeicheln und die frühere schlechte Behandlung vergessen zu machen. Er nahm die Gunstbezeigung so ruhig hin, als ob er nie etwas anderes gewohnt gewesen wäre, ohne seine gegen den Sendjek gefaßte üble Meinung zu ändern. »Der verdammte Bessewendj«, sagte er zu mir, »früher behandelte er mich wie einen Sklaven und jetzt weiß er nicht, was er alles aus mir machen soll. Aber ich kenne den Ma-arras. Hätte ich euch nicht gefunden, ich wäre elendiglich verhungert und *Mohammed-Arha* (so hieß der Chef) hätte es geschehen lassen. Um meinen Sold hat er mich betrogen, jetzt nennt er mich Freund und Bruder. Allah jenahrl el Kelb (Gott verdamme den Hund)!«

Seine alten Bekannten kamen von allen Seiten herbei, um ihm zu seinen verbesserten Umständen Glück zu wünschen: Hasa nessieb! – das ist (Gottes) Schickung – hieß es von der einen, Ama die bacht! – aber das ist ein Glück – von der anderen Seite, und Ali-Arha feierte einen so schönen Triumph, daß ich notwendigerweise hier liegen bleiben mußte, um ihn diesen recht genießen zu lassen.

Abends erschien ein albanesischer Sänger in unserer Serieba, um uns auf seiner kleinen, kaum anderthalb Fuß langen Zither vorzuspielen. Er war von einem Mann und zwei alten und häßlichen ägyptischen Weibsbildern begleitet, welche ich sogleich wegjagte. Der Albaner blieb und fing an zu spielen. Er strich mit einem Stückchen Papier, welches er zweimal zusammengebrochen hatte, um dadurch eine scharfe Ecke zu erzielen, über die vier Saiten hin und her und griff mit der linken Hand die Akkorde. Die Melodie ging bald in eine der schönen albanesischen Weisen über, der Mann spielte auf seinem unvollkommenen Instrument meisterhaft und bereitete uns einen wahren Genuß.

Am anderen Morgen zogen wir weiter, kamen bald nach *Kerreri* und betraten jetzt das eigentliche *Belled el Sudan.* Oberhalb des Dorfes hielten wir in einem kleinen Wäldchen an, um zu rasten und unseren Kamelen Weide zu verschaffen. Einzelne Tokhahl standen zerstreut unter den Bäumen und über oder neben ihnen die Nester des kleinen sudanesischen Storchs. Ich schickte meinen Bedienten *Mukle* hinauf, um die Eier der Vögel auszunehmen; er fand in jedem Neste drei bis vier Stück und brachte viele herab. Die Araber erhoben ein Zetergeschrei, als wir die heiligen Vögel beunruhigten und riefen auf Mukle den Fluch des Himmels herab, was diesen ganz in Wut und Verzweiflung brachte.

Gegen drei Uhr nachmittags setzten wir unsere Reise fort und erblickten mit Sonnenuntergang das Minarett der Hauptstadt Ostsudans. Eine halbe Stunde später lagen wir unter einem mir wohlbekannten Baume des blauen Flusses. Unser Feuer lockte eine Menge von Skorpionen, Spinnen und anderem Ungeziefer herbei, welches uns ein hinzugekommener Grieche mit vertilgen half.

Am 13. Juni. Mit Tagesanbruch wurden wir von einem heftigen Südwinde erweckt. Eben streckte ein mächtiges Krokodil, wie ich nur wenige gesehen, den Kopf aus dem Wasser, um mir, wie ich glaubte, den Morgengruß zuzurufen. Nach kurzer Zeit erschien ein zweites und von nun an sahen wir alle fünf Minuten eins im Flusse herumschwimmen. Es waren fast lauter Riesen, welche die Araber des Dorfes *Umdurmahn* als äußerst gefährlich schilderten. Ich wurde später bald besser bekannt mit ihnen; manche meiner Kugeln mag heute noch einem Krokodil zu schaffen machen, denn ich habe nie einen Schuß gespart, wenn ich ihn anbringen konnte.

Mittag gingen wir nach Chartum hinüber.

XII. Vier Monate im Sudan

Die *Fata Morgana* hüllte die Hauptstadt Ostsudans in ihr Nebelgewand, als wir uns ihren Mauern näherten. Ermattet von der fürchterlichen Hitze des Tages kamen wir auf dem Basar an und traten, um uns mit einer Tasse guten Mokkatrankes zu erfrischen, zunächst in ein Kaffeehaus. Dann machten wir Besuche. Der erste galt den Geistlichen der katholischen Mission. Wir wurden von ihnen recht freundlich aufgenommen. Während meiner Abwesenheit hatten sie ihre erste Reise auf dem weißen Fluß gemacht, auf welchem sie bis zu 4° 9′ der nördlichen Breite südlich vorgedrungen waren. Der alte *Petremonte* [1] verkürzte uns die Zeit mit Erzählungen und Jagdgeschichten von der Reise, klagte über Moskitos und andere Unannehmlichkeiten, teilte mir aber auch einige interessante Notizen über Fauna und Flora der Länder des weißen Flusses mit.

Von hier aus gingen wir in das Hôtel du Cartoum, d. h. zu meinem alten Freunde *Penney* [2]. Wir traten in den Diwan des Hausherrn und begrüßten die Anwesenden. *Penney* war noch immer der alte. Er erklärte sich sogleich als unsern Gastfreund und bot uns eine Wohnung in seinem Hause mit so viel Herzlichkeit an, daß wir sie nicht ausschlagen konnten.

Unsere Ankunft war unter den Europäern Chartums bald bekanntgeworden. Alle kamen, um uns zu begrüßen und teilten uns dann ihre Erlebnisse und andere Neuigkeiten mit. So erfuhren wir denn, daß sich *Nicola Ulivi* [3] gegenwärtig in Kordofahn befinde, um Gummi einzukaufen; daß der Engländer *Petherik* [4] seit einigen Monaten von einem Bimbaschi zu einem Kaufmann avanciert sei und voriges Jahr hier in Chartum mit Sklaven gehandelt habe; daß *la Farque* [5] nach Senahr gereist war und daß *Nicola Ulivis* Töchterlein, die *blasse Genoveva,* wieder in Chartum hause.

Der neue Generalgouverneur war allen ein Stein des Anstoßes. Er hatte sich geäußert, daß er jeden Europäer, welcher die ihm wohlbekannten Gesetze *seiner Nation* vergäße, auf gut Türkisch behandeln, d. h. sobald er seinen Befehlen nicht Folge leisten würde, mit fünfhundert Peitschenhieben beschenken und in Ketten und Banden zu seinem resp. Konsul in Kairo bringen lassen werde. Er kennt die Europäer, ihre Gesetze und Sitten; er achtet ihren Verstand, haßt sie aber als Menschen. Über das Leben der Europäer Chartums soll er sich wiederholt äußerst mißbilligend ausgesprochen haben; er tadelt mit Recht ihre Laster, vor allem die Vielweiberei, in welcher sie fast alle leben.

Ich war begierig, ihn kennenzulernen. Am *15. Juni* machte ich ihm den ersten Besuch. Er empfing mich, nachdem er meinen Firmahn angenommen und gelesen hatte, sehr höflich. Man brachte Tschibuk und Kaffee. Der Pascha unterhielt sich mit mir in italienischer Sprache und brachte bald das Gespräch auf den weißen Fluß, welchen zu bereisen ich mir vorgenommen hatte. Im Laufe desselben entwickelte er sehr scharfsinnige Gedanken über Beschiffung desselben behufs der Entdeckung seiner Quellen, brachte aber auch einige Ungereimtheiten mit zutage. So erzählte er von einem hohen Berge im oberen Stromgebiet des Flusses, welcher hin und her schaukle und von heftigen Winden bewegt werde. Derselbe müsse, glaubte er, auf einer Lage von Quecksilber, welches er wahrscheinlich bloß in flüssiger Form kennen mochte, ruhen. Im übrigen hatte der Mann aber sehr vernünftige Ansichten.

Abd-el-Latief-Pascha [5a] ist ein schöner Mann von vierzig und einigen Jahren, mit sehr schlauem, regelmäßigem und einnehmendem Gesicht, dichtem, schwarzem, gut gehaltenem Bart und dunklen, stark gewölbten Augenbrauen. Er ist in Tscherkessien geboren, wurde als Sklave nach Konstantinopel verkauft, gelangt von da in die Hände Mohammed-Alis, erhielt von diesem die Freiheit und mit ihr eine Anstellung in der Marine. Hier stieg er schnell empor, ging aber bald in den Landdienst über, bekam den Rang eines Beï und das Gouvernement der Provinz *Siut* in Oberägypten, von wo aus er mit dem Range eines Generals oder Pascha als Generalgouverneur *»der Königreiche des Sudan«* nach Chartum gesandt wurde. Latief-Pascha ist ein ziemlich unterrichteter Mann; er spricht neben der arabischen, türkischen und seiner heimatlichen Sprache das Italienische ganz leidlich, ist in manchen Wissenschaften bewandert und würde gewiß weit mehr gelernt haben, wenn er dazu Gelegenheit gehabt hätte. Sein Charakter wurde sehr verschieden beurteilt. Ich lernte ihn als einen edlen, freigebigen und großmütigen, aber auch als einen herrschsüchtigen, strengen und rachsüchtigen Mann kennen. Oft machte er seinem Namen* alle Ehre. Er gab und liebte eine Fanthasie und hielt es, ohne den übrigen Gesetzen seines Propheten zu nahe zu treten, mit Luthers Worten: »Wer nicht liebt Wein (in Chartum gilt Branntwein dafür), Weib und Gesang, der bleibt ein Narr sein Leben lang.« Gewöhnlich speiste der Kadi Chartums bei ihm; kamen dann Europäer, so lud er diese mit zur Tafel ein und trank ungeniert mit ihnen seinen Burgunder oder Champagner. Der fromme Mann betete, während dies geschah, ein »Aus billahi min el scheïtahn el radjihm« (Behüte uns, o Herr, vor dem von dir gestürzten Teufel) nach dem anderen, ohne dem sündigen Treiben des Pascha Einhalt zu tun, vielmehr ermunterte er diesen zur Fröhlichkeit und entlockte ihm manchen Scherz. *Latief* präsentierte ihm z. B. Wein und ergötze sich an dem Entsetzen des Strenggläubigen oder versicherte ihm wiederholt, daß er keinen Wein, sondern nur Champagner oder Burgunder trinke u. m. »Lieber Kadi«, sagte er einmal zu ihm, »wenn du gen Himmel fährst, halte ich mich an deinem Kaftan an, damit auch ich noch mit ins Paradies gelange, ehe dessen Tor wieder geschlossen wird.«

Seine Regierungsmaßregeln sind streng. Er duldet keinen Widerspruch und führt das, was er sich vorgenommen hat, gewiß durch. Alte Gauner, welche seit Jahren den Diwan um ungeheure Summen betrogen hatten, wurden gezwungen, das Veruntreute wieder herauszugeben. Ein Araber, *Hassan-Mussmahr,* welcher seit vielen Jahren gewisse Monopole verwaltet hatte, wurde für schuldig befunden, sechstausend Beutel oder einhundertfünfzigtausend Speziestaler veruntreut zu haben. Dieser Mann hatte die armen Sudanesen mit raffinierter Grausamkeit behandelt und sie unter anderem zur Entrichtung von dreifachen Abgaben gezwungen, wo er nur einfache zu fordern hatte. Latief-Pascha revidierte seine Rechnungsbücher genau und zwang den Betrüger zur Bezahlung der erwähnten Summe. Daß dieser sein Haus, seine Sklaven und Sklavinnen verkaufen mußte, kümmerte seinen Richter nicht; Hassan-Mussmahr durfte sich glücklich schätzen, mit dem Leben davongekommen zu sein. Selbst Hahlid-Pascha erhielt von seinem Nachfolger, sogar gegen ausdrücklichen Befehl des Vizekönigs, die Erlaubnis zur Abreise nach Ägypten nicht, bevor er achthundert Beutel an die Schatzkammer der Regierung bezahlt hatte, die er derselben schuldete. »Abahs-Pascha«, sagte Latief zu mir, »ist Statthalter des Sultans für

* *Latief* bedeutet der Liebenswürdige.

Ägypten, ich bin es für Ostsudan und befolge die Befehle des Großherrn, ohne auf die des Vizekönigs Rücksicht zu nehmen. Ich habe vom Sultan einen Firmahn erhalten, der mir befiehlt, das Rechte zu tun und wallahi ana achlass el sulm min el maslumihn« (so wahr Gott lebt, ich endige das Unrecht und nehme es von denen, welchen man Unrecht getan hat).

Die ihm untergeordneten Beamten zittern vor ihm, das Volk ehrt und schätzt ihn. Wehe dem, der einen Nubier ohne hinreichenden Grund schlagen, ihn bedrücken oder ihm sonst Unrecht tun wollte! Sein Diwan steht jedem Kläger offen.

Einige recht notwendige Verordnungen sind durch ihn bereits ins Leben getreten. So stellte er den Geldkurs Ostsudans dem Ägyptens gleich, was man früher nie für möglich gehalten hatte. Man verlor regelmäßig zehn bis zwölf Prozent des Nennwerts an dem von Ägypten nach dem Sudan gebrachten Geld und hatte damit eine Reihe von Unannehmlichkeiten zu überwinden.

Ein weiteres Gesetz betraf den Mißbrauch der Sklavinnen zu dem schnöden Gewerbe öffentlicher Mädchen. Latief-Pascha war über das Unwesen empört und verbot es bei harter Strafe. Er gab die strengsten Befehle, derartige Verbrechen sogleich zur Anzeige zu bringen, und bedrohte jeden, der es wagen sollte, sein Gesetz zu überschreiten, mit tausend Peitschenhieben. Zudem sollte die Sklavin auch noch an einen edleren Herrn verkauft und das durch den Verkauf erlöste Geld als weitere Strafe von der Regierung in Beschlag genommen werden. Für den Fall, daß eine Sklavin ohne Wissen und Willen ihres Herrn einem solchen Erwerb nachgehen sollte, galt die Verordnung, daß sie ebenfalls verkauft und nach *Kairo* oder überhaupt außer Landes gebracht, dem früheren Eigentümer aber nach ihrem Werte gezahlt werden sollte. – Die letzten beiden Verordnungen verboten das tierische Geheul bei Beerdigungen und die im Sudan übliche Beschneidung der Mädchen, welche von nun an genau nach den Geboten des Islam ausgeführt werden mußte.

Aus all diesem wird man wohl ersehen haben, welcher Mann jetzt Ostsudan beherrschte. Ich werde noch mehrere Male Gelegenheit haben, seiner Erwähnung zu tun. Obgleich er sich gegen mich über die im Sudan ansässigen Europäer mit nicht verhehlter Verachtung aussprach, gewährte er mir doch bald seine Gunst und erzeigte mir Dienste, welche ich füglich Wohltaten nennen darf.

Am 28. Juni. Abends kamen Briefe aus der Heimat und vom Baron *Müller* an. Einer der letzteren enthielt so schwere Beleidigungen, daß ich unmöglich länger in irgendeinem Verhältnisse mit diesem Manne bleiben konnte, zumal da er sich von uns losgesagt und uns angekündigt hatte, daß er vorderhand kein Geld schicken werde. Ob wir dadurch in die größte Not versetzt würden oder nicht, schien ihm gleichgültig zu sein. Ich schrieb ihm sogleich, daß ich mich von heute an aller Verbindlichkeiten gegen ihn überhoben fühle, bis zu seiner Ankunft aber, welche seinem mir schriftlich gegebenen Versprechen gemäß Mitte Juli erfolgen sollte, noch meine Funktionen versehen würde. Zugleich forderte ich ihn auf, mir die nötigen Gelder zur Heimreise – einer Reise von mehr als sechshundert deutschen Meilen! – zu übersenden.

In der Nacht hatten wir den ersten Gewitterregen. Das Gewitter selbst war nicht heftig. Am andern Morgen war die Natur wie neu geboren. In unsrer Laube herrschte eine wahrhaft wohltuende Kühle; im Garten sahen die Gebüsche noch einmal so frisch aus als früher.

Die beiden Flüsse sind seit einigen Tagen regelmäßig gestiegen. Am blauen Fluß sieht man das besser als am weißen. Das Wasser des ersteren ist schon jetzt dunkel lehmrot gefärbt, während das des weißen Stromes kaum trüber geworden ist.

Am 11. Juli. Man feierte gestern den Anfang des Fastenmonats *Ramadan.* Auf dem freien Platz vor der *Mudirïe* oder dem Regierungsgebäude der Provinz Chartum versammelte sich gegen drei Uhr nachmittags eine Menge von Gesindel um ein Bataillon Soldaten herum. Diese waren in Gala erschienen, d. h. die Offiziere trugen scharlachrote, überreich und höchst geschmacklos mit Gold verzierte Jacken; die Gemeinen waren wie gewöhnlich gekleidet. Die Regimentsmusik dudelte schauerlich verstümmelte Kriegsweisen der Franzosen her, dazwischen schlugen zerlumpte, auf geputzten Kamelen sitzende Kerle die großen Pauken unablässig und brachten damit einen Heidenlärm in ohrenzerreißender Weise hervor. Die Kinder des Propheten oder die *Scharafa* leuchteten mit ihren grünen Turbanen aus dem bunten Gemisch der Menge heraus, welche einem halbnackten, wahrhaft scheußlich aussehenden Derwisch die von ihm vorgesagten Gebete nachschrie. Der Mönch saß auf einem dürren Klepper und ritt später unter krampfhaften Verrenkungen der Glieder und erbärmlichem Gebrülle dem Zuge voran. Man schrie, lärmte, betete, trug heilige oder wenigstens geweihte

Fahnen herum und kam zuletzt in eine so grauenhafte Unordnung, daß ich das, was ich hörte und sah, nicht mehr verstehen konnte.

Aus einem nahen Fenster schauten sechs Paare schwarzer, glühender Augen heraus; ja, es ließ die Besitzerin des einen Paares manchmal sogar mehr von ihrem blendendweißen Gesicht sichtbar werden, als ihre Nachbarinnen zu billigen schienen. Diese Augenpaare waren unstreitig das Interessanteste bei der ganzen Geschichte; alles andere war, wie gewöhnlich, trostlos langweilig.

Am 23. Juli. Eine schauderhafte Greueltat des Pascha, welche, obgleich sie ein tiefes Dunkel decken sollte, doch bereits in aller Munde ist, hat die Europäer in Bestürzung versetzt.

Vorgestern abend beschuldigten zwei Verschnittene des Pascha eine der Frauen des Harem, in dem diesen umgebenden Garten mit einem fremden Manne verkehrt zu haben. Die Beschuldigte war die Frau *Ibrahim-Effendis,* eines Adoptivsohnes des Pascha, des unausstehlichsten, häßlichsten Menschen im Gefolge desselben. Sie mochte ungefähr fünfzehn Jahre zählen und soll ein Weib von großer Schönheit gewesen sein. Früher eine Konkubine des Pascha, war sie von diesem später an besagten Ibrahim-Effendi überlassen worden. Wahrscheinlich brachten die Eunuchen ihre Anklage mit der diesen Menschen eigentümlichen Gehässigkeit vor, vielleicht sogar mit verleumderischen Zusätzen, wenigstens soll der Pascha über das Gehörte außerordentlich zornig gewesen sein. Er gab den Befehl, die Frau und den Mann, mit welchem sie verkehrt habe, vorzuführen. Das herbeigerufene unglückliche Weib zitterte an allen Gliedern, als sie die Wut des Pascha in dessen Blicken las.

»Hast du heute mit einem fremden Manne im Garten gesprochen?« fragte der Pascha.

»Ja, Herrlichkeit, ich fragte den dir und mir von Kairo her wohlbekannten *Ibrahim-Arha* nach meinem Herrn (Ibrahim-Effendi).«

»Gewiß hat er dich zur Untreue gegen deinen Herrn verleiten wollen; nicht wahr, so ist es?«

»Nein, Herrlichkeit, das ist nicht wahr!«

»Gestehe die Wahrheit und es soll dir nichts geschehen; leugnest du aber das Geschehene, dann lasse ich dir deine Glieder in Stücken vom Körper herunterhauen.«

Das arme Weib erschrak, wurde verwirrt und gestand alles zu, was die niederträchtigen Ankläger behauptet hatten.

»Führt sie hinweg«, gebot der Pascha, »und bringt mir den Hund Ibrahim-Arha!«

Dieser erschien.

»Hast du *Nefiefe,* die Frau Ibrahim-Effendis, zur Untreue verleitet?«

»Nein, Exzellenz!«

»Wie, du willst noch lügen? Ergreift ihn, Khawassihn, bindet ihn und prügelt ihn so lange, bis er die Wahrheit gesteht! *Hund, du mußt sterben!«*

Ibrahim-Arha entflieht und passiert glücklich die Palastwache. Die Khawassihn verfolgen ihn und erhalten den Befehl, ihn lebend oder tot vor den Pascha zurückzubringen. Drei von ihnen fühlen menschlich und schießen nicht, der vierte tut es, die Kugel zerschmettert die Kinnlade des Schlachtopfers. Er stürzt zusammen, man bringt ihn bewußtlos vor seinen Richter. Dort kehrt seine Besinnung zurück, er richtet sich auf und sagt: »Herrlichkeit, ich bin unschuldig!«

»Schießt den Hund zusammen und werft ihn in den Fluß!« antwortet der Pascha.

Ibrahim-Arha erhielt eine zweite Kugel in den Unterleib; man nimmt ihn, bringt ihn in eine Barke, fährt mit dieser der Mitte des Stromes zu und wirft ihn hinein. Ungeachtet des sehr hohen Wasserstandes erreicht der Unselige eine nur niedrig überflutete Sandinsel. Hier richtet er sich mit letzter Kraft noch einmal auf und ruft mit lauter Stimme: »Ibrahim-Effendi, ich habe dir noch etwas zu sagen.« Statt Ibrahim-Effendi vernimmt dies der Pascha und befiehlt den Henkern, ihr Werk zu vollenden. Eine dritte Kugel bringt ihn auf immer zum Schweigen.

Jetzt kommt die Reihe an die Frau. Der Pascha befiehlt, sie in den Strom zu werfen. Sie ist mit Diamantenschmuck und anderem Geschmeide geziert, welches ihr die Khawassihn abnehmen wollen. »Nein!« donnert der Pascha, »laßt das Zeug an ihr hängen und werft die Metze ihrem Buhlen nach, wie sie ist.«

Man bringt sie an das Ufer des blauen Flusses – ein Pistolenschuß – und die braunen Wogen empfangen das unglückliche Schlachtopfer und strömen über ihm so ruhig weiter, als ob sie nichts um die grauenvolle Mordtat wüßten.

Ich kann nichts weiter hinzusetzen; die Geschichte spricht für sich selbst. Nur das will ich noch sagen, daß die unabwendbare Strafe eines jeden Verbrechens, die Qual des Gewissens, nicht ausblieb. Latief-

Pascha hat sich über ein Jahr lang nicht von dem immer und immer wiederkehrenden Bild der Gemordeten befreien können.

Am 26. Juli. Die Regenzeit hat jetzt in Chartum allen Ernstes begonnen. Wir haben jeden dritten oder vierten Tag regelmäßig ein Gewitter, gewöhnlich mit Regen.

Vor einigen Tagen ist auch der Sardinier *Brun-Rollet*[6] von seiner Reise nach Kordofahn, wohin er in Handelsgeschäften gegangen war, zurückgekehrt. Er war von einem gewissen *Vauté*[7] begleitet, welcher in Gesellschaft eines Mulatten, dem Sohn des berühmten *Linnant-Beï*[8], nach Kordofahn gereist war, um dort arabisches Gummi anzukaufen.

Rollet ist Vater von vier oder fünf Kindern, welche er mit drei, sage drei Sklavinnen gezeugt hat. Diese leben jetzt friedlich beisammen, um gemeinschaftlich die jungen Bastarde aufzuziehen.

Am 10. August. Feier des größten Festes der Mohammedaner, *des großen Beiram* oder des Tages, an welchem der Neumond nach dem Fastenmonat *Ramadan* zuerst gesehen wird. Beturbante Türken und Ägypter im höchsten Putz in allen Straßen; großartige Fanthasïe überall; Pomadengestank und Krokodildrüsenduft durch die ganze Stadt; einundzwanzig Kanonenschüsse als obligater Chorus.

In der Nacht ein heftiges Gewitter mit einem wolkenbruchartigen Regen, welcher ganz Chartum unter Wasser setzt.

Schon seit langer Zeit hatte ich eine Jagdreise auf dem blauen Fluß ins Werk zu setzen gesucht, war aber immer durch den jetzt sehr fühlbaren Geldmangel daran gehindert worden. Ich wagte es nicht, mich an die Europäer mit der Bitte um Geldvorschuß zu wenden, weil ich im voraus überzeugt war, entweder schnöde abgewiesen oder möglichst geprellt zu werden. Da wurde ich mit einem vornehmen Türken, *Husseïn-Arha,* dem Obersten der irregulären Kavallerie außer Dienst, näher bekannt, schilderte ihm meine Geldverlegenheit und erhielt ohne weiteres zweitausend Piaster vorgestreckt. Mit dieser Summe konnte ich meinen Vorsatz ausführen. Nachdem wir noch einige erfolgreiche Jagden am blauen und weißen Fluß gemacht hatten, verließ ich in einer kleinen, elenden und nur mit Strohmatten überdachten Barke Chartum am 9. September. *Dr. Vierthaler* hatte beschlossen, in der Hauptstadt zurückzubleiben, weshalb ich nur meinen deutschen Bedienten *Tischendorf,* einen neu angeworbenen nubischen Jäger, *Tomboldo,* einen

Koch, zwei Abbälger, den alten Diener *Giterendo* und meinen treuen *Ali-Arha* mit mir nehmen konnte. Das klimatische Fieber stand uns in den Wäldern ganz sicher bevor, allein darnach darf der Naturforscher nicht fragen, wenn er etwas leisten will. Vor meiner Abreise hatte ich ein anderes, geräumigeres Haus gemietet, in welchem der Doktor seine Wohnung nahm.

Voraussichtlich war eine sehr langsame Fahrt zu erwarten, der herrschende Wind war uns entgegen, die Barke mußte auch gegen den vollen Strom bewegt werden, wozu ebensoviel Kraft als Zeit gehörte. An den Stellen, wo die Wälder bis an den Strom reichten, wurde das Fortkommen nur dadurch möglich, daß die Matrosen ein Seil in den Mund nahmen, damit unter den über und in das Wasser hängenden dornigen Mimosenbüschen hinschwammen, in einer Lücke der Waldung einen festen Punkt zu gewinnen suchten und von dort aus die Barke nachzogen. Wir brauchten zu einer deutschen Meile Weg gewöhnlich einen ganzen Tag Zeit; aber diese war keineswegs verloren, vielmehr wurde die langsame Fahrt uns zum größten Gewinn, weil wir in den Wäldern so reiche Beute fanden, daß wir nie ohne volle Beschäftigung blieben. Ich will meine geneigten Leser, welche ich bitte, mich auf meiner zweiten Reise in die Urwälder zu begleiten, diesmal mit der Beschreibung dieser Tour nicht langweilen, von den naturwissenschaftlichen Ergebnissen jetzt ganz absehen und nur einige Erlebnisse derselben mitteilen.

Am 17. September. Vorgestern waren wir in *Kamlihn* angekommen. Der Ort ist an und für sich höchst unbedeutend und vielleicht nur wegen seiner Branntweinfabrik, der einzigen in ganz Ostsudan, nennenswert. Für uns wurde er aber wegen vortrefflicher Jagdbeute interessanter. Mein Jäger *Tomboldo* hatte gestern zwei seltene europäische Adler (Aquila Bonelli) und zwölf Exemplare des *heiligen Ibis* geschossen. Er erzählte, daß diese sonst so scheuen und seltenen Vögel in einer gewissen Gegend sehr häufig wären und leicht erjagt werden könnten. Eine solche Gelegenheit kommt nicht oft wieder; wir blieben deshalb heute hier. Ich ging am frühen Morgen mit *Tomboldo* am Fluß bis zu der bezeichneten Stelle hinab, legte mich in das hohe Gras und hatte bald einen der vorüberziehenden heiligen Vögel herabgeschossen. Auf Anraten meines schwarzen Jägers brachte ich diesen mit Hilfe mehrerer Holzstückchen in eine ihm natürliche Stellung und erwartete nun die Ankunft neuer Züge. Fortwährend kamen zahlreiche Flüge der Vögel vom anderen Ufer herüber, um in der Steppe Heuschrecken zu suchen, welche jetzt ihre einzige Nahrung ausmachten. Jeder Zug, der vorbeikam, blieb in der Luft schwebend halten und umkreiste den getöteten Kameraden, so daß ich in kurzer Zeit fünfzehn Exemplare erlegen konnte, wozu *Tomboldo* noch sechs andere lieferte. Der Grund der merkwürdigen Vereinigung vieler Hunderte dieser gewöhnlich sehr einzelnen Vögel wurde mir erst später klar: es war eine Nistkolonie, welche die Tiere in einem unzugänglichen Sumpf im Walde des anderen Ufers angelegt hatten.

Nachmittags gab es nun natürlich viel Arbeit, um die bedeutende Anzahl der erlegten Vögel zu präparieren. Wir fuhren mit Libbahn langsam weiter.

Zum Aassr zogen sich Gewitterwolken zusammen, der Himmel schwärzte sich mehr und mehr und kurz vor Sonnenuntergang brach der Sturm über uns herein. Unser Schiffchen wurde mitten auf dem Strome herumgeschleudert; Blitz auf Blitz schlug vor und hinter uns, rechts und links in den Strom oder in die Wälder an beiden Ufern. Das Geprassel der brechenden Bäume, das Geheul der in Furcht gesetzten Hyänen, das Rauschen des von dem rasenden Sturme zu ellenhohen Wellen emporgetriebenen Stromes wurde von den ununterbrochen rollenden Donnerschlägen und dem Gebrüll des Orkanes völlig übertönt. Es war ein majestätisches, schauerlich-schönes Schauspiel. Mitten in diesem Sturmgebraus flog unsere schlechte Barke wie ein Dampfschiff dahin oder wurde wie ein Spielball hin und her geschleudert. Die Wellen schlugen über Bord und bald stand das hereingedrungene Wasser mehrere Zoll hoch im Schiffsraum. Glücklicherweise warf der Sturm das Schifflein zuletzt auf das schlammige Ufer so weit landeinwärts, daß die heranstürmenden Wogen keinen Schaden mehr anrichten konnten. Aber nun begann der Regen, ein Regen, den nur einer beurteilen kann, der tropische Gewitter aus Erfahrung kennt; ein Regen, in welchem, wie die Sudanesen sich auszudrücken pflegen, die einzelnen Tropfen flintenkugelgroß herabfallen. In kurzer Zeit hatten wir das Wasser einen Fuß hoch im Raum stehen und waren alle bis auf die Haut durchnäßt. Nur mit größter Not schützte ich die präparierten Vogelbälge, mit denen alle Kisten angefüllt waren, vor dem Naßwerden.

Der Regen hielt nur kurze Zeit an, aber wir waren durch ihn in eine traurige Lage versetzt worden. Wir zitterten an allen Gliedern vor Frost und fühlten uns auf der durch nichts geschützten Barke sehr ungemütlich. Da entdeckten die Leute in der Nähe ein Dorf, wohin sie dann, mit

Ausnahme des Schiffsvolkes, alle flüchteten. Die Einwohner desselben wurden im Anfang durch das Erscheinen der bewaffneten Leute sehr in Angst versetzt, und der männliche Teil entfloh sofort in die Wälder. Nachdem sie aber erfahren hatten, daß es uns nur um ein trockenes und warmes Nachtlager zu tun war, kehrten sie zurück, räumten uns einen Tokhul ein und schürten ein mächtiges Feuer, an dem wir unsere erstarrten Glieder erwärmen und einen kräftigen Kaffee bereiten konnten. Unsere Nachtruhe wurde jedoch, außer dem Geheul der Hyänen, aber noch durch einen zweiten Orkan gestört, welcher zwar in unserem Dorfe keinen Schaden anrichtete, unsere Barke aber von neuem in die größte Gefahr brachte.

Am 24. September. Wir hatten gestern abend wieder heftigen Regen. Heute mittag erreichen wir das am rechten Ufer des blauen Flusses liegende Dorf *Abu-Harrahs,* wo ich wegen der prächtigen Waldungen, welche sich dem Auge zu beiden Seiten darbieten, bleiben will. Wir nehmen eine verlassene Kaserne albanischer Truppen in Beschlag, wohin ich unser Gepäck bringen lasse, nachdem drei noch einigermaßen bewohnbare Zimmer vom gröbsten Schmutz befreit worden sind.

In den folgenden Tagen hatten wir, außer den stets höchst ergiebig ausfallenden Jagdexkursionen, auch einige Besuche des hier wohnenden Kahschef, welcher uns noch überdies nach türkischem Gebrauch mehrere Schafe *»für die Küche«* übersandt hatte, zu erwidern. Daß er für sein *»Akrahme«* ein Gegengeschenk erhalten mußte, verstand sich von selbst, daß er Spirituosen wünschte, ging aus seinen Äußerungen deutlich genug hervor. Er empfing daher einige Flaschen guten Branntwein und wir wurden dafür seiner bleibenden Freundschaft teilhaftig.

Am 30. September. Auf einer Jagdpartie in den Wäldern am anderen Ufer, welches durch zwei Überfahrtsbarken mit dem unserigen in fortwährender Verbindung erhalten wird, waren wir kaum einige hundert Schritte in den Wald eingedrungen, als ein ungefähr acht Fuß langes Krokodil vor uns aufging und sich in eine nahe Hecke flüchtete. Wir umstellten dieselbe mit unseren Waffen, konnten sie aber nicht in Anwendung bringen, weil wir von dem Krokodil auch nicht das geringste zu sehen vermochten.

Jagend und dabei verschiedene Vögel verfolgend, gelangte ich nach einer guten Stunde auf die *»Tahhera«* oder die Höhe (wörtlich den Rükken) des Steppenwaldes, verirrte mich dort und kam erst nach Mittag, triefend vom Schweiße, todmüde, matt und im höchsten Grade durstig, zum Flusse zurück. Ohne mich zu bedenken, stürzte ich dem Wasser zu, um zu trinken; hätte ich den Tod vor Augen gesehen, ich würde doch versucht haben, meine lechzende Zunge zu kühlen; denn hier, im Innern Afrikas, ist es für einen Durstigen bei der fürchterlichen Qual, welche er erleidet, rein unmöglich, auch nur einen Augenblick lang dem Anblick von Wasser zu widerstehen.

Nachdem ich getrunken hatte, fühlte ich recht wohl, daß ich mir geschadet hatte und fürchtete die schlimmen Folgen, die in der Tat auch nicht ausblieben. Zum Tode matt, sank ich unter einem schattigen Baume zusammen, nachdem ich mich durch langsames Gehen noch ein wenig abzukühlen versucht hatte. Hier fanden mich meine Leute, halb besinnungslos, und brachten mich nach unserer Wohnung.

Der blaue Fluß fällt jetzt fortwährend (an manchen Tagen neun Zoll), obgleich wir noch immer Gewitter und Regengüsse haben. Eigentlich sollte die Regenzeit schon vorüber sein; die ältesten Leute erinnern sich nicht, daß sie jemals so lange angehalten hätte. In der Steppe steht das Gras sechs bis acht Fuß hoch, die Durrah verspricht eine ungewöhnlich reiche Ernte. Man hat in der Nähe unseres Dorfes sehr große Strecken der Steppe mit dieser ergiebigen Getreideart bepflanzt. *Latief-Pascha* hat den sehr zweckmäßigen Befehl gegeben, daß das Militär sich seine eigenen Felder anlege. Die Soldaten von zwei in dem nahen Städtchen *Woled-Medine* stationierten Kompanien haben eine so große Strecke der Steppe urbar gemacht, daß man diese in einem Tage nicht umgehen kann.

Am 10. Oktober. Unser Haus ist in ein Lazarett verwandelt worden. Schon seit einer Woche liege ich am klimatischen Fieber darnieder. Die heftigsten Kopfschmerzen peinigen mich Tag und Nacht. Von meinen arabischen Bedienten sind vier erkrankt, auch *Tischendorf* hat das Lager suchen müssen. Er hat oft so heftiges Delirium, daß ihn die übrigen im Bett festhalten müssen, weil er in der Fieberhitze das Haus verläßt und mitten in der Nacht an dem Strome herumwandelt. Wir alle können natürlich nicht arbeiten, weil die wenigen Gesunden zur Pflege der anderen unentbehrlich sind.

In unserem Dorfe sind viele Leute erkrankt; in Woled-Medine soll das Fieber so arg hausen, daß täglich durchschnittlich fünfzehn Menschen daran sterben. Man versichert mir von allen Seiten, daß dieser

Monat gerade der schlimmste sei. – Die Gewitter und Regengüsse dauern fort.

Man brachte mir eine jener großen Schlangen, welche die Eingeborenen Assala nennen; ein Araber hatte sie mit einem Knüttel erschlagen. Sie ist nicht giftig und wird gegessen.

Am 14. Oktober. Tischendorf ist sehr bedenklich krank geworden und phantasiert die ganze Nacht. Auch unsern alten Türken *Ali-Arha* hat das Fieber erfaßt. Der Koch *Mansuhr* ist der einzige von uns allen, welcher gesund geblieben ist. Er befreite mich mehrere Male durch ein höchst sonderbares Mittel von meinem Kopfschmerz. In einer Tasse löst er nämlich Salz in Zitronensaft auf, entkleidet mich bis zu den Hüften und reibt mir damit unter Hersagung der Fathcha und einer ansehnlichen Menge von frommen Sprüchen, unter denen »Be issm lillahi el rahhmahn el rahhihm« oft wiederholt wird, den ganzen Körper ein, und zwar unter kräftigen Strichen von unten nach oben. Dann streicht er die Schläfe entlang nach der Stirn zu und treibt, wie er sich ausdrückt, »die Sonne auf der Stirn zusammen«, weil er meine Krankheit der Wirkung der Sonnenstrahlen zuschreibt. Hierauf faltet er die Stirnhaut, zieht sie einigermaßen vom Kopfe ab, gießt mir von der Auflösung in die Ohrhöhlen und trocknet mich dann sorgfältig ab. In der Regel ist aller Schmerz wie abgeschnitten und wenigstens eine Zeitlang verschwunden. Wodurch diese Linderung der Schmerzen bedingt wird, will ich unentschieden lassen. Man mag das ganze lächerlich finden; allein was läßt ein Kranker nicht mit sich vornehmen, wenn er eine Abnahme seiner Leiden hoffen darf!

Noch eine volle Woche mußten wir in *Abu-Harrahs* verweilen, ohne daß unsere Krankheit abgenommen hätte. Erst *am 21. Oktober* konnten wir eine Barke zur Rückreise mieten. Wir ließen sie sogleich beladen und fuhren gegen Abend ab. In der Nacht, welche ich beinahe schlaflos verbringen mußte, hörte ich das Geschrei von mehreren Tausenden, wie ich glaubte, ziehender Kraniche. Am folgenden Tage sah ich aber, daß die Tiere nicht flogen, sondern ruhig auf Sandinseln im Strome saßen.

Am 26. Oktober landeten wir in Chartum. Ich war kaum imstande, unsere Wohnung zu erreichen, so hatte mich das Fieber geschwächt. Der Doktor erschrak über mein Aussehen. Nachmittags bekam ich wieder heftige Fieberanfälle.

Unsere Verhältnisse gestalteten sich immer trüber. Von Europa fanden sich weder Briefe noch Wechsel vor; alle meine Bemühungen, Geld in Chartum aufzunehmen, scheiterten. Zuletzt war ich gezwungen, mich an *Nikola Ulivi*, ehe dieser seine Reise auf dem weißen Fluß antrat, zu wenden. Ich schickte *Contariny* als Unterhändler zu ihm und war nicht wenig erstaunt, durch diesen zu erfahren, daß sich Nikola bereit erklärt habe, mir eine nicht unbedeutende Summe vorzustrecken. Nun ging ich in Begleitung meines treuen Ali-Arha zu ihm in seinen Diwan. Nikola empfing mich sehr freundlich.

»Sie wünschen von mir Geld zu haben, verehrtester Herr; ich bin gern erbötig, Ihren Wunsch zu erfüllen. Aber ich bin Kaufmann und Sie werden sich nicht wundern, wenn ich Ihnen sage, daß ich nur gegen Zinsen ein Darlehen gewähren kann. Auch glaube ich, daß es für Sie am zweckmäßigsten wäre, wenn Sie zu Ihrer bevorstehenden Reise meine Barke benutzen wollten, welche ich Ihnen für die Mietsumme von monatlich siebenhundert Piastern überlassen will. Wieviel Piaster haben Sie nötig?«

Ich nannte die Summe von dreitausend Piastern; *Nikola forderte fünf Prozent monatliche Zinsen.* Hierzu kam die freilich nur angedeutete, aber, wie ich wohl wußte, unumstößliche Bedingung, seine Barke zu mieten, obgleich diese um ungefähr sechzig Prozent zu teuer war. Ich kochte innerlich; doch schien mir, um Geld zu erhalten, kein anderes Mittel übrigzubleiben, als mich bezüglich der Barke um zwölfhundert Piaster oder achtzig Taler preußisch betrügen zu lassen und außerdem für die ganze Summe (also auch für die zweitausend Piaster Barkenmiete) *sechzig Prozent* Zinsen zu versprechen. Nikolas Gewinn würde zweihundertundachtzig Taler betragen haben. Und ich ging diese Bedingungen ein – *weil ich mußte!* Wie der Sinkende nach einem Strohhalm greift, griff auch ich verzweifelnd nach diesem letzten Rettungsanker. Was in meinem Innern vorging, will ich niemanden beschreiben. Ich sah meinen und unser aller Untergang vor Augen und fühlte, wie ich durch eine ruchlose Hand tief in den Abgrund geschleudert wurde; aber ich mußte meine Gefühle vor meinem Peiniger verbergen. Wir berechneten die ganze Summe auf eine gewisse Geldsorte, auf die ich einen Wechsel auszustellen versprach. Bei dieser Berechnung versuchte es Nikola, mich abermals um zwanzig Prozent zu betrügen[9].

Jetzt war ich meiner Entrüstung nicht mehr Herr. Die furchtbarste Wut bemächtigte sich meiner; ich ergriff den Schurken mit starker Hand an seinem langen Barte und prügelte ihn mit meiner Nilpeitsche, so lange ich einen Arm rühren konnte, und das dauerte lange Zeit. Ali-Arha hütete mit der gespannten Pistole in der Faust die Tür des Diwan, damit der nach Hilfe rufende Ulivi nicht den Beistand seiner Diener erhalten konnte. – Heilige Gerechtigkeit! Verzeihe es mir, wenn ich damals in deine Rechte eingriff! – Ich danke es noch heute meinem Glücke, daß mein Arm kräftig und stark blieb!

Endlich entwand er sich meinen Händen, entfloh in seinen Harem und rief mir noch zu: »Maledetto, jetzt sieh, wo du Geld herbekommst.« Ohne ein Wort zu entgegnen, verließ ich den Diwan des bestraften Wucherers.

Nachdem sich mein Zorn gelegt hatte, fing ich an, über unsere Lage nachzudenken. Ich sah keinen Ausweg, unserer Geldnot ein Ende zu machen. Da kam mir der Gedanke, den Pascha um Geld anzugehen. Ich entwarf eine Bittschrift, stellte ihm meine Verlegenheit vor, schilderte die Schlechtigkeit der Europäer und bat ihn schließlich, mir auf vier Monate fünftausend Piaster zu leihen. Bis dahin hoffte ich von Hause Geld zu erhalten und meine Schuld tilgen zu können. Nachdem ich die Bittschrift ins Arabische übersetzt hatte, sandte ich sie durch Ali-Arha dem Pascha zu. Noch denselben Tag erhielt ich Antwort. Nach türkischem Brauch hatte der Pascha sogleich auf der Rückseite desselben Papieres, welches ich ihm zugesandt hatte, eine Verordnung an den Schatzmeister der Mudirïe erlassen. Sie enthielt ungefähr folgende Worte:

»Wir haben das Gesuch des Deutschen, Chalihl-Effendi, zu genehmigen beschlossen und befehlen euch, ihm fünftausend Piaster ohne Zinsen auf vier Monate vorzustrecken. Laßt euch von ihm einen Empfangsschein geben. Sollte der Herr aber nach Verlauf der vier Monate nicht imstande sein, das ihm geliehene Geld an die Kasse der Regierung zurückzuzahlen, so sendet uns seinen Empfangsschein zu und rechnet uns die Summe von fünftausend Piastern auf unsere Apanagen; wir werden das weitere dann verordnen.«

Diese wahrhaft königliche Handlungsweise des Pascha bedarf weiter keines Kommentars. Ich ging zu ihm, um ihm zu danken. Er empfing mich mit den wie ein Vorwurf klingenden Worten: »Es war Unrecht von dir, Chalihl-Effendi, daß du mir deine Verlegenheit nicht schon früher angezeigt hast; ich würde sie längst beendet haben, *denn auch ich bin ja in der Fremde*.«

Mit wahrer Freude rüstete ich mich jetzt zur Reise nach dem oberen Laufe des blauen Flusses. Statt der siebenhundert Piaster, welche ich für Nikola Ulivis Barke geben sollte, bezahlte ich jetzt dreihundert für eine andere, welche durch ein Zelt von Strohmatten für unsre Zwecke gut genug hergerichtet wurde. Unser jetziges Fahrzeug übertraf die Dahabïe Ulivis an Größe. Schon nach wenigen Tagen waren wir reisefertig; unser Schiffsvolk war williger und dienstfertiger als das im Sold jenes Gauners stehende.

XIII. Jagdreise in den tropischen Wäldern des blauen Flusses

Die nächsten Blätter enthalten Bruchstücke aus meinem Tagebuch während unserer Reise nach *Rosseeres**. Ich will mich bemühen, das allgemein Interessante hervorzuheben; das Tagebuch ist voll von Vogelnamen, Beobachtungen aus dem Tierleben und anderen Notizen, von welchen ich in den vorigen Abschnitten schon einiges mitgeteilt habe. Jetzt werde ich mich soviel als möglich auf unsere Erlebnisse beschränken und nur gelegentlich einen Blick in den Wald der Ufer werfen.

Am 23. November verließen wir zur gebräuchlichen Abreisezeit, d.h. zum Aassr, Chartum in unserer wohlausgerüsteten Barke. Unsere Reisegesellschaft bestand aus dreizehn Personen: *Dr. Vierthaler,* meiner Wenigkeit, als Ausrüstern der Reise, unserem deutschen Bedienten, *Ali-Arha,* dem Koch, dem Jäger *Tomboldo,* den Arbeitern *Mohammed* und *Mukle,* dem Reïs und vier Matrosen. Ich hatte am Morgen einen heftigen Fieberanfall gehabt, bestand aber auf der Abreise, weil ich hoffte, in den Wäldern bei unausgesetzter Bewegung und Tätigkeit eher zu genesen, als wenn ich noch länger in Chartum bliebe. Den Diwan des Paschas begrüßten wir mit wehender Flagge und drei Böllerschüssen, welche uns von dort sofort erwidert wurden. Dann zogen wir vor einem günstigen Winde rasch den Strom hinauf.

Die Morgen- und Abendstunden sollten unter allen Umständen der Jagd gewidmet werden. Diese lieferte uns stets so viele Beute, daß wir die übrige Zeit des Tages vollauf beschäftigt waren. Noch heute erinnere ich mich mit wahrer Wonne an diese schönste aller meiner Reisen. Wir lebten ein köstliches Jägerleben, kein Unfall trübte die glückliche Fahrt; Beute, Beschäftigung, Unterhaltung fehlte nie, Jägerfreuden wechselten mit Jagdabenteuern.

Bei dem Dorfe *Kamlihn* jagten wir am Morgen des 27. November in dem fast undurchdringlichen Urwalde. Einige Araber machten uns auf die Fährten eines *»Essed«* (Löwen) aufmerksam und erzählten uns, daß dieser vor drei Tagen zwei Esel getötet, zum Teil gefressen und dadurch

* Das heutige Roseires.

die Bewohner einiger Tokhahl des rechten Ufers so eingeschüchtert habe, daß diese, Hab und Gut im Stich lassend, an das andere Ufer geflüchtet seien. Bei näherer Untersuchung fanden wir, daß wir es mit den Fährten eines *Leoparden* zu tun haben. Wir trösten die Araber mit dem Versprechen, auf die Bestie anzustehen, und werden zum Dank dafür von einem derselben auf einem mannigfach verschlungenen, nur arabischen Augen bemerkbaren Pfade durch den sonst vollkommen undurchdringlichen Teil des Tropenwaldes nach einer Lichtung gebracht. Hohe Mimosen stehen auf blumengeschmückter, mit saftigem Gras prangender Grasmatte; hier würde ein Paradies sein, hätte nicht das »Volk des Teufels«, die *Wanderheuschrecken,* den prächtigen Wald der Vernichtung geweiht. Von den zarten Blättern, von den duftspendenden Blumen der saftigen, kräftigen Bäume sieht man keine Spur mehr. Die Zweige und Äste haben anderes Blattwerk erhalten. Dicht aneinandergedrängt, sich ewig befehdend und mit gierigem Zahne ihren arabischen Namen bestätigend, sitzt eins der gefräßigen Insekten am andern; es gibt keinen Raum zwischen ihnen, aber auch keinen Blattstiel mehr. Die »Entblätternde« benagt die Rinde des Baumes, nachdem sie seinen Blätterschmuck zerstört. Die Anzahl der Schwärme übersteigt alle Begriffe und doch springt sie erst in die Augen, wenn wir durch Rütteln der Bäume einen Schwarm flüchtig gemacht haben. Dann verdunkelt das wüste, sich nach grünen Bäumen wendende Volk die Luft, aber es zieht auch seinen Feind herbei. Mehrere Hunderte von *Turmfalken,* welche Europa verlassen haben, um auf fetter Weide den reichlich Nahrung beanspruchenden Akt der Mauser bequem abwarten zu können, sitzen reglos auf den höchsten Spitzen der Mimosen oder schweben, rütteln und gleiten in wechselvollem, nicht ermüdendem Fluge über der schwarzgrauen Schar herum. So lange sie an den Zweigen hängt, wehren die langen Stacheln und Dornen der Bäume den flinken Räubern, herabzustürzen unter die von ihnen zur Beute erkorenen Insekten; jetzt fliegen sie. Im Nu eilen die Falken herbei, jagen durch die dichtesten Scharen hindurch und ergreifen mit gewandter Klaue eins der häßlichen, schädlichen Tiere. Es wehrt sich, beißt mit den scharfen Freßzangen in die beschilderten Füße des Falken, aber dieser ist stärker. Ein Biß des kräftigen Schnabels zermalmt den Kopf der Heuschrecke, und nun beginnt der Sieger diese gemächlich zu verzehren. Ohne Zeit zu verlieren, reißt er ihr die Flügel aus, zerbricht die dürren Füße und speist den leckeren Fraß in der Luft, in welcher er sich schwebend zu erhalten weiß. Binnen zwei Minuten hat der geübte Jäger eine Heuschrecke gefangen, gerupft und verspeist und eilt nun rasch wieder zurück unter die noch nicht wieder zur Ruhe gekommenen Schwärme, um sich noch eins oder zwei ihrer Mitglieder zu rauben. Dieses scheinbare Spiel der hübschen Falken ist so anmutig, daß wir sie nicht durch Schüsse in ihrer nützlichen Beschäftigung stören, sondern ihnen vielmehr durch wiederholtes Schütteln der mit Heuschrecken bedeckten Bäume neue Gelegenheit zum Fang geben. Es scheint, als wüßten die Heuschrekken, welche Feinde sie an den Falken haben, denn sie weichen im Fluge auseinander, wenn sich einer der Vögel jählings unter sie stürzt.

Ansiedlung am Blauen Nil

Am 3. Dezember sahen wir das erste *Nilpferd.* Es tummelte sich bei Tage im Strom herum und wurde von seinem Jungen, mit welchem es zu spielen schien, beständig umkreist. Später kamen wir zu den tiefen und großen Fährten, welche es bei seinen nächtlichen Weidegängen hinterlassen hatte.

Wir befanden uns in der Nähe der in der Steppe liegenden Stadt *Musellemie.* Der Ort mag ungefähr eine Meile vom Strom entfernt sein, treibt einen ziemlich ausgedehnten Handel und gilt als eine Aufbruchsstation der nach Abessinien reisenden Kaufleute. Zwei Tage später landen wir in dem Bezirksstädtchen *Woled-Medine* *, wo gegenwärtig zwei Bataillone Negermilitär liegen. Der Ort besteht zum größten Teil aus Lehmbaracken, »*Tanakha*«, zwischen denen man hier und da wohl noch einen Tokhul sieht. Früher kannte man nur die letztgenannte Wohnung, bis *Muhsa-Beï*, der zeitweilige Mudir der Provinz Chartum, wegen der häufig stattfindenden Feuersbrünste die Stadt niederbrennen ließ und ihre Einwohner zum Bau der Tanakha zwang. Dieses grausame Mittel, Feuersbrünste zu verhüten, erscheint als unzweckmäßig, weil die Einwohner gegenwärtig oft so viel Durrahstroh zu später zu benutzendem Kamelfutter aufspeichern, daß durch dasselbe jetzt einem Brand ebensowohl Vorschub geleistet wird als früher auch.

Tischendorf hört in der Nacht zum erstenmal das Gebrüll des Löwen in dem Wald des gegenüberliegenden Ufers erschallen und wird durch einen anderen Vierfüßer, wahrscheinlich durch eine armselige Hyäne, zur schleunigsten Rückkehr nach der Barke bewogen.

Der blaue Fluß wendet sich von *Woled-Medine* aus nach Osten, kehrt aber bald wieder nach Westen und in seine frühere, südlich-nördliche Richtung zurück. Durch diese Krümmung entstand eine Halbinsel, welche die Eingeborenen *Djesihret el Fihl*, »Elefanteninsel«, nennen. Noch vor zehn Jahren sollen in den ausgedehnten Waldungen der Insel oft zahlreiche Elefantenherden gesehen worden sein; wir bemerkten nur noch Affen und Vögel daselbst.

Am 15. Dezember. Wir sind jetzt in die Nähe der Stadt *Sennahr* [1] gekommen. Von dem großen Tokhuldorfe *Wadi-Abahs*, in welchem wir gestern Lebensmittel einkauften, sahen wir bereits die Gebirgszüge, welche sich einige Meilen südlich von der alten *Fungi*stadt aus der Ebene erheben. Der Strom macht aber so viele Krümmungen, daß wir den Nordwind nur auf kurze Strecken benutzen können und die übrige Zeit mit Libbahn weitergehen müssen. Wir verlieren keine Zeit bei dieser langsamen Fahrt. Beide Stromufer scheinen miteinander zu wetteifern, uns reiche Jagdbeute zu liefern. Die Schlingpflanzen der Wälder werden häufiger und nehmen an Größe und Stärke zu; gewöhnlich prangen sie im köstlichsten Blütenschmuck. Der Boden scheint hier außerordentlich fruchtbar zu sein. Er ist kohlschwarz und bringt eine üppige Vegetation hervor. Doch sind die Ebenen zu beiden Seiten des Flusses wenig zum Feldbau geeignet; sie sind nach allen Richtungen hin durch Chuahr zerrissen und zerklüftet.

* Das heutige Wad Medani.

Weißer Storch

Zum Aassr kommen wir an eine mit Vögeln ganz bedeckte Strominsel. Die Vögel fliegen nach den ersten Schüssen in den Wald des rechten Ufers. Ich lasse überfahren und entdecke nach minuntenlangem Wege eine schmale, aber mehr als sechshundert Schritte lange Lache, an welcher sich Hunderte von Sumpfvögeln herumtreiben. Unter dem bunten Gewimmel fielen mir zwei storchartige Vögel von riesiger Größe auf, welche beim Fliegen nur die zwei Hauptfarben ihres Gefieders, Schwarz und Weiß, zeigten, sich im Sitzen aber gar nicht beobachten ließen. Ich lernte in ihnen später den prachtvollen *Sattelstorch* * kennen.

Einem *Seeadler* nachschleichend, kam ich in einen Mimosenwald, wie ich bisher nie einen ähnlichen gesehen hatte. Hohe, prachtvolle Bäume standen ziemlich einzeln in einer gras- und dornlosen Ebene und bildeten, sich oben verzweigend, ein hehres Laubgewölbe. Ich befand mich im eigentlichen Hochwald. Die Papageien kreischten in den Kronen der Bäume, wußten sich aber so geschickt zwischen den ihrer Körperfarbe gleichenden Blättern zu verstecken, daß ich, zumal in dem Halbdunkel des herannahenden Abends, auch nicht einen einzigen entdecken konnte. Nur der Seeadler wurde mir zur Beute.

Dr. Vierthaler und *Tomboldo* waren mittlerweile auch ans Land gestiegen und verfolgten die Marabus, welche in Gesellschaft der Nimmersatte zur Nachtruhe aufgebäumt waren. Die ersten fallenden Schüsse machten sie so scheu, daß alle Anstrengungen, ihrer habhaft zu werden, erfolglos blieben. Sie wurden so gestört, daß wir noch den ganzen Abend hindurch das Geräusch ihrer Flügelschläge hören konnten. Von fernher tönte das sonderbare Grunzen eines Leoparden zu uns herüber, unmittelbar neben umserem Schiffe hob ein Nilpferd seinen ungeschlachten Kopf aus dem Wasser und brüllte dann und wann uns förmlich in die Ohren. Dazu wollten die Leute in dem letzten Drittel der Nacht noch die gewaltige Stimme des Königs der Wälder vernommen haben.

Die Barke legte am folgenden Tage hart unter der Stadt *Sennar* an dem mit dem dichtesten Urwald bestandenen linken Ufer an. Wiederum brummte, brüllte oder grunzte – denn es ist ein ganz sonderbarer Ton – ein Leopard im Wald und gab uns Hoffnung auf ein gelegentliches, von

* Die Vögel werden so genannt, weil sie auf dem Hinterschnabel eine sattelförmige Erhöhung haben.

uns sehr gewünschtes Zusammentreffen mit ihm. Wir landeten deshalb am 17. Dezember ebenfalls auf diesem Ufer der Stadt gegenüber und hatten dabei den doppelten Vorteil vor Augen, die Jagd nahe und der meine sonst fleißigen Diener jedesmal in eine der Arbeit keineswegs förderliche Verzückung setzenden Meriesa fern zu sein. Uns Deutschen bot die elende Stadt gar nichts, der Wald aber um so mehr.

Häuser in Unter-Sennar

Sennar, die Hauptstadt des durch die Türken vernichteten Königreichs *Dar-Fungi,* soll nach Bruce[2] im sechzehnten Jahrhundert von den *Schilluk-Negern* gegründet worden sein. Es war früher der Sitz der Macht und der Kultur des Ost-Sudan; jetzt ist es zu einem ganz erbärmlichen Flecken herabgesunken. Die Zahl seiner Bewohner dürfte mit Einschluß von fast zweitausend Negersoldaten kaum zehntausend betragen, während zur Zeit der Fungikönige fünfundzwanzigtausend Menschen hier gelebt haben sollen. Sennar ist in allen seinen Teilen schmutziger und ärmlicher als *Woled-Medine* und besitzt an der Stelle des Basars nur einige elende Boutiquen, in denen man die notwendigsten Gegenstände zum täglichen Gebrauch der Türken zu kaufen bekommt. Zum Bedarf der Eingeborenen wird wöchentlich zweimal ein großer Markt »*Suhkh*«, zu welchem die Einwohner der ganzen Umgegend zu Fuß, zu Esel und zu Kamel herbeikommen, gehalten. Ganz im

Gegensatz zu anderen Städten des Innern verstummt hier das fröhliche Leben der Nacht sehr bald, weil die Hyänen schon vor Mitternacht die Straßen der Stadt besuchen.

Auf der großen Sandbank, an welcher wir angelegt hatten, sonnten sich in den Nachmittagstunden regelmäßig mehrere Krokodile. Ich erlegte ein halberwachsenes; ein anderes, riesenhaftes, gelangte, obgleich tödlich verwundet, noch ehe ich mich seiner bemächtigen oder ihm eine zweite Kugel durch das Hirn jagen konnte, in die trüben Fluten des Stromes und entkam. *Tomboldo* tötete eine *Boa* (hier *»Assala«* genannt) im nahen Wald durch drei Schrotschüsse. Die Schlange wog fünfzehn Pfund. Wir ließen uns, um es zu genießen, ein Stück Fleisch sieden. Es hatte eine vielversprechende, schneeweiße Farbe, blieb aber hart und zähe und konnte von uns kaum zerkaut werden. Sein Geschmack ähnelte dem des Hühnerfleisches.

Tomboldo hatte in der Nähe unseres Landungsplatzes eine große *Fuhla,* deren Vorhandensein wir aus dem Fluge vieler Wasservögel schon vermutet hatten, entdeckt. Ein sehr verschlungener, schmaler Pfad nach der Höhe der Uferebene machte uns das Durchdringen des Urwaldes möglich. Wir fanden ein ganz ähnliches Vogelleben, wie wir es schon an anderen Regenteichen beobachtet hatten, wandten unsere Aufmerksamkeit aber ausschließlich nur einem Paar der prachtvollen *Sattelstörche* zu, welche sich unter den bekannteren Sumpfbewohnern würdevoll herumbewegten. Ich konnte mich dem Männchen des Paares nach langer beschwerlicher Jagd endlich auf zweihundert Schritte nähern und ihm eine tödliche Kugel beibringen. Der Besitz des wertvollen Vogels erfreute uns aufs höchste; wir maßen den gigantischen Storch unter den Ausrufen der lebhaftesten Bewunderung.

Wir verließen Sennar *am 22. Dezember* und kamen nach einer zweitägigen Fahrt wieder zu sehr großen, d. h. zu solchen Waldungen, welche auf lange Strecken weder durch Dörfer noch durch baumlose Ebenen, Ausläufer der auf der *»Tahhera«* * sich ausbreitenden Chala, unterbrochen werden. Strenggenommen sind die Ufer des blauen Flusses ununterbrochen mit mehr oder minder dichtem Wald bedeckt. Am Morgen des 24. Dezember erstiegen wir in einer durch den Regen gebil-

* Unter der *Tahhera,* »dem Rücken«, verstehen die Sudanesen die von den Strömen landeinwärts liegenden, über das Ufer erhabenen Ebenen oder die längs der Stromtäler sich hinziehenden Bergrücken.

deten Schlucht das hohe Ufer und gingen über eine weite Ebene dem vor uns sich unabsehbar ausdehnenden Wald zu. Die Ebene war mit dem schon erwähnten wohlriechenden Grase bestanden, aber sehr arm an Vögeln. Nur die deutsche *Wachtel,* welche hier ihr Winterquartier genommen hatte, flog oft unmittelbar vor unseren Füßen auf. Ich hoffte *Trappen* zu finden und wandte mich mehr landeinwärts. Ohne es zu bemerken, wich ich immer mehr von der zu befolgenden Richtung ab und traf nach langem Herumirren in dem über mannshohen Grase auf gebahnte Wege, welche mich zuletzt zu einem Nomadenlager führten. Wie immer empfing mich bei meiner Annäherung ein wütendes Hundegebell. Einige alte Weiber wehrten den beißlustigen Bestien und sicherten mir den Eintritt in die das Lager umzäumende Serieba. Ich war sehr durstig geworden und verlangte Wasser, erhielt aber nur saure Milch, weil in der ganzen Niederlassung kein Wasser zu finden war. Erst später erschienen einige junge Frauen, welche gefüllte Schläuche an breiten, über die Stirn gelegten Riemen auf dem Rücken trugen. Man labte mich mit frischem Nilwasser und zeigte mir die einzuschlagende Richtung.

Die großartige Welt, welche uns die tropischen Wälder aufgeschlossen, hatte bisher alle Sehnsucht nach zivilisierten Ländern und geselligen Freuden in uns verstummen lassen. Heute abend war es anders. Wir kochten nach dem Abendessen Punsch und versuchten beim Klang der Becher die nach der Heimat schweifenden Gedanken zu vertreiben, so gut es eben gehen wollte. Es konnte uns nicht vollständig gelingen. Feierte man daheim im Vaterlande doch heute das hehre Fest der Christnacht! Wie natürlich, daß wir im Geiste in unserer Lieben Kreise verweilten! Uns hatte niemand einen Christbaum angezündet, aber der Urwald selbst wollte uns Weihnachtsfreuden bescheren. Am anderen Ufer ging eine *Elefantenherde* zum Fluß und rief uns ihre schmetternd zu uns herüberschallenden Grüße zu. Und als sollten die schrillen Trompetentöne der Waldriesen das Zeichen sein, des Urwalds Stimmen zu einem allgemeinen Wettruf aufzufordern, so lebendig und laut wurde es jetzt im Wald. Das donnernde Gebrüll eines von uns noch weit entfernten *Löwen* durchhallte, momentan alles Lebende zum Schweigen bringend, die vorher so stille Nacht, dann hob ein *Nilpferd* seinen Kopf aus den Fluten und brummte, als wollte es versuchen, mit der Löwenstimme zu ringen, drüben auf der Sandbank klagen einige *Scherenschnäbel,* im Wald die *Eulen,* die *Hyänen* heulten im Chor und Silberglöckchen gleich erklang das Gezirp der tropischen *Grillen* oder *Zika-*

den harmonisch durch das allgemeine Chaos der Stimmen und Töne. Das war die Musik der Urwälder in der heiligen Weihnacht; die Freude, gerade heute zuerst die Elefanten zu hören, war unser Weihnachtsgeschenk.

Am 27. Dezember. Wenn ich einem Ornithologen die Vogelarten, welche wir im Umkreis einer halben Meile von der erwähnten Fuhla antrafen, aufzähle und ihm mitteile, daß viele Arten durch Hunderte von Individuen vertreten waren, so wird er, falls er mir überhaupt Glauben schenkt, sich gewiß höchlich über den staunenswerten Reichtum der Tropen verwundern. In Europa kommt eine ähnliche Vögelversammlung auf einem so kleinen Raume nie vor. Ich habe in meinem Tagebuch die Namen von mehr als siebzig Vogelarten, welche wir hier bemerkt haben, aufgezeichnet; wie viele andere Arten unseren Augen entgingen, wage ich nicht zu bestimmen. Die Armut der Wälder Deutschlands erlaubt uns gar keinen Vergleich mit dem Tierleben der Tropen. Wo in Nordostafrika Bäume und Wasser vereinigt sind, sieht man stets viele Tausende von lebensfrohen Geschöpfen versammelt.

Nächst den Vögeln bemerken wir wieder einmal recht viele Schlangen. Gestern kroch die äußerst gefährliche *Brillenschlange* kaum anderthalb Fuß vor den Füßen unseres Doktors vorbei und verschwand in dem hohen Gras, ehe er ihr einen Schrotschuß beibringen konnte. Ob diese von den Sudanesen sehr gefürchtete Schlange der ägyptische Uraeus Haja oder eine andere Art ist, weiß ich nicht; ihr Biß endet aber, wie der der ägyptischen *»Haie«* *, immer mit dem Tod. Nattern und Vipern von anderthalb bis zwei Fuß Länge sind häufig, und unwillkürlich erheben wir das Gewehr zum Schusse empor, wenn eine der hier zahllosen *Eidechsen* durch die Büsche raschelt. Wir töten jede Schlange, welche wir zu sehen bekommen, weil wir nie wissen können, ob wir es mit einer giftigen *Viper* oder einer harmlosen *Natter* zu tun haben.

Auf unserer heutigen Vormittagsjagd erlegten wir eine weibliche *Antilope* von der Größe eines Rehes, wahrscheinlich Antilope Madoqua oder saltiana, welche nicht zu den gewöhnlichen Erscheinungen gehört und uns einen ebenso wohlschmeckenden Braten als die gemeinen Gazellen lieferte.

Die Witterung ist jetzt beständig schön. Wir haben konstanten

* Arabischer Name der Brillenschlange.

Nordwind, welcher unserer Fahrt sehr günstig ist. Aber wir verzögern diese absichtlich, um die Wälder bestmöglichst ausbeuten zu können. Unsere Nahrung besteht fast nur in dem Fleisch der erlegten Tiere und den von uns von Chartum mitgebrachten trockenen Gemüsen (Reis, Erbsen, Linsen, Bohnen usw.). Frisches grünes Gemüse ist höchst selten zu erlangen. Die Eingeborenen verweigern uns gewöhnlich alle Nahrungsmittel, selbst wenn wir ihnen das Doppelte des bestehenden Preises derselben bieten. Sie sind zu mißtrauisch und halten uns wahrscheinlich für türkische Soldaten, welche selten zahlen, sondern in der Regel das, was sie brauchen, gewaltsam wegnehmen. Das Volk zwingt uns, diesem üblen Beispiel zu folgen. *Ali-Arha* raubt die uns nötigen Schafe und Hühner und bezahlt erst dann die Eigentümer oder bemächtigt sich des Scheich eines Dorfes, bringt ihn auf unsere Barke und diktiert ihm seine Befehle. Das »teure Oberhaupt zu befreien« eilt des Dorfes Mannschaft zu uns, bittet um Loslassung des Gefangenen und verspricht, sich unserem Willen zu fügen. Man schleppt Schafe, Hühner, Eier, Butter und dergleichen in hinlänglicher Menge herbei und verwundert sich höchlich, daß wir das Erwählte mit seinem vollen Wert bezahlen. Der Scheich verläßt die Barke, wenn die Geschäfte beendet sind, mit einem Bakschisch in der Hand und Segenswünschen für unsere Personen auf der Zunge, tritt in den Kreis seiner Untergebenen und sagt mit leiser Stimme zu ihnen: »Diese Art (Menschen) ist verrückt, sie bezahlen das, was sie früher raubten. W'Allahi hasa aadjaib!« – Bei Gott, das ist wunderbar!

Um Mittag verlassen wir unseren beutereichen Wald und setzen unsere Reise bei flauem Wind fort. Abends erreichen wir das Dorf *Terehre*, dessen Umgebung nach *Tomboldos* Aussagen reich an jagdbaren Tieren sein soll. Der Nubier geht ins Dorf und bringt von dort die Nachricht mit, daß sich die Nomaden der Steppe gestern dem Fluß genähert und die ihren Herden immer folgenden Löwen mitgebracht haben. Die Elefanten, sagen die Dorfbewohner, wären vor einigen Tagen in großer Anzahl in den Feldern des Dorfes erschienen und hätten dort greuliche Verwüstungen angerichtet. Aber der fromme Fakhïe habe kräftige Amulette geschrieben, diese auf hohen Stangen in den Feldern befestigt und das habe seine Wirkung nicht verfehlt. Die Elefanten, welche derartige Bannflüche gar nicht vertragen können, wären durch die Worte des heiligen Mannes so eingeschüchtert worden, daß es keiner von ihnen mehr gewagt hätte, in so kräftig beschützten Feldern fernerhin seine

Nahrung zu suchen. *Tomboldo* versicherte mir, daß dieses Mittel sehr probat sei.

Unterwegs begegneten uns neun Flöße mit jenen dünnen Stangen *(Raßaß),* welche zum Bau der Terrassen der Tanakha verwendet werden. Die Flößer waren vor fünf Monaten von Chartum ausgezogen, hatten die Stangen mühselig in den Wäldern zusammengesucht und sich allen Entbehrungen einer beschwerlichen Land- und Wasserreise ausgesetzt, um bei ihrer Rückkehr nach Chartum fünfzehn bis dreißig *Cheïerïen* oder ebenso viele Gulden in Empfang zu nehmen. Das Geschäft wirft also einen Tagelohn von höchstens zwölf Kreuzern für jeden Teilnehmer ab.

Am 28. Dezember fahren wir nach dem uns gegenüberliegenden Dorfe *Tachele* über. Die Eingeborenen wollen mich am hellen Tage zu einem mächtigen, von ihnen sehr gefürchteten *Löwen* bringen, welcher ihnen mehrere Rinder und erst in voriger Nacht ein Kamel getötet hat, jetzt aber in träger Ruhe im dichten Schatten niederer Gebüsche liegen soll. Man verspricht mir, mich bis auf sichere Schußnähe an das Raubtier heranzuführen, und zwar noch ehe dieses den Jäger bemerken würde. Brennend vor Jagdbegierde eröffnete ich meinen Gefährten und Dienern meinen Entschluß, das kühne Wagstück zu bestehen und bat sie, mich zu unterstützen. Allein der Doktor und alle Bedienten weigerten sich bestimmt, die Jagd mitzumachen. Zu meinem Leidwesen mußte nun auch ich die schöne Gelegenheit versäumen, weil es Torheit oder Tollkühnheit gewesen wäre, *zum erstenmal allein auf die Löwenjagd auszugehen.*

Am folgenden Tag kamen wir zu der mitten im Walde liegenden Hütte eines Fakhïe. Wenige Felder in der Nähe derselben mochten sein ganzer Reichtum sein. Nicht weit entfernt von ihr fanden wir eine zweite Nistkolonie des Bienenfressers. Dicht daneben lag ein riesengroßes Krokodil, welchem ich eine Büchsenkugel zudachte. Ich machte einen weiten Umweg, um ungesehen an dasselbe heranzukommen, kroch vorsichtig auf Händen und Füßen durch das mich deckende Gebüsch und lag nun, mich schon im voraus über seinen Tod aus purer Rachsucht freuend, hart am Uferrande. Die Stelle, auf welcher es sich gesonnt hatte, war leer. »Teufel! Doch halt!« Da schwamm es gemütlich im Strome herum, den Kopf über das Wasser emporreckend, es hatte keine Ahnung von seinem Todfeinde. Ich zitterte vor Jagd- und Mordlust und weidete mich an dem in meine Hand gegebenen Ungeheuer. Es blinzelte mit den graugrünen Augen, ich fürchtete, von ihm entdeckt zu werden und durfte keine Zeit mehr verlieren. Langsam erhob ich das Todesrohr, zielte kurz und sicher, die Büchse krachte, die Kugel hatte ihren bezeichneten Weg eingehalten. Hochauf rauschten die Wellen. Das ins Gehirn getroffene Tier peitschte sie mit seinem furchtbaren Schwanz und schoß wie toll auf der Oberfläche des Wassers herum. Plötzlich bekam es Zuckungen, öffnete den zahnstarrenden Rachen, ließ einen merkwürdigen Schrei hören und versank in den trüben Fluten des langsam dahinfließenden Stromes. Das war die schönste Krokodiljagd, welche ich jemals gemacht habe. Die schädlichen Bestien sind hier so häufig, daß wir während einer Tagesfahrt oft einige und zwanzig zählten.

Wir blieben bei der Hütte des Fakhïe über Nacht und verließen sie am andern Morgen mit Sonnenaufgang zu Fuß, weil wir in dem nahen Wald jagen wollten. Dieser wurde schon kurz nach unserem Eintritt bis auf gewisse Wege undurchdringlich. Letztere liefen in allen Richtungen in den Wald hinaus, endeten aber regelmäßig am Flußufer, von wo stark betretene Steige nach dem Flußspiegel hinabführten. Die Wege rührten von den *Elefanten* her, das konnten wir schon aus der massenhaft in ihnen liegenden Losung schließen; denn diese war von einer Größe, wie sie kein anderes Tier hätte erzeugen können und bestand nicht allein aus Blätterüberresten, sondern auch aus drei bis vier Zoll langen, daumenstarken Ästen, Holzstücken und Baumfasern. Im Schlamm des Flußufers konnten wir die Fährten der Elefanten deutlich von denen der Nilpferde und wilden Büffel unterscheiden. An allen Bäumen des Waldes bemerkten wir die Verheerungen, welche die gewaltigen Fresser angerichtet hatten, die Tiere selbst bekamen wir nicht zu Gesicht (obgleich wir, nach noch ganz frischen Fährten zu schließen, ihre Gegenwart mit Sicherheit annehmen konnten); wahrscheinlich hatten sie sich nach der Tahhera zurückgezogen. Einige jetzt halb verwilderte Baumwollfelder waren fast gänzlich zerstört.

Hier am blauen Fluß sind die Einwohner zu indolent oder faul, als daß sie den ihr Besitztum oft genug verwüstenden Elefanten nachstellen und sich des gewinnbringenden Elfenbeins bemächtigen. Die Neger des Bahr el abiadt, welche sich überhaupt in gar mancher Hinsicht vorteilhaft vor den Sudanesen auszeichnen, graben tiefe Gruben, in welche die Elefanten stürzen. Dann geben sie ihnen mit langgestielten, sehr scharfen und spitzigen Lanzen den Genickfang, ziehen die toten Körper aus den Gruben heraus, essen das Fleisch und brechen mit Hilfe des

Feuers die Stoßzähne aus den Kinnladen. Wir hätten in unserem Wald, wenn wir mit passenden Waffen versehen gewesen wären, leicht Elefanten erlegen können, standen aber von vornherein von der Jagd ab, weil unsere Büchsen nur kleine Kugeln schossen.

Auf mehreren Sandinseln lagen viele Krokodile von erstaunlicher Größe, im Fluß machten sich drei Nilpferde recht lustig. Sie tauchten in kurzen Zwischenräumen auf und schnaubten das in ihre Nasen gekommene Wasser wie Walfische rauschend von sich. Meine zum Teil sehr gut treffenden Kugeln schienen sie nicht besonders zu beunruhigen; ich glaube auch nicht, daß sie jemals die dicke Kopfhaut durchbohrten. Wenn sie eine Kugel schmerzte, ließen sie ein wütendes Gebrüll, welches mit dem unseres Bullochsen Ähnlichkeit hat, aber viel stärker ist, hören, sprudelten mit sichtbarem Grimme das Wasser von sich und tauchten dann etwas länger unter als gewöhnlich.

Es war heute sehr heiß gewesen. Erst der Abend brachte uns die gewünschte Kühle. Wir hatten am rechten Ufer des Flusses angelegt und zündeten mit Einbruch der Nacht ein großes Feuer an, weil einige dürre, mächtige Bäume unbenutzt am Strande lagen. Schon nach wenigen Minuten zeigte sich eine grell von den Flammen beleuchtete Hyäne auf dem hohen Uferrande, sah starr auf uns herab und begann dann käglich zu heulen. Die ganze Reisegesellschaft brach in ein schallendes Gelächter aus, ohne daran zu denken, der *Hyäne* eine Kugel zuzusenden. Diese Raubtiere sind hier gemein. Wir hören sie jede Nacht großartige, aber abscheuliche Vokalkonzerte aufführen. Sobald nur eine von ihnen ihre Stimme erhebt, heult bald die ganze Runde. Niemand denkt daran, sich vor ihnen zu fürchten.

Am 3. Januar 1851. Seit gestern nachmittag hatten wir heftigen Sturm aus Norden, welcher uns sogar zum Stilliegen zwang. Erst gegen Abend erlaubte er uns heute die Weiterreise. Kurz nach der Abfahrt sahen wir an dem einen Ufer einige Geier auf einem Aase sitzen. Ein Nomade verscheuchte die Vögel und brach bei Besichtigung des Aases in lautes Weinen aus. Auf unsere Anfragen erzählte er uns, daß er seit heute mittag sein Lieblingsrind vermißt habe und es jetzt tot am Strande finde. Ein Krokodil hatte dem zwei Jahre alten Tiere den Kopf abgebissen. »Schuhf el malaauhn ja achuana!« – Seht den Verfluchten (alles Guten baren), meine Brüder – sagte *Tomboldo.*

An meinem Gewehr ist die Schraube, welche beide Schlösser zusammenhält, zerbrochen. Das ist nun freilich ein sehr fataler Umstand.

Glücklicherweise finde ich eine ähnliche Schraube in unserem Vorratskasten, feile sie zu und setze mein unentbehrliches Jagdgewehr wirklich wieder instand.

Tags darauf erreichen wir den Marktflecken *Karkohdj* am rechten Stromufer. Am andern Ufer lag das Dorf *Seroh,* welches von den Dinkha-Negern zerstört wurde. Für uns war eine zahme, frei herumlaufende *Giraffe* das Interessanteste, was uns Karkhodj bieten konnte. Das schöne, zutrauliche Tier besuchte uns sogleich nach unserer Ankunft an der Barke, fraß uns Brot und Durrahkörner aus der Hand und behandelte uns so freundlich, als wären wir seine alten Bekannten.

Wir erhielten hier die Nachricht, daß die Abessinier, mit denen die Türken selten in Frieden leben, von neuem in das türkische Gebiet eingefallen seien und der Major eines in Sennar stehenden Linienbataillons, *Sahlech-Effendi,* Befehl erhalten habe, gegen sie zu Felde zu ziehen. Die Bewohner des oberen Stromgebietes sind überhaupt unter türkischem Schutz nicht so gesichert, als man vielleicht glauben könnte. Von Osten her bedrohen die Abessinier, von Westen her die Neger des weißen Flusses das Land mit Einfällen. Die ersteren, welche man gewöhnlich *»Makahte«* nennt, sind sehr gefürchtet; ihre Grausamkeit* soll ebenso schrecklich sein als ihr Schlachtenmut groß. Weil sie lebenden Tieren Fleischstücke aus den Lenden schneiden, um diese roh oder nach ihrer Meinung saftig verzehren zu können, gelten sie in manchen Gegenden für Menschenfresser. Dem Tod sollen sie tollkühn entgegengehen. Sie strecken ihre Schilde den Kugeln und Bajonetten der türkischen Soldaten entgegen und halten, ohne zurückzuweichen, das mörderische Gewehrfeuer derselben aus. Ihre Angriffswaffen sind gewöhnlich nur Streitkolben, Bogen und Pfeile, selten Gewehre von großem Kaliber, welche sie mit abgerundeten Eisenstücken laden, aber doch sind sie nicht zu verachtende Feinde der türkischen Regierung, deren Kriegszüge zu jeder Jahreszeit geschehen.

Am 6. Januar erlegte ich abermals ein riesengroßes Krokodil; es ging mir ebenfalls verloren, obgleich es lange Zeit besinnungslos am Strande lag.

Die türkische Kleidung, welche wir tragen, ist hier so unbekannt, daß sie selbst den Tieren auffällt. Gestern kam ich einer Rinderherde zu nahe und sah alsbald die ganze Gesellschaft, die Ochsen mit zur Erde gebeug-

* Hostes omnes captos castrare eorumqne penes tanquam tropaea considerare dicuntur.

ten Köpfen und hoch emporgehobenen Schwänzen, auf mich loskommen. Ich begrüßte die schnaubenden Ungetüme mit empfindlichen Schrotschüssen und trieb sie glücklich zurück.

Um Mitternacht weckte uns Lärm. Ein Tokhul war in Brand geraten und verbreitete die Flammen mit einer erstaunlichen Geschwindigkeit. In Zeit von einer halben Stunde lagen fünfundzwanzig dieser Strohhäuser in Asche. Die Lohe der brennenden Wohnungen war über vierzig Fuß hoch und strahlte eine so gewaltige Hitze aus, daß wir für unsere Barke fürchteten und diese einige hundert Schritte stromaufwärts ziehen ließen.

Während des Brandes durchzitterte das schrille Angstgeschrei der Weiber die Luft. Die Männer hatten von der Möglichkeit Feuer zu löschen, gar keine Idee. Niemand dachte daran, aus dem ziemlich nahen Strom Wasser herbeizuschaffen. Man bemühte sich, dem Feuer den Weg abzuschneiden; weiter tat man nichts. Die Flammen ergriffen alles Brennbare mit außerordentlicher Schnelligkeit und liefen wie Schlangen auf dem Gestrüpp und den Dornhecken hin, mit welchen die Hütten gewöhnlich umgeben sind. Das Gehölz brannte wie Schwefel und brachte das Feuer selbst zu den entfernten Tokhahl. Was von dem entfesselten Element einmal ergriffen wurde, war verloren; fünf Minuten genügten, einen Tokhul bis auf die wenigen Hauptstützen in Asche zu verwandeln.

Der größte Teil der Dorfbewohner sah mit stummer Verzweiflung dem vernichtenden Brand zu. Nur wenige arbeiteten und hielten dabei, um sich gegen die Hitze zu schützen, Lederschilde und Strohmatten vor sich hin. Einige Männer bemühten sich, das Vieh zu bergen, andere zertrümmerten die mit dem öligen *Simsim* angefüllten Lederbehälter, weil diese den Flammen lange andauernde Nahrung gaben, andere schafften Anakharihb und anderes Hausgerät beiseite. Die Weiber verhüllten sich ihr Gesicht, weinten und schrien.

Unsere Jagden fallen immer höchst ergiebig aus. Der Wald ist von zahlreichen Perlhühnerketten belebt; wir schießen von den leckeren Vögeln so viele, als wir zur Küche brauchen. Dann und wann erlegen wir auch eine Antilope. Bis jetzt sind wir mit dem Ertrag unserer Reise sehr zufrieden. Wir haben seit unserer Abreise von Chartum achthundert Vögel präpariert. Gewöhnlich treten die Arten der Vögel in zahlreichen Exemplaren auf. Heute zählte ich auf einer nicht allzu großen Sandinsel fünfundneunzig *Königskraniche.* Die *numidischen* und *grauen* Kraniche sind noch zahlreicher. Erstere bedecken im vollen Sinne des Worts oft ganze Sandbänke und einigen sich in Scharen von mehreren hundert, ja mehreren tausend Individuen. Unter solchen Umständen ist es eine Lust zu jagen! Glücklicherweise sind wir mit Ausnahme *Tischendorfs* alle gesund geblieben. Dieser ist noch immer mehr oder weniger fieberkrank.

Nachdem wir am 18. Januar einen sehr unbedeutenden und dennoch von unserem feigen Schiffsvolk gefürchteten Schellahl überschifft hatten, gelangten wir am 21. Januar zu einem Regenteich, hielten uns aber an ihm nur wenige Stunden auf, weil unser Reïs uns zu einem andern, den er sogar *»Birket«* (See) nannte, zu führen versprach. Wir kamen nach zwei Tagen dahin und fanden die noch mit Wasser gefüllte *Fuhla* so groß, daß sie den Namen *Birket* verdiente. Sie war nur acht Minuten vom Stromufer entfernt und beherbergte noch gegenwärtig mehrere Nilpferde mit ihren Jungen. Vielleicht hatten die Mütter diese hier zur Welt gebracht; wenigstens schien mir die Birket zu einem ruhigen und stillen Aufenthalte der Hippapotami wohl geeignet. Rings um sie lagen fruchtbare Felder, aus denen sich die Tiere ohne Beschwerden ihre Nahrung holen konnten.

Wir fanden hier außer den uns schon bekannten Vögeln auch den *Schlangenhalsvogel* Nordostafrikas in ziemlicher Anzahl vor, doch war derselbe leichter zu beobachten als zu erlegen. Bevor wir einen Schuß auf ihn tun konnten, mußten wir bis an die Brust ins Wasser waten und hatten es auch dann nur dem Zufall zu danken, wenn ein Schrot den einzig und allein über dem Wasser sichtbaren dünnen, schlangenähnlichen Hals traf. Ungeachtet aller mit dieser Jagd verbundenen Beschwerden wurden von uns dennoch drei Stück des schönen Vogels erbeutet und viele andere verwundet. Diese entkamen uns, vermöge ihrer erstaunlichen Schwimmfertigkeit; aber auch ein vierter, welchen *Tomboldo* getötet hatte, ging verloren. Der Nubier war eben im Begriff, den tot auf dem Wasser schwimmenden Vogel herbeizuholen, als ihn ein am Ufer arbeitender Araber bat, »um der Barmherzigkeit Gottes willen« dem Lande zuzueilen, weil ein Nilpferd auf ihn losschwimme. *Tomboldo* wendet sich um und sieht die wutschnaubende Bestie mit wilden Sätzen auf ihn zukommen; sie hat bereits festen Grund unter ihren Füßen und droht ihn zu ergreifen, da nimmt er die Flucht und ist wirklich so glücklich, den Wald zu erreichen, ehe sein grimmiger Feind noch die Birket verlassen hat. Bis an den Uferrand verfolgt ihn das Ungetüm; erst im

Quellsee des Gazellenflusses

Wald darf sich der Jäger sicher fühlen, denn die Schrotflinte in seiner Hand verdient diesem Ungeheuer gegenüber nicht einmal den Namen einer Waffe. Das wahrscheinlich durch die fallenden Schüsse in Harnisch gejagte Tier würde meinen trefflichen Jäger, hätte es seiner habhaft werden können, unfehlbar zermalmt haben; denn es ist bekannt, daß das Nilpferd zuweilen mit blinder Wut auf einen ganz harmlosen Gegenstand losstürzt, um ihn zu vernichten. So tötete, wie *Rüppell* erzählt, ein Hippopotamus vier an einem Schöpfrade angefesselte Ochsen, ohne daß man nur ahnen konnte warum. »Aaus billahi min el scheïtahn ja

Lager im Urwald

rabbi, Allah jenarhl el äeessint – wu el rhattahss rach!« – Behüte mich, o Herr, vor dem Teufel, Gott verdamme diese Nilpferde! – »Und mein schöner Taucher ist hin«, sagte *Tomboldo* ingrimmig zu mir. Und nun bat er mich inständig, doch diesen *»Malaaïhn«* oder Verworfenen recht viele Kugeln auf den Pelz zu jagen. Daß dadurch die Nilpferde immer wütender wurden, ist nicht zu verwundern. Bei unserer Ankunft verhielten sie sich ziemlich ruhig, aber schon am zweiten Tag unserer Jagden wurde es gefährlich, in das Wasser zu gehen.

Nach einem Aufenthalt von zwei Tagen reisten wir weiter. Unsere Leute machten uns auf die erst hier beginnenden Ebenholzbäume aufmerksam. Am weißen Fluß bemerkt man sie schon weiter nördlich. Die von mir gesehenen Ebenholzbäume waren mehr strauch- als baumartig und hatten selten über dreißig Fuß Höhe. Das Holz der *»Babanuhs«* ist nicht gerade ausgezeichnet, immerhin aber brauchbar; hier verdorrt und verfault es unbenutzt.

Am 27. Januar. Gegen Mittag kamen wir zu einem ziemlich großen Lager der *Bakhahra*-Araber. Sie waren erst gestern vom andern Ufer übergesiedelt und hatten ihre luftigen Zelte unter den schattigen Mimosen eines Waldes am rechten Stromufer aufgeschlagen. Bald nach unserer Ankunft fanden sich mehrere Männer in der Nähe unserer Barke ein und betrachteten die auf dem Strohgezelt derselben liegenden ausgestopften Vögel. Zu ihnen gesellten sich mehrere und in kurzer Zeit auch Weiber, so daß zuletzt die Hälfte aller Bewohner des Zeltdorfes um uns versammelt war.

Die Weiber hatten sich mit Bernsteinschnüren, deren einzelne Stücke oft einen halben Zoll im Durchmesser haben mochten, Korallen und Glasperlen Kopf, Hals, Arme und Haare geputzt. Einzelne von ihnen hatten wohl auch starke Messingringe in die Haare geflochten oder trugen diese in der Nase, aber eine der Schönen verdunkelte sie alle: sie trug als ganz besondere Zierde zwölf bis fünfzehn *messingene Fingerhüte* in den Haaren und warf ihren Kopf zuweilen mit europäischer Gefallsucht zurück, um dadurch ein höchst nüchternes, prosaisches Zusammenklingen der Fingerhüte zu bewirken. Sowohl Mädchen als Frauen waren nur mit einem um die Hüften geschlagenen Tuch bekleidet und trugen den übrigen Körper unverhüllt zur Schau. Sie waren ohne Ausnahme untadelhaft gebaut und zeigten Zähne von vorzüglicher Reinheit und so großer Regelmäßigkeit, daß sie gewiß manche Europäerin darum beneidet haben würde. Ebenso schön als die Zähne war das glühende, schwarze Augenpaar der Schönen, oder bei jugendlicheren Gestalten der volle, aber wahrhaft plastisch geformte Busen. Die Kleidung der Sklavinnen und kleinen Mädchen bestand aus einem sehr unvollständigen Schürzchen; die Knaben gingen völlig nackt.

Ich zeigte den Frauen zuerst Glasperlen. Sie gefielen, waren aber zu zerbrechlich. Dann reichte ich ihnen meinen Spiegel. Ein nicht endenwollendes Freudengeschrei belohnte mich dafür. Der Spiegel ging aus einer Hand in die andere, wanderte von den Frauen zu den Männern, von diesen wieder zu den Frauen zurück und schien allen, allmindestens den Frauen, unsäglichen Spaß zu machen. Ich bekam ihn nicht wieder zurück, bevor alle ihre nicht gerade hübschen, sondern eher unregelmäßigen Gesichtszüge zu wiederholten Malen genau betrachtet hatten. Einige der Schönen hatten sich, wie dies alle Tage zu geschehen pflegt, die Haut eben frisch mit Butter eingerieben und eine von diesen hatte der Butter noch fein gestoßene Curcumawurzel beigemischt, wodurch ihr Gesicht eine safrangelbe Farbe angenommen hatte. Sie konnte gar nicht müde werden, den Spiegel immer wieder von neuem zu gebrauchen und schien die gelbe Schminke ungefähr mit demselben Vergnügen zu beäugeln, als manche meiner schönen Landsmänninnen das durch »die Kunst« hervorgerufene Rot ihrer zarten Wangen.

Gegen Abend verließen wir das glückliche Völkchen und landeten nach mehrstündiger Fahrt in *Rosseeres.*

Rosseeres [3], die frühere Hauptstadt eines Königreichs der Fungi, liegt am rechten Ufer des blauen Flusses und eine starke Viertelstunde von diesem entfernt, einige Minuten südlich vom zwölften Grad nördlicher Breite. An der dem Fluß zugekehrten Seite begrenzt ein unabsehbarer, fast undurchdringlicher Dompalmenwald, nach den übrigen drei Seiten die ziemlich baumreiche Steppe die Stadt, welche jetzt kaum diesen Namen noch verdient. Gegenwärtig ist Rosseeres nur als eine Vereinigung mehrerer durch Felder und Steppenstreifen voneinander getrennter Ortschaften, welche auch besondere Namen führen, zu betrachten. Die Basars sind, seitdem man das vormals hier stationierte Militär nach Fazoghl und Khassan [3] verlegte, verödet, der Handel ist unbedeutend. Man sieht nur Tokhahl, keine Tanakha. Erstere sind zur Verhütung großer Feuersbrünste sehr weit voneinander erbaut, weshalb die Stadt größer erscheint als sie ist. Ihre Einwohnerzahl dürfte zweitausend betragen. Die Lage der Stadt ist ungünstig. Sie liegt auf mehreren Hügeln und leidet an Wassermangel. Allabendlich sieht man Frauen und Esel-

die geplagten Lastträger der Sudanesen – in langen Zügen zum Flusse ziehen, um von dort das nötige Trinkwasser herbeizuschaffen. Rosseeres ist tot und unfreundlich.

Wir blieben bis zum 4. Februar in Rosseeres. Nach Süden zu konnten wir unsere Reise nicht weiter fortsetzen, weil der Fluß bereits so seicht geworden war, daß unser Reïs fürchtete, bei längerem Aufenthalt mehrere Untiefen nicht mehr passieren zu können. Die Jagd war ziemlich ergiebig, würde aber in dem uns gegenüberliegenden Wald wohl noch besser gewesen sein. Diesen durften wir nicht betreten, weil dort die *Tabi*-Neger streiften. Allnächtlich hörten wir von dort das Gebrüll der

Berg und Dorf Fazoghl

Löwen zu uns herüberschallen; Elefanten sollten, nach Aussage der Eingeborenen, in ihm häufig sein. Die Hyänen und Nilpferde erwähne ich nicht mehr, weil es eine Ausnahme von der Regel gewesen wäre, wenn wir sie einen Tag lang nicht vernommen oder gesehen hätten.

Bald nach unserer Abfahrt, welche wie gewöhnlich erst zur Zeit des Aassr erfolgte, sah ich zwei wilde Büffel am Strom trinken, fehlte sie aber in der Dunkelheit des Abends aus nicht allzu großer Entfernung. Nachts wechselseitiges Löwengebrüll auf beiden Stromufern. Noch bis spät in die Nacht hinein treiben wir langsam mit den Wellen des Stromes hinab.

Am folgenden Tag landeten wir bei der Birket mit den Nilpferden und Schlangenhalsvögeln. Wir jagten dort den ganzen Tag über und wollten mit Einbruch der Dunkelheit noch einige Pelikane, von denen eine zahlreiche Gesellschaft nachmittags angekommen war, erlegen. Ich hatte zwei Stück geschossen, *Tomboldo* jagte auf der anderen Seite. Mein Nachhauseweg führte mich durch ein dorniges, schon wieder vom Urwald in Besitz genommenes Baumwollfeld. Einer meiner Nubier begleitete mich und trug Büchse und Beute. Wir hatten fast das Ende des Birket erreicht, als mich der Nubier auf drei dunkle, hügelartige Gegenstände aufmerksam machte, welche ich bei Tage gesehen zu haben mich nicht erinnerte. Die Nacht war so dunkel, daß ich nur ihre Umrisse erkennen konnte. Ich hielt sie für Erdhaufen und ging sorglos auf sie zu. Das Wutbrüllen eines Hippopotamus belehrte mich über meinen Irrtum: drei aus dem Wasser herausgetretene Nilpferde, welche wir den ganzen Tag über gereizt hatten, standen in einer Entfernung von kaum fünfzig Schritten vor mir. »Hauen aaleïna ja rabb*« rief der Nubier schaudernd, »flieh, Effendi, rette dich, du bist verloren, wenn du einen Augenblick länger weilst.« Und weg warf er die erlegten Pelikane, die Büchse und die Jagdtasche und war mit einigen Sätzen im Gebüsch verschwunden. Daß uns die Ungetüme bemerkt hatten, war augenscheinlich. Sogleich nach dem ersten Gebrüll bewegten sie sich auf uns zu; der Nubier hatte recht, es blieb uns nur die Flucht übrig! Waffen besaß ich nicht, denn meine Gewehre waren keine Waffen und ohne Waffen ist der Mann kein Mann mehr. Ich stürzte dem Nubier auf dem Fuße nach. Die Dornen der Büsche zerfetzten mir die Kleider, zerkratzten mir die Haut, die stacheligen Zweige peitschten mich ins Gesicht, der ganze

* Zu deutsch: »Hilf uns, o Herr!«

Körper schmerzte – ich achtete es nicht! Hinter mir her stürmte das wütende Tier, es kam näher und näher, die Todesangst lieh mir Kräfte, aber wie lange noch? Verzweifelnd eilte ich in der eingeschlagenen Richtung weiter, es gab für mich keine Hindernisse, ich sprang durch die furchtbarsten Dornenhecken ohne Bedenken hindurch. Meine Lage war schauderhaft. Vor mir dunkle Nacht, dicht hinter mir mein entsetzlicher Feind, ich wußte nicht mehr, wo ich mich befand, ich wußte nichts mehr von mir selbst. Da, Himmel! – ich stürzte! Aber ich fiel weich, ich lag im Wasser! Gottlob, ich war im Strome und wenige hundert Schritte vor mir schimmerte das freundliche Feuer unseres Schiffes. Rasch durchschwamm ich die schmale Bucht, welche mich von der Halbinsel trennte, an der unsere Barke angelegt hatte, ich betrat sie und war gerettet! Oben an dem wohl zwanzig Fuß hohen Uferrande, über welchen ich herabgestürzt war, stand das brüllende Ungeheuer. An allen Gliedern zitternd und ganz entkräftet kam ich an der Barke an.

Tomboldo kehrte später zurück und war, achtlos seinen Weg verfolgend, noch näher als ich an ein Nilpferd herangekommen und von diesem ebenfalls verfolgt worden. Er hatte, vor ihm flüchtend, dieselbe Richtung eingeschlagen als wir, war dabei aber fast in noch größere Todesgefahr geraten. Das Nilpferd ist ihm schon bis auf wenige Schritte nahegekommen, da bleibt er mit einem Fuße in den Dornen hängen und fällt zu Boden. Sein Gewehr entladet sich, ohne ihn zu verletzen, die ihm nachjagende Bestie stutzt einen Augenblick, er rafft sich auf und erreicht ebenfalls das Ufer. Kopfüber stürzt er sich in die Fluten und schwimmt zu der erwähnten Halbinsel herüber. Dort angelangt, fällt es ihm ein, daß er fast aus der *Scylla* in die *Charybdis* gekommen wäre: er hatte erst vor wenigen Stunden drei Riesenkrokodile in derselben Bucht, durch welche er und ich eben geschwommen waren, gesehen. In höchster Aufregung kam er bei uns an. »Brüder«, rief er den Matrosen und übrigen Dienern zu, »betet heute zwei Rakaat* mehr, danket Gott mit mir für meine Errettung! Ich will euch, wenn ich erst mit Hilfe des Barmherzigen in Chartum angekommen sein werde, einen großen Sack voll Datteln, *›Karahme‹* (zum Opfer) geben. La il laha il Allah, Mahammed rassuhl Allah! Der Arm des Todes griff nach mir – aber – el hamdu lillahi – Allah herihm! Sallah el nebbi ja achuana – Preist den Propheten, meine Brüder – Allah kerihm! Gott ist barmherzig!«

* Eigentlich Rakaaaht, Plural von *»Rakaah«*.

Das Gebrüll des Löwen hören wir jetzt jede Nacht.

Am 20. Februar. In den letzten Tagen haben wir mehrere Male zur Nachtzeit glücklich auf die Jungfernkraniche gejagt. Die Tiere scheinen sich jetzt zum Zug zu versammeln. Wir sehen auf manchen Sandinseln so zahlreiche Scharen, daß wir sie, wahrscheinlich ohne sehr zu irren, auf mehr als sechstausend Individuen schätzen können. Jetzt sind die Vögel in ihrem Prachtkleid.

Vorgestern wehte am Morgen ein heftiger und sehr kalter Nordwind. Wir froren erbärmlich, hüllten uns in unsere Decken und wagten uns erst mehrere Stunden nach Sonnenaufgang hinaus in die kalte Luft. Um Mittag kamen wir zu einem von den Wanderheuschrecken verwüsteten Wald und erlegten viele Rötelfalken, welche in der schon beschriebenen Weise Jagd auf die Insekten machten.

Am Blauen Nil

Der Fluß ist sehr seicht geworden und kann an manchen Stellen durchwatet werden. Dort hat er zwar immer noch die Breite von einer Viertelstunde, seine Wassermenge ist aber dennoch mit der im Charief nicht zu vergleichen. Unser Reïs klagt oft über das geringe Fahrwasser und versichert, daß von nun an der blaue Fluß gar nicht mehr schiffbar sei. In der Nacht passieren wir dagegen eine sehr tiefe, von hohen Felsen eingeschlossene Stelle des Flusses, welche, weil sie nur wenig Fall hat,

Dulehb-Palme

Birket el felahte, »der tote See«, genannt wird. Um Mittag landen wir in Sennar.

Am anderen Morgen landen wir wenig unterhalb unseres nächtlichen Ruheortes in der Nähe einer Sakhïe, um dort frisches Gemüse zu kaufen. Ein dort beschäftigter Sudanese sagt aus, daß man dort keine Nacht vor den Einfällen eines Löwenpaares sicher sei, welches selbst am Tag oft aus dem Dickicht des Waldes hervortrete.

Gegen Abend passieren wir die Mündung des *Dinder*[4], eines aus den Gebirgen Abessiniens nach dem *Bahr el asrakh* strömenden Flüßchens, welches während der Regenzeit zu einem Strome anschwillt, in jetziger Zeit aber nur ungefähr den Wassergehalt unserer *Elster* haben mag. Wir nehmen hier Abschied von der Palmenkönigin *»Dulehb«*, denn diese kommt weiter nördlich nicht mehr vor.

Es wird Zeit, daß wir zurückkehren. Unsere Schießvorräte sind fast ganz zu Ende. Die präparierten Vögel können wir gar nicht mehr in den Kisten unterbringen und haben sie auf dem Strohzelt in hohen Haufen aufgeschichtet. Wir haben bis jetzt mehr als vierzehnhundert Bälge präpariert und sind mit dem Ertrag der Reise überaus zufrieden. Jetzt wird es stiller in den Wäldern. Auch in der Tierwelt macht sich die Nähe der alles tötenden Jahreszeit bemerkbar. Das Laub der Bäume fällt ab, die flüchtigen Gäste der Wälder ziehen sich nach den südlicheren, wasserreicheren Gegenden zurück, unsere Jagden sind weniger ergiebig als früher.

Am 25. Februar. Zur Zeit des Nachmittagsgebetes jagte ich einem von sieben schlafenden Krokodilen eine Kugel, welche es auf der Stelle tötete, durch die Brust. Es hatte mehr als dreißig halbreife Eier im Leibe. Ich bekam davon nur sechsundzwanzig Stück zu sehen, weil die Matrosen die übrigen sofort verspeist hatten. Anfänglich waren sie willens, auch das ganze Krokodil zu essen, besannen sich aber und beschlossen, es in dem nahen *Woled-Medine* auf den Markt zu bringen. Es wurde deshalb heute nur das Schwanzstück gesotten. Die Matrosen fanden das zarte weiße Fleisch sehr wohlschmeckend; uns Europäern war der starke Moschusgeruch, welches dasselbe auch noch nach dem Kochen ausdünstete, so zuwider, daß wir keinen Bissen davon genießen konnten. Unsere Leute machten in Woled-Medine gute Geschäfte mit der von den Sudanesen gesuchten Speise, kauften sich Meriesa von dem Erlös des verkauften Fleisches und hielten noch eine zweite Mahlzeit, bestehend aus einem Gericht Krokodil und mehreren Töpfen Meriesa. Und die *Tambuhra* erklang gar lieblich zwischen dem Schnalzen und den Beteuerungen des Wohlbehagens der Schmausenden und Zechenden!

Wir erreichten Chartum am sechsten März. Ich fand einen Brief von meinen Eltern vor. Für die sogenannte dritte Expedition des Freiherrn von Müller waren weder Briefe noch Wechsel angekommen.

XIV. Freuden und Leiden während des letzten Aufenthaltes in Chartum

Am 8. März. Contariny erschien heute mit einem vielsagenden Gesicht. »Eine Neuigkeit, *Signori,* eine interessante Neuigkeit!« Lange strebten wir vergebens danach, ihm sein Geheimnis abzulocken. Erst nachdem er unsere Neugierde möglichst erregt hatte, kam er zur Sache. »Es sind drei Engländer, wahr- und leibhaftige Engländer hier angekommen. Glauben Sie es? Drei Stockengländer.« Und nun begann er in seiner humoristischen Weise uns die Gesichter, Brillen, Uhrketten, Hüte, Beinkleider, Röcke, Manieren und Bewegungen der Leute auszumalen, trank seinen *»Aquavit«* und verschwand, um das wichtige Geheimnis noch weiterzuverbreiten.

Die Engländer glichen aber keineswegs den Karikaturen, welche uns Contariny gezeichnet hatte. Es waren ganz treffliche Leute, mit denen wir manche vergnügte Stunde verlebt haben. Der älteste von ihnen hatte aller Herrn Länder bereist, sprach perfekt Deutsch, war Botaniker und ein sehr unterrichteter, gebildeter Mann; die beiden andern dienten in der Marine der Ostindischen Kompanie und machten eine Urlaubsreise – *von Bombay über Kairo nach Chartum!* Daß sie hierher gekommen, war ganz das Werk des Zufalls. Sie hatten Oberägypten bereisen wollen, waren von einer Stadt zur anderen gezogen und schließlich nach Chartum gelangt. So etwas kann Engländern wohl begegnen.

Hier fanden sie aber, daß sie nicht mehr genug Geld zur Rückreise hatten. Ihre Verlegenheit war groß. Ich nahm mich ihrer treulich an und erhielt auf meinen Namen die ihnen nötige Geldsumme von *Nikola Ulivi,* und zwar dank der früher von mir empfangenen Prügel zu mäßigen Prozenten vorgestreckt. In kurzer Zeit wurden wir die besten Freunde.

Am 18. März verließ ich mit den Engländern zu Schiff Chartum, um sie eine Strecke weit zu begleiten. Die Dahabïe war mit sechs Ruderern bemannt und eilte rasch den Strom hinab. Ehe die jungen Leute Sudan wieder verließen, wollten sie erst noch eine Jagdpartie auf dem weißen Fluß machen, weshalb wir um *Rahs el Chartum* herum- und den weißen Strom hinaufsegelten. Hier verbrachten wir in einer Entfernung von ungefähr zwei Meilen von Chartum die Nacht und den größten Teil des folgenden Tages, kehrten dann um und landeten unterhalb des uns schon bekannten Dorfes *Halfäï*.

Am 20. März. Bei Gegenwind schifften wir nur langsam den Strom hinab. Gegen Abend sahen wir hinter dem Gebirgszug in der Nähe des Dorfes *Surrurahb* ein Schiff mit österreichischer Flagge hervorfahren. Es kam rasch den Strom heraufgebraust, fuhr aber ganz in unserer Nähe auf eine große Sandbank auf. Nun wurde es von unseren Schüssen begrüßt und dann angerufen. Deutsche Worte hallten zu uns herüber; die Dahabïe brachte uns den lange ersehnten österreichischen Konsul, unsern Freund *Dr. Konstantin Reitz* [1]. Ihn begleitete ein großer, schöner Mann, welcher mir als ein deutscher Kaufmann aus St. Petersburg, Herr *Bauerhorst,* vorgestellt wurde.

Nach den ersten herzlichen Begrüßungen fragte ich nach Baron *Müller.* Die Antwort des Konsuls lautete nicht befriedigend; sie bestätigte mir beinahe eine Nachricht, *welche die fliegende Fama längst in Chartum verbreitet hatte,* daß nämlich Baron Müller bankrott sei. Für uns hatte Dr. Reitz von ihm kein Geld, sondern nur einen nichtssagenden Brief voller Beteuerungen, Klagen und Beileidsbezeugungen erhalten. So war die letzte Hoffnung zerronnen. Ich wußte nicht, wie ich die Hunderte von Meilen, welche mich vom Vaterlande trennten, zurücklegen sollte. Selbst wenn ich alles, was ich außer meinen schwer erworbenen Sammlungen besaß, hätte verkaufen können, würde der Erlös nicht hingereicht haben, die Reisekosten bis Kairo zu bestreiten. *Verlassen und verraten im Innern Afrikas* – das war, mit wenig Worten sei es hingestellt, das Los, welches uns Baron Müller bereitet hatte. Hätten wir nicht selbst in Chartum edle Menschen gefunden, wir wären verhungert oder wenigstens den Krankheiten Ostsudans, welche den größten Teil meiner dortigen Bekannten in das Grab gebracht haben, zum Opfer gefallen: *dem Fieber,* welchem der freiwillig noch länger als ich im Sudan zurückbleibende *Dr. Vierthaler* erlag*, der *Dysenterie,* welche unsern braven *Reitz* in die heiße Erde des Steppendorfes *Tokha* in Ostsennar gebettet hat**. Über die Handlungsweise des Barons brauche ich nichts weiter zu sagen, sie spricht eine Sprache, der ich keine Worte zu leihen nötig habe.

Wir blieben bis zum andern Morgen noch mit den Engländern zusammen. Der Abschied von ihnen ging mir und ihnen sehr nahe. *Lakes*

* Am 26. August 1852.

** Am 23. März 1853.

umhalste mich noch mehrere Male mit Tränen in den Augen. Ich wünschte ihm eine glückliche, fröhliche Reise nach Kairo und – durchs Leben; er gab mir meine Wünsche reichlich zurück. Mit dem Tuch vor den Augen stand er, solange ich ihn noch sehen konnte, auf dem Verdeck seiner Barke und winkte mir Abschiedsgrüße zu. – *Vierzehn Tage später wurde er auf dem Kirchhof zu Berber beerdigt!*

Nachmittags kamen wir wieder in Chartum an. Ich ging zum Pascha, um ihm die Ankunft des österreichischen Konsuls für Chartum *»nell' Africa centrale«* anzuzeigen.

Am 22. März. Großer Staatsbesuch beim Pascha. Der Konsul in Galauniform und in Begleitung aller Europäer; Ali-Arha als Konsulatskhawahs mit großem, silberbeschlagenem Stocke geht gravitätisch voran. Der Pascha bemüht sich, alle ihm zu Gebote stehende Liebenswürdigkeit an den Tag zu legen und ist so artig und höflich, als er es sein kann.

Der Konsul bezieht einstweilen *Dr. Penneys* Wohnung; *Bauerhorst* wohnt in der vorderen Abteilung unseres geräumigen Hauses. Letzterer scheint ein echter biederer Deutscher zu sein. Wir schließen uns soviel als zulässig ihm an. Er hat Proben von verschiedenen europäischen Waren, hauptsächlich auch Arbeitszeug und Kurzwaren mitgebracht und wird mit letzteren bessere Geschäfte machen als mit dem Baumwollzeug.

Am 30. März. Feierliche Aufrichtung des Konsulatwappens, wozu alle Europäer eingeladen sind. Der Konsul hält an sie eine Anrede in italienischer Sprache, setzt ihnen darin das Wesen und die Wichtigkeit eines europäischen Konsulats auseinander und ladet sie zuletzt als seine Gäste ein. Gegen Abend erscheint auch der Pascha mit seinen höchsten Beamten. Wir verherrlichen das Fest durch einundzwanzig Böllerschüsse.

Zwei Tage später gibt *Nikola Ulivi* dem Konsul zu Ehren eine große Fanthasïe, bei welcher ich nicht mit beteiligt bin, weil ich am Fieber darniederliege. *Contariny* berichtet mir treulich alles, was dabei vorgegangen, und schildert mir die Tafel als ganz vorzüglich luxuriös und reichhaltig.

Unsere Lage wurde durch die ewige Geldverlegenheit immer verwickelter und unangenehmer. *Dr. Vierthaler* trennte sich von mir, weil jeder jetzt daran denken mußte, sein eigenes Unterkommen zu finden. Er ging zu seinem Universitätsfreund, dem Konsul, welcher das Haus des Kaufmanns *Rollet* gekauft, verbessert und zum Konsulatsgebäude eingerichtet hatte; ich blieb in unserer Wohnung zurück. Gern hätte ich meine Diener entlassen, aber ich war zu arm, um ihnen den schuldigen Lohn auszahlen zu können. Auch macht es in Chartum keinen großen Unterschied, ob man zwei oder sechs *nubische Bediente* beköstigt. Außerdem hatte ich den Vorteil, durch ihre Hilfe meine Sammlungen mehr und mehr anwachsen zu sehen. Ich arbeitete daher fortwährend, um wenigstens die noch übrigen Anteile von den behufs des Sammelns gekauften Provisionen zu verbrauchen, oder auch, weil ich fühlte, daß nur durch Arbeit meine Lage erträglicher wurde, weil mir die Natur in reicher Fülle Genüsse bot, welche mich einigermaßen das Elend meiner häuslichen Umstände vergessen ließen. Die zu machenden Ausgaben für die Sammlungen gingen allen übrigen vor. *Ich vertauschte eine silberne Zylinderuhr gegen acht Pfund Schießpulver!* Ich verkaufte Kleider, Waffen, Bücher, Kisten, Wäsche, den wenigen Schmuck, den ich besaß; ich verkaufte alles, was ich verkaufen konnte. Und wurde mir das Herz einmal gar zu kummerschwer und war der Dämon des Fiebers einmal auf Stunden von mir gewichen, dann ging ich, mein Gewehr über der Schulter, hinaus in die freie Natur, um mich wieder zu kräftigen und zu stärken.

Einen Freund kann ich nennen. Er ist uns schon näher bekannt geworden, denn er ist ja der Vornehmste des ganzen Sudan; ich meine den Generalgouverneur *Latief-Pascha.* Die vier Monate, während deren ich meine Schuld an ihn zurückzuzahlen versprochen hatte, waren vorüber. Ich gab dem Pascha Kunde von meinen bedrängten Verhältnissen und bedauerte, mein Versprechen nicht erfüllen zu können. Er gab mir eine recht kurze Antwort; sie enthielt nur die wenigen Worte: »Beni wu benak mafisch teklief«, aber diese wenigen Worte enthielten einen ganzen Schatz von Edelmut. Sie lauten ins Deutsche übersetzt ohne Kommentar: *»Zwischen mir und zwischen dir gibt es keine beschwerlichen Dinge.«* Das versteht man nun freilich im Deutschen nicht, wenigstens könnte man es mißverstehen. Ich will deshalb die wahre Bedeutung angeben. Jene Worte besagten in diesem Falle ungefähr folgendes: »Chalihl-Effendi, du warst in Not und ich konnte dich, Gott sei Dank, daraus befreien. Du bist mir dadurch verbindlich geworden; allein ich will dir keine neue Not bereiten, sondern dir sagen, daß es ›zwischen mir und dir keine Verbindlichkeiten‹ gibt.«

Ich bat den Pascha, mir, wenn es möglich wäre, etwas Schießpulver zu verabreichen. »Gebt dem Herrn sechstausend Stück Militärpatronen zum Einkaufspreis der Regierung!« lautete die Antwort, welche ich dem Aufseher des Pulvermagazins zu überbringen hatte. Das Pulver war freilich schlecht, aber das Pfund kostete mich auch nur fünf Piaster. Die Bleikugeln hatte ich bei dieser Berechnung umsonst; ich goß Schrot aus ihnen.

Welchen Namen gebe ich nun den Handlungen dieses Mannes? »Türkische« kann ich sie nicht nennen, denn da würde ein großer Teil meiner Leser an grausame denken. »Christliche?« Im Vergleich zu den Handlungen der Christen Chartums wäre dieser Ausdruck doch eine Herabsetzung jener Wohltaten, die ich bei mir selbst nicht verantworten könnte. Und wie kann denn auch ein Türke, ein *»irrgläubiger Muselmann«*, ein Wielandscher *»Heide«* christliche Taten tun? Ich muß es meinen Lesern überlassen, selbst eine Bezeichnung für sie auszufinden. Nur wundere man sich nicht, wenn ich die Türken achte und *liebe.* Sie haben mich dazu gezwungen, gezwungen durch viele Taten des Edelmutes, der reinsten Menschlichkeit, Menschenliebe und Barmherzigkeit. Ich wiederhole es: die Christen in Ostsudan mit Ausnahme der wenigen, welche wir als rechtlich und bieder kennengelernt haben, hätten mich verhungern lassen, ja sie hätten mich vergiftet und sich frohlockend in meinen Nachlaß geteilt, wenn sie gekonnt hätten; sie haben mich tief gekränkt, belogen, betrogen, bestohlen, verleumdet. Die Türken haben sich meiner angenommen, mich Bruder, Freund, Sohn genannt und mich als Bruder, Freund und Sohn behandelt; sie achte und liebe ich.

Die Liste meiner Freunde ist jedoch noch nicht geschlossen. Ich nenne noch meinen ehrlichen *Ali-Arha,* ich nenne meine braunen Diener, welche mir treu wie Gold geblieben sind und mit mir Freud und Leid geteilt haben.

Ja, wahrlich! ich hätte eigentlich nicht klagen sollen. Ich hatte bei all meiner Armut doch noch viel, sehr viel. Ich hatte Gottes Sonne und seine hochheilige Natur, ich hatte in meinem Hof eine eigene kleine Welt. Wieviel Vergnügen machten mir meine zahmen Ibisse, die lebenden großen Tiere; wie schmeichelten mir die Affen, wie liebkoste mich *Bachieda!* Aber freilich Geld hatte ich nicht; oft mußte ich mir die Frage aufwerfen: »Herr, was werden wir morgen essen?« Oft raubte mir jenes »Geschenk des Teufels« das gräßliche Wechselfieber, Kraft und Mut.

Und dann, welch tiefen, bitteren Groll hegte ich gegen die große Mehrzahl der Menschen, von denen mich fast alle diejenigen, mit denen ich näher in Berührung kam, belogen, betrogen, ja beinahe um meine Menschenliebe bestohlen hatten! Jetzt, wo ich ruhig und teilnahmslos in ihr buntes Treiben schaue, muß ich über meine damaligen Gedanken lächeln; begreiflich finde ich sie aber heute noch. Damals bin ich oft in den Diwan *Bauerhorsts* gegangen, um mir die trüben Gedanken aus dem Sinn zu schlagen oder mit ihm zu plaudern. Zuweilen stritten wir uns wohl auch einmal, aber immer wurde der Friede bald wiederhergestellt. Stundenlang spielte ich mit Bachieda. Ich gewann sie sehr lieb, sie wurde meine beste Freundin. In ihrem Charakter fand man noch Offenherzigkeit, Kraftfülle, Ehrlichkeit und Gemütlichkeit vereint.

Aber wer war denn eigentlich *Bachieda?* wird man fragen. Das hätte ich freilich meinen Lesern sagen sollen, zumal da, wie wir wissen, *Bachieda* ein Mädchenname ist, der aus dem Persischen stammt und »die Glückliche« bedeutet. Und da könnte man glauben, Frauenliebe habe mir damals Trost gebracht. Nun *Bachieda* war zwar in der Tat weiblichen Geschlechts, aber kein Mädchen. Sie war, um es kurz zu sagen, die meinem Freunde *Bauerhorst* gehörige *junge Löwin,* mit deren Erziehung er mich betraut hatte. Er hatte sie von *Latief-Pascha* zum Geschenk erhalten, weil ich diesem sagte, daß mein Freund das junge Tierchen allerliebst finde. Die Löwin mochte ungefähr ein halbes Jahr alt sein, als wir sie bekamen. Sie hatte die Größe eines mittleren Dachshundes, war schon ganz zahm und mit den Menschen bekannt geworden und durfte frei herumlaufen. Ich nahm mich ihr besonders an und gewann bald ihre Anhänglichkeit. Sie folgte mir wie ein Hund auf dem Fuße nach. Oft besuchte sie auch ihren früheren Herrn, den sie sogleich erkannte, wenn er zu Fuß oder zu Roß in die Nähe unseres Hauses kam. Nachts teilte die Löwin nicht selten das Lager mit mir; sie war zahmer als ein Hund und betrug sich immer sehr artig. Nur als sie größer wurde, mußte sie einige Male wegen Wildheit gezüchtigt werden. Sie spielte mit den Pavianen, welche wir besaßen, wurde aber von ihnen ängstlich gemieden. Einmal fraß sie einen kleinen Affen, ein anderes Mal tötete sie einen Schafbock, mit dem sie oft spielte, mit einem Schlag ihrer kräftigen Pranken. Wenn wir sie zu derb züchtigten, ging sie wütend auf uns los, wurde aber sehr bald wieder sanft und gerade so gutmütig wie vorher. Wir haben mit diesem schönen Tier manche angenehme Stunde verlebt; ich habe es begreiflich finden lernen, daß Tiere den Verlust des Umganges mit Menschen ersetzen können.

So verlebte ich den Sommer des Jahres 1851. Er hatte viele böse, aber auch manche gute Tage. Die mir bekannten Dinge Chartums gingen schleppend ihren Gang, ohne daß etwas geschehen wäre, was Abwechslung in unsere Einförmigkeit gebracht hätte.

Bauerhorst hatte seine Geschäfte in Chartum beendet. Er sah ein, daß jetzt für ihn wenig zu tun sei, und beschloß, nach Kairo zurückzureisen, um von dort aus mit größeren Kapitalien einen zweiten Handelsversuch zu machen, welcher wohl auch einträglich geworden wäre. Seine Freundschaft für mich ging so weit, daß er mich und mein Gepäck mit sich nach Kairo zu nehmen und alle Reisekosten für mich auszulegen versprach. Nun kam es nur darauf an, ob mir mein Hauptgläubiger, der Pascha, die Erlaubnis zur Abreise geben würde. Wir gingen deshalb *am 3. August* zu ihm, Bauerhorst, um Abschied zu nehmen, ich, um ihn zu bitten, einen Wechsel auf Kairo annehmen zu wollen.

Der Pascha war schlechter Laune und im Anfang sehr kalt. Ich übersetzte zuerst Bauerhorsts Abschiedsworte und kam dann zu meiner Bitte. »Herrlichkeit«, sagte ich zu ihm, »ich muß zugrunde gehen, wenn ich noch einige Wochen hier verweile. Nach Aussage der Ärzte ist mein geschwächter Körper nicht mehr fähig, einem neuen Fieberanfall Widerstand zu leisten. Ich muß eilen, ein gesundes Klima zu erreichen; auch möchte ich gern die Lieben im Vaterland wiedersehen, von denen ich so lange getrennt gewesen bin.«

»Aber wer hält dich denn hier zurück, Chalihl-Effendi? So ziehe doch in Frieden deiner Heimat zu!«

»Herrlichkeit, mich hält einzig und allein mein gegebenes Wort zurück. Ein rechter Mann muß sich durch dasselbe für gebunden erachten, selbst wenn er seinen unvermeidlichen Untergang vor sich sähe. Ich bin dein Schuldner und freue mich, es zu sein, weil ich dadurch deine Großmut erkennen lernte. Es ist mir aber unmöglich, mein Wort hier zu lösen, wie ich es versprochen habe; ich kann es nur in Kairo. Willst du mir erlauben, daß ich dahin abreisen darf, so wirst du das Maß deiner gegen den Fremdling reichlich bewiesenen Gnade übervoll machen.«

»Eh diabolo! Was denkst du von mir, Chalihl-Effendi? Ziehe in Frieden! Du bist nicht mir, du bist der Regierung Ostsudans Geld schuldig. Die Schatzkammer derselben wird dir zur Bezahlung deiner Schuld längere Frist gestatten. Bezahle zwei Monate nach deiner Ankunft die der Regierung schuldige Summe an deinen Konsul in Kairo; ich werde dort das Geld erheben lassen. Aber wie willst du nach Kairo gelangen? Du hast eine Reise von mehreren hundert Meilen vor dir, wo willst du die Reisekosten hernehmen?«

»Mein Freund Bauerhorst hat mir versprochen, diese bis nach Kairo auszulegen.«

»Ganz gut, Chalihl-Effendi. Aber ich will dir noch eine Lehre geben. Du bist jung und kannst noch nicht die Menschenkenntnis besitzen, welche ich mir durch lange Erfahrung im Geschäftsleben erworben habe. Glaube mir, *der beste Freund verwandelt sich allgemach in einen Feind, wenn man ihn fortwährend um Geld anzusprechen gezwungen ist.* Ich kann verhüten, daß auch du diese Erfahrung machst, und ich will es. Schicke mir morgen ein Gesuch zu; ich werde darauf verfügen, daß man dir noch fünftausend Piaster aus der Schatzkammer auszahlt. Du bist der Regierung dann zehntausend Piaster schuldig; zahle sie in Kairo an deinen Konsul zurück.«

Ich fand im Anfang keine Worte, meinen Dank auszudrücken. Endlich sagte ich ihm: »Herrlichkeit, deine Gnade drückt mich zu Boden, ich werde deinen Edelmut nie vergessen.« Er mag in meinem feuchten Blick wohl gelesen haben, was ich fühlte. Freundlich entließ er mich*. Am folgenden Tage erhielt ich die erwähnte Summe ausbezahlt.

Am 11. August. Ich machte heute meinen Abschiedsbesuch beim Pascha. Nachdem er sich sehr viel mit mir unterhalten hatte, schickte ich mich zum Weggehen an und bat ihn nach türkischem Gebrauch um Erlaubnis dazu. »Nein, Chalihl-Effendi«, antwortete der Pascha, »warte noch ein wenig; eben erfahre ich, daß ich jetzt eine gewiß interessante Audienz zu geben habe; der Gesandte Seiner Majestät, des allergnädigst regierenden großen Büffels, zur Zeit durch Gottes und seines Propheten Gnade Königs von Dar-Fur[2], wird sogleich erscheinen, um über wichtige Staatsgeschäfte mit mir zu sprechen.« Obgleich der Pascha bei Aufzählung der ehrfurchtgebietenden Titel Seiner schwarzen Majestät ein wiederholtes schlaues Lächeln nicht unterdrückte, und wir demnach schon im voraus wußten, wie die schwarze Exzellenz ungefähr aussehen würde, war doch unsere Neugierde hinreichend erregt worden, um zu bleiben.

* Nachdem ich im Vaterland, und Latief-Pascha wieder in Kairo angekommen war, hielt ich es für meine Pflicht, ihm nochmals zu danken. Ich schrieb in französischer Sprache an ihn und erhielt sehr bald eine mir höchst schmeichelhafte Antwort.

Es dauerte auch nicht lange, so erschien im Diwan der Erwartete in Begleitung eines in Chartum ansässigen Scheich von den braunen Eingeborenen des Landes. Seine Exzellenz, der schwarze Minister, war in ein langes, schreiend rot und gelb gestreiftes Kattunhemd gehüllt, trat bis in die Mitte des Diwan mit edlem Fur-Anstand vor, schaute entsetzlich dumm in die Runde, wandte sich dann dem Pascha zu und legte grüßend dreimal die Hand auf Mund und Stirn, ohne jedoch ein Wort zu sprechen. Eine Handbewegung des Pascha lud den Minister und seinen arabischen Begleiter zum Sitzen ein; beide erhielten Kaffee, aber keine Pfeifen. Der Scheich begann nun das Gesuch Seiner Exzellenz vorzutragen. Zuerst erlaubte sich diese, dem Pascha die allerungewöhnlichst freundlichen Gesinnungen Seiner Majestät des großen Büffels zu versichern, bat dann um freies Geleit für die Tante Seiner Majestät, die allergnädigste Prinzessin *Soakim,* welche im Begriff stehe, dem Gesandten ihres Glaubens, dem von Gott gepriesenen und begnadigten Propheten *Mohammed,* den heiligsten Tribut zu zollen, die Wallfahrt nach der Kaaba anzutreten und zu ihrem zeitlichen und ewigen Heile die mühsame, beschwerliche und gefahrvolle Pilgerreise »inschallah« glücklich zu beenden. Seine Majestät sei vollkommen überzeugt, daß ihre Nachbarn, die Türken, einem so gottseligen Werk gewiß nichts in den Weg stellen, sondern es eher auf alle Art und Weise fördern würden. Die Regierung werde daher unbezweifelt auch die Verpflegungs- und Reisekosten für die Prinzessin und ihr Gefolge während der Dauer der ganzen Reise durch türkisches Gebiet übernehmen; denn obgleich die Schatzkammer Seiner Majestät unerschöpfbar an – Elfenbein sei, wäre es doch erwünscht ...

Mehrere Male sah mich der Pascha während des Vortrags lächelnd an; er wurde durch den Pomp der Sprachweise des Fur-Ministers sehr heiter gestimmt und machte mich in italienischer Sprache auf die pikanten Prahlereien noch ganz besonders aufmerksam. Dann wandte er sich an den Schwarzen und sicherte ihm die Gewähr seines Antrages zu, verwechselte aber im Lauf der Rede, aus ihm sehr verzeihlicher Ungeläufigkeit der arabischen Sprache, das *Epitheton ornans* Seiner Majestät *»großer Büffel«* hartnäckig mit dem nicht gerade schmeichelhaften Titel *»großer Ochse«,* wobei jedesmal ein trüber Schatten über das dunkle Gesicht des Ministers flog.

Ein Beamter des Diwan erhielt dann den Befehl, die ganze Pilgerkarawane mit Obdach und Nahrung auf Kosten der Regierung zu versorgen. Man räumte ihnen ein sehr weitläufiges Gebäude für die Dauer ihres Aufenthaltes in Chartum ein. Die Prinzessin bezog dessen Harem. Ihr Gefolge bestand aus achtundsechzig Individuen: Dienern und Sklavinnen Ihrer Hoheit, Kaufleuten und frommen Gläubigen, welche sich dem Zuge angeschlossen hatten.

Es war natürlich, daß wir Europäer die Prinzessin zu sehen wünschten. Wir beschlossen, ihr, den Konsul an der Spitze, einen feierlichen Besuch abzustatten, wozu man *den 14. August* wählte. In solennem Aufzug schritten wir morgens der Wohnung Ihrer Hoheit zu, hatten aber keine günstige Zeit getroffen, denn eben verließ sie das Haus hoch zu Roß, um den Damen des Harem Latief-Paschas einen Staatsbesuch zu machen. Die Dame ritt auf einem jener kleinen, aber als vorzüglich bekannten Fur-Pferde mit türkischem Sattel und Zeug, und zwar nicht wie Frauen, sondern wie Männer zu reiten pflegen, wozu sich die türkisch-arabische Kleidung, welche sie trug, mehr eignet als die unserer Damen. Sie war umgeben von einigen in Lumpen gehüllten Kerlen, von denen der eine, wahrscheinlich der Herr Oberstallmeister Ihrer Hoheit, das Roß am Zaume führte. Rechts und links gingen sechs bis acht Sklavinnen, gekleidet wie die Sudanesinnen, d. h. die uns bekannte *Ferdah* wie diese um sich geworfen; sie trugen an Schnüre gereihte, rundliche Bernsteinstücke in den gefetteten Haaren und waren barfüßig. Dame *Soakim* trug ein rund zusammengewickeltes schreiend gelbes Tuch turbanähnlich auf dem Kopfe; die Enden des Tuches hingen zu beiden Seiten lang herab. Sie war sehr sorgfältig verschleiert. Nur kurz über den Steigbügeln ließ sich ein buntgestreifter, halbseidener Stoff erkennen, wie ihn die Frauen der ägyptischen Fellachen tragen; wahrscheinlich bestanden ihre Beinkleider daraus. So bewegte sich der Zug in vollem Trab an uns vorüber. Getäuscht sahen wir der, um mich orientalisch auszudrücken, »in die Wolken der Schleier gehüllten« Erscheinung nach. Vor allen machte der Konsul dem Schmerzgefühle vereitelter Hoffnungen Luft in derben Flüchen gegen den Unglücksvogel, *Osman*, seinen Bedienten, weil dieser durch seine Nachlässigkeit seinen Gebieter mehrere Stunden hingehalten hatte.

Nachmittags begünstigte uns dagegen das Glück. Die Dame war zu sprechen und befand sich, als wir in den ihrem Gesinde eingeräumten Hof traten, im Harem oder der hintersten Abteilung ihrer Wohnung. Wir wurden angemeldet, hörten innen gewaltig schelten und lärmen und warteten geduldig, bis der erwähnte Lump, welcher heute als Stallmeister fungiert hatte, in Begleitung eines anderen Lumpen, uns mit bedeutungsvollen Winken nach dem Innern rief. Der Konsul ging voran, wir folgten. Inmitten des geräumigen Hofes saß die Prinzessin mit gekreuzten Beinen auf einem langen und schmalen Teppich und erhob sich bei unserem Eintritt. Seine Exzellenz, der uns schon aus dem Diwan her bekannte Minister, nötigte uns zum Sitzen, was auch die bunte Gesellschaft in den mannigfaltigsten Stellungen und mit grimmigem Mienenspiel endlich zustande brachte. Der Platz zum Sitzen war nämlich gar zu türkisch bereitet worden; es war ein dünner Teppich, den man platt auf die Erde gelegt hatte. Für mich und die übrigen türkisch gekleideten und mit türkisch-arabischen Sitten und Gebräuchen wohlbekannten Europäer war der Teppich ganz bequem, nicht so aber für den in enger europäischer Uniform steckenden Konsul oder meinen Freund Bauerhorst im Ballfrack und engen Beinkleidern mit Sprungriemen. Nachdem wir uns zuletzt doch gesetzt oder mehr gelagert hatten, ließ sich auch Ihre Hoheit wieder nieder und erhielt sogleich Gesellschaft in der Person Seiner Exzellenz des Stallmeisters, der unverschämt genug war, sich dicht hinter sie auf die Fersen zu hocken und ihr dann und wann gar vertrauliche Worte ins Ohr zu flüstern. Der Minister setzte sich in respektabler Entfernung vor sie hin und nahm teil an der nun beginnenden Unterhaltung. Diese eröffnete der Konsul damit, daß er der Prinzessin durch seinen Bedienten Geschenke anbieten ließ, welche in wohlriechenden Seifen, Bonbons, kölnischem Wasser usw. bestanden. Sie nahm dieselben, wie es schien, mit großem Vergnügen an und erwiderte sie mit Danksagungen in arabischer Sprache. Ihre wohlgewählten Ausdrücke zeugten von einer großen Geläufigkeit der Sprache, während der Konsul sich vergeblich bemühte, ihr in gewählten Ausdrücken den hohen Zweck seines Erscheinens und die Wichtigkeit eines direkten Verkehrs der Europäer mit den Untertanen Sr. Majestät des *»großen Büffels«* begreiflich zu machen. Er war damals der Landessprache noch so wenig mächtig, daß wir andern seine Phrasen, deren Sinn wir recht wohl verstehen konnten, erst in reines Arabisch übersetzen mußten, um sie der Prinzessin genießbar zu machen. Während *Reitz* diplomatisierte, fand ich Zeit, Dame *Soakim* etwas näher zu betrachten. Sie war in eine große, halbseidene *Milaie** eingehüllt und hatte

* Ein Umschlagtuch, der Ferdah ähnlich, nur mehr quadratisch gestaltet und aus besseren Stoffen gefertigt.

sich mit dieser auch den Kopf und das Gesicht verschleiert. Doch gelang es mir einmal, einen Augenblick das letztere zu sehen; es zeigte allzu deutlich die Spuren von dreißig unter der Sonne Zentralafrikas verlebten Jahren und war – sehr häßlich. Um die Handgelenke trug sie Bernsteinketten als Armbänder; die einzelnen Stücke waren von beträchtlicher Größe. Sie hatte sich mit dem Gesicht von uns abgewendet, zeigte uns nur ihre linke Seite und schien sehr sorgsam die türkische Frauensitte zu beobachten. Bei alledem war sie sehr aufmerksam auf das um sie her Vorgehende, antwortete rasch und befriedigend auf mehrere Fragen, welche wir ihr vorlegten, und fand dabei noch immer Zeit, in der wie alle äthiopischen und Negersprachen wohlklingenden Fur-Sprache Befehle an ihre Dienerschaft zu richten.

Diese bestand zunächst in einer jungen und gar nicht häßlichen Sklavin, vielleicht der Kammerzofe oder Gesellschaftsdame Ihrer Hoheit, welche in einiger Entfernung von ihr auf der Erde kniete und ihre Gebieterin fortwährend beobachtete. Auch sie war reichlich mit Bernsteinschnüren geputzt. Wenige Worte der Prinzessin, wahrscheinlich einen Befehl ausdrückend, veranlaßten sie, sich in das Innere des Hauses zu begeben, von woher sie später nicht wieder zurückkehrte. Die strenge Etikette Furs erlaubte ihr nicht, zu gehen; sie kroch wie ein Hund auf Händen und Füßen davon.

Im Hintergrund des Hofes war eine andere Sklavin beschäftigt, saftiges Rindfleisch in dünne Streifen zu schneiden und diese in der Sonne zu trocknen, um sie für Wüstenreisen transportabel zu machen. Eine dritte hing ein paar Unterbeinkleider der Prinzessin zum Trocknen auf; zwei noch nicht erwachsene Mädchen saßen in einem Winkel und wuschen andere Kleider aus. Sie schienen mir noch das Flügelkleid der Damen Furs zu tragen. Ihre ganze Kleidung bestand nämlich nur aus zwei, ungefähr drittehalb Zoll breiten Bändern aus grobem Baumwollstoff. Das eine derselben diente als Gürtel, das andere war an dem ersteren befestigt; mein geneigter Leser mag erraten, wie.

Das war alles, was wir von dem Haushalt Ihrer Hoheit zu sehen bekamen. Unsere Audienz währte ohnehin bloß kurze Zeit, so daß unseren Beobachtungen nur ein sehr beschränkter Spielraum geboten wurde. Nach ungefähr einer Viertelstunde erhob sich Dame *Soakim.* Seine Exzellenz der Herr Minister ließ sich herab, uns bis vor das Hoftor zu begleiten und war so gütig, die Versicherung auszudrücken, daß unser Besuch Ihrer Hoheit gewiß gefallen haben werde. Der Konsul setzte sogleich mit ihm seine diplomatischen Unterhandlungen fort und war wirklich so glücklich, zuletzt von Sr. Exzellenz die Möglichkeit in Aussicht gestellt zu sehen, daß Seine Majestät der König von Fur es erlauben würde, wenn einer der Suditen des Konsuls sein Land besuchen wolle. Trotzdem würde ich, selbst wenn mir Zeit und Mittel zu Gebote gestanden hätten, es dennoch nicht gewagt haben, auf die Worte des Herrn Ministers hin Fur zu betreten, weil ich alle Ursache habe, zu glauben, daß mir dann das unvermeidliche Schicksal aller Europäer, welche dorthin kommen, bevorstände*[3].

Wir schieden mit der Versicherung einer gegenseitigen Achtung voneinander.

Nachdem ich vom Pascha Geld zu meiner Reise nach Ägypten erhalten hatte, dachte ich daran, einige meiner Gläubiger zu befriedigen, welche ich sonst erst von Kairo aus hätte bezahlen können. Unter ihnen befand sich *Husseïn-Arha,* von dem ich, wie wir wissen, zweitausend Piaster geliehen hatte. Ich habe bisher noch wenig über diesen Mann mitgeteilt. Husseïn-Arha war der Oberst eines *Sendjeklik*** Arnauten, fiel aber bei dem Vizekönig Abas-Pascha in Ungnade, weil dieser ihm zu Leb- und Regierungszeiten seines Großvaters *Mohammed-Ali* ein edles arabisches Roß abkaufen resp. von ihm geschenkt haben wollte, welches Husseïn-Arha zu verkaufen sich weigerte, indem er ganz trocken sagte: »Effendina, du reitest sehr gern ein gutes Pferd, ich aber auch.« Husseïn-Arha war der Abgott seiner Soldaten, der Tapferste und Kühnste bei jedem Gefecht, der beste Befehlshaber; aber er wurde sogleich

* Seine Majestät, der allergnädigstregierende *»große Büffel«,* Sultan von *Dar el Fur,* geruhen, alle Europäer für höchst brauchbare Menschen anzusehen. Nur haben Se. Majestät leider ein – uns übrigens sehr schmeichelhaftes – Vorurteil, daß ein Europäer alle nur erdenkbaren Kenntnisse in sich vereinigen müsse. Deshalb belieben Sie auch zu verlangen, daß ein und derselbe Europäer, »einer jener spaßhaften und gescheuten Kerls, von denen er so viel gehört habe«, Gewehre, Kanonen, Leinwand, Schießpulver, Taschenuhren, Spiegel, Schmuckgegenstände, Elfenbeinarbeiten, Arzneien und alle die Dinge, welche Se. Majestät einmal zu sehen bekamen, zugleich anfertige. Der Europäer genießt dagegen große Vorteile vor anderen Einwohnern Furs; er erhält drei bis vier Sklavinnen, mehrere Sklaven, welche ihm sein Feld bestellen, eine Hütte und dergl. mehr, darf jedoch nie das Land verlassen. Er befindet sich zwar in einem weiten Kerker, aber doch gefangen. Früher schlug man jeden Weißen, der die Grenzen Dar el Furs betrat, ohne viele Umstände tot; man hielt ihn für einen Spion der Türken, welche bekanntlich die früher furische Provinz Kordofahn eroberten[4]. Aus diesen wenigen Worten erklärt sich genugsam die Unkenntnis dieses großen Negerstaates.

** Siehe oben S. 147 f.

seines Dienstes entsetzt, nachdem Abas-Pascha zur Regierung gekommen war.

Die Wohnung und der Harem Husseïn-Arhas befanden sich in *Schendi,* wo der Oberst ausgedehnte Besitzungen besaß oder vielmehr bewirtschaftete, weil bekanntlich aller Grund und Boden als Eigentum der Regierung angesehen wird. Aber er brachte einen großen Teil des Jahres in Chartum zu und bewohnte hier ein kleines Haus mit wenigen Dienern. Ich suchte ihn dort auf. Es war um die Zeit des Aassr; Husseïn betete, während ich einstweilen auf dem Diwan Platz nahm. Nachdem er sein Gebet vollendet hatte, setzte er sich zu mir und wünschte mir herzlich Glück zu meiner bevorstehenden Abreise. Ich sagte ihm, daß ich gekommen sei, meine vor fast dreizehn Monaten erhobene Schuld abzutragen. Erstaunt sah mich der biedere Türke an:

»Du willst die wenigen Piaster, welche du mir schuldest, bezahlen, Chalihl-Effendi? Wie willst du denn nach Kairo gelangen? Behalte doch dein Geld für dich und bezahle mir die Kleinigkeit von Kairo aus; ich werde gern noch warten. Schicke mir einen Kreditbrief an den hiesigen Konsul von Alexandrien aus, schicke mir ihn von deinem Vaterlande. Solltest du aber auch dort kein Geld haben, so tut das nichts; ich bin ein reicher Mann, dem Höchsten sei Dank« – und dabei küßte er seine Hand von innen und außen, wie dies die Mohammedaner immer zu tun pflegen, wenn sie »el hamdi lillahi« aussprechen – »ich brauche die zweitausend Piaster nicht so nötig und werde mich freuen, daß ich dir einen Dienst leisten konnte.«

Und nun wandte er mit größter Freundlichkeit alle seine Beredsamkeit an, um mich zu bewegen, noch länger sein Schuldner zu bleiben. Allein gerade um so drückender ward mir meine Schuld. Ich übergab das Geld seinem Haushofmeister und bat diesen, es seinem Herrn später zuzustellen. Nachdem der Oberst sich von der Fruchtlosigkeit seiner Bitten überzeugt hatte, nahm er herzlichen Abschied von mir und versprach mir, einen Empfehlungsbrief an seinen *Wekihl* in *Schendi* mitzugeben, weil ich auch dort nur meinen Schuldbrief zurückbekommen könne. Ich verließ Husseïn-Arha mit Dankesworten auf den Lippen und wahrer Hochachtung im Herzen. Er ist einer von den liebenswürdigsten Türken, welche ich kennengelernt habe. Fern von der Hauptstadt geboren und erzogen, hat er sich die patriarchalische Einfachheit und Biederkeit der Sitten seiner Vorfahren erhalten; er ist einer jener Türken »von altem Schrot und Korn«, welche vielen Christen zum

Muster aufgestellt werden können. Als der nachherige österreichische Konsular-Agent für Zentralafrika *Dr. von Heuglin* [5] von Chartum nach Europa zurückkehrte, übergab ihm Husseïn-Arha ein Geschenk für mich, »damit ich seiner nie vergessen möge«.

In Verbindung mit Bauerhorst suchte ich jetzt eine Barke zu mieten. Wir wollten unsere Reise zu Wasser machen, weil auf diesem Wege die Reisekosten gegen die einer Wüstenreise unverhältnismäßig gering sind. Freilich war die Gefahr bei einer Fahrt über die Katarakte, wie ich aus Erfahrung wußte, ungleich größer als bei der Landreise; allein junge Leute, welche gerade nicht unter die Furchtsamen gerechnet werden dürfen, pflegen darnach nicht viel zu fragen. Nach langem Herumlaufen wurden wir zuletzt mit dem Besitzer eines neu erbauten Schiffes ohne Kajüte, *»Nakhr«*, einig und mieteten dasselbe für hundertdreißig Speziestaler – dreiviertel des Wertes unseres ganzen Schiffes bis Kairo.

Die Regenzeit hatte wieder begonnen und schien ebenso heftig zu werden als die vorjährige. Es war also höchste Zeit abzureisen, um noch mit vollem Wasserstande in Ägypten anzukommen. Der Konsul gab uns *am 16. August* den Abschiedsschmaus. Nur wir Deutschen waren zugegen. Wein und Punsch stimmten uns heiter; wir sangen, tranken und waren fröhlich. War es ja doch das letzte Mal, daß wir so zusammensaßen. *Reitz* erhob sein Glas und rief: »Meine Freunde, stoßen Sie mit mir an auf eine fröhliche Wiedervereinigung, obgleich wir nicht wissen können, ob wir noch einmal zusammenkommen. Ich selbst zweifle daran, aber wir wollen dennoch unser Glas darauf leeren!« Er hatte leider wahr gesprochen.

Am 17. August bezogen wir mit unseren Bedienten das auf dem Hinterdeck der Barke errichtete Strohzelt. *Dr. Reitz* und *Dr. Vierthaler* erschienen mit Weinflaschen unter dem Arm, die Hälfte der letzten Nacht im traulichen Gespräch mit uns zu verbringen. Nachdem sie sich entfernt hatten, suchte ich auf meinem Lager noch immer umsonst den Schlaf. Vierzehn Monate zogen an meinem Geiste vorüber, vierzehn Monate, welche mir viel Schlimmes gebracht hatten. Die Erinnerung an sie brachte das freudige und stolze Bewußtsein mit sich, sie überstanden zu haben. Und dann dachte ich an das viele Schöne und Erhabene, das ich genossen und war fast geneigt, Chartum all das Böse zu vergeben, das mich in seinen Mauern betroffen hatte. Mit vielen Hoffnungen hatte ich Chartum betreten, nur wenige waren erfüllt worden. Freudlos hatte ich fast die ganze lange Zeit verlebt, mit unendlichen Hindernissen und

Sorgen hatte ich kämpfen müssen. Doch Ende gut – alles gut und darum auch »el salam aleïk ja Chartum!«

Das war es, was ich dachte, aber die Wogen des Stromes schlugen ihre eintönige und doch melodische Weise an die Seitenwände unseres Schiffleins und wiegten mich langsam in den Schlaf hinüber. Und der Schlaf brachte die bunten Bilder des Traumes und dieser ließ mich gegen Morgen unter duftigen Orangenbäumen eines Gartens der herrlichen Maheruhset erwachen.

XV. Eine Nilfahrt von Chartum nach Kairo

Am Morgen *des 18. August* kamen noch mehrere Europäer Chartums auf unsere Barke, um von uns Abschied zu nehmen. *Reitz* und *Vierthaler* wollten uns bis Halfaï begleiten. Wir stießen mit freudigen Gefühlen vom Ufer ab; der volle Strom trieb unser Schifflein schnell abwärts. Nach anderthalb Stunden waren wir in der Nähe des erwähnten Dorfes. Noch zeigte sich uns die Ornis des Ostsudan. Die Regenzeit hatte mehrere Arten südlich wohnender Vögel herabgelockt. Der rosenrote *Nimmersatt* und der *heilige Ibis* liefen am Ufer herum; der *Webervogel* saß in der Nähe seiner künstlichen Nester, der *Feuerfink* auf den Durrahstengeln; in der mit hohem fettem Gras bewachsenen Steppe am rechten Nilufer fing der buntflügelige *Falke* Heuschrecken; hoch in den Lüften kreisten *Geier*. Wie zum Abschied erhob ein Nilpferd seinen ungeschlachten Kopf aus dem Wasser und beglotzte mit seinen großen Augen unsere nahe an ihm vorbeischwimmende Barke und die in der Steppe weidenden Herden.

Am 20. August nahmen wir herzlichen Abschied von unseren Freunden *Reitz* und *Vierthaler* und schifften uns gegen Mittag ein. Der uns sehr günstige Südwind, welcher heute ziemlich heftig wehte, führte uns rasch den Strom hinab; bald umgaben uns die Gebirge des engen Felsentales *Rherri*. Sie bieten für das Auge schöne Partien dar. Der mächtige Strom wälzt sich zwischen den steil aufsteigenden Bergen, welche ihn mehr und mehr einengen und zuletzt bis auf ungefähr zweihundertfünfzig Schritte zusammendrängen, dahin.

Auch heute hatten wir wieder Südwind und eilten mit ihm schnell den Nil hinab. Gegen Mittag wuchs er zum Sturm an, trieb unser Schifflein mit Macht gegen die Felsen des linken Ufers und zwang uns anzulegen. Rechts und links dehnte sich die lebensarme Wüste aus.

Nach anderthalb Stunden setzten wir unsere Reise fort. Das Tal erweiterte sich. Mit ihm der Strom. Er umschließt viele Inseln, welche in tropischer Fülle emporwuchernde Mimosen und mit Blüten bedeckte, in allen Farben prangende Schlingpflanzen begrünen. Der schöne

Seeadler sitzt auf den dichtverschlungenen Büschen und spiegelt sein blendendweißes Haupt in den Fluten des Stromes.

Der andere Morgen bringt uns schon vormittags zu dem Städtchen *Metämme.* Es ist ein elender Ort mit wenigen Einwohnern, welche gesuchte künstliche Gold-, Silber-, Eisen- und Lederarbeiten verfertigen. Man hielt gerade Markt, er war erbärmlich. Wir ließen uns nach den Ruinen *»des Schlosses«* führen, welches 1822 bei dem Aufstand des Volkes unter *Melik Nimmr* [1] von den Nubiern eingenommen wurde. Jetzt liegt das Kastell in Trümmern. In einer für Sudan sehr anständigen Hütte fanden wir guten Bilbil; suchten aber vergeblich nach Straußenfedern, womit hier ein bedeutender Handel getrieben wird.

Schendi ist eine halbe Meile stromabwärts von Metämme am anderen (rechten) Ufer des Nil gelegen. *Husseïn-Arha* hatte mir Empfehlungsbriefe an seinen Wekihl *Hassan-Arha* mitgegeben. Wir wurden bei unserer Ankunft freundlichst empfangen und mußten versprechen, im Hause meines Freundes über Nacht zu verweilen. Gegen Abend ritten wir mit Hassan-Arha in der Stadt herum. An der Stelle des Tokhul, in welchem *Ismaël-Pascha* verbrannt wurde, ist eine Moschee erbaut worden. Der Palast des hochherzigen »Tigerkönigs« liegt in Trümmern, ebenso die Stadt, welche jetzt kaum ein Dritteil ihres Umfanges einnimmt. Die Bewohnerzahl ist von zwanzigtausend auf viertausend zusammengeschmolzen. Außer den türkischen Soldaten wohnen fast nur Araber und keine Nubier hier. Es sind schöne, aber ungemein leichtsinnige, unsittliche, dem Trunke und anderen Lastern ergebene Leute.

Am frühen Morgen *des 13. August* verlassen wir Schendi. Der Wind ist uns auch heute sehr günstig, er erspart unseren Matrosen das Rudern und fördert die Reise ungemein. Um 10 Uhr vormittags passieren wir das am rechten Ufer gelegene, altberühmte *Meroë* [2] mit seinen Ruinen und Pyramiden. Diese liegen für uns zu weit landeinwärts. Auch können wir die ungefähr eine halbe Meile von uns entfernten Ruinen vom Schiff aus recht wohl sehen. Eine ziemlich hohe Bergkette im Hintergrund rahmt das Bild ein. Um Mittag kommen wir zu dem großen Dorfe *Um-Ali* mit vielen komischen Scheichgräbern.

Der Nil nimmt hier die majestätische Breite von fast einer halben Meile an. Beide Ufer sind bewaldet oder mit Durrah bebaut. Die Strömung des Wassers ist sehr stark. Wir ereichten nachmittags bei guter Zeit das uns schon bekannte *Berber* oder *Mucheïref.* Die kleine unbedeutende Stadt zählt ungefähr sechstausend Einwohner.

Der Handel Berbers ist ohne Bedeutung, obgleich die meisten Waren, welche von Chartum kommen und dahin zurückkehren, die Stadt passieren. Der Basar ist einer der elendsten in ganz Nubien. Gewöhnlich nimmt man, weil der Strom von hier an stromabwärts sehr klippenreich und nur bei hohem Wasserstande fahrbar ist, schon hier die Kamele für die große Nubische Wüste und zieht dann bis *Abu-Hammed* dem Nil entlang.

Einem im Inneren Afrikas reisenden Europäer ist ein dort ansässiger *»Landsmann«* immer eine erfreuliche Erscheinung. Wir freuten uns, *La Farque* getroffen zu haben. Gern leisteten wir der freundlichen Einladung, bei ihm zu verweilen, Folge. Im Haus des Franzosen verbrachten wir in angenehmer Unterhaltung den Nachmittag und Abend. Es war spät geworden, als wir zur Barke zurückkehrten. Am westlichen Himmel stieg ein Gewitter auf, die Blitze leuchteten zu uns herüber, der Donner rollte noch fern. Wir beachteten es nicht und legten uns zur Ruhe nieder. Bald nachdem wir eingeschlafen waren, wurden wir unangenehm aufgeweckt. Ein heftiger Ostwind brachte Wolken von Sand und Staub mit sich und bedeckte damit alle Gegenstände um uns herum liniendick. Auch durch unsere Teppiche und Decken drängte er sich hindurch. Es gehörte eine geraume Zeit dazu, sich in diese Unannehmlichkeit zu finden. Zuletzt machte sich, trotz der kläglichen Situation, einer über den anderen lustig. Zum zweiten Male schliefen wir ein und wurden zum zweiten Male durch ein viel unangenehmeres Gefühl aufgestört. Es regnete fürchterlich. Das prasselndste Donnerwetter umtobte uns, die Blitze zischten in unserer Nähe in den Nil. Und welch elenden Schutz hatten wir gegen das Ungewitter! Ein einfaches Strohmattenzelt. Der Regen sammelte sich auf demselben und fiel in um so größeren Massen auf unsere Lagerstätten nieder.

Der naßkalte Westwind weckte am Morgen die gebadete Reisegesellschaft. Da stand August Tischendorf schon nackt im Sturme da und durchsuchte seinen Koffer nach wenigstens halbtrockenen Kleidern; Bauerhorst versuchte sich in seinem nassen Pelz zu wärmen, nachdem er seine triefenden Decken von sich abgeschüttelt hatte; ich sprang im tiefsten Negligé ohne Umstände dem nächsten Haus zu und ließ mir dort ein Feuer anzünden. Tischendorf folgte, Bauerhorst ging nach dem La Farqueschen Hause.

Es war eine Höllennacht gewesen, der Morgen war teuflisch. Was wir ansahen, war naß, was wir anziehen wollten, ebenfalls. Der Koch *Man-*

Pyramiden von Meroë

suhr blickte mit Wehmut nach dem Holz, welches, allen seinen Bemühungen Trotz bietend, nicht brennen wollte, obgleich wir wiederholt starken Kaffee verlangten; *Mohammed* suchte mit Verzweiflung in allen Kisten nach trockener Wäsche herum; die Matrosen saßen mit kläglichen Mienen stumm, regungslos auf dem Verdeck der Barke. Über unser Aussehen schweige ich lieber still. Unsere Anzüge glichen so ziemlich denen betrunkener Gesellen, welche die Nacht im Rinnstein zubrachten. Erst nach und nach wurde unser Zustand erträglicher. Wir erhielten endlich Kaffee und Pfeifen. Die Kleider trockneten an dem in der Hütte brennenden Feuer. Der naßkalte Wind wurde allmählich schwächer, am Horizont trat die Sonne hinter dem Gewölk hervor und sandte uns ihre freundlichen Strahlen zu. Dennoch konnten wir die große Unbehaglichkeit, welche wir fühlten, nicht sogleich verbannen. Es fror uns bei aller Sonnenwärme.

In *Berber* hatte das Unwetter viel Schaden angerichtet. Unter anderem waren auch drei mit arabischem Gummi beladene Barken untergegangen.

Gegen Mittag ging ich wieder zu unserem Gastfreund. Er behielt uns zum Mittagessen bei sich. Vor unserem Weggehen stellte er uns seiner Frau vor. Sie ist eine der schönsten Abessinierinnen, welche ich gesehen habe. Ihr Gatte kaufte sie als sechsjähriges Mädchen, brachte sie nach Kairo und ließ sie dort erziehen. Später nahm er sie zu sich, machte mit ihr mehrere Reisen, deren Beschwerden sie mit großer Standhaftigkeit ertrug, deren Gefahren sie mit männlicher Entschlossenheit überstand. Einmal rettete sie »ihrem Herrn« durch ihre seltene Geistesgegenwart das Leben und erschoß einen Menschen, welcher diesen angreifen wollte, mit eigener Hand. Sie liebt den Franzosen und dieser hat alle Ursache, seine Wahl nicht zu bereuen. Ein hübscher Junge, *Kahmil,* zu deutsch der Vollkommene, ist die Frucht ihrer Ehe.

La Farque lebt als Kaufmann in Berber ziemlich glücklich. Er hat sich durch seine oft sehr gewinnbringenden Handelsreisen ein hübsches Vermögen erworben und gedenkt, damit später nach Frankreich zurückzukehren. Soviel ich erfahren habe, soll er ein rechtlicher, biederer Mann und somit eine seltene Ausnahme unter den Kaufleuten Ostsudans sein.

Wir verließen Berber nachmittags, ohne die Barken, mit denen zugleich wir die Reise durch die Schellalaht machen wollten, gesehen zu haben. Eine von ihnen gehört *La Fraque* und ist mit vierhundert Zentnern arabischem Gummi beladen.

Nach günstiger und rascher Fahrt erreichten wir am folgenden Tage die fruchtbare Insel *Mograhd,* nicht weit oberhalb *Abu-Hammed,* wohin wir am *18. August* nach anderthalbstündiger Fahrt gelangen. Wie gewöhnlich wollen auch unsere Schiffsleute hier mehrere Tage liegenbleiben, um die Barken zur bevorstehenden Reise durch die sehr gefährlichen Schellalaht erst gehörig auszurüsten. Da mir der Scheich *Mohammed-Ali, Wekihl* oder Stellvertreter des Wüstenscheich *Husseïn Chaliese,* erklärt, daß Kamele zu finden seien, beschloß ich, einen großen Teil meiner Sammlungen durch die Nubische Wüste nach *Korosko* zu schicken. Mohammed-Ali findet sich das durch bloße Ansehen des Siegels der *»Effendi kebihr«* oder des Vizekönigs auf meinem Firman auch bewogen, meine Kisten nur nach der Taxe der Regierung, und zwar bis Korosko mit fünfzehn Piaster für den Zentner, zu berechnen.

Die Erzählungen des Scheich sind mir von großem Interesse, vorzüglich die Schilderung des Innern der Wüste. Er kennt die Nubische Wüste von Abu-Hammed bis an das Rote Meer oder von da bis nach Korosko genau. Ich erfahre, daß es in ihrem Innern viele Brunnen gibt, an denen die herdenreichen Nomaden, meistens dem Stamme der *Aababde* angehörend, ihre Zelte aufgeschlagen haben. Der im Charief herabfallende Regen genügt, in den Niederungen eine zwar spärliche, aber hinreichende Vegetation, welche die Kamele, Ziegen und Schafe der Nomaden mit Nahrung versorgt, hervorzurufen und die Brunnen zu füllen. Selten oder nie dringen türkische Beamte in diese Auadïe ein. Die Bewohner derselben leben daher im ruhigen Besitz ihres Eigentums. Sie haben nur an ihren Scheich, den erwähnten *Husseïn-Chaliese,* mäßige Abgaben zu entrichten; *mäßige,* weil die Türken ihren Reichtum – wenn ich überhaupt dieses Wort gebrauchen darf – nicht kennen. Die Nubische Wüste ist die Vorratskammer oder das Ersatzmagazin für die vielen Kamele, welche auf der Straße von Korosko nach Abu-Hammed zugrunde gehen. Ohne sie würde jene Straße gar nicht unterhalten werden können, weil die Zahl der auf ihr fallenden Kamele so bedeutend ist, daß sie im ganzen türkischen Reiche diejenige Straße sein soll, welche die meisten Lasttiere fordert.

Am 31. August. Unter Absingen der *Fathcha* verlassen wir am frühen Morgen mit den übrigen Barken *Abu-Hammed.*

Der Nil wendet sich eine Viertelstunde unterhalb des Dorfes nach

West. In dieser Richtung läuft er fast fünfundzwanzig Meilen weit fort. Wir biegen am rechten Ufer in einem Arm des Flusses ein und passieren schnell die drei Stromschnellen. Gegen Mittag kommen wir zu einer Insel mit den Ruinen eines alten Schlosses, *Wod-Abu-Hedjen.* Nachdem wir neben schmalen Streifen Kulturlandes wieder einige Dattelpalmen zu Gesicht bekommen haben, erreichen wir das Kastell gleichen Namens. Es liegt prachtvoll und äußerst romantisch. Schwarzglänzend, schroff und steil türmt sich ein kolossaler Felsblock empor, wild umbraust von den sich an ihm mit Macht brechenden Wogen. Wie eine Krone deckt das Schloß sein dunkles Haupt. Es ist aus Steinen und Lehm erbaut und für Kanonen eine leicht einnehmbare Feste, widerstand aber etwaigen Angriffen zur Zeit seiner Erbauung. Der eine, wahrscheinlich ältere Teil des Schlosses, liegt in Trümmern; die Mauern sind aus großen Steinen roh zusammengesetzt. Am unteren Ende des Felsens hat der Strom eine kleine fruchtbare Insel angeschwemmt, auf welcher sich mehrere Familien der Nubier Hütten und Felder angelegt haben.

Man findet in hiesiger Gegend diese Ruinen ähnlichen Festungen in ziemlicher Anzahl. Derlei befestigte Wohnplätze hatten hauptsächlich den Zweck, die Bewohner dieser armen Gegend mit ihren Herden gegen die räuberischen Einfälle der *Scheikïe* zu schützen. Oft unternahm die kriegerische Mannschaft jenes Stammes Raubzüge, welche sich sogar bis Berber erstreckten. Sie raubten Menschen und Vieh, Getreide und andere Früchte und kehrten damit nach ihrer Heimat zurück.

Der Strom ist hier ganz von Felsen eingeschlossen. Zu beiden Seiten einen und erheben sich die zerklüfteten Gesteine in den seltsamsten Gestalten zu Gebirgen. Nur dann und wann deuten einige Palmen an, daß es dem Fleiß des hier geborenen, armen Menschen gelang, der unwirtbaren Natur ein karges Stückchen Kulturland abzuringen. Wenige Beete eines schmalen, sich an dem Ufer hinziehenden Feldes sind mit Durrah bepflanzt worden, aber kaum hinreichend, eine einzige Familie zu ernähren. Darüber hinausgehend, kommt man unmittelbar in das Reich der Steine. Von den Gipfeln der Berge aus sieht man nichts anderes als Felsen und Sand vor sich. Es scheint, als ob der Zorn Gottes diese Einöde erschaffen hätte. Chaotisch verwirrt liegen die schwarzglühenden Felsmassen in ungemessener Ausdehnung vor dem Auge. Erschreckt wendet man immer und immer wieder den Blick dem Strome zu. Er ist das einzige Lebende in dem Reiche des Todes.

Nach dem Aassr legt man bei einigen Hütten an, welche *Salamaht* genannt werden. Um dem kulturfähigen Lande nicht Abbruch zu tun, sind sie auf den Felsen gebaut. Ihre Bewohner sind unaussprechlich arm. Und dennoch genießen sie eines großen Glückes; sie sind so gesund, daß man Krankheiten nur dem Namen nach kennt. Der Mensch wird hier geboren, wächst empor, zählt seine Jahre nach dem Steigen und Fallen des Nil und weiß nur, daß er alt geworden, wenn sich sein Haar bleicht, sein Rücken krümmt und wenn die Glieder ihre Dienste versagen. Und wenn dann seine Zeit abgelaufen, stirbt er dahin, ohne zu wissen wie, ohne es gefühlt zu haben, daß der Tod sich naht.

Nilpartie in Nubien

Die Felsmassen an beiden Ufern sind wilder, die Gegend ist öder und trauriger als je. Wir besteigen die Gebirgsreihe unseres Ufers und sehen uns die Felsen etwas näher an. Sie bestehen aus *Porphyr* und *Syenit*, sind aber sehr zerklüftet, so sonderbar übereinandergetürmt und -geschichtet, daß man nicht begreifen kann, welche Kräfte hier tätig waren, um die hier stattgefundene Revolution herbeizuführen. Selbst die ohne Zweifel am meisten gegründete Annahme, daß nur das Wasser gewirkt habe, scheint gewagt. Man sieht losgerissene Felsblöcke von tausend und mehr Kubikfuß auf kleinen kubischen oder runden Steinen aufliegen, welche durch die Kraft weniger Menschen aus ihrem Schwerpunkte gehoben werden können. Wir benutzten die Ruderstangen unserer Barke als Hebel und waren mit Hilfe einiger Matrosen imstande, kolossale Felsmassen von ihren Unterlagen herabzuheben. Donnernd wälzten sich die fast kugelrunden Blöcke die steilen Wände hinab und stürzten, mit ungeheurer Gewalt alles in ihrem Weg Liegende zertrümmernd oder mit sich fortreißend, zuletzt in das Strombett. Unsere Beschäftigung belustigte die Matrosen; in kurzer Zeit waren mehr als zwanzig Menschen bemüht, uns zu unterstützen und Felsblöcke in den Nil zu rollen.

Am 3. September. Kurz nach der Abreise fahren wir wieder in die sich vor uns ausbreitenden Felsenberge hinein. Mit eingezogenen Rudern eilt unser Schifflein den uns vorausgegangenen Barken nach. Wir überfahren eine jäh abstürzende, brausende und wellenwerfende Stromschnelle. Dann steuern wir nach Norden. An der äußersten Wendung der Krümmung, welche wir zu durchfahren haben, ist das Fahrwasser durch niedere, unsichtbare Felsen gesperrt und äußerst gefährlich. Unsere Barke folgt genau der von dem Reïs Soliman geleiteten und windet sich, wie diese hart am rechten Ufer hinabfahrend, rasch und leicht durch die Felsen hindurch. Die kleinste der fünf Barken, welche noch mit uns vereinigt sind, kann jedoch das Fahrwasser nicht halten und stößt, in die Felsen geratend, so heftig auf einen unter dem Wasser verborgenen Stein, daß alle Ruderer zu Boden stürzen und ein Matrose über Bord geschleudert wird. Er erreicht schwimmend das Ende eines der Ruder und wird gerettet. Wunderbar glücklich arbeitet sich die festgefahrene Barke wieder los und gelangt an das Ufer, wo sie anhält, um das erhaltene, nicht unbedeutende Leck auszubessern. Dies veranlaßt einen Aufenthalt von anderthalb Stunden, welchen wir teilen müssen. Von neuem setzen sich die verschiedenen Barken in Bewegung und fahren einige Stunden weiter stromabwärts bis zu wenigen Hütten, wo die ermüdeten Matrosen anlegen, um auszuruhen und sich für die noch bevorstehenden Beschwerden zu stärken.

Unsere Umgebung ist wie gestern und vorgestern schauerlich wild, die Schwärze der Felsen beengend. Rauschend wälzt sich der Nil in seinem engen Bette dahin. Die Strömung ist sehr stark und heftig. Auf einer mitten aus dem Nil sich erhebenden Felseninsel sehen wir eine der erwähnten Festen, *Tulka,* kühn wie einen Adlerhorst auf die Spitze des Felsens geklebt, merkwürdig durch Gestalt und Anlage. Die gefährlichste Stelle des Schellahl liegt vor uns. Der Strom wendet sich zuerst westlich, geht dann südlich und kehrt, die Gestalt eines S bildend, wieder nach Westen zurück. An der ersten Biegung stehen Felsen im Wasser, welche der Reïs Soliman, sich an der rechten Uferseite haltend, umfährt. Auch wir streben mit allen Kräften dahin, jene Richtung einzuschlagen. Die Gewalt des Wassers ist zu groß, wir werden nach links verschlagen und rauschen vom kräftigsten Wogenzuge ergriffen, umtobt und bespritzt von den schäumenden, brausenden Wellen, leicht und schnell an dem Felsen vorüber. Eine dicht hinter uns herfahrende Barke folgt mit gleichem Glück. Durch dieses kühne Wagstück haben wir einen großen Bogen abgeschnitten und uns den vorausgegangenen Barken genähert. Da hören wir rechts einen furchtbaren Krach. Das im tollsten Wogenzuge dahinjagende Schiff *Solimans* ist auf einen Felsblock aufgefahren. Händeringend, rat- und tatlos steht die Mannschaft an Bord. Man ruft um Hilfe; niemand ist imstande, sie zu gewähren. Keine Barke ist in der Gewalt ihres Steuermannes, der Strom reißt sie willkürlich, allen Ruderkräften Trotz bietend, mit sich fort. Mit einem »el hamdi lillahi« für unsere eigene Rettung, das gestrandete Schiff dem Schutz Gottes und seines Propheten empfehlend, durchschiffen wir die zweite Biegung des Stromes und gehen unterhalb derselben mit den nach und nach sich sammelnden Barken ans Land.

Während wir uns anschickten, dem in größter Gefahr schwebenden Schiff zu Hilfe zu kommen, war dieses glücklich losgekommen und arbeitete mit Anstrengung aller Kräfte der sehr starken Mannschaft, das Ufer zu gewinnen. Ich bemerkte sogleich, daß es viel tiefer ging als gewöhnlich und trieb zur Eile. Jetzt erreichte es das Ufer; es war über die Hälfte mit Wasser gefüllt und mußte ausgeladen werden. Die Araber arbeiteten ohne Sinn und Verstand, ohne alle Überlegung und verschlimmerten mehr, als sie gutmachten. Wir, Bauerhorst und ich, bemächtigten uns des Kommandos. Nun wurde gerettet, was zu retten war. Über fünfzig Menschen waren in regster Arbeit. Es gelang uns, das *arabische Gummi,* die Hauptfracht der Barke, auszuladen. Die geschnürten Ballen gaben einen kläglichen Anblick; die aufgelöste Masse lief in dicken Strömen heraus und dem Strome zu. Einige Ballen waren beim Einladen schon vorher in den Nil gestürzt. Am meisten bemitleidete ich einen armen Teufel, der für mehr als zweitausend Piaster Schaden erlitten hatte. Der ganze Verlust wurde auf fünftausend Piaster geschätzt.

Der mohammedanische Glaube an das Fatum ist recht poetisch ausgedacht, aber, wie wir heute gesehen haben, doch so tröstend nicht, als er es sein sollte; der Mensch ist viel zu egoistisch, als daß er alle Schläge des Schicksals mit Gleichmut ertragen könnte. Jener arme Kaufmann, welcher vielleicht den sechsten Teil seines Vermögens verloren hatte, klagte und weinte über seinen Verlust; die Tröstungen der übrigen fruchteten nicht viel. Wie immer wußte die arabische Gelehrsamkeit auch für das heutige Unglück Grund und Ursache aufzufinden. So fühlte sich die Mannschaft der kleinen Barke, welche heute morgen auf die Steine lief, der Schuld bewußt, einem Fakhïe eine junge Katze entwendet und mitgenommen zu haben. Dieses Vergehen mußte die Gefahr herbeiführen, in der das Schiff geschwebt hatte. Bei unserem Aufenthalte zu Mittag wurde das arme Tier mitten in der Wüste ausgesetzt, um nicht neue Unfälle herbeizuführen, und grausam seinem Schicksale überlassen. Ich wollte es töten und meinem lebenden Geier füttern, allein der Reïs bat mich flehentlich, dies zu unterlassen. Gewiß, sagte er, würden wir dann dieselbe Schuld auf uns laden, von der sich die anderen zu befreien gesucht hätten. Auf einen zufällig vorüberfliegenden Adler vertrauend, gab ich zuletzt den Bitten des Schiffers nach.

Von der anderen, fast gescheiterten Barke wurde erwähnt, daß die sich auf ihr befindlichen braunen und schwarzen Sklavinnen längst eine Strafe Gottes verdient, weil sie die Mannschaft mit ihren Liebesüberzeugungen beglückt hätten. Da nun nach arabischen Grundsätzen ein Weib dem Manne nur selten, auf Reisen nie Glück bringen kann, mußte es für ganz erklärlich gefunden werden, daß das Schiff scheiterte. Nur die Barmherzigkeit Gottes verhütete größeres Unglück. Ich benutzte meine arabischen Kenntnisse, um dem Besitzer der Barke eine zwar sehr ironische, aber nichtsdestoweniger eindringliche Warnungsrede zur Vermeidung von ähnlichen schlimmen Taten zu halten, welche derselbe mit großem Ernst, aber der feierlichen Versicherung, daß das Gerede der Leute völlig unbegründet sei, hinnahm. Man erklärte dies für arge Verstocktheit und fand, als das Schiff im Katarakt von *Wadi-Halfa* noch einmal strandete und völlig zugrunde ging, nur eine neue Bestätigung des vorgefaßten Aberglaubens.

Nachdem wir kurze Zeit später auch den ganz unbedeutenden Schellahl *Mahhahne* überschifft hatten, kamen wir zu dem letzten des sogenannten dritten Katarakts, dem *Schellahl el Tihn.* Der Nil zerteilt sich kurz unter der unbedeutenden Stromenge in drei Arme, von denen der eine völlig von Felsen frei ist. Alle vor uns hinfahrenden Barken erreichten diesen Arm. Unsere Leute arbeiteten aber so ungeschickt, daß wir in den mittleren und in ein Labyrinth von Felsen gerieten, aus welchem uns nur die meisterhafte Geschicklichkeit unseres alten Reïs herausführte. Früher als die übrigen Barken waren wir in dem ganz freien Fahrwasser angelangt und begrüßten jene mit Flintenschüssen. Wie wir später erfuhren, hatte man uns für ganz verloren gegeben. In der Tat war die Gefahr groß gewesen.

Von hier an wurde die Gegend mit jeder Viertelstunde besser. Wir näherten uns dem Lande der schönsten Männer Nubiens, den *Scheikïe.* Sie bilden einen kräftigen Menschenschlag und zeichnen sich vorteilhaft vor allen Dongolawistämmen aus. Früher waren sie die Herrn des Landes und beherrschten die übrigen Nubier vollständig. Noch heute kränkt man diese mit dem Vorwurf, daß ihre Väter von den tapferen, aber sehr übermütigen Scheikïe mit Stricken aus den Blättern der Zwiebeln gebunden worden wären, ohne daß sie gewagt hätten, ihre haltlosen Fesseln zu zerreißen. Sie haben sich ihre Sprache, die arabische, bewahrt und sind noch immer zu stolz, sich mit den umwohnenden Berbern, welche sie verachten, zu vermischen. Ihre Frauen sind schön, stehen aber denen des *Dahr el Mahhaß,* den schönsten Nubiens, bedeutend nach.

Die Palmenwälder werden üppiger, die Durrahfelder besser und größer, je mehr wir uns dem *Djebel Barkal*[4] nähern. Das Dorf *Barkal* gilt für den Mittelpunkt des *Dahr el Scheikïe.* Dieses ist der fruchtbarste Landstrich Nubiens. Gegen Abend landen wir in der Nähe des berühmten Berges und besichtigen die großartigen, jetzt aber ganz in Schutt und Trümmern liegenden Überreste der Tempel am Fuße desselben. Der Wüstensand soll die Eingänge zu mehreren in die Felsen gehauenen Räumen verschüttet haben; wir fanden nur noch zwei kleine Kammern mit wenigen Säulen offen. An der Nordwestseite des Berges stehen Pyramiden, welche wir nicht besuchen.

Am 7. September kamen wir bei guter Zeit in *Korti* an. Wir waren tags vorher von *Barkal* abgefahren und in einem kleinen Dorf über Nacht geblieben. An vielen Stellen zeigten sich zum Teil wahrhaft romantisch gelegene Ruinen alter Bauwerke. In Korti bekommen die Matrosen, nach glücklicher Passage des Katarakts, Bilbil und Meriesa. *Korti* ist ein ganz unbedeutender Ort, hat aber trotzdem viele Bilbilkneipen, in denen öffentliche Mädchen ihr Wesen treiben. Gewöhnlich sind es Sklavinnen, welche nicht selten von ihren Herrn gezwungen worden sind, dem schnöden Erwerbe nachzugehen.

Am 8. September. Schon vor Sonnenaufgang setzen wir die Reise fort. Die Wüste tritt auf beiden Stromufern vor und verdrängt das Kulturland. Dennoch zeigt sich eine ziemlich lebhafte Vegetation. Gegen zehn Uhr erreichten wir das Dorf *el Tabbe*[5], die Einbruchsstation nach Kordofahn. Fünfzehn bis zwanzig Hütten liegen im Sande der Wüste zerstreut; ebenso viele Meriesakneipen sind mehr abgesondert. Auch in ihnen treiben sich öffentliche Mädchen herum. Sie sind beschäftigt, Herz und Mund der aus der Wüste Kommenden mit Liebe und Meriesa zu erquicken.

Man hielt heute gerade Markt. Leute der verschiedensten Gattungen und Farben wogten durcheinander, um sich gegenseitig ihre in unseren Augen sehr unbedeutenden Waren anzupreisen. Unter ihnen befand sich eine Wahrsagerin, welche mir für wenige Para eine großartige Gunst des Geschicks in Aussicht stellte und eine so glückliche Zukunft versprach, daß ich froh sein könnte, wenn sich nur der zehnte Teil ihrer Prophezeiungen verwirklichen sollte. Ihre ganze Kunst bestand in einfachem Punktieren. Eine größere Portion Verstand als die anderen besitzen mochten, sicherte ihr hohes Ansehen. Die Dongolawi hingen, dem ihnen geoffenbarten Geschick vertrauend, an ihrem Munde und glaubten ihr jedes Wort.

Am 9. September. Zwei unserer Matrosen wohnten auf der Insel *Hamuhr,* oberhalb *Dongola el Adjuhs* oder *Alt-Dongola.* Wir landeten heute morgen dort und gingen, die Matrosen im Schoß ihrer Familie zurücklassend, auf die Jagd. Bei unserer Zurückkunft trafen wir in dem elterlichen Haus unserer Matrosen viele Leute versammelt. Man hatte ein Schaf geschlachtet wie einstens bei der Zurückkunft des verlorenen Sohnes und gab ein kleines Fest. Sogar die Verwandten aus einem Dorf des gegenüberliegenden Ufers waren auf ihren mit Luft gefüllten Schläuchen herübergeschwommen. Die Araber und Nubier sind imstande, mit sehr erhöhter Stimme ausgestoßene Worte über den Strom hinüberzurufen, selbst wenn er eine Viertelstunde breit sein sollte. Auf diese Weise hatte man jenen sogleich Nachricht von dem Erscheinen Mohammeds gegeben:

»Und wo ein Bär den andern sah,
Da hieß es: Petz ist wieder da!«

Nachdem wir um Mittag wieder abgefahren sind, müssen wir schon unterhalb Alt-Dongola wieder anlegen, um einem anderen Matrosen den Besuch seiner dort wohnenden Familie zu gestatten.

Von Alt-Dongola aus *soll* eine unterirdische Höhle bis zum Djebel Barkal führen. Obgleich ich an der Wahrheit dieser Mitteilung zweifle, halte ich doch das Vorhandensein einer tiefen und ausgedehnten Höhle für möglich, weil ich von verschiedenen Eingeborenen, so oft ich Alt-Dongola berührte, immer dasselbe hörte. Man erzählt sich, daß ein Kalb zufällig in den in der Nähe der Moschee Alt-Dongolas sich befindlichen Eingang geraten und abgemagert, mit abgestumpften Hörnern, abgeschabten und blutendem Fell am Djebel Barkal wieder zum Vorschein gekommen sei. Leider hatte ich nie Gelegenheit gehabt, mich von der wahren Beschaffenheit der Sache zu überzeugen.

Am 10. September haben wir heftigen Gegenwind und kommen fast gar nicht von der Stelle. Abends landen wir in dem Ufersteige des Unglücksortes *Dongola.*

Der erste meiner Gänge war für mich der wichtigste und traurigste. Ich besuchte das Grab meines armen Bruders. Mit welchen Gefühlen ich den Ort betrat, an welchem wir diesen guten Menschen vor sechzehn Monaten in die heiße Erde betteten, wage ich nicht zu schildern. Sie kann nur derjenige beurteilen, welcher seinen teuersten Freund ohne die Hoffnung, ihn auf Erden jemals wiederzusehen, zurückläßt. Mein Abschied war noch schmerzlicher; ich nahm ihn nicht von dem Lebenden mehr, ich nahm ihn von seinem Grabe. Der unersetzliche Verlust, den ich erlitten, trat mir noch einmal in seiner ganzen Herbheit vor die Seele; ich fühlte ihn von neuem wieder und verließ den Friedhof weit trauriger, als ich ihn betreten hatte.

Am Mittag reisten wir ab und erreichten nachts die dattelreiche Insel *Badihn,* deren Bewohner ungeachtet der ihnen gehörigen ausgedehnten Palmenwälder sehr arm sind. Die Regierung hat auch hier die hohe Steuer von fünfzig Para oder fünfundzwanzig sächsischen Pfennigen auf jeden Palmenbaum gelegt. Da nun alle Palmen besteuert sind, gleichviel ob sie Früchte tragen oder nicht, ist es erklärlich, daß die Steuer kaum zu erschwingen ist. Häufig tritt Mißwuchs ein oder es können die armen Nubier ihre Früchte gar nicht verwerten; dann bleiben sie im Rückstand mit ihren Steuern und sind allen Bedrückungen der Regierung ausgesetzt. Man muß sich billig wundern, daß sie leben können.

Am 17. September. Nachdem wir mittags abgefahren sind, durchschiffen wir bald darauf den Schellahl *Hannik,* den ersten des sogenannten *zweiten Katarakts.* Das Schiff windet sich mit großer Schnelligkeit und Sicherheit zwischen den vielen Felseninseln, welche überall aus dem Wasser hervorragen, hindurch. Auf den größeren Inseln sieht man wieder ähnliche Kastelle wie im *Wadi Gammar.* So erheben sich auf jedem Ende der großen Insel *Simmit* stattliche Schlösser, von denen das eine am unteren Ende befindliche schon verlassen ist. Sie liefern uns den Beweis, daß die Raubzüge der *Scheikïe* auch bis hierher ausgedehnt wurden.

Am 19. September. Der Fluß wendet sich von unserem Nachtlager aus nordwestlich; er ist von Felsenbergen eingeschlossen und wälzt sich langsam in seinem ziemlich engen Bett dahin. Wir brechen sehr früh auf, kommen um 8 Uhr morgens an dem Dorfe *Koë* vorüber und erreichen zwei Stunden später bei dem Tempel *Sobbe*[6] das *Dahr el Mahhaß.* Um Mittag landet man bei dem Dorfe *Soahrte,* um Datteln und Fleisch zu kaufen. Mansuhr hat für den Löwen eine kleine Ziege gekauft, gerät aber mit dem Verkäufer derselben, welchen der Verkauf gereut, in Streit. Bald versammeln sich viele Männer um unsere Barke und suchen diese an dem nach dem Ufer gehenden Haftseile festzuhalten. Unsere Bemühungen, die Barke flottzumachen, sind fruchtlos. Der Haufen am Ufer wird immer größer. Man fängt an, mit sehr großen Steinen nach dem Schiff zu werfen. Ich zeige mich mit Waffen versehen und drohe Feuer zu geben, wenn man uns nicht in Ruhe läßt, lege das Gewehr an und schieße über die Köpfe der Leute weg; es hilft nichts. Das Werfen wird ärger, das Volk wütender. Wiederholte Warnungen fruchten nicht; ich muß mich am Ende entschließen, unter den Haufen scharf zu feuern. Um jedoch niemanden zu töten, wähle ich nur Schrotgewehre und ziele nach den Füßen. Die Wirkung ist vortrefflich, der Strand wird frei, aber nur auf Augenblicke. Ein wütendes Ulululul-Geheul durchtönt das ganze Dorf, in wenigen Minuten ist das Ufer mit mehr als fünfzig mit Äxten, Lanzen, Hacken, Knütteln und ähnlichen Werkzeugen bewaffneten Männern bedeckt, welche uns mit grimmigen Gebärden zum Kampf herausfordern. Da wir fürchten müssen, bei einem Kampfe mehrere Menschen zu töten, nehmen wir ihre Herausforderung nicht an und fahren ruhig weiter. Um ihnen aber alle Lust zu weiterem Kampfe zu nehmen, sende ich mehrere Büchsenkugeln dicht an ihnen vorüber, und diese tanzen so verständlich auf dem Wasser dahin, daß sie wirklich von ihrem Vorhaben abstehen.

Nach einer halben Stunde kommt auf dem rechten Ufer der ungefähr achthundert Fuß hohe, breitrückige Djebel *Debehdj* zum Vorschein; links sieht man den Djebel *Sai* auf der durch die Mamelucken berühmt gewordenen Insel gleichen Namens [7].

Grabmal auf der Insel Dahlack

Wir übernachten in dem Dorfe *Koike.* Die hohe, von allen bisher gesehenen abweichende Kuppel eines Grabmales erhebt sich über die Kronen der Palmen. Sie deckt die Ruhestätte eines großen Heiligen, dessen Bruder *Idrieß* noch hier lebt, ebenfalls im Rufe der Heiligkeit und fast in derselben Achtung als der Verstorbene steht. Dieser machte sich hauptsächlich durch große Wohltaten an den Armen beliebt und wurde wegen sieben Wallfahrten nach Mekka bald allgemein verehrt. Sein noch lebender Bruder errichtete ihm das erwähnte Grabmal und wurde dabei durch reichliche Geschenke von seiten des Vizekönigs und anderer wohlhabender Türken unterstützt. Mohammed-Ali erklärte ihn für steuerfrei und gab ihm seine Hochachtung vielfältig zu erkennen. Scheich *Idrieß* war nur einmal in Mekka, macht aber in der festen Überzeugung der Nubier jedes Jahr die heilige Wallfahrt *»sirran«*, d. h. so geheimnisvoll mit, daß er immer in *Koike* gesehen wird, obgleich er sich bei der Pilgerkarawane befindet.

Ich sah Scheich *Idrieß* aus seinem hübschen Hause heraustreten, um den *Morhreb* zu beten. Alle unsere Leute gingen ehrfurchtsvoll auf ihn zu, küßten ihm die Hand und baten um seinen Segen. Dann reihten sie sich den Dorfbewohnern an, verrichteten die Waschungen und beteten dem Scheich, welcher die Stelle des Imahn übernahm, das Abendgebet nach. Unser alter Reïs *Ihsa* versicherte mir, daß keine Barke hier vorüberfahre, ohne daß die Matrosen und der Reïs Scheich *Idrieß* um seinen Segen und *»die Erlaubnis«* zur Weiterreise gebeten hätten.

Scheich *Idrieß* lebt fast nur von den Gaben, welche ihm die Milde der Türken und Nubier spendet. Er sammelt aber keine Reichtümer. Was er besitzt, verwendet er an die Armen oder an Reisende. Auch uns sandte er mehrere Schüsseln seines Abendessens mit seinen besten Segenswünschen. Wir belächelten die Nubier nicht, welche einem so ausgezeichneten Manne eine Achtung zollen, die wir selbst ihm nicht verweigert haben. So ließ er unter anderem am linken Stromufer, einige Stunden unter Koike, in der Wüste ein Häuschen bauen, um darin durch einen Sklaven und dessen Frau Reisende beherbergen und bewirten zu lassen. Wir sahen das Werk anerkennenswerter Gastfreundschaft und Barmherzigkeit am folgenden Tag. Weit und breit ist keine menschliche Wohnung zu erblicken, die Gegend wüst und unwirtsam; da zeigt sich dem Reisenden ein Ort der Ruhe und Erquickung, auf dem der Segen eines heiligen oder in unseren Augen wenigstens geachteten Mannes liegt. Ein so edler Mann muß Ehrfurcht erwecken!

Bauerhorst besuchte das Innere des Grabmals. Er fand ein sehr einfaches, von Lehmziegeln überwölbtes, mit arabischen Inschriften geziertes Grab. Ein Holzgitterwerk mit einer Kuppel überdacht, dessen Ecksäulen versilberte Knäufe tragen, umschließt es. Wollene und seidene Decken zieren den Boden und das Gitterwerk. Das ist die Ruhestätte des verehrten Geistlichen oder Heiligen von *Koike.*

Am 20. September. Der Morgen ist sehr neblig und verspricht einen stürmischen Tag. Bald nach unserer Abfahrt erreichen wir die Insel *Sai* und später das von den Mamelucken befestigte, von den Türken eroberte Schloß derselben. Es war der letzte Hauptpunkt der schon überall geschlagenen adeligen Kriegerschar. Die Metzelei bei Einnahme der Festung soll schrecklich gewesen sein; wenigstens sagt man, daß die Ströme des Blutes der Erschlagenen von der Feste aus über einen, jetzt vielleicht vierzig Fuß den Wasserspiegel überragenden Felsen dem Nil zuliefen. Dicke schwarze Streifen, welche man an den Mauern des Schlosses noch heute sehen kann, bezeichnet man als die Spuren des Blutes.

Am 22. September. Wenn man in einer elenden Barke mit schlechten Rudern und unzuverlässigen Matrosen, von Chartum kommend, glücklich mehr als zwanzig Schellalaht hinter sich und nur noch zwei

Wasserfälle, vor denen die wertvollen Sachen ausgeschifft werden, vor sich sieht, bemächtigt sich ein freudiges Gefühl der ganzen Reisegesellschaft und ein von allen gleich lebhaft empfundenes *»El hamdi lillahi!«* gibt diesem Gefühl Worte. So war es bei uns, als wir *Semmne*[6] hinter uns wußten. Vor uns lag die freudige Gewißheit, nun bessere Landstriche zu erreichen. Während wir bisher nur die Beschwerden und Gefahren einer Kataraktenfahrt, einer Reise durch unbebaute Länderstrecken oder unbebaubare Felsenberge und Wüsten ertragen mußten, empfanden wir schon jetzt das Vorgefühl des Genusses, sorglos und ruhig auf einem der kolossalsten Ströme durch eins der merkwürdigsten Länder der Erde hinabzuschwimmen. Bloß der Katarakt von *Wadi-Halfa* lag noch zwischen uns und dem sicheren, felsenfreien Strombette des *Wadi-Aarrab, Wadi-Kennuhs* und *Ägyptens.*

Wir waren heute wieder sehr früh abgefahren und hatten schon manche Schema, manche kleine Stromschnelle durchschifft, da zeigten sich die Mauern des Kastells von *Abke.* Wir mochten noch eine Viertelmeile von diesem uns bekannten Landungsplatze entfernt sein, als die Ungeschicklichkeit der Schiffsmannschaft noch einen beinahe tragischen Schluß der ganzen Reise herbeiführte.

Oberhalb der Stelle, an welcher wir uns befanden, nimmt der durch Felsen in drei Arme geteilte Nil eine Breite von mehr als einer halben Meile an. Reïs *Ihsa* will den rechten Arm wählen, wird aber von einem uns begleitenden, stromkundigen Nubier, *Mohammed-Ali,* gewarnt, weil sich unter der zu erwählenden Stromschnelle ein Strudel befindet. Jetzt wendet man sich dem mittleren Arme zu und erreicht ihn auch glücklich zur Durchfahrt. Da glaubt *Ihsa,* auf dem linken Ufer noch besseres Fahrwasser zu bemerken und leitet dorthin das Schiff. Nur die äußerste Kraftanstrengung der Ruderer überwindet den Wasserzug des mittleren Armes und führt die Barke dem linken Ufer zu. Der Ruderschlag siegt zwar über das wogende Element, kann es jedoch nicht verhindern, daß die Barke an die beide Arme trennende Felseninsel geschleudert wird, wo sie mit starkem Getöse über mehrere Steine hinweggleitet.

Jetzt erfaßt sie die volle Gewalt des linken Stromarmes und treibt sie unabwendbar einem halb aus dem Wasser hervorragenden Felsblocke zu, den jetzt erst alle bemerken. Der dieser Wahrnehmung folgende Schrecken ist allgemein. Die Barke ist mit furchtbarem Krachen auf den Felsblock gestoßen und festgefahren. Ein bedeutendes Leck ist die Folge. Stromweise ergießt sich das Wasser in das Schiff, welches, wie wir alle wissen, aus dem im Wasser sinkenden Mimosenholz gezimmert ist. Alle haben die Geistesgegenwart verloren und laufen ohne Plan und Zweck auf dem Schiffe herum. Die Matrosen entkleideten sich, um beim gänzlichen Sinken des Schiffes davonzuschwimmen. Da erkennen wir beide, *Bauerhorst* und ich, die Größe der Gefahr und damit kehrt auch unser volles Bewußtsein und die Kraft zum Handeln zurück. Ich verbiete den Matrosen bei Todesstrafe, das Schiff zu verlassen, und schwöre ihnen zu, dem ersten, der sich entfernen würde, eine Kugel durch den Kopf zu jagen, was ich, wie sie wohl wissen, gewiß auch tun werde. Wir fürchten nichts für uns, denn wir beide sind rüstige Schwimmer, wohl aber für das Leben *Tischendorfs,* welcher nicht schwimmen kann. Deshalb gebiete ich einem Bedienten, für diesen einen luftdichten Wasserschlauch nach Art der Nubier aufzublasen, unterweise ihn, wie er ihn zu befestigen und was er dann weiter zu tun habe, und befehle ihn dem Schutze Gottes und seines guten Genius. Dann übergebe ich dem Diener *Mansuhr* unser Reisegeld, einem anderen, *Mohammed,* unsere wichtigsten Papiere in einem ziemlich wasserdichten Kästchen, mit dem Auftrage, beides zu retten, falls es not tun sollte.

Das ist das Nötigste. Auf der Barke geht alles nach wie vor durcheinander. Noch trägt der Felsen das Schiff und verhindert es am weiteren Sinken. Das Schiffsvolk hat die Besinnung immer noch nicht erlangt. Einige versuchen, die Barke flottzumachen, andere schöpfen Wasser. Ich wende mich nach dem Steuer und finde dort bereits Bauerhorst, welcher dasselbe, wie er selbst sagt, ohne bestimmte Absicht hin und her bewegt. Nur das Steuer kann uns retten! Wir beide drücken den Hebelarm desselben nach der Seite hin, von welcher wir den heftigsten Widerstand fühlen und bemerken, daß das Vorderteil der Barke sofort seine Lage verläßt. Die Kraft des an die breite Fläche des Steuers wirkenden Wassers schleudert uns aber gewaltsam zurück und Bauerhorst über Bord, wo er sich glücklicherweise noch festhält. Von neuem wiederholen wir unsere Kraftanstrengungen und überwinden glücklich den unglaublich starken Gegendruck des Steuers. Das Vorderteil der Barke bewegt sich langsam vom Felsen ab, dreht sich dem Strom entgegen, steht einen Augenblick bewegungslos und wird nun plötzlich von ihm auf der günstigsten Seite erfaßt und herumgeworfen. Das geschieht so schnell, daß die auf dem Felsen stehenden und dort arbeitenden Matrosen das Schiff nicht geschwind genug erreichen können und von den Wellen in einem Strudel herumgetrieben werden. Wir retten sie durch Stangen, welche wir ihnen entgegenhalten. Alle sind noch bestürzt und lassen das Schiff sich erst zwei- bis dreimal um sich herumdrehen, ehe sie Hand an die Ruder legen. Wir übernehmen das Kommando und sorgen mit der Peitsche in der Hand für schnelle Befolgung der Befehle. Die Matrosen arbeiten mit allen Kräften. Wir schöpfen mit den Bedienten Wasser, müssen aber sehen, wie das Schiff mit jedem Ruderschlage schwerer und unbeweglicher wird. Es sinkt immer tiefer; das Wasser steht bereits zwei Fuß hoch im Schiffsraum und füllt mehr als die Hälfte desselben an. Endlich erreichen wir das linke Ufer des Stromes. Wir sind gerettet. Sogleich werden mächtige Pfähle in das Erdreich gerammt und an diese das Schiff mit starken Seilen so befestigt, daß es nicht tiefer sinken kann. Dann werden die Warenballen und Kisten ausgeladen. Wir schöpfen in größerer Anzahl eifrig fort und können nach und nach ein Leck nach dem anderen oberflächlich verstopfen.

Die Kisten und Gummisäcke sehen erbärmlich aus, doch ist, wie sich bei genauerer Besichtigung herausstellt, der Schaden immer noch nicht so groß als er hätte sein können. Ich habe, wie ich später berechnete, in den mir zugrunde gegangenen Naturalien einen Verlust von ungefähr sechshundert Talern erlitten, Reïs Ihsa verliert verhältnismäßig weit mehr. Er hatte vor vierundzwanzig Monaten seine Heimat, das Dorf *Schellahl* bei Assuan, verlassen, hatte sich die ganze Zeit hindurch geplagt und abgemüht und zwanzig Zentner arabischen Gummi erworben. Jetzt steht mehr als die Hälfte im Wasser. Er zerrauft sich seinen weißen Bart und weint. Alle Trostgründe sind vergeblich; der Arme kann sich nicht in sein Schicksal ergeben.

Während wir noch in voller Arbeit sind, kommen die acht Barken, welche wir gestern bei *Semmne* gesehen haben, von oben herab und passieren, eine nach der anderen, den mittleren Arm, welchen Ihsa unklugerweise nicht gewählt hatte. Wir rufen ihnen zu, uns zu Hilfe zu kommen und nehmen mit großem Verdruß den Vorteil, welchen sie durch ihre Segel vor uns haben, wahr. Sie spannen dieselben auf und sind nach wenigen Minuten bei uns.

Unsere ermüdeten Matrosen werden nun durch fast zwanzig Männer von den anderen Schiffen abgelöst. In Zeit von einer Stunde hat man alle Lecke verstopft und das im Schiffe befindliche Wasser ausgeschöpft. Dann beladet man das Boot von neuem und fährt nach dreistündigem

Aufenthalt dem gewöhnlichen Landungsplatz am anderen Ufer zu. Hier werden die Kisten ans Land gebracht, ihres Inhaltes entleert und die durchnäßten Vogelbälge getrocknet, so gut es gehen will. Hiermit bringen wir drei Tage zu. Wahrscheinlich infolge des in die Barke eingedrungenen Wassers sterben drei meiner lebenden großen Geier, wodurch mir der allerempfindlichste Verlust bereitet wird.

Erst *am 25. September* verließ uns *Bauerhorst,* welcher den großen Katarakt zu Schiffe passieren wollte. Ich blieb bei dem Gepäck zurück und zog mit ihm am folgenden Tage nach *Wadi-Halfa.* Schon mit Sonnenaufgang saßen wir im Sattel; die Paviane und andere Affen hockten in den possierlichsten Stellungen auf den Kisten, mit denen die Kamele beladen waren, und zankten sich mit diesen ohnehin selten gutgelaunten Tieren ohne Unterlaß. Nach beinahe drei Stunden kamen wir mit unseren Reitkamelen in *Wadi-Halfa* an; die Lasttiere folgten erst später. Ich hatte die glückliche Ankunft Bauerhorsts schon gestern erfahren. Mit wirklicher Freude begrüßten wir uns gegenseitig. Mein Freund erzählte mir das nähere der Fahrt. Es war so ziemlich dasselbe, was ich früher auch erlebt hatte, wenn auch die Nebenumstände verschieden sein mochten. Die Gefahr, zu scheitern, war für das Schiff sehr nahe gewesen.

Am 28. September. Gegen Mittag kam eine der Barken, mit denen wir unsere Kataraktenreise angetreten hatten, in Wadi-Halfa an und brachte die Nachricht, daß das Boot, welches schon am 3. September bedeutend beschädigt wurde, oberhalb des Schellahl *Kussukohl* oder *Gaskohl* in dem Katarakt von Wadi-Halfa vollkommen gescheitert und mit fünfzehn Kamelladungen oder beiläufig sechzig Zentnern Gummi untergegangen ist. Die Mannschaft hatte sich mit genauer Not gerettet.

Kurz darauf langte eine zweite, meinem Gönner und Beschützer, Latief-Pascha, gehörende Barke an. Ihre Ladung bestand aus einem prachtvollen Löwenpaar, welches Latief-Pascha Sr. Majestät dem Kaiser von Österreich zum Geschenk gemacht hatte, und fünfzehn bis zwanzig abessinischen Sklavinnen. Die Leute lagerten sich in unserer Nähe unter Palmen. Wir sahen sehr schöne Mädchen unter den für den Haushalt des Pascha bestimmten Sklavinnen, welche zusammen wohl über tausend Speziestaler gekostet haben mögen. Der die Sklavinnen und Löwen begleitende Diener war deshalb auch so vorsichtig gewesen, sie durch die Wüste zu transportieren.

Tags darauf hindert ein heftiger Gegenwind die schnelle Fahrt. Wir verweilen den größten Teil des Tages bei den Felsentempeln von *Abu-Simbel* und benutzen die windstille Nacht zur Weiterfahrt.

Am 30. September. Mit Sonnenaufgang waren wir bei der uns schon bekannten Mameluckenfestung *Ibrihm*[8] angekommen.

Ruinen des Tempels von Soleb 1832

Am 2. Oktober. Noch vor Mittag erreichten wir *Kalabsche*[9] und besuchen den großartigen, leider fast ganz in Trümmern liegenden Tempel. Er ist einer der schönsten, welche ich gesehen habe, sehr groß und ausgedehnt und mit vielen Bildwerken und Hieroglyphen geziert. Die ganze Umgebung ist mit Trümmern bedeckt. An den Farben auf den Skulpturen kann man die Jahrtausende, welche an dem Bauwerk vorübergegangen sind, nicht ahnen; ihre alte Schönheit hat sich noch ganz erhalten.

Am 3. Oktober. Philä. Wir besehen die Ruinen der »Feeninsel« zum zweiten Male, sind aber, trotz unseres ziemlich langen Aufenthaltes, nicht imstande, unserem Gedächtnis ein kleines Bild all des Herrlichen einzuprägen. Die Pracht des Tempels im Ganzen genommen ist so groß, die Skulptur und Verzierung der einzelnen Hallen so mannigfaltig, daß der Geist den Gesamteindruck nicht sogleich zu erfassen vermag.

Am 4. Oktober ging ich mit allem Gepäck zu Kamel durch die Wüste nach Assuan. Bauerhorst blieb auf der Barke und passierte mit ihr den unbedeutenden Schellahl oder den sogenannten *ersten Katarakt* des Nil. Wir verweilen bis zum *7. Oktober* in Assuan. Über unsere Reise durch Oberägypten habe ich nicht viel zu berichten.

Am 15. Oktober landeten wir in *Khenneh,* tags darauf in *Siut.* Hier trafen wir einen deutschen Schmied aus Laibach, welcher uns die baldige Ankunft meines früheren Reisegefährten, des wackern Don *Ignatio* oder Pater *Knoblecher* [10], meldete und den blühenden Zustand der Mission schilderte. Nachdem ich in Gesellschaft *Bauerhorsts* am *21. Oktober* zum zweiten Male die Krokodilhöhlen besichtigt hatte, begegneten wir am 22. dem auf seiner schönen eisernen Dahabïe, »Stella matutina«, den Strom hinauf segelnden Geistlichen und erfreuten uns ebensosehr an dem uns zuteil werdenden freundlichen Empfang als an der prachtvollen und praktischen Einrichtung des Schiffes. Die jungen Geistlichen, welche den *Dr. Knoblecher* begleiteten, waren nur Deutsche, wie er versicherte, junge, gediegene und anspruchslose Männer; sie waren geistig und materiell mit allem ausgerüstet, was für den Sudan erforderlich scheint. Eine schöne, genußreiche Stunde verbrachten wir bei den liebenswürdigen, mutigen Verkündigern des Christentums, dann schieden wir und wandten, der Heimat zueilend, den nach dem fernen heißen Süden Ziehenden den Rücken. Unsere weitere Fahrt war rasch und glücklich.

Am 26. Oktober. Der erste Strahl der jungen Sonne beleuchtete die Spitzen der schlanken Minaretts der Moschee Mohammed-Alis. Es war heute Sonntag. Die Glocken des Klosters »zur heiligen Erde« läuteten zur Frühmesse. Jeder Ton klang melodisch in unserem Inneren wieder. Und mit dem Klingen dämmerten der Heimat Bilder in uns auf. Das waren dieselben Glocken, welche uns als Knaben getönt, dieselben, welche uns die Abschiedsstunde vom Vaterland geschlagen hatten und jetzt uns ihr Willkommen entgegenriefen. Monate-, jahrelang mußten wir von allem dem, was an die Heimat mahnt, entfernt gewesen sein, um ihre Sprache verstehen zu lernen; jetzt riefen sie uns klare, helle Worte zu:

»Das ferne Glockengeläute zog träumerisch durch die Luft,
Es sprach von vergangenen Tagen, von Lenz und Blütenduft.«

Und wieder berauschte mich das Wogen und Leben der unvergleichlichen Stadt. Ich konnte von neuem in den Gärten »der Siegreichen« schwelgen und schwärmen. Mein durch das Fieber entkräfteter Körper stärkte, mein so oft darniedergedrückter Geist erhob sich. Ich lebte in

Kairo wieder auf. Schon früher habe ich diese herrliche Stadt mein Ideal genannt. Ich wiederhole es, um die Fülle meines Glückes beschreiben zu können. Wie nahe war ich der Heimat! In anderthalb Monaten erhielt ich Antworten auf Briefe, die ich den Lieben geschrieben. Wie freundlich kamen mir ehrliche, biedere Landsleute entgegen!

Mein treuer Freund *Bauerhorst* bezog mit mir eine Wohnung in dem *Tarb el Tiahb,* »Weg der Schakale«, einem engen Gäßchen im arabischen Viertel, nahe der *Muhski.* Nur wenige Schritte brauchten wir zu machen, um unter den Platanen der blumenduftenden *Esbekïe* in stiller Behaglichkeit eine *Schiesche** zu rauchen und ein Täßchen köstlichen Mokkatrankes zu schlürfen.

Es ist so schön unter den schattigen Alleen der Esbekïe! Von fern her tönen gegen Abend sanfte, vom leisen Abendwinde getragene Klänge europäischer Hornmusik oder arabischer Minnelieder. Lustwandelnde Europäer und kühlesuchende Europäerinnen gehen vorüber, manchmal auch Levantiner mit ihren verschleierten Frauen. Wie blitzen die dunklen Augen hinter dem Schleier hervor; wie ruhen sie bisweilen so sonderbar fragend auf dem Fremdling! Und darüber blaut der herrliche Himmel Ägyptens, bis ihn die scheidende Sonne in Purpur kleidet. Die hin und her wandelnden Damen und Herren verschwinden, aber die Blumengeister werden wach mit der Nacht. Die Sterne funkeln so herrlich vom dunklen Himmelsdome herab, die Luft ist so kühl und doch so unendlich mild. Man sitzt träumend auf der harten Bank aus Palmenstielen, aber alle Sinne sind geschäftig, die Herrlichkeit der Nacht zum Throne des Geistes zu bringen.

In Kairo hatten wir drei liebenswürdige Deutsche kennengelernt, in deren Gesellschaft wir manche frohe Stunde zubrachten. Es war der Naturforscher *Dr. Theodor von Heuglin* [11] aus Württemberg, der Kaufmann *Sauer* aus Hannover und *Dr. med. Theodor Bilharz* [12] aus Sigmaringen. *Heuglin* würzte durch wissenschaftliche Mitteilungen, *Sauer* durch seine Gesprächigkeit und *Bilharz* durch sein gemütvolles Wesen die genußreichen Abende unseres Vereins. *Bilharz* war die Seele der Gesellschaft. Ich bin unentschieden geblieben, ob ich seinem trefflichen Charakter oder seinen tiefen, gründlichen Kenntnissen größere Anerkennung und Achtung zollte.

* Arabischer Name der *Wasserpfeife* (Nargileh).

Schluß

Ich bin am Ende meiner Erzählung. Der Winter bannte mich an Ägypten; bei meiner zerrütteten Gesundheit durfte ich es nicht wagen, mich plötzlich allen Einflüssen des rauhen Klimas unseres Vaterlandes preiszugeben. Eine angenehme Reise in Gesellschaft liebenswürdiger Landsleute kürzte mir die Zeit*.

Am 19. Dezember beschied mich der österreichische Generalkonsul von Huber zu sich, um mir Vergleichungsvorschläge des Baron Müller mitzuteilen. Jetzt, nachdem ich mich durch alles erdenkliche Ungemach mühsam durchgearbeitet, gedarbt und entbehrt, dabei aber fleißig und glücklich gesammelt hatte, wollte derselbe die von mir notgedrungen gemachten Schulden großmütig – gegen Übergabe meiner Sammlungen – übernehmen! Ich wies seine »Friedensvorschläge« entrüstet zurück. An mir und nicht an ihm war es, Bedingungen zu stellen.

Von nun an hatte ich vollauf zu tun, unsere Abreise nach Möglichkeit zu beschleunigen und die Gaunereien und Langweiligkeiten des im Dienste des Grafen stehenden Dragoman durch sorgfältiges, diesem höchst unangenehmes Überwachen zu verhüten. Ein äußerst praktischer Reisender, der Herr *Leopold Buvry* aus Berlin, wurde als unser Reisegefährte noch aufgenommen. Ende Dezember hatte ich eine hübsche Dahabïe für uns gemietet, die uns nötigen Provisionen eingekauft und meine Privatgeschäfte beendet. Die heilige Weihnacht brachten wir in Gesellschaft meiner mir sehr wert gewordenen Bekannten bei *Sauer* zu. Wir saßen gemütlich zusammen, schwatzten, rauchten, tranken Zyperwein und gingen um Mitternacht in die nahe Kirche des Klosters *zur heiligen Erde,* wo wir die Christmesse mit anhörten. Das war die einfache Feier des Christabends, die rechte war es nicht, aber wie sollten wir das heilige Fest anders begehen?

Zwei Tage später verließen wir *Bulakh,* wandten uns aber nördlich,

* Brehm besuchte vom 9. November bis 7. Dezember 1851 in Gesellschaft von Heuglin die Halbinsel Sinai.

weil wir in der Nähe des »Baragé« oder *Nilstaudammes* * auf Wildschweine jagen wollten. Im *Battn el Bahr* legten wir mit Einbruch der Dunkelheit an, um die Schleusentore nicht zur Nachtzeit passieren zu müssen, fuhren am anderen Morgen bis *Sihdi-Ibrahim* herab und kehrten nach mehreren glücklichen Jagdtagen nach Kairo zurück. Unsere Jagdbeute krönte das Mahl, welches wir am Silvesterabend im Kreise unserer Freunde genossen.

Mit dem Abend des 1. Januar 1852 traten wir unsere Jagdreise nach Oberägypten an. Sie war heiter und glücklich. Nun gedachte ich ernstlich der Heimreise und arbeitete deshalb eifrig an der gehörigen Verpakkung meiner Schätze. Mein mir während der Reise Freund gewordener Gefährte *Buvry* unterstützte mich bei diesem mühseligen Geschäft. Um diese Zeit machte mir der kön. preußische Generalkonsul, *Baron von Pentz*, den Vorschlag, eine für den Zoologischen Garten in Berlin bestimmte, von ihm in Ägypten zusammengebrachte Menagerie in der Eigenschaft eines die Wärter Beaufsichtigenden bis Triest zu begleiten, wozu ich mich gern bereit fand. Ich verwandte meine mit der Pflege der Tiere vertrauten Bediënten zu den nötigen Wärtern und segelte am 26. April in Gesellschaft *Buvrys* mit den Bestien, unter denen sich auch meine liebenswürdige *Bachieda* befand, von Kairo ab. Am 28. erreichte ich die Schleusentore von *Adfeh*, ließ mein Fracht auf vier kleine Barken verladen und gelangte, obgleich diese bei dem großen Wassermangel im Kanal auf dem feuchten Schlamm fortgeschleift werden mußten, am 30. April nach *Alexandrien*. Von da aus konnte ich wegen Überfüllung des Postschiffes erst am *22. Mai* abreisen. Meine beiden Diener *Mansuhr* und *Mohammed*, von denen der erste anderthalb, der letzte fast drei Jahre in meinen Diensten gestanden hatte, begleiteten mich bis aufs Schiff, schluchzten und weinten beim Abschied und riefen den Segen Allahs auf meine Pfade herab.

Das Meer war spiegelglatt und blieb es während der kurzen, nur fünf

* Der *Staudamm* ist ein kolossaler Brückenbau mit Schleusentoren, welcher dazu dienen soll, das Wasser des Nil während seines niederen Standes aufzustauen und die Bewässerung Unterägyptens beliebig regulieren zu können. Er wurde unter *Mohammed-Ali* am Teilungspunkte der Arme von *Reschied* und *Damiaht* durch französische und englische Ingenieure angelegt, ist jetzt vollendet und ein Werk, welches man den Pyramiden würdig zur Seite stellen kann. Man gedenkt nächst dem das Delta durchschneidenden Hauptkanal noch einen zweiten, direkt nach Alexandrien führenden und auf dem anderen Stromufer einen dritten, dem *Khaliedj* Wasser zuführenden zu graben. Der Gesamteindruck der Brückenfassade ist trotz der Großartigkeit des Baues nicht befriedigend, weil man im Mittel der Brücke merkwürdigerweise arabische Minaretts mit gotischen Türmen zusammengestellt hat.

Tage langen Fahrt. Am zweiten Tage derselben hatten wir *Kandia,* am dritten das herrliche *Korfu* vor uns. Die letzten Tage segelten wir so nahe an den dalmatinischen Küsten dahin, daß ich, um das entzückende Panorama nach Herzenslust genießen zu können, fast den ganzen Tag auf dem Verdeck zubrachte. Am Nachmittag des 28. Mai stieg *Triest* aus den blauen Fluten empor. Die Gefühle, welche mich beim Anblick der ersten Stadt des ersehnten Vaterlandes durchwogten, will ich nicht beschreiben!

Mit Sonnenuntergang rollte der Anker in den Grund des Hafens der adriatischen Meereskönigin.

Meine Bestien übergab ich einem mir von Berlin entgegengesandten Tierwärter. Nach einigen Tagen Aufenthalt reiste ich weiter. In *Wien* nahm ich zärtlichen Abschied von meiner lieben *Bachieda,* dann eilte ich über *Prag* und *Dresden* der teuren Heimat zu. *Am 16. Juli 1852* drückte ich meine teuren Eltern und Geschwister nach mehr als fünfjähriger Abwesenheit ans Herz. Die lange Fahrt hatte ihr Ende erreicht.

Klitzsch & Rochlitzer

Sauakin

ANMERKUNGEN DES HERAUSGEBERS

I. Einleitung

1. Johann Wilhelm Baron von Müller (1824–1860) bereiste zusammen mit Brehm 1847/48 auf dessen erster Reise den Sudan und gelangte über Dongola und Meroe nach Chartum und El Obeïd. Beide Reisenden kehrten gemeinsam nach Ägypten zurück. Baron von Müller trieb Vogelkunde und plante eine Sammelreise nach Afrika, die vorzugsweise der Erforschung der tropischen Vogelwelt dienen sollte. Hierfür suchte er einen Begleiter, der jung und möglichst anspruchslos über Fertigkeiten im Jagen, Sammeln und Präparieren von Vögeln verfügen sollte. Seine Wahl fiel auf Brehm. Auf dieser Reise bereits kam es zu erheblichen Spannungen.
   Eine zweite Expedition, die nach Chartum, den Weißen Nil hinauf bis an die ugandische Grenze führen und nach Erkundung der Quellen des Nils mit einer Reise an die afrikanische Westküste beschlossen werden sollte, kam nicht mehr zustande. Der Plan, bereits dargestellt im Aprilheft des Jahrgangs 1849 der Sitzungsberichte der Kaiserlich Österreichischen Akademie der Wissenschaften, scheiterte am Geldmangel Müllers. Brehm, der mit unzureichenden Mitteln allein in den Sudan aufgebrochen war, geriet hierdurch in schwere Bedrängnis und löste das untragbar gewordene Verhältnis.
   Müllers Projekt ist im einzelnen dargestellt in: »Bericht über einzelne erhebliche Momente seiner in den Jahren 1845–1849 unternommenen wissenschaftlichen Reisen in Afrika von Dr. J. W. Freiherrn von Müller« in Sitzungsberichten der Kaiserlichen Akademie der Wissenschaften, Wien 1849.

2. Korfu mit den Ionischen Inseln; einst venezianischer Besitz, gehörte, nachdem es von 1807–1814 französisch besetzt war, seit 1815 zum Vereinigten Staat der Ionischen Inseln, der bis zur Vereinigung mit Griechenland 1863 eine eigene Republik unter englischem Schutz bildete.

3. Griechenland wurde nach gewonnenem Unabhängigkeitskrieg von 1829/30 von der ottomanischen Herrschaft befreit und selbständiges Königreich unter Otto von Wittelsbach (1832–1862) mit Athen als Hauptstadt.

4. Die ägyptische Flotte war eine Schöpfung Mohammed-Alis. Der Pascha begnügte sich nicht damit, Schiffe in Marseille, Venedig, Genua und Livorno bauen zu lassen, sondern errichtete mit großem Kostenaufwand eine Werft sowie ein Marinearsenal in Alexandria. Die Arbeiten standen hauptsächlich unter Leitung des französischen Ingenieurs de Chérizy. Nachdem die erste Flotte 1827 in der Schlacht bei Navarino im griechischen Unabhängigkeitskrieg, in dem Mohammed-Ali der Pforte zu Hilfe geeilt war, von den vereinigten britisch-französisch-russischen Geschwadern vernichtet wurde, ließ Mohammed-Ali in den folgenden Jahren eine zweite Flotte neu erbauen. Zehn Jahre später – 1837 – umfaßte sie bereits wieder 8 Linienschiffe, 7 Fregatten, 4 Korvetten und 9 Briggs, davon bereits ein Dampfboot.

1. Zitat aus »Ein Kleinstädter in Ägypten« von Bogumil Goltz, erschienen Berlin 1853. Bogumil Goltz (1801–1870) war Reiseschriftsteller und Verfasser zahlreicher populärphilosophischer Schriften. An Jean Pauls Art erinnert sein »Buch der Kindheit«, das seine Jugend in Westpreußen beschreibt. Brehm ist mit Goltz 1850 auf seiner Reise in Ägypten zusammengetroffen.

2. Die Mamelucken waren ursprünglich gekaufte weiße Sklaven, die als Leibwachen des Herrschers den Kern des ägyptischen Heeres bildeten. Sie hatten sich seit 1250 etwa als eigene Kaste entwickelt und unter den sogenannten Mameluckensultanen bis zur osmanischen Eroberung das Land beherrscht. Nach Eroberung Ägyptens durch Sultan Selim 1517 wird Ägypten türkisches Paschalik, jedoch büßen die Osmanen bald ihre Autorität ein und damit sinkt auch die Autorität des türkischen Paschas, i. e. Statthalters. Die faktische Machtstellung der Mameluckenhäuptlinge, der sog. Beïs, bleibt auch unter der Osmanenherrschaft bestehen. Die osmanischen Statthalter sind in ihrer Verwaltung an die Zustimmung der Mameluckenbeïs gebunden. Diese erheben die Steuern, befehlen die einheimischen Kontingente und zahlen an den Pascha einen nominellen Tribut. 1798 wird das Mameluckenheer in der Schlacht bei den Pyramiden von Napoleon geschlagen, jedoch bereits 1801 muß das französische Expeditionskorps kapitulieren und Ägypten wieder räumen. Mohammed-Ali, anstelle des vertriebenen türkischen Statthalters zum Pascha ausgerufen, vernichtet die Mamelucken endgültig. Am 1. März 1811 lud er sie vorgeblich zu einem Essen auf die Zitadelle nach Kairo ein, wo er insgesamt 480 von seinen Albanesen umbringen ließ. Die im übrigen Ägypten verbliebenen Mamelucken zogen sich bei Esna in Oberägypten in die Berge zurück, ergaben sich jedoch aufgrund falscher Zusagen Ibrahim, dem Sohne Mohammed-Alis, der ihnen vorgeblich Leben und Besitzstand zusicherte. Alle, die ihm in die Hände fielen, wurden umgebracht. Der Rest, etwa 300 bis 400 Mamelucken, zog sich nach Nubien bis hinter Dongola zurück und wurde dort 1820 entmachtet und versprengt.

3. Maximilian Ryllo war ein polnischer Jesuit aus Litauen. 1845 wurde er Rektor des Collegio Urbano in Rom. Im darauffolgenden Jahr, am 3. 4. 1846, begründete die päpstliche Kongregation zur Ausbreitung des Glaubens das apostolische Provikariat für Zentralafrika. Papst Gregor XVI. übertrug Ryllo die Leitung des Vikariats. Die Mission für Zentralafrika erhielt Geldmittel von der habsburgisch-kaiserlichen Familie und wurde unter den Schutz des k. k. österreichischen Konsulats zu Chartum gestellt. In der Provisorischen Amtsinstruktion für das k. k. Konsulat in Chartum heißt es: »Die dortige Mission hat den Zweck, das Christentum unter den heidnischen Negerstämmen auszubreiten und somit dem Sklavenhandel entgegenzuwirken. Den Mohammedanern das Christentum zu predigen und Proseliten zu machen, ist tractatswidrig; jeder Versuch dieser Art würde die unangenehmsten Folgen haben!«
Ryllo verließ 1847 mit den Mitgliedern der Mission Kairo, verstarb jedoch in Chartum vier Monate nach seiner Ankunft, am 11. 2. 1848, nachdem noch unter seiner Leitung die erste Niederlassung in Chartum begründet war. Zu der Mission gehörte neben der Kapelle eine Schule, die aus etwa 20 Schülern bestand, freigekauften Negerbuben, aber auch Kinder der in Chartum ansässigen Europäer. Ryllos Grab im Missionsgarten wurde während der Mahdizeit zerstört.

4. Dr. Ignaz Knoblecher (1819–1858) wurde nach dem Tode Ryllos apostolischer Provikar der römisch-katholischen Mission in Zentralafrika. Knoblecher stammte aus St. Kanzian in Krain, dem heutigen Slowenien, und studierte in Rudolfswerth und Laibach sowie auf dem Kollegium der Propaganda fide in Rom. Er trat in den Jesuitenorden ein

und verließ mit Pater Ryllo Rom, um zusammen mit ihm nach Chartum zu gehen; er wurde sein Nachfolger dort 1848. In Chartum gründeten die Missionare eine Schule für junge Neger aus dem Südsudan, die sie auf dem Sklavenmarkt freikauften. Gegen den Widerstand von Haled Pascha, dem ägyptischen Generalgouverneur des Sudan, unternahm Knoblecher am 13. November 1849 mit den Missionaren Dr. Angelo Vinco und Dr. Emanuele Pedemonte seinen ersten Missionszug, der ihn auf dem Weißen Nil bis Rejaf (südlich Gondokoro, dem heutigen Juba, gelegen) führte. Die »türkische« Verwaltung setzte dem Unternehmen vielfachen Widerstand entgegen. Nach den Teilnehmern der von Mohammed-Ali ausgerüsteten drei Nilexpeditionen von 1840–1842, den Franzosen d'Arnaud, Sabatier und Thibaut sowie dem Preußen Ferdinand Werne ist Knoblecher der erste Europäer, der wieder so weit südlich vordringt. Über seine Fahrt hat er in seiner Schrift »Reise auf dem Weißen Nil«, Laibach 1850, detailliert berichtet. 1850 kehrte er nach Europa zurück und ruft eine Unterstützungsvereinigung, den »Marienverein zur Beförderung der Katholischen Mission in Central-Afrika«, ins Leben. Mit zusätzlichen Helfern und Geldern kehrt er 1852 nach Chartum zurück. Er bereist erneut den Weißen Nil, gründet 1852 eine Missionsstation in Gondokoro und 1854 die Station Heiligenkreuz zwischen Shambe und Bor in der Provinz Oberer Nil (der Platz wird noch heute »Kanisa« genannt, d. i. das arabische Wort für Kirche). Er bereist weite Bereiche der Oberen Nilprovinz, sendet 1856 acht junge Neger zum Theologiestudium nach Europa. Zeitgenossen haben Knoblecher, der in Syrien Arabisch gelernt hatte, wie folgt beschrieben: »Ein kleiner Mann, schmächtig und recht zart gebaut, von heller Haut mit graublauen Augen; sein Bart, der ihm bis auf die Brust reichte, war von ausgeprägt kastanienbrauner Farbe. Er besaß eines dieser Gesichter, die nicht nur bei jedermann Freundschaft gewinnen, sondern auch Vertrauen.« Er stirbt 1858 noch nicht vierzigjährig in Neapel. Über sein Leben vergleiche Johann Chrysostomus Josef Mitterützner »Dr. Ignaz Knoblecher«, Brixen 1869. Das handschriftliche Tagebuch Knoblechers ist erhalten in Wien: »Biblioteca Palatina Vindononensis Codex 14 152«.

5. Dr. Emanuele Pedemonte (1802–1867) – Missionar und Angehöriger der Chartumer Mission unter Knoblecher, geboren in Genua. Er wirkte von 1848 bis 1852 am oberen Weißen Nil.

6. Dr. Angelo Vinco (1819–1853) – Missionar und Angehöriger der Chartumer Mission unter Knoblecher aus Arro bei Verona. Im Februar 1851 übernahm er die Leitung der Missionsstation in Gondokoro (Juba), Provinz Äquatoria. Er war der erste Missionar, der sich unter den Bari-Eingeborenen niederließ, um zu missionieren. In den Stammeskämpfen zwischen den Bari und Pari wurde sein Leben mehrfach bedroht. Nach zahlreichen Reisen, die ihn u. a. bis Torit führten, verstarb er 1853 in Libo/Äquatoria. Das Manuskript seiner Aufzeichnungen ist erhalten und im Besitz der Missione Africane in Verona. Es erschien 1940 im Druck.

7. Die Nuer sind ein südsudanesischer Stamm, der hauptsächlich die sumpfigen Gebiete beiderseits des Weißen Nil in der Provinz Oberer Nil bewohnt. Der Stamm wird auf 430000 Angehörige geschätzt und zerfällt in zahlreiche Stammesgruppen.

8. Ibrahim Pascha al Wali (1789–1848) war der älteste Sohn Mohammed-Alis, ein glänzender Heerführer und begabter Administrator. Nach einem erfolgreichen Feldzug gegen die Wahabiten in Arabien 1816–1819, beauftragte ihn sein Vater, an der Eroberung des Sudan teilzunehmen und Ismaël zu unterstützen, der 1821 Sennar eingenommen hatte, dem Mohammed-Ali jedoch den älteren, erfahreneren Bruder zur Seite stellen wollte. Ibrahim brach im Juni 1821 von Kairo auf und vereinigte sich mit Ismaël am 22. Oktober 1821 in Sennar. Zusammen unternahmen sie Erkundungszüge westlich des Blauen

Nil auf der Suche nach Gold und Sklaven. Nach einer gewagten Durchquerung der Nubischen Wüste kehrte Ibrahim, von einer schweren Dysenterie befallen, 1822 nach Kairo zurück. 1824–1827 griffen die ägyptischen Truppen unter Ibrahim in den griechischen Unabhängigkeitskrieg auf seiten der Pforte ein.
Nach der Schlacht bei Navarino und den russischen Siegen über die Türkei 1818/29 hielt Mohammed-Ali den Zeitpunkt für gekommen, sich von der Oberherrlichkeit der Pforte zu lösen. Anfang 1832 rückte Ibrahim in Syrien ein und stand nach Jahresfrist als Sieger mitten in Kleinasien, jedoch gelang es der Intervention der europäischen Mächte 1833, günstige Bedingungen für die Pforte zu erwirken. Als Sultan Mahmud II. 1839 nochmals die Unterwerfung Mohammed-Alis zu erreichen sucht, erlitt das osmanische Heer durch Ibrahim bei Nisib am 24. Juni 1839 eine schwere Niederlage. Wir verdanken dem späteren Generalfeldmarschall Graf Hellmuth von Moltke, der als in die Türkei entsandter Militärexperte – damals noch Hauptmann – auf osmanischer Seite an der Schlacht teilnahm, eine genaue Schilderung von Ibrahims Kriegskunst. Wiederum intervenierten die europäischen Mächte, und Ibrahim wurde 1840 von einem englisch-österreichischen Landungskorps im Libanon geschlagen. 1848, in seinem Todesjahr, übernahm er für den alternden und geistig zerrütteten Mohammed-Ali die Regierungsgewalt, verstarb jedoch noch vor seinem Vater.

III. Reise auf dem Nile

1. Jean-François Champollion (1790–1832). Französischer Archäologe. Champollion gelang es, die Hieroglyphen zu entschlüsseln. Er wurde damit zum Begründer der modernen Ägyptologie. Die französische Expedition zur Erforschung der Altertümer Ägyptens unter seiner Leitung bereiste 1828/29 Oberägypten und stieß bis Abu Simbel und Wadi Halfa vor.

2. Karl Richard Lepsius (23. 12. 1810–10. 7. 1884). Berühmter und universell gebildeter deutscher Ägyptologe. Studium in Leipzig, Göttingen, Berlin, Paris sowie Italien. Verfasser zahlreicher Werke über das ägyptische Altertum. In England entwarf er zusammen mit dem dortigen preußischen Gesandten Bunsen den Plan zu einem großen historisch-antiquarischen Werk über Ägypten. Die erforderliche Reise nach Ägypten wurde auf Befürwortung Humboldts vom preußischen König Friedrich Wilhelm IV. genehmigt. Die Expedition, aus deutschen und englischen Künstlern und Gelehrten bestehend, segelte im Juli 1842 von England ab. Von Mohammed-Ali begünstigt, verweilte sie drei Jahre in Ägypten und erzielte gute Resultate. 1846 kehrte Lepsius über Konstantinopel in die Heimat zurück und wurde zum Professor in Berlin ernannt. 1865 wurde er Direktor des von ihm eingerichteten ägyptischen Museums in Berlin. 1849–1860 erschien sein großes Werk »Denkmäler aus Ägypten und Äthiopien« in 12 Bänden, das nach historischen Gesichtspunkten die damalige Grundlage aller ägyptischen Altertumskunde bildete. In seinem Reisewerk »Briefe aus Ägypten, Äthiopien und der Halbinsel Sinai«, Berlin 1852, schildert Lepsius auch seine Erlebnisse auf der Expedition in den Sudan 1843/44. Er besuchte Nubien und Sennar, durchquerte dabei von Korosko die Nubische Wüste bis Berber und gelangte 1844 nach Chartum. Auf der Rückreise besuchte er zusammen mit Heinrich Abeken die Ruinen von Meroe (vgl. Anm. 2 zu Kapitel X). Er veröffentlichte noch 1880 eine Grammatik der nubischen Sprache. Als Professor an der Berliner Universität, als Direktor des archäologischen Instituts, als Mitglied der Akademie der Wissenschaften und zahlreicher gelehrter Gesellschaften hatte Lepsius eine sehr ausgedehnte Wirksamkeit.

3. Abbas I. Pascha von Ägypten, Enkel und Nachfolger Mohammed-Alis 1849–1854, war in seiner konservativen Grundhaltung den europäischen Neuerungen abgeneigt. Er achtete besonders auf islamische Zucht und Sitte und entließ zahlreiche französische Berater seines Großvaters. Äußerst vorsichtig und Abenteuern abgeneigt, setzte er die expansive Politik seines Vorgängers im Sudan nicht fort; er beschränkte darüber hinaus rigoros alle Ausgaben. Die Goldminen von Fazoghl wurden aufgegeben, Chartum wurde zum Verbannungsort politisch Mißliebiger. Beamte, Offiziere, Intellektuelle, wie der Lehrer der Chartumer Schule Rufa'a Bey, wurden in den Sudan strafversetzt, wo sie nur zu oft dem Klima und den primitiven Lebensverhältnissen erlagen.
Aus Mißtrauen verfolgte Abbas I. eine Politik des häufigen Wechsels der Gouverneure, so daß in den nur sechs Jahren seiner Herrschaft fünf Gouverneure in Chartum amtierten. Seine harten Steuererhebungen stießen auf heftigen Widerstand der Bevölkerung; die Garnison wurde auf 18000 Mann verstärkt. Jedoch hinterließ er bei seinem Tode ein geordnetes Reich mit stabilen Finanzen.

4. 1896/97 wurde von Wadi Halfa aus zur Sicherung des Vormarsches des englisch-ägyptischen Heeres unter Lord Kitchner zur Wiedereroberung des von der Mahdia beherrschten Sudans mit dem Eisenbahnbau quer durch die Nubische Wüste begonnen. Die Bahnlinie erreicht nach 350 km an mehreren Wasserstationen vorbei bei Abu Hammed den Nil, der sich hier in seinem Lauf scharf nach Südwesten wendet.

5. Vergleiche Anmerkung 2 zu Kapitel II.

6. Abu Simbel – 280 km südlich von Assuan in Unternubien. Wo die Berge im Westen dicht an den Nil herantreten, liegen die großen Felsentempel von Abu Simbel mit ihren gewaltigen Kolossen. Die beiden von Ramses II. angelegten Felsentempel wurden zuerst 1812 von dem Reisenden Burckhardt genauer untersucht. Sie waren Ziel vieler Reisender des 19. Jahrhunderts. Nach dem Bau des Assuan-Staudamms 1960 drohten die Tempel in das vorgesehene Überschwemmungsgebiet von 500 qkm des Niltals zu fallen und in den aufgestauten Fluten des Flusses zu versinken. In einer internationalen Rettungsaktion unter Leitung der UNESCO wurden die Tempel in Einzelteile zerlegt und auf einem 65 m höher gelegenen Niveau wieder aufgebaut. 1968 waren die Arbeiten beendet, sie hatten 36 Millionen Dollar gekostet.

7. Anton Graf von Prokesch-Osten (10. 2. 1795–26. 10. 1876), geboren in Graz, aufgewachsen in Freiburg/Br., kämpfte 1813–1815 in den Befreiungskriegen gegen Napoleon I. 1824 trat er von Triest aus eine Reise nach Griechenland, Kleinasien und Ägypten an, 1826 bereiste er Nubien und kartographierte den Nil zwischen Assuan und Wadi Halfa. Zum Chef des Generalstabs der österreichischen Flotte ernannt, ging er 1828–1830 wieder in den Orient und schloß mit dem Pascha von Akkon eine Übereinkunft zugunsten der Christen in Palästina. 1833 ging er zur Vermittlung des Friedens zwischen der Pforte und Mohammed-Ali nach Kairo. 1834–1849 Gesandter in Athen, 1849–1852 Gesandter in Berlin, 1855 Internuntius in Konstantinopel, 1867 Botschafter daselbst. Er starb über achtzigjährig 1876 in Wien. Als Schriftsteller zeichnet er sich besonders in seinen Reisebeschreibungen durch glänzende Darstellungen aus. Außer dem von Brehm erwähnten Buch »Das Land zwischen den Katarakten des Nils«, Wien 1832, sind für den Bereich des Orients noch zu nennen: »Erinnerungen aus Ägypten und Kleinasien«, 3 Bände, 1829–1831; »Denkwürdigkeiten und Erinnerungen aus dem Orient«, 3 Bände, Stuttgart 1836/37; »Mehemet Ali, Vizekönig von Ägypten«; »Aus meinem Tagebuch 1826–1841«, Stuttgart 1877.

8. Wadi Halfa – seit 1898 Grenzort zum anglo-ägyptischen Sudan. Ausgangspunkt der Eisenbahn nach Chartum. Seit dem Bau des Assuan-Staudamms ist Wadi Halfa durch die Überflutung des Niltals seines Hinterlandes beraubt und hat nur noch als Grenzstation Bedeutung.

9. Die Familie Zubeir lebt noch heute auf ihrem Stammschloß auf der Insel Argo. Der Malek (König) des Scheikiestammes Zubeir unterwarf sich 1820 Ismaël, dem Sohn Mohammed-Alis, und blieb mit beschränkter Souveränität Scheich seines Stammes.

10. Christian Gottfried Ehrenberg (19. 4. 1795–20. 6. 1876), geboren in Delitzsch, studierte in Leipzig und Berlin Theologie, dann Naturwissenschaften. 1820–1826 bereiste er Ägypten, wurde 1827 Professor der Medizin in Berlin. 1829 begleitete er Alexander von Humboldt auf dessen Reisen durch Asien bis an den Altai. Auf seiner ersten Reise nahm er an der von Friedrich Wilhelm III. von Preußen ausgerüsteten Expedition unter Leitung von Heinrich Freiherrn von Minutoli teil und bereiste Nubien bis Dongola. Für den türkischen Gouverneur von Dongola, Abidin Bey, entwarf er die Pläne für die Befestigungen der Garnison in Dongola. Über seine Reise 1828 veröffentlichte er »Naturgeschichtliche Reisen durch Nordafrika und Westasien« sowie mehrere Werke über die Korallenbildungen des Roten Meeres.

11. Alt-Dongola, die Hauptstadt Obernubiens, zwischen dem 3. und 4. Katarakt, etwa 100 km nördlich vom Djebel Barkal gelegen, wo sich die Ruinen von Napata befinden (vgl. Anmerkung 3 zu Kapitel I), war schon zu Brehms Zeiten eine Ruinenstadt. Vom 4. Jahrhundert bis zum Einfall der Araber in Ägypten um 640 n. Chr. blühte das Christentum in Nubien, das erst ganz allmählich dem Islam wich. Noch bis ins Mittelalter hat in Soba am Blauen Nil, südöstlich Chartums, ein christliches Reich bestanden. Alt-Dongola wurde nach der Vereinigung der beiden christlich-nubischen Königreiche Nobadia und Makuria zwischen 650 und 710 n. Chr. zur Hauptstadt dieses christlichen Staates. Erst im 14. Jahrhundert wird Nubien unter der Herrschaft der Mamelucken islamisiert. Noch heute existieren die Überreste einer christlichen Kirche in Alt-Dongola, die gegenwärtig von polnischen Archäologen erforscht werden.

V. Im Belled el Sudan

1. Kerreri, 10 km nördlich von Omdurman gelegen. Hier fand 50 Jahre nach Brehms Besuch die Entscheidungsschlacht des angloägyptischen Heeres unter Lord Kitchener gegen die Streitkräfte des Khalifa statt, die das Ende des Mahdireiches brachte. Am 2. 9. 1898 schlug Kitchener mit 22000 Mann die rund 35000 Mann starken mahdistischen Scharen, deren Ansturm der Feuerdisziplin des verbündeten Heeres unterlag. Winston Churchill, der am Feldzug teilnahm, hat diese »Schlacht bei Omdurman« in seinem Buch »The River War« beschrieben, der Khalifa Abdullahi floh nach Verlust von 10000 Toten und 16000 Verwundeten nach Süden und fand am 24. 11. 1898 bei Om Debrekat mit den Resten des Heeres sein Ende.

2. Mohammed-Ali rüstete drei Expeditionen zur Entdeckung des Nil aus, sie fanden vom 16. 11. 1839 bis 30. 3. 1840, die zweite vom 23. 11. 1840 bis 18. 8. 1841, die dritte vom 27. 9. 1841 bis zum 6. 3. 1842 statt. Die Expeditionen wurden befehligt von zwei ägyptischen Offizieren, dem Kapitän Selim und dem Kashef Soliman, letzterer ein persönlicher Freund des sudanesischen Generalgouverneurs Ahmed Pascha. Der Kashef Soliman ging auf den Expeditionen gegen die Eingeborenen häufig gewalttätig vor, tötete

Neger ohne nennenswerten Anlaß und entführte zahlreiche sudanesische Mädchen mit Gewalt, um sie seinem Harem einzuverleiben. Die Franzosen Thibaut, d'Arnaud und Sabatier, der Schweizer Baumgarten sowie der Preuße Ferdinand Werne nahmen an einigen dieser Expeditionen teil.
Josef-Pons d'Arnaud (1812–1884), wegen seiner Kahlköpfigkeit von seinen Freunden auch »Prince de la lune« genannt, Anhänger Saint Simons, begleitete den Pascha Mohammed-Ali auf dessen Reise in den Sudan 1838/39. Seine – leider nicht edierten – Reisenotizen über die Nilexpedition sind von größtem Wert. Über Thibaut vgl. Anmerkung 3 zu Kapitel IX. Das Reisetagebuch des Kapitän Selim wurde 1842 von E. F. Jomard übersetzt und ediert. »Voyage aux Sources du Nil Blanc« (Mémoires Soc. Giog. de Paris Vol. XVIII). Die Reiseschilderungen der Teilnehmer erregten in Europa beträchtliches Aufsehen. Für die nächsten 20 Jahre konzentrierten sich Forscher und Händler auf den Ausbau und die Erkundung dieses Wasserweges in das äquatoriale Afrika.

3. Ferdinand Werne stammt aus Embscherbrück in Westfalen. Er kommt 1839 in den Sudan, nachdem er zuvor am griechischen Unabhängigkeitskrieg teilgenommen hat und begleitet Ahmed Pascha Abu Widan auf dessen Feldzug nach Taka 1840. 1841 schließt er sich der zweiten Nilexpedition unter dem Kapitän Selim an, die ihn bis Gondokoro, dem heutigen Juba, d. h. bis zum 5. Breitengrad nördlich, führt. Mit den französischen Teilnehmern nicht eben in bestem Verhältnis, gewinnen gerade durch die Unabhängigkeit der Beobachtung seine Aufzeichnungen über den Reiseverlauf besonderen Wert. Er publiziert drei bedeutende Reisewerke: »Expedition zur Entdeckung der Quellen des Weißen Nil«, Berlin 1848 – auf das sich Brehm bezieht –, »Feldzug von Sennar nach Taka, Bash und Beni Amer mit besonderem Hinblick auf die Völker von Bellad Sudan«, Stuttgart 1851, und »Reise durch Sennar, nach Mandera, Nasub, Gheli«, Berlin 1852.

4. Omdurman, gegenüber Chartum am Weißen Nil gelegen, ist die sehr viel ältere Niederlassung. Zu Brehms Zeiten nur ein Dorf, wurde es nach der Einnahme von Chartum durch den Mahdi dessen Residenz, die auch sein Nachfolger, der Khalifa Abdullahi, beibehielt. Wahrzeichen von Omdurman ist das große Grabmal des Mahdi. Das heutige Omdurman dürfte 300000 Einwohner zählen.

VI. Chartum und seine Bewohner

1. Die Scheikïe bildeten vor ihrer Unterwerfung durch Mohammed-Ali eine lockere Stammesföderation, deren Wohngebiete sich von Wadi Halfa im Norden bis nach Halfaya, einem kleinen Dorf nördlich von Chartum, erstreckten. Ihr Zentrum war der Nilbogen zwischen den heutigen Städtchen Dongola und Karima. Sie besaßen gute Pferde und waren kühne und unternehmende Reiter, nach ihrer Unterwerfung stellten sie für die ägyptische Armee ein Kavalleriekorps. Die ägyptischen Truppen schlugen 1820 die Scheikïe vermöge ihrer Feuerkraft in zwei Schlachten bei Kosti am linken Nilufer und am Berge Dager, rechts des Nil. Nach der Unterwerfung bewahrten die Scheikïe den Ägyptern eine besondere Loyalität, die sie auch zur Zeit des Mahdi nicht ablegten und sich dadurch die Verfolgung des Khalifa Abdullahi zuzogen.

2. Nimr Mohammed Nimr (1785–1846) war der letzte Herrscher der Jaliyin in Schendi. Er unterwarf sich 1821 Ismaël Pascha, als die ägyptische Armee nach Niederwerfung der Scheikïe Schendi erreichte. 1822, nach Rückkehr der ägyptischen Truppen aus Sennar, ermordete er Ismaël in der von Brehm beschriebenen Weise. Vor dem aus Kordofahn heranrückenden Defterdar Mohammed Khusraw zog sich Nimr zurück, seine Truppen

wurden in dem folgenden Gefecht bei Nasub fast völlig aufgerieben. Nimr gelang es, mit wenigen Gefolgsleuten in das abessinische Berggrenzland zu entkommen. Von der allgemeinen Amnestie des Jahres 1829 blieb er ausgenommen. 1832 eroberten die Ägypter Gallabat an der äthiopischen Grenze, jedoch ohne seiner habhaft zu werden. 1834 scheiterte ein mit abessinischer Hilfe versuchtes Unternehmen Nimrs, die Stadt Sennar zu plündern. 1840 gelangte er heimlich noch einmal nach Schendi und versuchte ohne Erfolg, dort einst vergrabene Familienschätze an sich zu bringen. Nach seinem Tode setzte sein Sohn zunächst den Kampf fort. Schließlich wurde die Familie amnestiert, und Nimrs Nachkommen kehrten um 1865 nach Schendi zurück.

3. Ismaël Kamil Pascha (1795–1822), geboren in Kavalla in Mazedonien als dritter Sohn Mohammed-Alis, erhielt 1820 das Kommando über die türkisch-ägyptischen Truppen zur Eroberung des Sudan. Er führte die Truppen entlang des Nil durch Nubien, schlug die Scheikïe bei Kosti und marschierte durch die Bayuda-Wüste bis Berber, das am 8. März 1821 eingenommen wurde. Am 12. Juni nahm er Sennar ein und stieß südlich bis Fazoghl vor, das er im Oktober 1821 verließ, um seiner angegriffenen Gesundheit wegen nach Kairo zurückzukehren. Auf dem Rückmarsch versuchte er dem Herrscher Schendis, Nimr Mohammed Nimr, eine unerfüllbare Kontribution aufzuerlegen und fand dabei – wie geschildert – den Tod. Seine Leiche wurde später nach Kairo verbracht und auf dem Friedhof des Umam Shafie beigesetzt.

4. Mohammed Beï Khusraw el Daramdi, der Defterdar, d. h. der Generalintendant des Finanz- und Steuerwesens, geboren in Drama in Mazedonien, kam mit Mohammed-Ali nach Ägypten. Der Titel Defterdar war ihm von der Pforte direkt verliehen worden. Er war mit Mohammed-Alis Tochter Nazli Hanim verheiratet und genoß das Vertrauen des Paschas in hohem Maße. Ein harter und disziplinierter Heerführer, bestand sein Part in der Eroberung des Sudans in der Besetzung und Einverleibung der unter der Oberherrschaft Darfurs stehenden Provinz Kordofahn. Er schlug 1821 die Truppen des Fur-Königs unter dessen Magdum (Statthalter) Mussallam bei Bara und besetzte El Obeïd. In den Nubabergen veranstaltete er darauf umfängliche Sklavenjagden.
1822 zog er mit seinen Truppen nach Schendi, um die Ermordung Ismaël Paschas zu rächen; er vertrieb Nimr, verbrannte die Städte Metamma, Schendi, Kabuschiya und Ed Damer und hielt über die Einwohner ein furchtbares Strafgericht. In mehreren Zügen quer durch die eroberten Gebiete des Sudan löschte er mit geradezu sprichwörtlicher Grausamkeit jeglichen Widerstand aus. Er war der erste Generalgouverneur des Sudan bis 1824. 1825 wurde er Kriegsminister Mohammed-Alis. Er starb in Kairo.

5. Zu Brehms Zeit besaß Chartum rund 30000 Einwohner. Die Bevölkerung bestand größtenteils aus Arabern, den verschiedensten, als Sklaven hierher verschleppten Eingeborenen Innerafrikas, aus Lavantinern, Griechen und Italienern. Die Europäer waren Missionare, Kaufleute und Ärzte. Konsulate unterhielten Großbritannien, Sardinien und Österreich-Ungarn, letzteres gründete 1847 die zuvor erwähnte Mission. Chartum war wegen seines ungesunden Klimas berüchtigt, mehrfach starb die kleine europäische Kolonie fast ganz aus. Am Zusammenfluß des Weißen und Blauen Nil, auf einer Landzunge gelegen, entwickelte sich die Stadt aus dem einstigen Militärlager rasch zum Hauptort des Landes. Nach der Vernichtung des alten Handelszentrums Schendi konzentrierte sich der Handel des Sudan, besonders mit Sklaven, Elfenbein, Gummi und Straußenfedern, in der neuen Hauptstadt, die Sitz des Generalgouverneurs wurde. Wegen seiner relativ leichten Zugänglichkeit über Ägypten wurde es um die Mitte des neunzehnten Jahrhunderts von zahlreichen europäischen Reisenden besucht, so daß wir über eine Vielzahl von veröffentlichten Beschreibungen sowie Manuskripten verfügen, in denen das Leben dort eingehend beschrieben wird. (Eine lebendige Einführung gibt

neuerdings Horst Breier in seinem 1970 erschienenen Sammelband »Der Sudan zwischen Afrika und Arabien«.)

6. Schon Pückler berichtet von dieser Sitte in bezug auf die Schallie-Araber, vgl. »Aus Mehmed Alis Reich«, Bd. III, S. 153. Brehm erwähnt Pückler und sein obiges, brillant geschriebenes Buch über Ägypten und den Sudan nicht, obwohl anzunehmen ist, daß er es gekannt hat (vgl. Anmerkung 2 zu Kapitel VIII). Einige Angaben über Pückler erscheinen in diesem Zusammenhang angebracht; Hermann Ludwig Heinrich Fürst von Pückler-Muskau (30. 10. 1785–4. 2. 1871) studierte in Leipzig Rechtswissenschaft, trat 1803 in Dresden in die Garde du Corps ein und nahm am Kriege Napoleons gegen Rußland als Major in russischen Diensten teil. Er bereiste anschließend Italien, Frankreich und England. Fünf Jahre, von 1835 bis 1840, reiste er durch Algerien und Nordafrika, Ägypten, den Sudan und kehrte über Syrien, Kleinasien und Konstantinopel nach Deutschland zurück. 1845 mußte er die Herrschaft Muskau verkaufen. Fürst Pückler, seit 1863 erbliches Mitglied des preußischen Herrenhauses, war der bedeutendste Gartenkünstler Deutschlands. Nach englischem Vorbild schuf er den berühmten Park in Muskau.
   Als Schriftsteller hat Pückler viel und espritvoll geschrieben. Über den Orient vor allem »Semilasso in Afrika«, Stuttgart 1836, »Südöstlicher Bildersaal«, 1840, »Aus Mehmed Alis Reich«, 1844, »Die Rückkehr«, 1846–1848. Pücklers Reisewerke sind in ihrer ansprechenden Schilderung und ihrer scharfen Beobachtung Meisterleistungen, wie sie die damalige deutsche Literatur selten aufweist. Daß Pückler aus Ägypten die Sklavin Agiameh, die unter dem Namen Machbuba in seine Biographie eingegangen ist, nach Muskau zu seiner dort lebenden – geschiedenen – Frau, einer Tochter des preußischen Staatskanzlers, Fürst Hardenberg, mitnahm, erregte dazumal einiges Aufsehen.

7. Wilhelm Peter Eduard Simon Rüppel (20. 11. 1794–10. 12. 1884), aus Frankfurt am Main, bereiste 1817 Ägypten bis zum dritten Katarakt. 1818 nach Europa zurückgekehrt, studierte er in Genua und Paris Astronomie und Naturwissenschaften. Von 1822 bis 1828 bereiste er Ägypten, Nubien, Kordofahn und Arabien sowie 1831–1834 Abessinien. Die Londoner Geographische Gesellschaft verlieh ihm die Große Goldene Medaille. Er veröffentliche »Reisen in Nubien, Kordofahn und dem Peträischen Arabien«, Frankfurt 1829, »Reise in Abessinien«, 2 Bände daselbst 1838/40 und »Systematische Übersicht der Vögel Nord- und Ostafrikas«, 1845. Zwischen ihm und Pückler kam es über die nubischen Altertümer zu einer recht hart ausgetragenen polemischen literarischen Fehde. Brehm traf Rüppel in Alexandria während seines Aufenthaltes in Ägypten 1849.

8. Die türkische Verfassung vom 23. 12. 1876 hob für alle Gebiete des Osmanischen Reiches formell die Sklaverei auf, aber faktisch bestand sie noch in vielen Gebieten bis zum Untergang der osmanischen Türkei mit dem Ausgang des Ersten Weltkrieges. Die Vizeköniglich-ägyptische Regierung unter dem Khediven Ismaël verpflichtete sich gegenüber Großbritannien am 4. August 1877 zur Unterdrückung des Sklavenhandels, ohne jedoch in der Lage zu sein, seine tatsächliche Beseitigung innerhalb der Grenzen der ägyptischen Herrschaft durchführen zu können. Für den Sudan sollte das Verbot des Sklavenhandels erst in 12 Jahren, also 1889, in Kraft treten. Das Ausmaß der europäischen und arabischen Beteiligung am Sklavenhandel im Südsudan ist auch heute noch umstritten. Zunächst dürfte lediglich der Elfenbeinhandel bestimmend für die Kaufleute gewesen sein, Expeditionen auf dem Weißen Nil auszurüsten. Elfenbein wurde von den sudanesischen Stämmen, vor allem den Bari, im Tausch gegen Glasperlen erworben. Als der Markt hierfür gesättigt war, begannen die Händler sich in die Stammesauseinandersetzungen zu verstricken, sie beteiligten sich an Viehraubzügen und duldeten zunächst

die Versklavung der überfallenen Stämme. Später beteiligten sie sich selbst am Sklavenhandel, nachdem sie im Süden permanente Handelsposten etabliert hatten. Der deutsche Afrikaforscher Schweinfurth schätzte die Zahl der jährlich allein aus Äquatoria und Bahr el Ghazal »exportierten« Sklaven auf rund 1600, jedoch dürften die Zahlen weitaus höher liegen; die auf der Nilroute auf die Sklavenmärkte Ägyptens jährlich verbrachten Sklaven aus dem Sudan umfaßten 1867 etwa 10 000–15 000 Menschen. Hinzu kamen diejenigen, die über Suakin und das Rote Meer nach Kairo verschifft wurden.
Die Erfolge der mahdistischen Bewegung beeinträchtigten die ohnehin schwachen Bestrebungen zur Eindämmung der Sklaverei, so daß das obere Nilgebiet noch bis zur Wiedereroberung des Sudan und der Errichtung des anglo-ägyptischen Kondominats vom 19. 1. 1899 ein Hauptgebiet des Sklavenhandels blieb. Für bestimmte sudanesische Bereiche (wie die sog. Lado-Enklave) galt das in der Kongoakte vom 26. 2. 1885 erklärte Verbot des Sklavenhandels auch bereits in der Mahdizeit. Die Verpflichtung, den Sklavenhandel zu unterbinden, oblag den 14 Signatarmächten sowie der Regierung des Kongostaates. Um die Sklavenausfuhr über Ostafrika zu unterbinden, erfolgte ab 1888 eine Blockade des Sultanats Sansibar durch Großbritannien, Italien, Portugal und das Deutsche Reich. Erst mit der verwaltungsmäßigen Trennung der südsudanesischen Provinzen Equatoria, Bahr El Ghazal und Upper Nile vom Norden des Sudan gelang es der britischen Kondominatsmacht, den Sklavenhandel im Südsudan zu unterbinden.

9. Carlo Teofilo Contariny (ca. 1820–1865), italienischer Kaufmann aus Venedig, kämpfte in der venezianischen Erhebung 1848/49 unter Daniele Manin gegen die Österreicher und mußte nach dem Scheitern des Aufstandes seine Vaterstadt verlassen. Um 1850 gelangte er nach Chartum. Er handelt u. a. wohl auch mit Sklaven, brachte es zu einigem Wohlstand und starb dort um 1865. Sein Sohn Luigi Contariny fiel 1885 den Massakern bei Einnahme Chartums durch den Mahdi zum Opfer. Nachkommen Contarinys leben noch heute im Sudan.

10. Joseph Ritter von Rußegger (18. 11. 1802–20. 11. 1863), geboren in Salzburg, Geologe im österreichischen Staatsdienst, erhielt 1838 von Mohammed-Ali den Auftrag, die Bodenschätze des Sudan zu untersuchen. Er besuchte die Nubaberge und das Bergland von Fazoghl, um nach Goldvorkommen zu forschen. Sein Bericht veranlaßte Mohammed-Ali zu erheblichen Investitionen in die schließlich unergiebige Goldsuche. Die Goldausbeute des Sudan hat niemals mehr als höchstens 10 kg pro Jahr erbracht. Rußegger bereiste anschließend noch Palästina und veröffentlichte darauf sein siebenbändiges Werk »Reisen in Europa, Asien und Afrika«, Stuttgart 1841–1850. 1848 wurde er Mitglied der Wiener Akademie.

11. Dr. Alfred Peney, französischer Arzt aus Savoyen, kam mit Clot Bey, dem französischen Chef des ägyptischen Gesundheitswesens, unter Mohammed-Ali nach Ägypten. 1850 wurde er Militärarzt der ägyptischen Truppen im Sudan. Er heiratete in Chartum eine Äthiopierin; sein gastfreundliches Haus war allen durchreisenden Europäern im Sudan ein Begriff. Er sollte 1856 die von dem ägyptischen Vizekönig ausgewählte wissenschaftliche Expedition zur Erforschung der Nilquellen unter Pierre Stanislas d'Escayrac de Lauture als Arzt begleiten. Nach dem Scheitern der Expedition schon in den Anfängen machte sich Peney, der wie so viele Europäer dieser Zeit darauf brannte, die Nilquellen zu entdecken, auf eigene Kosten zu einer Forschungsfahrt entlang dem oberen Nil auf. Er verließ Chartum mit dem Malteser Händler Debono, um das Land zwischen Gondokoro, dem heutigen Juba, und dem Albert-See zu erforschen. Nachdem er lange für verschollen galt, wurde er, bereits vom Tode gezeichnet, in der Nähe des heutigen Rejaf gefunden. Peney starb 1861 nach Erforschung der Gebiete um Yei und Lotuka in der heutigen Provinz Äquatoria.

1. Österreichischer Konsul in Chartum war zur Zeit Brehms Konstantin Reitz (1819–1853), eine einflußreiche, etwas exzentrische Persönlichkeit. Er war der Sohn eines Forstmeisters aus Darmstadt. Der amerikanische Reisende Bayard Taylor (1825–1878), der Reitz 1852 besuchte, schreibt von ihm in seinem Buch »Life and Landscapes«: »Seine zahlreichen Fertigkeiten in Verbindung mit einem Charakter von einzigartiger Energie und Ausdauer hatten seine Freunde auf wichtige Ergebnisse als Folge seines Aufenthalts in Zentralafrika hoffen lassen. Trotz seiner barschen und exzentrischen Art waren seiner Großzügigkeit keine Grenzen gesetzt und diese Haltung, zusammen mit seiner Unerschrockenheit und seinen Qualitäten als Reiter und Jäger, machte ihn allgemein beliebt.« Reitz starb an Malaria, nachdem er sich an einem Kriegszug des Generalgouverneurs gegen aufständische Stämme im Gebiet von Kassala beteiligt hatte. Sein Nachfolger im Konsulat wurde der Forschungsreisende Theodor von Heuglin. Brehm war mit beiden gut bekannt und befreundet (vgl. auch Anmerkung 1 zu Kapitel XIV).

2. Vgl. Anm. 6 zu Kapitel XII.

3. Nicola Ulivi (1792–1852), einflußreicher Händler aus der Toskana, dem massive Beteiligung am Sklavenhandel nachgesagt wurde. Er besaß von seiner äthiopischen Frau Mahbuba mehrere Kinder, darunter die von Brehm erwähnte Tochter Ginevra, die später einen Italiener namens Cremona ehelichte.

4. Jean Alexandre Vayssière (1817–1861), geboren in Espalion, gehörte der französischen Armee an und diente als Kavallerieleutenant in Algerien. Er kam nach Ägypten und stand wie Vaudey (vgl. Anmerkung 7 zu Kapitel XII) zunächst im Dienste Clot Beïs. Er wandte sich dem Elfenbeinhandel zu und errichtete 1850 südlich Gondokoros einen Handelsposten. Nachdem sich das Verhältnis zu den dort ansässigen Stämmen, insbesondere den Baris, in den folgenden Jahren immer mehr verschlechterte, verlegte Vayssière zusammen mit dem als Sklavenhändler berüchtigten Alphonse de Malzac die Station nach Agorbar, südlich von Shambe. Einen weiteren Handelsposten errichtete er nach Trennung von Malzac in der verlassenen Missionsstation in Heiligenkreuz, wo er 1860 von den Bor angegriffen und vertrieben wurde. Er starb 1861 in Bahr El Ghazal. Das Manuskript des Tagebuchs von Vayssière befindet sich im Besitz der Societé de Géographie in Paris. Es enthält eine Schilderung eines Handelszuges zweier französischer Elfenbeinhändler, d. h. Vayssière und de Malzac, durch Äquatoria.
   Von ihm zu unterscheiden ist Joseph Marie François Vaissière (1786–1841).
   Joseph Marie François Vaissière, ehemals französischer Soldat, Teilnehmer der napoleonischen Kriege, kam als militärischer Ausbilder 1816 nach Ägypten und machte mit Ibrahim Pascha den Feldzug 1816–1818 in Arabien mit. Er verließ die Armee und wurde ein unternehmender Kaufmann, der seit 1823 zwischen Äthiopien, dem Sudan und Ägypten Handel trieb. Außer Gummiarabicum, Elfenbein und Straußenfedern soll Vaissière umfänglich am Sklavenhandel beteiligt gewesen sein. Er lebte in großem Stile und erwarb ein beträchtliches Vermögen. Er ist einer der ersten europäischen Händler, der für den Warenverkehr aus Äthiopien die Nilroute benutzte.
   Er starb in Chartum 1841, so daß ihn Brehm nicht mehr hat kennenlernen können. Welchen der beiden hier Genannten Brehm mit seiner Charakterisierung im Auge hat, muß dahingestellt bleiben.

VIII. Sklaven und Sklavenjagd

1. Mohammed Abu Madyan (ca. 1803 bis ca. 1847). Als Sohn Sultan Abd al Rahman Ahmad Bakri erhob er Ansprüche auf den Thron Darfurs, der von seinem Bruder Sultan Mohammed Fadl eingenommen wurde. Von seinem Bruder schlecht behandelt und über die Nichtanerkennung seiner Thronrechte erbittert, verließ Madyan Darfur und langte in Kairo am Vorabend der Eroberung des Sudan an. Hier versuchte er Mohammed-Ali dazu zu gewinnen, ihn als Thronprätendenten anzuerkennen, um mit Hilfe ägyptischer Truppen nach Darfur zurückzukehren. Als jedoch Mohammed-Ali die Eroberung Darfurs aufgab und sich mit der Inbesitznahme Kordofahns begnügte, kehrte Madyan zurück, und es scheint zu einer Versöhnung mit Sultan Mohammed Fadl gekommen zu sein, ohne daß dessen Mißtrauen beschwichtigt worden wäre. Aus einer Art Gefangenschaft zu Fascher gelang es Madyan mit einem jüngeren Bruder 1833 zu entfliehen und, verfolgt von der Fur-Reiterei, El Obeïd, die Hauptstadt Kordofahns, zu erreichen. Hier nahm ihn der ägyptische Gouverneur mit allen Ehren auf. Madyan traf erneut 1838 mit Mohammed-Ali zusammen, als dieser den Sudan besuchte. Er folgte abermals dessen Einladung nach Kairo und nahm hier aktiv an den Vorbereitungen zur endgültigen Eroberung Darfurs 1843 teil. Jedoch der Tod des Generalgouverneurs Ahmed Pascha setzte dem Vorhaben ein Ende und der glücklose Prätendent kehrte nach Ägypten zurück, wo er 1847 verstarb. (Über die Geschichte Darfurs vgl. auch Anmerkung 2 zu Kapitel XIV.)

IX. Reise nach Kordofahn

1. John Petherick (1813–1892), Bergbauingenieur aus Wales, trat 1845 in die Dienste Mohammed-Alis und versuchte bis 1848 vergeblich im Auftrage des Paschas, Kohlevorkommen in Oberägypten, in Kordofahn und am Roten Meer zu finden. Nach seinem Ausscheiden aus dem Regierungsdienst ließ er sich in El Obeïd nieder und trieb von 1848 bis 1853 Handel mit Gummiarabicum. Als das Geschäft nachließ, verlegte sich Petherick auf den Elfenbeinhandel am Weißen Nil und bereiste in den Jahren 1853–1856 die Flußgebiete des Jur und Yalo sowie das Land der Azande. 1850 wurde er zum Honorarkonsul, 1858 zum britischen Vizekonsul in Chartum ernannt und heiratete das Jahr darauf in England. Die Royal Geographical Society in London bat ihn, den beiden Erforschern der Nilquellen, J. H. Speke und J. A. Grant, beizustehen. 1862 brach Petherick nach Gondokoro auf, verpaßte jedoch die Forscher und wurde nachfolgend verdächtigt, selbst am Sklavenhandel beteiligt zu sein. Die britische Regierung löste ihn 1864 von seinem Posten als Vizekonsul ab und Petherick kehrte über Kairo 1865 nach England zurück. Er schrieb zwei Werke über den Sudan »Egypt, the Sudan and Central Africa«, 1861, und – zusammen mit seiner Frau – »Travels in Central Africa and explorations of the White Niletributaries«, 1869.

2. So Pückler »Aus Mehemed Alis Reich«, Bd. 3, S. 153 f.

3. Georges Thibaut (ca. 1795–1869), war vermutlich Unteroffizier in der französischen Armee und nahm dann 1822/23 am griechischen Unabhängigkeitskrieg gegen die Pforte teil. Er wechselte jedoch die Dienste und schloß sich der türkischen Seite an. 1824 finden wir ihn als Militärinstrukteur der ägyptischen Truppen in Assuan. Er kam später im Dienste Vaissières (vgl. Anmerkung 3 zu Kapitel VII) in den Sudan und wurde Händler. Er wurde bekannt als Lieferant der Londoner und Pariser Zoologischen Gärten, denen er die ersten lebenden Giraffen verkaufte. Er nahm 1839–1841 an den Expeditionsfahrten den Nil stromaufwärts bis Gondokoro teil (vgl. Anmerkung 2 zu Kapitel V) und

wirkte als französischer Konsularagent in Chartum. Er sprach fließend türkisch und arabisch. Er und seine gesamte Familie fielen 1869 der Pest zum Opfer. Über seine Nilfahrt hat er in zwei Veröffentlichungen berichtet: »Expédition à la recherche des Sources du Nil 1839–1840« und »Voyage au Fleuve Blanc« (in Nouvelles Ann. des Voyages Paris 1856 und 1857).

4. Die Nilquellen wurden von den Engländern John Hanning Speke (1827–1864) und James Augustus Grant (1827–1892), zwei Offizieren der indischen Armee, am 21. Juli 1862 entdeckt. Ende Juli 1858 hatte Speke zusammen mit Burton den Ukerewe-See im Quellgebiet des Nil entdeckt und zu Ehren der englischen Königin »Victoriasee« genannt. Speke war davon überzeugt, daß der Nil aus diesem See entspringt. Nach London zurückgekehrt, erhielt er 1860 von der »Royal Geographical Society« den Auftrag, den Ursprung des Nils zu klären. Er brach daraufhin, zusammen mit Grant 1862 erneut von Sansibar aus, ins Landesinnere auf. Beide entdeckten den Kagarafluß, den eigentlichen Quellfluß des Nil, etwa 30 km vom Tanganjikasee entfernt. Beide Forscher setzten ihren Weg durch das heutige Uganda fort und erreichten 1863 Gondokoro. Zusammen mit Sir Samuel White Baker fuhren sie nilabwärts bis Chartum. Von hier aus sandte Speke sein Telegramm nach London, in dem er die Entdeckung mitteilte: »The Nile is settled.« Grant veröffentlichte 1864 »A walk across Africa«, Speke »Journal of the discovery of the source of the Nile«, London 1863 in 2 Bänden.

X. Zweiter Aufenthalt in Chartum. Rückkehr nach Ägypten.

1. Die Pyramiden von Nuri am linken Flußufer des Nil, 10 km flußaufwärts von der Ortschaft Meroë gelegen, bilden ein großes Pyramidenfeld, das mehr als zwei Dutzend Pyramiden umfaßt. Sie sind aus weichem Sandstein erbaut und daher sehr verwittert. Sie zeichnen sich durch ihre schlanke Gestalt aus. Bei einigen sind noch die auf der Ostseite vorgebauten Räume erhalten, deren Innenwände mit religiösen Darstellungen in dem sogenannten ägyptisch-äthiopischen Stile bedeckt sind.

2. Das Städtchen Meroë ist heute Distrikthauptstadt und Verwaltungssitz. Gegenüber, am rechten Nilufer, befinden sich die Ruinen einer mittelalterlichen Festung sowie bei Kurru ein weiteres Pyramidenfeld. Nachdem bereits Bruce 1722 die Ruinen von Meroë auf seiner Rückkehr (vgl. Anmerkung 2 zu Kapitel XIII) von Abessinien gesehen hatte, wurden sie recht eigentlich wieder entdeckt durch die Franzosen, die Ismaël 1820 auf seinem Eroberungszug durch den Sudan begleiteten: Fréderic Cailliaud und Linant de Bellefonds. Cailliaud (1787–1869) besuchte Meroë 1821 und nochmals 1822 und nahm alle Ruinen zeichnerisch und kartographisch auf. 1826/27 erschien in Paris sein reich illustriertes Werk »Voyage à Meroë et au Fleuve Blanc«. Linants Tagebuch über seine Reise wurde erst 1958 in Chartum veröffentlicht (Journal d'un Voyage à Meroë danl les Années 1821 et 1822). 1834 veranstaltete der italienische Arzt Guiseppe Ferlini (1800–1876), Garnisonsarzt in Sennar und Kordofahn 1830–1833, eine Grabung in den Pyramiden, wobei ihm Juwelen und goldene Grabbeigaben in die Hände fielen. Er beschädigte einige Pyramiden erheblich. Durch den Verkauf der Funde erwarb er ein kleines Vermögen und konnte den ägyptischen Dienst verlassen und nach Italien zurückkehren. Die Gegenstände gelangten in den Besitz der ägyptologischen Sammlung in München, wo sie sich heute noch befinden.
Auch die preußische Expedition 1842–1844 unter Lepsius (vgl. Anmerkung 2 zu Kapitel III) besuchte im April 1844 Meroe.

3. Etwa 4 km unterhalb des heutigen Städtchens Karima steigt am rechten Nilufer einzeln aus der Ebene der Djebel Barkal auf, der »heilige Berg« der Inschriften, eine gewaltige Felsmasse, an deren Fuß sich die Ruinen der Stadt Napata ausdehnen. Im »Neuen Reich« (1580 bis 1090 v. Chr.) war Napata die südlichste Stadt der ägyptischen Herrschaft und Stapelplatz für den Handel mit dem Sudan, ihren Höhepunkt erreichte sie, als sie im 9. Jahrhundert v. Chr. die Residenz eines unabhängigen nubischen Reiches wurde; hier hielten Taharka und seine Nachfolger, die Herrscher der XXV., der sog. »äthiopischen« Dynastie, Hof und errichteten namentlich dem Hauptgott Amon Re prächtige Tempel. Taharka wurde von den in Ägypten eindringenden Assyrern unter Assurbanipal geschlagen und verlor Ägypten. Er ist in einer der Pyramiden von Nuri (vgl. Anmerkung 1 zu diesem Kapitel) begraben. Als um 60 v. Chr. die Residenz weiter südlich nach Meroe (nördlich des heutigen Schendi) verlegt wurde, verfiel Napata. Später wurde es gelegentlich Residenz, blieb auch der religiöse Mittelpunkt des Reiches, hat aber niemals wieder die alte Blüte erreicht.

4. El Debba, im Dongolabogen am Nil gelegen, kleiner Marktflecken und Endpunkt der Wüstenpiste, die nach Omdurman quer durch die Bayuda-Wüste führt, zugleich Ausgangspunkt der Karawanenstraße nach El Obeïd.

5. Neu-Dongola oder Dongola El Orde ist eine Gründung der von Mohammed-Ali vertriebenen Mamelucken, die dem Massaker von 1811 entronnen waren. Sie errichteten ihren Hauptstandort an der Stelle der heutigen, am Westufer des Nil gelegenen Stadt Dongola und nannten es (türkisch) Ordu, d. h. das Lager. Hier erbauten sie ihre Stadt und umgaben sie mit Mauern. In der Folgezeit kam es zu Zusammenstößen mit den Scheikïe, bis 1820 die Eroberung des Sudan durch Ismaël auch diesem letzten Überbleibsel der Mameluckenherrschaft ein Ende bereitete. Die Stadt Dongola blühte jedoch in der Folgezeit auf, sie blieb ägyptische Garnison, fiel nach dem Rückzug der Ägypter nach Wadi Halfa in die Hände des Mahdi, wurde jedoch bereits 1896 von Kitchener noch vor dem eigentlichen Sudanfeldzug zurückerobert. 1900 zählte Dongola bereits 15 000 Einwohner.

XI. Zweite Reise nach dem Sudan

1. Brehm beschreibt hier mit kurzen Stichworten die klassischen Stätten Oberägyptens. Dendera zählt zu den ältesten und berühmtesten Städten Ägyptens. Sein alter Name lautete Enet oder mit einem Zusatz Enet – te – ntore = Enet der Göttin (d. h. Hathor), woraus die moderne arabische Bezeichnung des Ortes verkürzt wurde. Enet war die Hauptkulturstätte der Hathor, der Göttin der Liebe und der Freude. Ihr prächtiger Tempel hat sich bis auf den heutigen Tag erhalten.

2. Die Blüte der Stadt Theben, die an der Stelle des heutigen Luksor sich erhob, beginnt mit dem Anfang des neuen Reiches (1580–1090 v. Chr.). Von hier aus war die Einigung des Reiches erfolgt, und Theben blieb für lange Jahrhunderte die Hauptstadt der Pharaonen und das Ziel der unermeßlichen Schätze, die als Beute und Tribut von eroberten Ländern nach Ägypten kamen. Als Hauptverehrungsstätte des Gottes Amon fiel dessen Heiligtum ein großer Teil dieser Reichtümer zu. Die Hohepriester des Amon fühlten sich immer mehr als die Ersten im Staate und beherrschten zeitweise auch die Pharaonen. Als zur Zeit der XXI. Dynastie (1090–145 v. Chr.) die Residenz des Reiches nach Unterägypten verlegt wurde, sank die Stadt von ihrer Höhe herab. Zur Zeit Alexander des Großen war Theben schon im Rückgang und wenn auch manche Bauten ihr Ansehen zur Ptolemäerzeit noch bezeugen, so erwuchs der alten Metropole doch in dem

neu gegründeten Ptolemais eine gefährliche Konkurrenz. Eine Empörung unter Ptolomäus X. endete mit der Eroberung; und ein letzter, durch die hohen römischen Steuern veranlaßter Aufstand mit der völligen Zerstörung der Stadt. In der römischen Kaiserzeit wird Theben nur noch als Ziel von Touristen genannt, die die Ruinen besuchen.

3. Luksor liegt am östlichen Ufer des Nil. Zu Brehms Zeiten ein Ort von 10000 Einwohnern. Der Name bezieht sich auf den großen Tempel, der dem Gott Amon, seiner Gemahlin Mut und dem Sohne beider, dem Mondgott Chons, gewidmet war; vor dem Eingang befanden sich zwei Obelisken aus Rosengranit, von denen der kleinere westliche von Mohammed-Ali an Louis Philippe von Frankreich geschenkt wurde und seit 1836 die Place de la Concorde in Paris schmückt.

4. Die Hauptstraße von Luksor führt nördlich zum Dorfe Karnak, wo der große Amontempel gelegen ist. Der Tempel wurde unter Thutmosis I. begonnen und unter seinen Nachfolgern erweitert. Die letzten Bauten erfolgten unter den Ptolemäern. Umfangreiche Ausgrabungs- und Wiederherstellungsarbeiten wurden seit 1895 durch französische Archäologen ausgeführt.

5. Medinet Habu, auf der westlichen Nilseite gelegen, ist die südlichste Tempelgruppe der thebanischen Nekropole, der Totenstadt. Den Namen führt sie nach einer in Trümmern noch vorhandenen Ortschaft, die sich seit dem 5. Jahrhundert bei und in dem antiken Heiligtum angesiedelt hatte. Die Anlage besteht aus zwei gesonderten Teilen, einem älteren, in der Spätzeit erweiterten Tempel der XVIII. Dynastie und dem großen Haupttempel Ramses' III.

6. Die Memnonkolosse östlich von Medinet Habu sind das Wahrzeichen des thebanischen Westufers und von weither aus der Ferne sichtbar. Sie sind aus einem sehr harten gelbbraunen Kieselsandstein gearbeitet und stellen beide Amenophis III. auf einem würfelförmigen Throne sitzend dar. In der römischen Kaiserzeit hielt man sie für Statuen des Memnon, der im Trojanischen Kriege von Achill getötet wurde. Der nördliche Koloß ist die berühmte »klingende Memnonsäule«, das Ziel vieler Reisenden der römischen Zeit. Man hatte an dem zerbrochenen Koloß beim Aufgang der Sonne einen eigentümlichen Klang beobachtet und spann die Sage aus, daß Memnon mit sanftem Klagelaut seine Mutter Eros begrüßte. Blieb der Ton aus, so nahm man an, der Gott zürne. Seitdem jedoch Kaiser Septimius Severus, vielleicht zur Besänftigung des Gottes, den oberen Teil der Statue aus fünf Lagern von Sandsteinblöcken wiederherstellen ließ, verschwand das Klingen vollständig. Man hat versucht, das Phänomen durch das Abspringen kleiner Steinteile zu erklären, die sich bei dem raschen Übergang von nächtlicher Kühle zur Tageswärme loslösten und einen Ton von sich gäben, wie man ähnliches auch anderwärts beobachtet hat.

7. Die Königsgräber stammen aus der XVIII.–XX. Dynastie und sind im Gegensatz zu den Pyramidengräbern als Gänge in den Felsen gehauen, sie waren nur zur Aufnahme der Sarkophage bestimmt, während die Grabtempel in der Ebene erbaut wurden. Sämtliche 60 Gräber waren bereits zu Zeiten Ramses X. ausgeraubt. Die Mumien wurden gesammelt und in einen Schacht unweit des Tempels von Der el Bahri geborgen. Hier haben sie bis 1881 die Zeitläufe überdauert, bis sie von Grabräubern entdeckt und schließlich in das Kairoer Museum überführt wurden. Einzig das Grab des Tutanchamon blieb unentdeckt. Seine Auffindung am 26. November 1922 enthüllte in sensationeller Weise die Pracht und die feine Kunst des alten Ägyptens.

8. Hauptsehenswürdigkeit von Esneh ist der Tempel des Gottes Chnum, ein »Neubau« aus der Ptolemäerzeit, der erst unter den römischen Kaisern Claudius und Vespasian vollendet wurde.

9. Edfu ist berühmt vor allem durch seinen dem Gott Horus geweihten Tempel, ein ptolemäischer Bau, der in seiner fast vollständigen Erhaltung einen geschlossenen Anblick wie kaum sonst ein ägyptischer Tempel bietet.

10. In Kom-Ombos befindet sich das große Doppelheiligtum des Sobek und Haroeris, ebenfalls ein Bau der Ptolemäerzeit. In der Anlage gleicht er den übrigen Tempeln aus dieser Epoche (Dendera, Edfu, Philae). Zahlreiche Krokodilmumien befinden sich in den unteren Gewölben.

11. Schellal bei Assuan ist heute die Endstation der Bahnlinie von Kairo. Von hier gehen die Nildampfer nach Wadi Halfa ab, wo Anschluß an die sudanesische Bahnlinie nach Chartum besteht.

12. Die Insel Philae, einst die Perle Ägyptens, ist durch den Bau des Assuan-Staudammes fast völlig unter Wasser gesetzt. Die zierlichen Bauten des Isistempels, des Hathortempels und des Kiosks stehen tief im Nilwasser und ragen nur noch mit ihren Oberteilen aus den Fluten. Die Insel, die mit ihren stattlichen Bauten und ihrer reichen Vegetation früher, d. h. vor dem Bau des ersten Assuan-Staudammes (1898–1902), zu den schönsten Punkten Ägyptens zählte, hat viel von ihren Reizen verloren.

XII. Vier Monate im Sudan

1. vgl. Anm. 5 zu Kapitel II.

2. vgl. Anm. 11 zu Kapitel VI.

3. vgl. Anm. 2 zu Kapitel VII.

4. vgl. Anm. 1 zu Kapitel IX.

5. Ferdinand Lafargue (1800–1871), französischer Veterinär und Kaufmann aus Bordeaux, war zunächst im Veterinärwesen Ägyptens zur Zeit Mohammed-Alis tätig. 1834 gab er seinen Regierungsposten jedoch auf und kam in den Sudan, um hier mit Elfenbein und Gummiarabicum Handel zu treiben. Er blieb bis zu seinem Tode in Berber, das er als Wohnsitz Chartum mit seiner gemischten europäischen Bevölkerung vorzog, und brachte es zu Wohlstand und Ansehen. Er machte die Expedition auf dem Weißen Nil 1840/41 zusammen mit Werne, d'Arnaud und Thibaut mit und errichtete in Gondokoro einen Handelsposten mit Lagerhaus und Faktorei, den er alljährlich aufsuchte. 1848/49 begleitete er Dr. Ignaz Knoblecher auf dessen Reise nach Gondokoro und Rejaf. Er war mit einer Abessinierin verheiratet. Sein gastfreundliches Haus in Berber wurde von vielen europäischen Reisenden, darunter auch Brehm, besucht.

5a. Abd al Latief-Pascha Abd Allah (1805–1883), Generalgouverneur des Sudan 1850 bis 1852, stammte aus Nusratli im Bezirk Drama. Der ursprünglich aus Rumelien stammende Türke trat in die von Mohammed-Ali geschaffene ägyptische Marine ein, wo er es bis zum Fregattenkapitän brachte. 1850 wurde er als Nachfolger von Khalid Pascha

Khusraw Generalgouverneur in Chartum. Während seiner Amtszeit versuchte er, den Handel der europäischen Kaufleute mit den Produkten des Südsudan und Kordofahns, vornehmlich mit Elfenbein und Gummiarabicum, unter seine Kontrolle zu bringen und ein Staatsmonopol zu errichten.
Der Handelsweg über den Weißen Nil hatte sich seit den Expeditionen Mohammed-Alis 1839–1841 (vgl. Anm. 2 zu Kapitel V) fest etabliert. Jährlich entsandte die ägyptische Verwaltung in Chartum eine Flotte von 5 bis 7 Booten, um mit den am Flußufer ansässigen Stämmen Elfenbein gegen Glasperlen zu tauschen. Die europäischen Händler in Chartum bedurften zum Befahren des Weißen Nil einer Genehmigung des Gouverneurs, die unter Latief-Pascha immer schwieriger zu erlangen war. Die führenden Kaufleute, in der Mehrzahl Savoyarden, wie Brun-Rollet, Lafargue, Thibaut, Vaudey, Vaissière, wandten sich an ihre konsularischen Vertretungen in Kairo und sowohl das sardinische, englische und französische Konsulat wurden bei Mohammed-Ali vorstellig. Bereits 1848 hatte die Pforte in einem Firman den Pascha angewiesen, auch den Europäern in Chartum Zugang zum Handel zu gewähren; und es half Mohammed-Ali angesichts des Druckes der europäischen Mächte nichts, daß er sich darauf berief, Sennar und Kordofahn seien niemals Teil des Osmanischen Reiches gewesen.
In dem Bestreben, unabhängig von der Aufsicht Latief-Paschas den Süden zu erreichen, fanden sich die Kaufleute, wenn auch aus unterschiedlichen Motiven, mit den Angehörigen der österreichischen Mission zusammen. Brun-Rollet bot der Mission zwei Boote seiner Flotte an und mit ihrer Hilfe wurde die erste Missionsstation 1852 in Gondokoro gegründet. Es gelang Latief-Pascha nicht, dieser Entwicklung Einhalt zu gebieten. 1852 wurde er zurückberufen und Schiffahrt und Handel auf dem Weißen Nil freigegeben. Latief-Pascha galt als nicht korrupt; der europäischen Kolonie in Chartum war er aus persönlicher Haltung und den vorgenannten Gründen wenig gewogen. Wenn er Brehm so außerordentlich weit entgegenkam, so sicherlich auch, um ihm gegenüber den Europäern aus einer Not- und Zwangslage herauszuhelfen. In der europäischen Kolonie besaß er keinen guten Ruf. »Er hatte«, so heißt es, »jeden Europäer in Chartum in Verdacht, ein Lügner und Betrüger zu sein, und behandelte sie entsprechend.« Andere Reisende rühmen hingegen seine guten Manieren und sein gewandtes Auftreten. Der bereits genannte Amerikaner Taylor beschrieb ihn als »einen Mann von 45 Jahren, mittelgroß, aber kräftig gebaut, mit regelmäßigen und angenehmen Gesichtszügen. Seine Haut war blaß olivfarben und seine Augen groß und dunkel; er trug einen schwarzen Bart und einen sehr sorgfältig gepflegten Moustache. Er hatte einen vollen Mund. Beim Lachen zeigte er zwei vollkommene Reihen starker, weißer Zähne, die seinem Gesicht einen etwas grimmigen Ausdruck verliehen. Seine Manieren waren gepflegt, wiesen aber jene katzenartige Geschmeidigkeit auf, hinter der sich scharfe Krallen verbergen. Hätte ich ihn, in europäischer Kleidung, in London oder Paris getroffen, würde ich ihn für einen Primo Basso der italienischen Oper gehalten haben«. Er war bemüht, Chartum sauber zu halten, seine Bautätigkeit war rege; von ihm stammt der erste Gouverneurspalast am Blauen Nil. Er starb 1883 in Kairo nach langen Jahren des Ruhestands.

6. Antoine Brun-Rollet, 1810–1858, savoyardischer Kaufmann und Forscher, kam 1831 nach Alexandria und wurde dort Angestellter Vaissières (vgl. Anm. 3 zu Kapitel VII), der ihn mit in den Sudan nahm. Er machte bald Geschäfte auf eigene Rechnung und erwarb rasch ein beachtliches Vermögen, vor allem im Elfenbeinhandel. Er gewährte in seiner Auseinandersetzung mit dem Gouverneur Latief-Pascha der österreichischen Mission wesentliche Unterstützung (vgl. die vorgehende Anmerkung). Er amtierte zeitweilig als Honorarkonsul für sein Heimatland, das Königreich Sardinien, zu dem Savoyen gehörte; seine Berichte befinden sich im Turiner Staatsarchiv.
Er war der erste Europäer, der den Bahrel Ghazal erforschte und ihn bis Meschra er Rek befuhr. Er erlag dem mörderischen Klima des Sudan 1858. 1855 hatte er noch einmal Eu-

ropa besucht und war Gast der Geographischen Gesellschaft zu Paris. Sein 1855 erschienenes Buch »Le Nil Blanc et le Soudan« und seine geographischen Berichte zeigen ihn als klugen und weitsichtigen Beobachter und gründlichen Kenner der Verhältnisse.

7. Alexandre Vaudey (1818–1854), ein Savoyarde wie Brun-Rollet, war als Sekretär Clot Beys 1825 mit diesem nach Ägypten gekommen und hatte dort beim Aufbau eines modernen Gesundheitswesens mitgewirkt. Nach der Entlassung Clot Beys durch den Vizekönig Abbas Hilmi I. 1849 kam Vaudey in den Sudan und begann – anfänglich zusammen mit J. Petherick und Brun-Rollet (vgl. vorhergehende Anmerkung) – in Kordofahn Handel mit Gummiarabicum zu treiben. 1850 wurde er zum Honorarkonsul Sardiniens in Chartum ernannt und wandte sich in zunehmendem Maße dem Elfenbeinhandel auf dem Weißen Nil zu. Zusammen mit seinen beiden Neffen Ambroise und Jules Poncet besuchte er mehrfach Äquatoria.
Im Dezember 1853 brach er mit drei Schiffen erneut nach Gondokoro auf, um Elfenbein zu kaufen. Als am 4. August 1854 Dr. Knoblechers Boot bei Ulibari Vaudeys Flottille passierte, feuerte einer seiner türkischen Angestellten Salut und traf dabei ein Kind tödlich in der Menge der am Ufer stehenden Bari, an die Knoblecher gerade Perlen verteilte. In dem darauf sich entwickelnden Getümmel zwischen Vaudey, seinen Männern und etwa 4000 Baris, wurde Vaudey getötet und nur der Vermittlung des Missionars gelang es, die beiden Neffen Poncet zu retten. Diese führten das Geschäft fort, die Firma A. & J. Poncet Frères bestand als angesehenes Handelshaus in Chartum bis 1872.

8. Louis-Maurice-Adolphe Linant de Bellefonds Pascha, 1800–1883, stammte aus Lorient in der Bretagne. Er kam 1818 mit der französisch-archäologischen Mission des Comte de Forbin nach Ägypten. Er trat in den Dienst Mohammed-Alis und begleitete Ismaël auf seinem Feldzuge nach Sennar 1821/22 (vgl. Anmerkung 3 zum VI. Kapitel). Während des Feldzugs besuchte er die Ruinen von Meroe (vgl. Anmerkung 2 zu Kapitel X). Er quittierte jedoch wegen interner Schwierigkeiten den Dienst, kehrte erneut 1827 für die British African Association in den Sudan zurück und befuhr den Nil bis zum Gebiete der Schilluks, etwa 250 km südlich von Chartum. 1831/32 wieder im Dienste Mohammed-Alis, unternahm er zwei Forschungsreisen, um Goldvorkommen zu entdecken. Während dieser – erfolglosen – Fahrten nahm er das Gebiet zwischen Wadi al Allgui und Schendi kartographisch auf. Seine weitere Karriere trug ihn steil empor. 1847 zum Beï ernannt, wird er 1869 Minister und 1873 Pascha. Er ist einer der Förderer Lessepps und seines Projektes, des Suezkanals. Seine beiden Söhne dienten unter Gordon in Äquatoria und starben dort noch vor dem Vater. Ein Tagebuch seiner Reise nach Meroe 1821/22 wurde erst 1958 in Chartum publiziert.

9. Brehm fand aus seiner Sicht das Verhalten Ulivis zu Recht abstoßend. Allein ihm fehlte die kaufmännische Erfahrung. An einem so kapitalarmen Platze wie Chartum betrug der legale Zinssatz bereits 36 %; de facto wurden jedoch für Darlehen 60 % Zinsen gefordert und bezahlt. Vgl. hierzu die Schilderung Eugène de Pruyssenaires (1826–1864) in den Briefen an seine Mutter sowie Binder in »Reisen und Erlebnisse eines Siebenbürger Sachsen um die Mitte des vorigen Jahrhunderts im Orient und in Afrika«.

XIII. Jagdreise in den tropischen Wäldern des blauen Flusses

1. Sennar war bis zur Eroberung durch Mohammed-Alis Sohn Ismaël 1820 die Hauptstadt des einst mächtigen, seit der zweiten Hälfte des 18. Jahrhunderts jedoch zerfallenden und im Niedergang befindlichen Reiches der Fung. Seine Grenzen reichten einst im

Norden bis nach Wadi Halfa, im Westen schlossen sie Teile Kordofahns ein und dehnten sich nach Osten bis an die Küsten des Roten Meeres, im Süden bis zu den Bergen Äthiopiens aus.
Die Fung tauchen Anfang des 16. Jahrhunderts auf, sie waren nicht arabischer Abstammung, sondern vermutlich Abkömmlinge der schwarzen Negerstämme am oberen Weißen Nil. Später vermischten sie sich mit den Arabern und nahmen den Islam an. Als erster Europäer suchte sie der französische Arzt Charles Jacques Poncet auf, der um 1687 in Kairo lebt und vom äthiopischen Herrscher um Behandlung gebeten wird. Poncet verließ Kairo 1698 und kommt im folgenden Jahre nach Sennar. Er beschreibt ausführlich den Reichtum der Stadt, die er auf 100000 Einwohner schätzt, den hölzernen mehrstöckigen Palast des Königs und die Vielzahl der Waren, die auf dem Markt angeboten werden. Seine Angaben werden bestätigt durch den bayerischen Franziskanerpater Theodor Krump, der auf einer Missionsreise nach Abessinien 1701/1702 durch Sennar kommt. Sein Reisebericht, 1710 in Augsburg veröffentlicht, ist eine Hauptquelle für die Geschichte Sennars und des Fungreiches (vgl. Gumprecht »Krump: Reise nach Nubien in den Jahren 1700–1702«).
Bruce (vgl. auch Anm. 2 im Anschluß) fand, als er im April 1772 Sennar besuchte, nur noch Verfall. Der König, in seinem baufälligen Palast, war nur noch eine Marionette in den Händen seiner Großwesire. Die Scheikïe-Stämme in Dongola hatten sich selbständig gemacht, Schendi und andere Stämme am Nil hatten sich von dem Fung-Staat gelöst. Als Ismaël daher am 13. Juni 1821 Sennar einnahm, fand er ein völlig in Auflösung befindliches Reich vor. Der König war geflohen, der Wesir ermordet, sein Bruder Arbab Dafallah unterzeichnete die Kapitulation. Tags darauf unterwarf sich der letzte König, Badi VI., persönlich. Er erhielt die – politisch bedeutungslose – Anerkennung seiner Position und eine Pension des ägyptischen Staates für sich und seine Nachfolger, die bis zum Ausbruch der mahdistischen Erhebung gezahlt wurde. Sennar versank in völlige Bedeutungslosigkeit. 1885 ließ der Khlifa Abdullahi die Stadt völlig zerstören. Heute ist Sennar eine Provinzstadt mit breiten Straßen und einem staubigen Basar. Seine Bedeutung liegt in dem riesigen Staudamm zur Bewässerung der Baumwollkulturen der Gezira.

2. James Bruce of Kinnaird, 1730–1794, studierte an der Universität Edinburgh Jura, wandte sich sodann nach dem plötzlichen Tode seiner Frau dem Studium arabischer Handschriften in Spanien zu. Als britischer Konsul in Algier 1762–1764 hatte er beim Beï von Algier, der sich bei Auseinandersetzungen an den ausländischen Konsul persönlich vergriff, eine schwierige Zeit zu durchstehen. Anschließend macht er entlang der nordafrikanischen Küste eine archäologische Forschungsreise und trifft 1768 in Kairo ein. Entschlossen, Äthiopien zu bereisen, fährt er den Nil aufwärts bis Assuan, durchquert die Nubische Wüste, gelangt ans Rote Meer und setzt 1769 in Massaua an Land. Im November 1769 dringt er auf dem Landweg vor, bis er 1770 nach 95tägigem Marsch Gondar, die Hauptstadt Abessiniens erreicht. Nach Erforschung der Quellen des Blauen Nil, die bereits am 21. 4. 1618 der portugiesische Pater Pedro Paez entdeckt und beschrieben hatte, verließ er im Dezember 1771 Abessinien, überquerte die Flüsse Dinder und Rahad und erreichte Ende April 1772 Sennar. Von hier aus gelangte er den Blauen Nil abwärts über Halfaya, Schendi, Berber nach Assuan. Ende des Jahres 1772 erreichte er völlig erschöpft Kairo, von wo aus er sich nach London einschiffte. 1790, siebzehn Jahre nach seiner Rückkehr, erschien sein nachmals so berühmtes Werk über seine Reisen »Travels to discover the Sources of the Nile in the years 1768–1773«, das eine gute Quelle auch für die Geschichte des Sudan ist und das Brehm offenbar kannte.

3. Nach der Einnahme Sennars (vgl. Anm. 1 zu Kapitel XIII) folgte Ismaël dem Laufe des Blauen Nil bis Roseires und unternahm Raubzüge bis an die Grenzen des äthiopischen

Berglandes. Hierbei wurden Sklaven »en gros« eingefangen und die berühmten Goldvorkommen von Fazoghl und Khassan in Besitz genommen. Der lokale Herrscher von Fazoghl unterwarf sich ohne Gegenwehr. Auf dem Raubzug südlich Sennars, der bis zum Singué-Gebirge führte, war der französische Reisende Frédéric Cailliaud der einzige Europäer, dem die Teilnahme an der Expedition gestattet wurde. Er machte sich in Fazoghl persönlich auf die Goldsuche. Jedoch erwiesen sich die seit den Zeiten der Fungkönige als sagenhaft reich bekannten Goldminen als große Enttäuschung. Mehrere Wochen angestrengten Suchens erbrachten lediglich eine Handvoll Goldkörner, die von den Bergen heruntergeschwemmt worden waren. 1838 besuchte Mohammed-Ali selbst den Sudan und unternahm von Chartum einen Zug bis nach Fazoghl. Er wollte sich offenbar mit eigenen Augen von den Goldvorkommen einen Eindruck verschaffen. Bis heute trifft man zwischen Roseires und der äthiopischen Grenze bei Fazoghl nur noch wenige menschliche Ansiedlungen am Blauen Nil. Die Landschaft ist durch die Ausläufer des äthiopischen Berglandes geprägt. Gold wird auch heute noch in geringfügigen Mengen gefunden, die Jahresausbeute des Sudan beträgt 8 kg. An dieser Stelle, wo der Nil aus den Bergen in die Ebene austritt, ist der Fluß, wie Brehm zutreffend beschreibt, besonders reizvoll. In den sechziger Jahren dieses Jahrhunderts wurde von deutschen Firmen bei Roseires ein mächtiger Staudamm errichtet, der ein Elektrizitätswerk speist und der Bewässerung dient.

4. Das Mündungsgebiet des Dinder ist heute ein 2500 Quadratmeilen großes Naturschutzgebiet. Bis 1880 dicht besiedelt, starb die Bevölkerung bis 1900 an Krankheit und Hunger nahezu aus. Seit 1936 ist es ein Nationalpark.

XIV. Freuden und Leiden während des letzten Aufenthaltes in Chartum

1. Das österreichische Vizekonsulat bestand über 30 Jahre von März 1852 bis zur Einnahme Chartums durch den Mahdi im Januar 1885. Erster Vizekonsul war Dr. Konstantin Reitz (vgl. Anm. 1 zu Kapitel VII), mit dem Brehm ebenso freundschaftlich verbunden war wie mit seinem Nachfolger Theodor von Heuglin. Reitz starb bereits ein Jahr nach seinem Dienstantritt an Dysenterie in dem Dorfe Doka bei Gallabat auf einer Reise, die er zusammen mit seinem Nachfolger Theodor von Heuglin sowie E. Schubert und H. Steudner nach Gedaref und an den Tana-See in Abessinien und in das Gebiet von Tembien unternahm.
Theodor von Heuglin (geb. 20. 3. 1824–5. 11. 1876) studierte Naturwissenschaften, vornehmlich Zoologie, und ging 1850 nach Ägypten, wo er Arabisch lernte. Über seine Reise mit Reitz berichtete er in seinem Buch »Reisen in Nordost-Afrika«, Gotha 1857. Anstelle von Reitz zum Gerenten des österreichischen Vizekonsulats ernannt, bereiste Heuglin den Weißen Nil und Kordofahn und begab sich 1855 mit reicher zoologischer Ausbeute nach Wien. Anfang 1856 war er wieder im Sudan, untersuchte die Bayuda-Wüste und bereiste 1857/58 die Küstenländer des Roten Meeres und Somalia. 1860 stellte er sich an die Spitze der Expedition zur Aufsuchung des in Wadai verschollenen deutschen Forschers Dr. Vogel, der auch Steudner, Kinzelbach, Munzinger, Hansal und Schubert angehörten. Chartum wurde Ausgangspunkt für eine Reise nach Wadai, wo Vogel verschollen war (vgl. Anm. 3 zu Kapitel XIV). Am 17. 6. 1861 langte Heuglin mit der Expedition in Massaua an. Anstatt direkt nach Chartum aufzubrechen, machte er einen weiten Umweg durch Abessinien, woraufhin Munzinger und Kinzelbach sich von ihm trennten und den – allerdings vergeblichen – Versuch machten, über Darfur nach Wadai einzudringen. Das Komitee entzog daraufhin Heuglin die Leitung der Expedition und dieser schloß sich nun 1863 in Begleitung von Steudner der Expedition der

holländischen Damen Tinné an. Alexandrina Tinné (1839–1869) verbrachte den größten Teil ihres Lebens auf afrikanischen Forschungsreisen. Mit Heuglin fuhr sie den Bahr El Ghazal bis Meschra er Rek hinauf. Unterwegs, am Wau-Fluß, starben Steudner und die Mutter von Fräulein Tinné. Heuglin kehrte mit ihr nach Chartum und im September 1864 über Suakin und Suez nach Europa zurück. Über die Resultate der Reise kann man in Heuglins Buch »Reise in das Gebiet des Weißen Nil und seiner westlichen Zuflüsse 1862/64« nachlesen. Fräulein Tinné wurde auf einer weiteren Forschungsfahrt 1869 im Fezzan von Tuareggs ermordet. Heuglin wandte sich anderen Forschungsbereichen zu. 1870 unternahm er eine Spitzbergen-Fahrt, im Sommer 1871 erforschte er die Südwestküste von Nowaja Semlja. 1875 bereiste er das Gebiet der Beni-Amer und bereitete sich, wieder in Europa, auf eine Expedition nach der Insel Sokotra vor, verstarb aber am 5. November 1876 in Stuttgart.

Dritter österreichischer Konsul wurde 1858 Josef Natterer. Natterer, geboren um 1820 in Wien, war ein Neffe des österreichischen Naturwissenschaftlers Johann Natterer. In der Revolution von 1848 verhinderte er durch seinen Einsatz die Zerstörung des naturgeschichtlichen Museums in Wien durch den hauptstädtischen Mob. 1855 unternimmt er eine erste Forschungsreise durch Nubien und den Sudan und kehrt 1858 mit einer Sammlung von Tieren für den Tierpark Schönbrunn zurück. Anstelle von Heuglin zum Vizekonsul ernannt, geht er noch im gleichen Jahr wieder nach Chartum. Auf Veranlassung der österreichischen Mission protestiert Natterer gegen den immer größere Ausmaße annehmenden Sklavenhandel der europäischen und arabischen Händler in Chartum und auf dem Weißen Nil. Insbesondere erregt der Verkauf von getauften Negern als Sklaven den Unwillen der Mission. Daraufhin wurde Natterer vom Generalgouverneur und den Händlern boykottiert und bedroht. Im März 1861 verläßt er Chartum zur Berichterstattung nach Kairo. Der Gouverneur wurde daraufhin abberufen, Natterer mit einem hohen türkischen Orden ausgezeichnet, kehrt triumphierend nach Chartum zurück; er stirbt dort jedoch bereits im folgenden Jahr, 1862, an Malaria.

Sein Nachfolger im Konsulat wurde Martin Ludwig Hansal (1823–1885) aus Mähren. Hansal kam 1853 als Sekretär des apostolischen Provikars Knoblecher nach Chartum und unterrichtete an der Missionsschule. Er nahm an Heuglins Expeditionen teil und wurde 1862 nach dem Tode Natterers österreichisch-ungarischer Konsul mit dem Auftrag, den Schutz der Mission zu gewährleisten. Er pflegte in all den langen Jahren seines Lebens in Chartum des sonntags das Harmonium in der Missionskirche zu spielen und war eine bekannte Erscheinung in Chartum.

Mit Ernst Marno reiste er 1874/75 zu Baker und Gordon nach Äquatoria. Marno, der später Gouverneur von Gallabat wurde, veröffentlichte »Reisen im Gebiet des Weißen und Blauen Nils«, Wien 1874. Hansal veröffentlichte mehrere Berichte über seine Forschungen in den Mitteilungen der k. k. Geographischen Gesellschaft in Wien. Während der Belagerung Chartums durch den Mahdi blieb er in der Stadt und wurde in dem Massaker, das der Einnahme im Januar 1885 folgte, von den Mahdisten ermordet. Während die österreichische katholische Mission für Zentralafrika nach der Rückeroberung des Sudan durch die englisch-ägyptischen Truppen unter Kitchener ihre Tätigkeit bis 1924 wieder aufnahm, kam es nach 1899 nicht wieder zur Eröffnung eines Konsulats.

2. Die Anfänge des islamischen Königstums in Darfur liegen im dunkeln. 1787 bekämpfte Sultan Mohammed Tayrab den Sultan Haschim von Kordofahn, den nominellen Vasallen des Herrschers von Senvar, Badi'IV. Haschim wird vertrieben und geht ins Exil an den Hof der Fung-Könige. Die Fur-Truppen besetzen Kordofahn. Es bleibt unter einer darfurischen Sekundogenitur Teil des Fur-Reiches bis zur ägyptischen Eroberung durch Mohammed-Alis Truppen unter dem Defterdar Mohammed-Beï Khusraw.
Abd El Rahman Al Raschid wird nach Tayrabs Tode Sultan in Darfur. Seine Regierungszeit bildet den Höhepunkt der Dynastie. Verstärkte Handelsbeziehungen und

Kontakte zum Osmanischen Reich rücken Darfur näher an das Geschehen am Mittelmeer. 1793–1796 besucht der englische Reisende William George Browne mit einer Karawane, verkleidet als nordafrikanischer Araber, Kobbé, den Haupthandelsort Darfurs. Er wird vom Sultan in El Fascher, der Residenzstadt, in Audienz empfangen. Nach dem Tode Abdel Rahmans, 1801, folgte sein Sohn Mohammad Fadl auf den Thron. Unter ihm erfolgten der Einfall der Ägypter (vgl. Anm. 4 zu Kapitel VI) und die Thronwirren um den Prätendenten (vgl. Anm. 1 zu Kapitel VIII). Mit der Annektierung Kordofahns durch die Ägypter und der Niederlage des Magdum Musallam, des Fur-Provinz-Gouverneurs von Kordofahn, der von ägyptischen Truppen in Bara getötet wurde, rückt Darfur in den Schatten des mächtigen ägyptischen Nachbarn. Das Land bleibt von Fremdherrschaft verschont, schließt sich jedoch völlig ab.
1839 starb der Sultan, der es vermieden hatte, sich Mohammed-Ali zu unterwerfen. Sein Sohn Mohammed Hussein al Mahdi regiert bis 1873; er schließt das Land gegen jeglichen Kontakt nach außen ab. Unter seiner Herrschaft kommen mehrere europäische Forscher, darunter der Deutsche Dr. Vogel und der französische Arzt Dr. Charles Cuny, um und verschwinden spurlos. Im Jahre 1860 schickt der Vizekönig von Ägypten, Said, einen Gesandten in der Person des früheren Statthalters von Dongola, Abd el Wahab, nach Darfur mit reichen Geschenken für Sultan Hussein. Der Gesandte wurde 20 Monate am Hofe von El Fascher festgehalten und kehrte – eben nicht lobesvoll über seinen Empfang – im Oktober 1862 nach Chartum zurück. Als Gegengeschenk führte er 400 Sklaven und Sklavinnen und 100 Zentner Elfenbein mit sich. Seinen Mitteilungen zufolge wäre für jeden Europäer die Reise nach Darfur mit größten Schwierigkeiten verbunden, da wegen des Krieges mit Wadai der Sultan von Darfur selbst eingeborene Handelsleute als Spione behandelte.
Bei der Prinzessin Soakim, die Brehm besuchte, handelte es sich um die Tante Sultan Husseins. Zu dieser Zeit waren Macht und Glanz des furschen Throns längst geschwunden. Der Sultan stand unter der Vormundschaft der Großen des Reiches, das Militär bestand noch aus 12000 Mann, darunter 2500 Berittene.
Ibrahim Mohammed Hussein folgte seinem Vater 1873, jedoch wurde seine Herrschaft bereits im folgenden Jahr durch die Invasion einer ägyptischen Armee unter Ismael Pascha Aiyub und der Privatarmee Zubeir Pascha Rahma Mansur, des berüchtigten Sklavenhändlers, beendet. Er wurde bei Manawaki geschlagen und von Zubeir Pascha getötet. Während ein Teil der regierenden Familie sich den Ägyptern ergab, setzte Bosh Ibn Mohammed El Fadl, der Onkel Husseins, den Kampf fort, nur um kurz darauf (1875) den Tod bei den Kämpfen mit Zubeir zu finden. Sein Sohn setzte bis 1880 den Kleinkrieg fort, er wurde schließlich von Slatin Pascha geschlagen. Ali Dinar (1865–1916), dem letzten Sultan von Darfur, gelang es jedoch nach dem Ende des Kalifas 1899, noch einmal die Herrschaft für sich zu gewinnen. Er regierte mit englischer Anerkennung bis 1916. Während des Ersten Weltkrieges rebellierte er mit Unterstützung der osmanischen Türkei und der aufständischen Senussi gegen die Briten und fiel in einem letzten Gefecht südlich von Zalingi.

Wie recht Brehm hatte, sollte sich einige Jahre später anläßlich des rätselhaften Verschwindens des deutschen Afrikaforschers Eduard Vogel (1829–1856) zeigen. 1853 sandte die englische Regierung Dr. Vogel in den Sudan, um den britischen Forscher und Missionar James Richardson zu ersetzen, der 1851 im Verlauf der von ihm geführten Expedition zum Abschluß von Handelsverträgen und zur Unterbindung des Sklavenhandels im Westsudan, an der auch die deutschen Afrikareisenden Heinrich Barth und Adolf Overweg teilgenommen hatten, verstorben war. Vogel zog von Tripolis an den Tschadsee, um den in Europa totgeglaubten Heinrich Barth zu suchen. Im November trafen sich beide in Nordnigeria. Barth kehrte im August 1855 nach Europa zurück und veröffentlichte sein großes Werk »Reisen in Nord- und Zentral-Afrika 1849–1855«.

Vogel hingegen gelangte über Kamerun nach Wara, der Hauptstadt von Wadai, wo er 1855 den Tod fand. In Deutschland konstituierte sich indessen ein Komitee zur Aufsuchung und Rettung Dr. Vogels. 1860 übernahm Theodor von Heuglin in Begleitung von Steudner, Schubert, Kinzelbach und dem Schweizer Munzinger die Suchexpedition nach dem verschollenen Dr. Vogel. Während Heuglin von Massaua aus nach Abessinien marschierte und dort einen längeren Aufenthalt nahm, zogen Munzinger und Kinzelbach in strapazenreichen Märschen über Kassala, Chartum bis nach Kordofahn. Hier, in El Obeïd, wurde ihnen die Einreise nach Darfur verweigert, und die Kunde vom Tode Vogels bestätigte sich 1862. Die endgültige Bestätigung von Vogels Tod erbrachte die Reise Gustav Nachtigals, der 1869 von Tripolis aufbrach und über Kuka und Bornu nach Wadai gelangte und dem der Rückweg durch Darfur und Kordofahn glückte. Am 22. November 1874 langte er in Kairo an und schrieb sein großes Reisewerk »Sahara und Sudan« 1870–1889, das u. a. eingehend die Verhältnisse in Darfur vor der ägyptischen Eroberung schildert.

4. Über die Eroberung Kordofahns vgl. Anm. 4 zum VI. Kapitel sowie Anm. 2 zum XIV. Kapitel.

5. Über Theodor von Heuglin vgl. Anm. 1 zum XIV. Kapitel.

XV. Eine Nilfahrt von Chartum nach Kairo

1. vgl. Anm. 2 zum VI. Kapitel.

2. vgl. Anm. 2 zum X. Kapitel.

3. vgl. Anm. 5 zum XII. Kapitel.

4. vgl. Anm. 3 zum X. Kapitel.

5. vgl. Anm. 4 zum X. Kapitel.

6. Der Tempel von Soleb gehört zu den wenigen nubischen Altertümern, die nicht durch den Bau des Assuan-Dammes in Mitleidenschaft gezogen wurden und sich noch am ursprünglichen Standort befinden. Nahezu alle anderen Tempel Obernubiens, von denen Brehm auf seiner Reise berichtet, sind heute teils zerstört oder abtransportiert, die Ufer, an denen sie standen, überflutet. Auf einer Strecke von rund 200 km zwischen Faras und dem dritten Katarakt wurden 700 Altertümer aufgenommen und z. T. in das Archäologische Museum in Chartum gebracht. Am schwierigsten und kostspieligsten erwies sich die Rettung der Tempel von Buhen, Semna West und Semna Ost, die aus der Zeit 1500 v. Chr. stammen. Die Tempelteile wurden auf dem Nil verschifft und anschließend mit der Bahn nach Chartum transportiert. Ihre Aufstellung erfolgte unter maßgeblicher Beteiligung der archäologischen Mission der DDR.

7. Die Insel Say liegt zwischen dem 2. und dem 3. Katarakt und bildet eine der größten Inseln des oberen Nils. Sie ist zu allen Zeiten besiedelt gewesen und von großem historischem Interesse. Bis zur Eroberung durch eine türkische Expedition um 1550 war Say ein Mittelpunkt des nubischen Christentums. Die Insel war Bischofssitz und besaß fünf Kirchen. Die Ruinen einer Festung, die von den bosnischen Truppen Sultan Selims erobert wurden, sind durch die seit 1954 grabende französische archäologische Mission

wieder freigelegt worden. Der Ziegelbau einer großen Kathedrale wird gegenwärtig ausgegraben. Say bildete zu osmanischer Zeit die Grenze gegen Süden. Noch heute lassen sich die Abkommen der Bosniaken an ihrer etwas helleren Hautfarbe von den Nubiern des Festlandes unterscheiden.

8. Kasr Ibrim, eine äußerst malerisch verfallene Festung zwischen Abu Simbel und Korosko am Ostufer des Nil, stammt aus der Römerzeit. Die Burg war wegen ihrer günstigen Lage einer der wichtigsten strategischen Punkte Nubiens. Wie Say war sie seit der Mitte des sechzehnten Jahrhunderts von bosnischen Söldnern, die Sultan Selim zur Eroberung Nubiens ausgesandt hatte, besetzt. Nach der Ermordung der Mamelucken besetzten versprengte Reste 1812 die Festung und hielten sich dort, bis sie von Ibrahim erobert und die Mamelucken bis Dongola vertrieben wurden. Sie dürften – nach zeitgenössischer Schätzung – nicht mehr als 500 betragen haben, wozu noch 4000–5000 bewaffnete Negersklaven kamen.

9. Der große, malerische Tempel von Kalabsche ist unter Augustus erbaut, aber niemals vollständig ausgeschmückt worden. Nach Einführung des Christentums wurde der Tempel zu einer Kirche umgewandelt. In der Nähe befindet sich der unter Ramses II. erbaute Felsentempel Bet el-Wali mit interessanten Reliefs.

10. vgl. Anm. 4 zum II. Kapitel.

11. vgl. Anm. 1 zum XIV. Kapitel.

12. Theodor Bilharz (1825–1862) aus Sigmaringen. Nach dem Medizinstudium trat er 1850 in ägyptische Dienste. Er traf mit Brehm 1852 zusammen. 1859 entdeckte er den Krankheitserreger der nach ihm benannten Bilharzia, und zwar unter den Angehörigen eines sudanesischen Regiments in Kairo. 1862 bereiste er zusammen mit Ernst II. Herzog von Sachsen-Coburg-Gotha auf einem Jagdausflug den östlichen Sudan, das Bogosgebiet, starb jedoch bald darauf nach seiner Rückkehr in Kairo. An dieser Reise nahmen auch Brehm und Robert Kretschmer, dessen berühmte Holzschnitte Brehms »Tierleben« illustrierten, teil. Brehm veröffentlichte im darauffolgenden Jahr eine Schilderung der Jagdreise »Ergebnisse einer Reise nach Habesch«, Hamburg 1863.

Die *Abbildungen und Darstellungen* dieser Ausgabe basieren auf Vorlagen aus der Originalausgabe von *Brehms* »Reise-Skizzen«, Jena 1853, und aus den folgenden Werken:
A. E. *Brehm*, Vom Nordpol zum Äquator, Stuttgart–Berlin–Leipzig 1890
E. A. Wallis *Budge*, The Egyptian Sudan. Its History and Monuments, London 1907
Robert *Hartmann*, Reise des Freiherrn Adalbert von Barnim durch Nord-Ost-Afrika in den Jahren 1859 und 1860, Berlin 1863
Th. von *Heuglin*, Reisen in Nord-Ost-Afrika, Gotha 1857
M. Th. von *Heuglin*, Reise nach Abessinien, Jena 1868
M. Th. von *Heuglin*, Reise in das Gebiet des Weißen Nil, Leipzig–Heidelberg 1869
M. Th. von *Heuglin*, Reise in Nordost-Afrika, Braunschweig 1877
K. Richard *Lepsius*, Briefe aus Ägypten, Äthiopien und der Halbinsel des Sinai, Berlin 1852
Gustav *Nachtigals*, Reisen in der Sahara, hsg. v. Albert Fränkel, Leipzig 1887
sowie auf separaten zeitgenössischen Stichen.

LITERATURANGABEN

Angesichts der Fülle der den Sudan betreffenden Literatur in englischer, französischer und italienischer Sprache erschien eine Beschränkung auf die reichhaltige deutsche Literatur notwendig. Einige Übersetzungen fremdsprachiger Standardausgaben wurden einbezogen. Die Angaben stellen eine Auswahl dar, sie erheben auf Vollständigkeit keinen Anspruch.

Abeken, Heinrich
Bericht über seine Reise durch die Wüste Ägyptens (Monatsberichte über die Verhandlungen der Gesellschaft für Erdkunde zu Berlin 1847/48)

Adolf Friedrich, Herzog von Mecklenburg
- Ins innerste Afrika. Bericht über die wissenschaftliche Zentralafrika-Expedition 1907/08, Leipzig 1909
- Vom Kongo zum Niger und Nil. Bericht der deutschen Zentralafrika-Expedition 1910/11, 2 Bde., Leipzig 1912

Ascheron, P.
Über den Nachlaß des Afrikareisenden E. de Puyssenaere
(in: Sitzungsberichte der Gesellschaft der Naturforschenden Freunde Berlin 1877, 141)

Auersperg, Franz Fürst
Tagebuch der Sudanreise, Wien 1912

Baker, Sir, S. W.
- Ismailia, Jena 1875
- Die Nilzuflüsse in Abessinien, Braunschweig 1868
- Der Albert Nyanza, Das große Becken des Nils und die Erforschung der Nilquellen, Jena 1868

Baldamus, E.
Aus Dr. R. Vierthalers Tagebuch einer Reise durch Egypten, Nubien, Dongola und Sennar (in: Naumannia 1855/56/57)

Barth, Heinrich
- Reisen und Entdeckungen in Nord- und Central-Afrika in den Jahren 1849–1855, Gotha 1857/58
- Im Sattel durch Nord- und Zentralafrika. Auswahl. Herausgegeben von Rolf *Italiaander,* Wiesbaden 1969

Behm, E.
Die Ausbreitung der ägyptischen Herrschaft am Oberen Nil und ihre geographischen Ergebnisse
(in: Petermann's Mitteilungen, 1856/57)

Berger, A.
Der Heilige Nil

Bernatzik, H. A.
Zwischen Weißem Nil und Belgisch Kongo, Wien 1929

Beurmann, Karl Moritz von
Reise im Sudan
(in: Petermann's Mitteilungen, Gotha 1862)

Binder, E. Kurt
Reisen eines Siebenbürger Sachsen um die Mitte des vorigen Jahrhunderts im Orient und in Afrika, Hermannstadt 1930

Bohndorf
Reise nach Dor Abu Dinga
(in: Petermann's Mitteilungen, Gotha 1885)

Bonn, Gisela
Neue Welt am Nil, Wiesbaden 1957

Brehm, Alfred Edmund
- Reiseskizzen aus Nordostafrika, etc., 3 Bde., Jena 1853
- Ergebnisse einer Reise nach Habesch, Hamburg 1863
- Illustriertes Tierleben, 10 Bde., 2. Aufl., Leipzig 1876–79
- Chartum und seine Bewohner
  (in: Zeitschrift für Allgemeine Erdkunde, 1856, S. 27, 92, 208)

Breier, Horst
Der Sudan zwischen Afrika und Arabien (World University Service Dokumentation, Bonn 1970)

Brugsch, Heinrich Karl
Reiseberichte aus Ägypten, Leipzig 1855

Buchta, Richard
- Der Sudan unter ägyptischer Herrschaft; Rückblicke auf die letzten sechzig Jahre, Leipzig 1888
- Die Oberen Nilländer. Volkstypen und Landschaften, Berlin 1881
- Der Sudan und der Mahdi, Stuttgart 1884
- Meine Reise nach den Nilquellseen 1876
  (in: Petermann's Mitteilungen 1881)

Burckhardt, Johann Ludwig
Reisen in Nubien, Weimar 1820, 1823 (Deutsche Übersetzung aus dem englischen Original »Travels in Nubia«, London 1819)

Brook-Shepheard, G.
Slatin-Pascha, Ein abenteuerliches Leben, Wien 1972

Callot, Eduard Ferdinand Baron von
Artikel in: »Der Orient und Europa, Erinnerungen und Reisebilder von Land und Meer«, Leipzig 1855

Cameron, V. L.
Quer durch Afrika, o. O. 1878

Casati, G.
Zehn Jahre in Äquatoria und die Rückkehr mit Emin-Pascha, Bamberg 1891

Chavanne, J.
Die Sahara oder von Oase zu Oase, Wien 1879

Comboni, D.
Wiedergeburt Afrikas durch Afrika, Köln 1871

Cooper, J.
Der verlorene Weltteil oder die Sklaverei und der Menschenhandel in der Gegenwart, Berlin 1877

Cromer, Earl of
Das heutige Ägypten, 2 Bde., Berlin 1908

Delitsch, O.
Das Gebiet des Oberen Nil, 1870

Dichtl, J.
Der Sudan, Graz 1884

Dinkler
Kunst und Geschichte Nubiens in christlicher Zeit, Recklinghausen 1970

Dovski, Lee van
Ein Leben für Afrika – Das abenteuerliche Schicksal des Werner Munzinger Pascha, Zürich 1954

Dümichen, Johannes
- Der ägyptische Felsentempel von Abu Simbel, Berlin 1869
- Resultate einer archäologischen Expedition, Berlin 1869
- Die Flotte einer ägyptischen Königin, Leipzig 1868

Egli, J. J.
Die Entdeckung der Nilquellen, Zürich 1867

Ehrenberg, Christian Gottfried
Naturgeschichtliche Reisen durch Nordafrika und Westafrika, Reisen in Ägypten, Libyen, Nubien und Dongola 1820–25, Berlin, Posen und Bromberg 1828

Emin-Pascha (Eduard Schnitzler)
- Die Tagebücher von Dr. Emin-Pascha. Herausgegeben von: Franz *Stuhlmann,* Braunschweig 1916–27
- *Schweitzer,* Emin-Pascha, Berlin 1898
- *Ratzel,* F. und *Schweinfurth,* G., Emin-Pascha – Eine Sammlung von Reisebriefen und Berichten Dr. Emin-Paschas aus den ägyptischen Äquatorialprovinzen, Leipzig 1888

Escayrac de Lauture, Graf d'
Die afrikanische Wüste und das Land der Schwarzen am Oberen Nil, Leipzig 1867

Faivre, M. und *Potter,* M.
Reise von Goré zum Weißen Nil, 1898

Friederichsen, L.
Dr. L. Pfunds Reisebriefe aus Kordofan und Darfur 1875/76, Hamburg 1878

Frobenius, H.
Die Heidenneger des ägyptischen Sudan, Berlin 1893

Frobenius, L.
Und Afrika sprach, 4 Bde., Berlin 1912/13

Ganzenmüller, K.
Das Gebiet der Schillah und Bakara, da Ruba, Taklah und Kordofahn (Deutsche Rundschau für Geographie und Statistik 1885, S. 116)

Gerster, G.
Nubien – Goldland am Nil, Zürich 1964

Gentz, W.
Briefe aus Ägypten und Nubien, Berlin 1853

Geyer, Franz Xaver
- Reiseskizzen aus Ägypten und Sudan
  (in: Das Ausland, Stuttgart 1884)
- Durch Sand, Sumpf und Wald, Missionsreisen in Zentralafrika, München 1914
- 50 Jahre Auslandsdeutsche Missionarsarbeit, Freiburg im Breisgau 1936

Gordon, Ch. G.
Briefe und Tagebuchblätter des Generals Charles Gordon, Hamburg 1908

Gumprecht, T. E.
Die Reise des Pater Krump nach Nubien in den Jahren 1700–02
(in: Monatsberichte über die Verhandlungen der Gesellschaft für Erdkunde zu Berlin N. F., Bd. 7, 1850)

Harff, A. von
Die Pilgerfahrt des Ritters Arnold von Harff von Cöln durch Italien, Syrien, Aegypten, Arabien, Aehiopien, Nubien, Palästina, die Türkei, Frankreich und Spanien, wie er sie in den Jahren 1496–99 vollendet, beschrieben und durch Zeichnungen erläutert hat. Nach den ältesten Handschriften und mit deren 47 Bildern in Holzschnitten herausgegeben von Dr. E. von *Groote,* Köln 1860

Harnier, W. von
Reise am Oberen Nil, Darmstadt 1866

Hasenclever, Adolf
Geschichte Ägyptens im 19. Jahrhundert 1798–1914, Halle 1917

Hassan, Vita
- Die Wahrheit über Emin-Pascha, die ägyptische Äquatorialprovinz und der Sudan, Berlin 1893

Hansal, M.
- Briefe aus Khartoum
  (in: Mitteilungen der k. k. Geographischen Gesellschaft Wien)

– Neueste Briefe aus Chartum und Central-Africa, Wien 1855/56
– Nachrichten aus Chartoum
(in: Mitteilungen der k. k. Geographischen Gesellschaft Wien 1858, 1875, 1877, 1880, 1881)

Hartmann, Robert
– Reise des Freiherrn Adalbert von Barnim durch Nordostafrika in den Jahren 1859 und 1860, Berlin 1863
– Die Nigritier, Berlin 1876
– Die oberen Nilländer, Leipzig 1884

Herzog, Rolf
Sudan, Bonn 1958

Heuglin, Th. von
– Reise in das Gebiet des Weißen Nil und seiner westlichen Zuflüsse in den Jahren 1862–64, Leipzig und Heidelberg 1869
– Reise nach Abessinien, den Galla-Ländern, Ost-Sudan und Chartum in den Jahren 1861/62, Jena 1868
– v. Heuglin, Kinzelbach, Munzinger und Steudner: Die deutsche Expedition in Ostafrika 1861 und 1862, Gotha 1864
– Reisen in Nordostafrica, Gotha 1857
– Reise in Nordostafrica, Braunschweig 1877

Hintze, F.
– Nubien und Sudan im Altertum, Berlin 1963
– Alte Kulturen im Sudan, Leipzig 1966

Hofmann, J.
Die Kulturen des Niltals von Assuan bis Sennar bis zum Ende der christlichen Epoche, Hamburg 1967

Hofmayr, W.
Die Schilluk, Mödling 1925

Höllriegel, A.
Die Derwischtrommel, Berlin 1931

Hornemann, Fr.
Fr. Hornemanns Tagebuch seiner Reise von Cairo nach Murzuk, der Hauptstadt des Königreichs Fezzan in den Jahren 1797 und 1798, Weimar 1802

Hurter-Amann, F. E. von
Aus dem Tagebuch eines Missionärs auf einer Reise von Chartoum nach Benisangol
(in: Zeitschrift »Faust«, Wien 1856)

Junker, W.
Reisen in Afrika 1875/76, 3 Bde., Wien und Olmütz 1889–91

Kaufmann, A.
Das Gebiet des Weißen Flusses und dessen Bewohner, Brixen 1861

Klunzinger, C. B.
Bilder aus Oberägypten, der Wüste und dem Roten Meere, Stuttgart 1877

Knoblecher, Ignaz
Reise auf dem Weißen Nil, Laibach 1850

Körting, B.
Jagden am Oberen Nile, München und Leipzig 1914

Kotschy, Theodor
- Über Reisen und Sammlungen des Naturforschers in der asiatischen Türkei, in Persien und den Nilländern, Wien 1864
- Umreise aus den Uferländern des Weißen Nil
(Sonderdruck der Mitteilungen der k. k. Geographischen Gesellschaft, Wien 1858)

Kotschy, Th. et Peyritsch
Plantae tinneanae sive descriptio plantarum in expeditione tinneana ad flumen Bahr-el-Ghasal, Wien 1867

Krapf, Johann Ludwig
Reisen in Ostafrika ausgeführt in den Jahren 1837–53, 2 Bde., Kornthal 1858

Kremer, A. von
Ägypten, Leipzig 1863

Krockow, Carl Graf von Wickerode
- Reisen und Jagden in Nord-Ost-Afrika, Berlin 1867
- Reise von Suakin nach Kassala
(in: Petermann's Mitteilungen, 1865)

Krump, Theodor
Hoher und Fruchtbarer Palmenbaum, etc., Augsburg 1710 (vgl. bei Gumprecht)

Külb, P.
Die Reisen der Missionäre, Regensburg 1861

Lange, H.
Die deutsche Expedition zur Aufhellung der Schicksale Dr. Eduard Vogels und die Forschungen der Deutschen in Afrika in letzter Zeit, 1861

Legh, T.
Reise durch Ägypten und in das Land oberhalb der Katarakten, Weimar 1818

Lenz, D. von
Timbuktu: Reise durch Marokko, die Sahara und den Sudan, Leipzig 1884

Lepsius, K. R.
Briefe aus Ägypten, Äthiopien und der Halbinsel des Sinai, Berlin 1852

Lesseps, Ferdinand de
Vierzig Jahre Erinnerungen

Ludwig, Emil
Der Nil – Lebenslauf eines Stromes, Amsterdam 1935

Marno, Ernst
- Reisen im Gebiet des Weißen und Blauen Nil, im ägyptischen Sudan und den angrenzenden Negerländern in den Jahren 1869–72, Wien 1874
- Reisen in der ägyptischen Äquatorialprovinz und in Kordofahn 1874–76, Wien 1878
- Bericht über eine Excursion von Zanzibar nach Koa-Kiora (Mitteilungen der Geographischen Gesellschaft, Wien 1878 sowie ebendort 1875, 1880, 1881, 1882)

Meinhof, Carl
Eine Studienfahrt nach Kordofahn, Hamburg 1916

Meyer, P. C.
Erforschungsgeschichte und Staatenbildung im Sudan
(in: Petermann's Mitteilungen, 1897)

Mitterrutzner, J. C. J.
- Geographische Notizen aus dem apostolischen Vicariate in Zentralafrika, Brixen 1861
- Dr. Ignaz Knoblecher, Apostolischer Provikar der katholischen Mission in Central-Afrika, Brixen 1869
- Ein Blatt der Erinnerung an die Missionen aus Tirol in Zentralafrika, Brixen 1890

Moorehead, Alan
- Die Quellen des Nil, Stuttgart 1962
- Zwischen Gott und Mohammed – Hundert Jahre Weltgeschichte am Nil, Stuttgart 1962

Müller, F. F.
Deutschland–Zanzibar–Ostafrika, Berlin 1959

Munzinger, Werner
- Ostafrikanische Studien, Schaffhausen 1864
- Die deutsche Expedition in Ostafrika, Gotha 1863

Nachtigal, Gustav
Sahara und Sudan, 3 Bde., Berlin 1879–89

Neufeld, Karl
In Ketten des Kalifen, Berlin und Stuttgart o. J.

Oberhummer
Der ägyptische Sudan (Zeitschrift der Gesellschaft für Erdkunde zu Berlin, Berlin 1915)

Ohrwalder, J.
Aufstand und Reich des Mahdi im Sudan und meine zehnjährige Gefangenschaft daselbst, Innsbruck 1892

Pallme, J.
Beschreibung von Kordofahn und einigen angrenzenden Ländern, Stuttgart und Tübingen 1843

Paulitschke, P.
Die Sudanländer nach dem gegenwärtigen Stand der Kenntnis, Freiburg 1885

Petermann, A.
Dr. E. Vogels Reise nach Zentralafrika
(in: Petermann's Mitteilungen, 1856)

Peters, Carl
Die deutsche Emin-Pascha-Expedition, München 1891

Pfundt, J.
Reisebriefe aus Kordofahn und Darfur
(in: Mitteilungen der Geographischen Gesellschaft Hamburg, 1876/77)

Pietsch, W.
Das Abflußgebiet des Nil, Berlin 1910

Pleticha, H.
Der Mahdiaufstand in Augenzeugenberichten, Fribourg 1967

Prokesch-Osten, Anton Graf von
- Erinnerungen aus Ägypten und Kleinasien, 3 Bde., Wien 1829–31
- Denkwürdigkeiten und Erinnerungen aus dem Orient, 3 Bde., Stuttgart 1836/37
- Mehmet Ali, Vicekönig von Ägypten, aus meinem Tagebuch 1826–41, Stuttgart 1877

Prokesch-Osten, Anton Graf von *(Sohn)*
Nilfahrt bis zu den zweiten Katarakten, Leipzig 1874

Pückler-Muskau, Hermann Fürst von
- Aus Mehmet Ali's Reich, 3 Bde., Stuttgart 1844
- Fürst Pückler's orientalische Reisen. Herausgegeben von Helmut *Wiemken,* Hamburg 1963

Recking, Ruppert
Ein Journalist erzählt. Abenteuer und Politik in Afrika, 1936

Riefenstahl, L.
Die Nuba, München 1973

Ritter, Carl
Ein Blick in das Nilquelland, Berlin 1844

Roeder, G.
Die christliche Zeit Nubiens und des Sudans (Zeitschrift für Kirchengeschichte, Bd. 23)

Röder, G.
- Die Geschichte Nubiens und des Sudan
  (in: »Klio«-Beiträge zur alten Geschichte, Bd. XII, 1912)

Roosevelt, Theodore
Afrikanische Wanderungen eines Naturforschers und Jägers, Berlin 1910

Rüppel, E.
Reisen in Nubien, Kordofahn und dem peträischen Arabien, Frankfurt/Main 1829

Russegger, J. v.
Reisen in Europa, Asien und Afrika, 7 Bde., Stuttgart 1841–50

Sachsen-Coburg-Gotha, Ernst Herzog von
Reise nach Ägypten und den Ländern der Habab, Mensa und Bogos, Leipzig 1864

Sassi, M.
Eine Fahrt am Weißen Nile von Khartoum bis Gondokoro
(in: Mitteilungen der k. k. Geographischen Gesellschaft Wien, 1907)

Schanz, M.
Ägypten und der ägyptische Sudan, Halle 1904

Schauenburg, E.
Reisen in Central-Afrika von Mungo Park bis auf Dr. Barth und Dr. Vogel, Lahr 1859, 1861

Schilde, W.
- Die Völker, Sprachen und Rassen am Oberen Nil – Kultur und Rasse. Festschrift für O. Reche 1939
- Öst-westliche Kulturbeziehungen im Sudan, Berlin 1929

Schönfeld, E. D.
Erythräa und der ägyptische Sudan, Berlin 1904

Schrötter, H. von
Tagebuch einer Jagdreise an den Oberen Nil weiland des Prinzen Georg Wilhelm Herzog zu Braunschweig und Lüneburg, Leipzig und Wien 1915

Schultze, J. H.
Der Ostsudan – Entwicklungsland zwischen Wüste und Regenwald, Berlin 1963

Schuver, J. M.
Reisen im oberen Nilgebiet
(in: Petermann's Mitteilungen, 1883)

Schweinfurth, Georg
- Im Herzen von Afrika, Reisen und Entdeckungen im centralen Äquatorial-Afrika während der Jahre 1868–71, Leipzig 1873
- Artes Africanae, Leipzig 1875

Slatin, Rudolf
Feuer und Schwert im Sudan, Leipzig 1896

Speke, J. H.
Die Entdeckung der Nilquellen, 2 Bde., Leipzig 1864

Stern, J.
Der anglo-ägyptische Sudan, Gießen 1928

Stanley
- Im dunkelsten Afrika, 2 Bde., Leipzig 1890
- Mein Leben, München 1911
- Durch den dunklen Weltteil, Leipzig 1878

Steudner, H.
Bericht über seine abessinische Reise bzw. Reise auf dem Bahr-el-Abiad und dem Bahr-el-Ghasal
(in: Zeitschrift für allgemeine Erdkunde, N. F. Bd. XVII, 1864)

Stuhlmann, Fr.
- Mit Emin-Pascha ins Herz von Afrika, Berlin 1894
- Beiträge zur Kulturgeschichte von Ostafrika, Berlin 1909

Taylor, B.
Eine Reise nach Central-Afrika oder Leben und Landschaften von Egypten bis zu den Negerstaaten am Weißen Nil, Leipzig 1855

Ule, O.
Sahara und Sudan, Halle 1861

Vierthaler, R.
Ornithologischer Tagebuchbericht von einer Reise auf dem Blauen Nil von Chartum durch Sennaar nach Rosseires
(in: Naumannia 1858)

Vortisch, H.
Bahnbrecher in Afrika. Das Leben von Dr. Johann Ludwig Krapf, Witten 1954

Werne, Ferdinand
- Expedition zur Entdeckung der Quellen des Weißen Nil (1840/41), Berlin 1848
- Feldzug von Sennar nach Taka, Basa und Beni Amer mit besonderem Hinblick auf die Völker von Bellad Sudan, Stuttgart 1851
- Reise durch Sennar nach Mandera, Nasub, Gheli, Berlin 1852

Werner, F.
Ergebnisse einer mit Subvention der k. k. Akademie in Wien unternommenen zoologischen Forschungsreise nach Ägypten, dem ägyptischen Sudan und Norduganda. Sitzungsberichte der k. k. Akademie der Wissenschaften in Wien, 1905–08, 1910, 1912

Wild, G.
Von Cairo nach Massaua, Olten 1879

Ziegler, A.
Die deutsche Expedition nach Innerafrika, Dresden 1861

Zöppritz
Pruyssenaere's Reisen im Nilgebiet, Gotha 1878

Zeitschriften
- Mitteilungen der Geographischen Gesellschaft Hamburg
- Mitteilungen der k. k. Geographischen Gesellschaft Wien
- Petermann's Mitteilungen, Gotha
- Jahresberichte des »Marien-Vereins zur Beförderung der katholischen Mission in Zentralafrika«, Wien 1852–58, 1895–1914
- Globus – Illustrierte Chronik der Reisen und geographische Zeitung, Hildburghausen

EMIN PASCHA

Gefahrvolle Entdeckungsreisen in Zentralafrika 1876–1892

Herausgegeben von Heinrich Schiffers und
Peter Simons
400 Seiten mit 40 Abbildungen,
Ganzleinen mit Büttenumschlag.
ISBN 3-522-60380-X

Ein Lebensschicksal, das man sich kaum abenteuerlicher vorstellen kann: Im Alter von 24 Jahren verließ der junge schlesische Arzt Dr. Karl Oskar Theodor Schnitzer seine Heimat. Als muselmanischer Türke Emin Pascha tauchte er zunächst in Ägypten und dann in der Sudan-Metropole Khartoum auf, wo er es in ägyptischen Diensten bis zum Gouverneur brachte. Er durchforschte seine Region bis hin zum Victoria-See. Seine Berichte über bis dahin unbekannte afrikanische Tiere, über Klima, Topographie und die Stämme der Region erregten Aufsehen.
In die Schlagzeilen der Weltpresse geriet er durch den Mahdi-Aufstand und die damit verbundenen blutigen Auseinandersetzungen, durch den Rettungsversuch von Henry Stanley, durch sein erschütterndes Ende – als »abtrünniger Moslem« ermordet im Kongo-Urwald.

Edition Erdmann
in K. Thienemanns Verlag · Stuttgart

HERMANN VAMBERY

Mohammed in Asien

Verbotene Reise nach Buchara und Samarkand 1863–1864

Herausgegeben von Peter Simons
352 Seiten mit 38 zeitgenössischen Illustrationen.
Ganzleinen mit Büttenumschlag.
ISBN 3-522-60510-1

Wenige Jahre vor der Eroberung Turkestans durch die Armeen des russischen Zaren gelang es dem damals 30jährigen ungarischen Orientalisten Hermann Vambery – als osmanischer Derwisch verkleidet –, die für Fremde verbotenen Städte Buchara und Samarkand zu besuchen.
Sein zuerst in englischer Sprache erschienenes Buch »Reise in Mittelasien« erregte in Europa weithin Aufsehen. Dieser bemerkenswerte Reisebericht des 19. Jahrhunderts ist gerade für die Gegenwart von brennender Aktualität, liefert er doch aus dem heute sowjetischen Mittelasien wertvolles Hintergrundmaterial für die Beschäftigung mit der Frage nach dem Wiedererwachen des Islam in diesem Sowjetisch-Asien als Nachbarland des islamisch-revolutionären Iran.
Vambery gelang es, in den für den Europäer unzugänglichen asiatisch-islamischen Kulturraum unter größten Strapazen und Gefahren einzudringen. Er war einer der ersten, der Europa mit dieser geheimnisvollen Welt vertraut machte und anschaulich darüber zu berichten wußte.

Edition Erdmann
in K. Thienemanns Verlag · Stuttgart

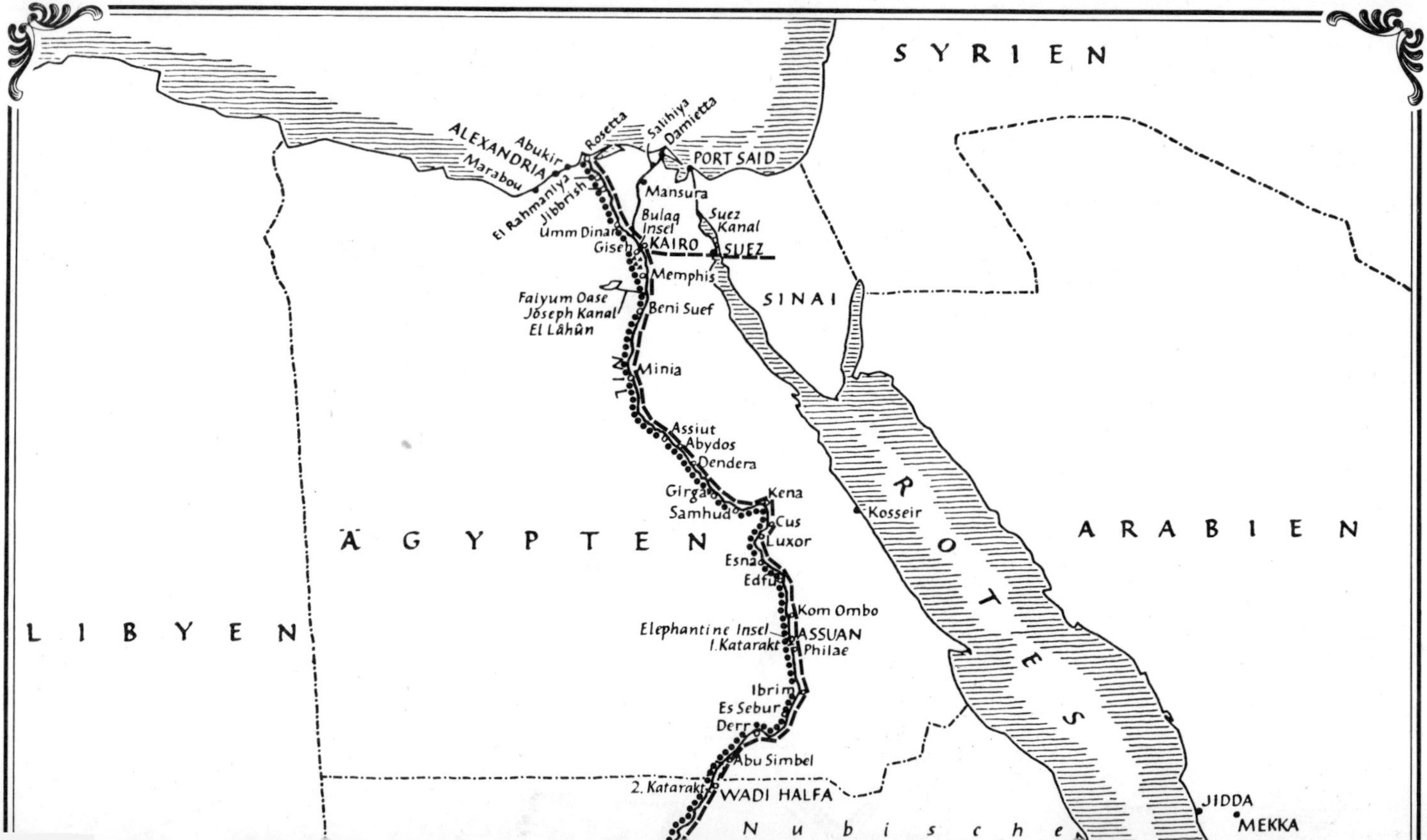
SYRIEN
ARABIEN
LIBYEN
ÄGYPTEN
ROTES
Nubische
SINAI
NIL
ALEXANDRIA
Abukir
Marabou
Rosetta
El Rahmanlya
Jibbrish
Salihiya
Damietta
PORT SAID
Mansura
Bulaq Insel
Suez Kanal
Umm Dinar
Giseh
KAIRO
SUEZ
Memphis
Falyum Oase
Joseph Kanal
El Lâhûn
Beni Suef
Minia
Assiut
Abydos
Dendera
Girga
Samhud
Kena
Cus
Luxor
Esna
Edfu
Kosseir
Kom Ombo
Elephantine Insel
1. Katarakt
ASSUAN
Philae
Ibrim
Es Sebur
Derr
Abu Simbel
2. Katarakt
WADI HALFA
JIDDA
MEKKA